现代远程教育系列教材

审计学概论

（第二版）

樊子君　编著

经济科学出版社

图书在版编目（CIP）数据

审计学概论/樊子君编著. —2版. —北京：经济科学出版社，2015.3
现代远程教育系统教材（2017.2重印）
ISBN 978 - 7 - 5141 - 5518 - 1

Ⅰ.①审… Ⅱ.①樊… Ⅲ.①审计学—远程教育—教材
Ⅳ.①F239.0

中国版本图书馆 CIP 数据核字（2015）第 041635 号

责任编辑：范 莹 张 频
责任校对：杨 海
技术编辑：李 鹏

审计学概论
（第二版）

樊子君 编著

经济科学出版社出版、发行 新华书店经销
社址：北京市海淀区阜成路甲 28 号 邮编：100142
总编部电话：010 - 88191217 发行部电话：010 - 88191522
网址：www. esp. com. cn
电子邮箱：esp@ esp. com. cn
天猫网店：经济科学出版社旗舰店
网址：http://jjkxcbs. tmall. com
北京季蜂印刷有限公司印装
787×1092 16 开 28 印张 530000 字
2015 年 3 月第 2 版 2017 年 2 月第 2 次印刷
ISBN 978 - 7 - 5141 - 5518 - 1 定价：50.00 元（含习题手册）

现代远程教育系列教材
编审委员会

主任委员：

阙澄宇

委　　员（以姓氏笔画为序）：

王立国	王绍媛	王景升	车丽娟	方红星
邢天才	刘　波	李健生	邹世允	宋维佳
宋　晶	张军涛	张树军	范大军	林　波
赵大利	赵　枫	姜文学	高良谋	唐加福
梁春媚	谢彦君			

总　序

当今世界，网络与信息技术的发展一路高歌猛进，势如破竹，不断推动着现代远程教育呈现出革命性变化。放眼全球，MOOCs 运动席卷各国，充分昭示着教育网络化、国际化正向纵深发展；聚焦国内，传统大学正借助技术的力量，穿越由自己垒起的围墙，努力从象牙塔中走出来，走向社会的中心；反观自我，68 所现代远程教育试点院校围绕党的十八大提出的"积极发展继续教育，完善终身教育体系，建设学习型社会"目标，经过十余载的探索前行，努力让全民学习、继续学习、终身学习的观念昌行于世。

教材作为开展现代远程教育的辅助工具之一，与教学课件、学习平台和线上线下的支持服务等要素相互匹配，共同发挥着塑造学习者学习体验和影响最终学习效果的重要作用。技术的飞速进步在不断优化学习体验的同时，也对现代远程教育教材的编写提出了新挑战。如何发挥纸介教材的独特教学功能，与多媒体课件优势互补，实现优质教材资源在优化的教学系统、平台和环境中，在有效的教学模式、学习策略和学习支持服务的支撑下获得最佳的学习成效，是我们长期以来不断钻研的重要课题。为此，我们组织有丰富教学经验及对现代远程教育学习模式有深入研究的专家编写了这套现代远程教育教材。在内容上，我们尽力适应大众化高等教育面对在职成人、定位于应用型人才培养的需要；在设计上，我们尽力适应地域分散、特征多样的远程学生自主学习的需要，以培养具备终身学习能力的现代经管人才。

教材改变的过程正是对教育理念变革的不断践行。我们热切希望求知若渴的学生和读者们不吝各抒己见，与我们一同改进和完善这套教材，在不断深化的继续教育综合改革中为构建全民终身教育体系共同努力。

这套教材的出版得到了经济科学出版社的大力支持，范莹编辑对这套教材无论从选题策划、整体设计还是到及时出版更是付出了大量劳动，在此一并表示衷心感谢！

现代远程教育系列教材编委会

第二版前言

　　审计学课程是会计学专业的专业必修课，是会计学专业教学计划中继基础会计、中级财务会计之后开设的主要课程之一。

　　本教材试图用14章的篇幅，阐明审计学的基本理论和基本方法。第1章信息、鉴证与审计，从生活中信息的重要性引出鉴证服务的意义，进而说明审计概念。第2章会计师事务所与注册会计师行业，是为了拓展对审计的认识，而对执行审计行为的机构、行业及其职业标准的介绍。第3章审计报告，呈现审计行为的最终成果，以便于同学们明确审计工作目标，更好地理解以后各章的内容。例如，明确了审计报告的形式和内容后，才能理解审计证据、审计风险、审计重要性等，使本书的目标明确，思路有逻辑性。第4章注册会计师执业准则、第5章注册会计师职业道德和第6章法律责任，说明审计行为的程序性、规范性、责任性。第7章审计目标与审计过程，介绍作为注册会计师审计的主要业务种类的财务报表审计的定义、目标及过程。第8章审计证据与审计工作底稿，围绕审计证据是审计结论的合理基础的基本原则，突出审计工作的重心在于获取审计证据，从而依据证据就被审对象表示专业意见。第9章接受客户委托和审计计划，明确审计的计划性。第10章客户的战略风险及其评估，论述风险基础审计模式下，应该首先从影响客户战略的政治、经济、社会、技术等宏观因素以及行业因素着手，分析客户的战略风险。第11章客户的经营风险及其内部控制，在分析客户战略风险的基础上，进一步分析其经营风险以及相应内部控制。第12章控制测试与实质性程序，讲述对客户内部控制制度的健全有效性进行测试，并对账户余额等进行实质性程序。第13章审计抽样，论证了抽样审计是当代审计的特点之一。第14章计算机审计，介绍了计算机网络技术下审计方法和审计理论的发展和应用。

《审计学概论（第二版）》是在《审计学概论》2009年版的基础上修订而成。参加这次修订的硕士研究生李美美、任晓、黄荣华同学在搜集资料、新旧准则的比较等方面也付出了辛勤的劳动。由于编写仓促，书中必有不成熟乃至错误之处，敬请读者不吝赐教，并致信我们（fanzijun @ aliyun. com）。

编者

2014 年 12 月

2009 年版前言

审计学课程是会计学专业的专业必修课，是会计学专业教学计划中继基础会计、中级财务会计之后开设的主要课程之一。

本教材试图用 14 章的篇幅，阐明审计学的基本理论和基本方法。第一章信息、鉴证与审计，从生活中信息的重要性引出鉴证服务的意义，进而说明审计概念。第二章会计师事务所与注册会计师行业，是为了拓展对审计的认识，而对执行审计行为的机构、行业及其职业标准的介绍。第三章审计报告，呈现审计行为的最终成果，以便于同学们明确审计工作目标，从而更好地理解以后各章的内容。比如，明确了审计报告的形式和内容后，才能理解审计证据、审计风险、审计重要性等，使本书的目标明确，思路有逻辑性。第四章注册会计师执业准则、第五章注册会计师职业道德和第六章法律责任，说明审计行为的程序性、规范性、责任性。第七章财务报表审计目标，介绍作为注册会计师审计的主要业务种类的财务报表审计的定义、目标及过程。第八章审计证据与审计工作底稿，围绕审计证据是审计结论的合理基础的基本原则，突出审计工作的重心在于获取审计证据，从而依据证据就被审对象表示专业意见。第九章接受客户委托和审计计划，明确审计的计划性。第十章客户的战略风险及其评估，论述风险基础审计模式下，应该首先从影响客户战略的政治、经济、社会、技术等宏观因素以及行业因素着手，分析客户的战略风险。第十一章客户的经营风险及其内部控制，在分析客户战略风险的基础上，进一步分析其经营风险以及相应内部控制制度。第十二章控制测试与实质性程序，讲述对客户内部控制制度的健全有效性进行测试，并对账户余额等进行实质性程序。第十三章审计抽样，体现了抽样审计是当代审计的特点之一。第十四章计算机审计，体现了计算机网络技术下审计方法和审计理论的发展和应用。

本教材的第一章至第三章、第十章至第十四章由樊子君博士编写；第四章至第九章由祁渊博士编写。由于编写仓促，书中必有不成熟乃至错误之处，敬请读者不吝赐教，请致信我们（fanzijun8@yahoo.com.cn）。

编者

2009 年 1 月

目／录

第1章　信息、鉴证与审计

学习目标

　　了解信息在生活中的重要作用；鉴证对信息的重要性。掌握注册会计师的鉴证服务业务的意义和内容。重点掌握审计的定义；审计的种类；财务报表审计的含义。了解审计人员的种类；注册会计师审计的三个发展阶段；注册会计师审计的三个审计模式；中国注册会计师审计的发展历程。

关键名词

　　信息　鉴证　审计　经营审计　合规审计　财务报表审计　政府审计人员　内部审计人员　会计账目审计阶段　资产负债表审计阶段　财务报表审计阶段　账项导向审计模式　内控导向审计模式　风险导向审计模式

1.1　信息与鉴证

1.1.1　生活、决策与信息

　　人生无时不处在决策中：今天出门穿西服正装、皮鞋，还是休闲服、旅游鞋？上班是坐公交车，还是骑自行车？或者，今天自驾车，还是打车？自己多年的积蓄，是存到银行坐收利息，还是投资于债券、股票？如何进行正确决策取决于多种因素，其中一个重要的方面就是决策所依据的信息。

　　信息是决策的基础和重要依据。没有信息，决策就会成为无源之水、无本之木。基于全面和真实信息的决策，才有可能成为正确的决策。而错误的信息会让你南辕北辙。可见，信息的相关性和可靠性对于一个人能否在特定环境下做出"最佳决策"至关重要。

1.1.2　信息与社会

　　只要我们留意一下周围世界，就会发现信息无处不在，无时不有。十字路口的信号灯；教室里的板书、挂图；图书馆里的书报；足球比赛的现场直播；

大自然也无时无刻不在向我们发出各种各样的信息。信息可以用文字、图像、声音、符号、数字等不同的形式来表示。

人类表达信息的方法多种多样。千百年来，人们就用语言、图符、钟鼓、烟火、狼烟、竹简、纸书、旗语等方式传递信息。古代人类的烽火狼烟、飞鸽传信、驿马邮递就是例子，现在还有一些国家的个别原始部落，仍然保留着诸如击鼓、鸣号等古老的通信方式。从远古的"结绳记事"到当今的制作网站、发布博客，随着人类社会的进步，人类表达发布信息的方式越来越丰富、技术也越来越先进。

整个经济史表明，财富创造表现为一连串的波浪形的发展过程。随着技术的进步，每个波浪都表现出其独特性。图 1-1 描绘了经济发展的漫长过程。每个波浪都提高了财富水平，但同时也增加了经济的复杂性，而第四个波浪的驱动力实质上就是信息本身。

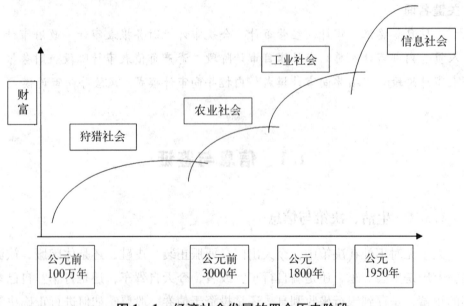

图 1-1 经济社会发展的四个历史阶段

资料来源：[美] W. 罗伯特·克涅科著，程悦译，刘宵仑审校：《审计》，中信出版社 2007 年版，第 4 页。

第一个波浪：人类以狩猎和采摘为生。所获得财富是取决于从大自然获取的能力。

第二个波浪：人类财富取决于所支配和耕种的土地数量。

第三个波浪：人类财富取决于对自然资源的转化能力，而不取决于占有资源的能力，如瑞士、日本等国。

第四个波浪：信息对生产、市场、销售、管理等，都有着决定性的作用。

当今世界已经进入信息时代，信息已成为主导全社会发展和科技创新的关键动力和重要源泉之一。而信息的质量决定了信息在社会经济活动中的价值，以及相关产品、系统的社会价值和效用，信息质量由此成为一项事关全社会发展的重要因素。

1.1.3　信息与鉴证

进入信息社会，随着计算机、网络、通信技术飞速发展，信息数量剧增，传递的速度也越来越快，而信息的质量却出现巨大滑坡。信息资源的爆炸式发展也带来大量信息垃圾，这与人们寻找、辨别和获取有用的信息资源形成越来越深的矛盾。

例如，随着供应商所提供资质证明无效或虚假的投诉案例逐年增加，供应商提供信息的质量成为既令人关注又令人头疼的问题。

再如，网络是人们获取信息的一个重要渠道。报纸市场化运作，使得网络商品性的一面越来越凸显出来。网络的信息质量，即网络所传播的信息的真实性、有效性和丰富性，也成为读者关注的一个焦点。市场经济时代的读者已把网络信息质量的好坏与自己的权益紧密地联系在一起，他们希望网络所提供的信息都是有价值的信息，应该满足自己的需要，而不能损害其合法权益。

信息社会越是发展，我们越是发现信息资源的质量的重要性。信息是经济与社会得以正常运作、发挥作用的一个根本点。在市场经济条件下，各种信息在帮助企业、个人做出正确的决策，以及政府宏观调控、指导市场机制正确运行等方面有着必不可少的作用。在一项交易之前，由于人们没有关于合作伙伴的机会主义程度的可靠信息，因此，不得不做出机会主义选择。如果交易双方得到的信息不对称，双方的决策也会产生差别，处于信息劣势的一方可能做出错误的决策，这就会给假冒伪劣、欺诈等行为以可乘之机。

那么，如何提高信息的质量，提高信息的真实性、有用性和公允性呢？可有三种选择：（1）优化社会环境，引导人们道德水平的提升，加强法制。这种选择有助于信息质量的提高，但并不能完全解决问题。（2）信息使用者亲自去收集整理信息，鉴定真伪。这种选择虽然保证了信息的真实性、有用性和公允性，但却使信息获得的成本急剧增加，信息的及时性大打折扣。（3）选择独立的、专业的第三方，对信息的真实性、有用性和公允性进行审核、验证，增加信息的可信性。这种鉴证活动具有第三方的公允性、专业的低成本性以及及时性等优势，比较而言是一种最优的选择。

鉴证就是按照标准对信息进行评价的活动。由于信息内容浩繁，所以信息鉴证的种类多种多样。例如，包括企业所得税汇算清缴鉴证在内的涉税鉴证、价格鉴证、合同鉴证、募集资金使用情况的鉴证、企业发展能力（成长性）鉴证、环境信息披露的鉴证等。其中，最重要的一种就是注册会计师的独立审计制度，其核心功能就是通过鉴证工作来保障会计信息的真实可靠，从而维护广大投资者和社会公众的合法权益。

1.2 会计信息与审计

1.2.1 会计信息与注册会计师

据统计，会计信息占了整个经济信息量的 70% 以上。因而会计信息质量的好坏决定了经济信息的质量，进而影响经济工作决策的质量。

注册会计师的鉴证服务业务是指注册会计师通过评价某一对象（如历史财务报表、财务信息等）在所有重大方面是否符合既定的标准，以增强有关该对象的信息可信性的业务。提供鉴证服务时，注册会计师发表意见的对象不仅包括历史会计报表和其他财务信息，还包括非财务信息（如公司治理结构、统计数据、环境）、系统和过程（如内部控制、环境管理系统）、行为（如人力资源管理）等。

在国际上，注册会计师执行的鉴证服务业务包括：（1）对历史或预测的经营业绩或状况（如历史或预测的财务信息、经营管理业绩和未经处理的数据）的鉴证；（2）对客观特征（如叙述性描写，关于能力的客观评价）的鉴证；（3）对历史事件（如在特定日期市场上某些商品的价格）的鉴证；（4）对分析（如盈亏平衡分析）的鉴证；（5）对系统和流程（如内部控制）的鉴证；（6）对行为（如公司治理、法律法规的符合、人力资源实务）的鉴证。这些鉴证事项可以是某一时点上的，也可能是在某一时期内的。在我国，目前注册会计师提供的鉴证服务业务主要包括审计、验资、审核、审阅和执行商定程序等。

1.2.2 审计的性质

美国会计学会（American Accounting Association，AAA）在 1973 年的《基本审计概念报告》中将审计定义如下：

"审计是一个客观地获取和评价与经济活动和经济事项有关证据的认定，以确认这些认定与既定标准之间的符合程度，并把审计结果传达给有利害关系的用户的系统过程。"

通俗地讲，审计是由具备一定资格的人员，搜集和评价相关证据，确定特定信息与既定标准间的符合程度并发表意见。

为了便于理解上述定义，以下就其中的几个关键术语做进一步的解释。

1. 特定信息

要执行审计，必须存在可验证的信息。这些信息可能是量化信息，如公司的财务报表，也可能是较为主观抽象的信息，如计算机系统的运行效果或者企业生产经营的效率。

特定信息多为被审计单位有关经济环境和经济事项认定的。

2. 既定标准

既定的标准是指判断认定时所采用的衡量标准，这些标准可能是立法机关所制定的规则或管理层所制定的预算或绩效衡量标准，也可能是财务会计委员会或其他权威机构所制定的一般公认会计原则。

对于较为抽象的信息，确定其标准就较为困难。一般而言，执行审计的人员与被审计单位在审计开始之前应就相关标准达成共识。

符合的程度就是将被审计单位所作的认定与既定标准相比较，验证二者的接近程度。

3. 获取和评价证据

证据是审计师用来确定被审计的认定与既定标准是否一致的资料。审计证据的形式多种多样，包括被审计单位的口头陈述、与外部客户的书面联系、执行审计的人员的观察以及关于交易的电子数据等。

获得充分适当的审计证据对于审计工作是非常重要的。确定必要的证据种类和数量，并评价信息与既定标准是否相符，是审计的关键环节，因此也是本教材的主题。

4. 具备一定资格的人员

执行审计的人员必须具备理解所用标准的能力，能够了解应搜集的证据种类与数量，以期在检查相关证据后得出恰当的审计意见。此外，执行审计的人员还应具备独立的精神态度。否则，在搜集和评价证据时带有偏见，其审计意见的可信性就会大打折扣。

执行审计的人员应客观地获取和评价证据，要求对被审计单位有关认定的形成基础加以审查，并对其结果加以公正的评估，不因支持或反对作此认定的个人或单位而有所偏差或持有任何偏见。

5. 审计意见

审计意见是基于对证据的分析与评价而得出的对认定结果的一致程度的评价。审计意见的传达通常采用书面报告的形式，例如财务报表审计报告。

1.2.3 审计的种类与财务报表审计

为了能正确理解与掌握不同的审计形态，有必要按照一定的标准，对审计进行科学的分类。

审计分类的标准很多，例如，按审计主体的不同，可以划分为政府审计、内部审计和注册会计师审计；按审计范围的不同，可以划分为全面审计和局部审计，综合审计与专题审计；按审计时间的不同，可分为事前审计和事后审计，期中审计和期末审计，定期审计和不定期审计；按审计地点的不同，可分为就地审计、送达审计和远程网络审计；按审计动机的不同，可分为法定审计和任意审计，等等。其中比较重要的一类就是按照审计的目的和内容的不同，对审计进行分类，包括经营审计、合规审计和财务报表审计三类。

1. 经营审计

经营审计是为了评价某个组织的经济活动在业务、经营、管理方面的业绩，找出改进的机会并提出改善的建议，而对一个组织的全部或部分业务程序与方法进行的检查。

由于可以从许多不同的角度评价经营效果，因而要归纳典型经营审计的特征是困难的。在某一组织内，审计人员可能会评价客户进行长期投资决策的可行性，而对另一个客户，审计人员可能要对销售业务信息处理系统进行评价。在经营审计中，审计对象不只限于会计信息，它也可以包括对企业组织结构、计算机运行、生产方法、市场营销等领域做出评价。

经营审计的独立性要求不像财务报表审计那么严格，内部审计师、政府审计师或注册会计师都可以执行经营审计。

经营审计的结果以一定的报告形式传达给用户，但这种报告的形式与内容随着约定任务的情况不同而有着非常大的差别。经营审计的相关评价标准的设定非常主观，对经营效率性和效果性的客观评价难度高于合规性审计和财务报表审计。经营审计的用户通常只限于被审计单位，很少被第三方所利用。

2. 合规审计

合规审计是为查明和确定被审计单位财务活动或经营活动是否符合有关法律、法规、规章制度、合同、协议和有关控制标准而进行的审计。由注册会计师或税务审核人员就企业所得税结算申报书是否遵从税法规定申报而进行的审计，是合规审计的典型例子。我国开展的财经法纪审计，如对严重违反国家现金管理规定、银行结算规定、成本开支范围、税法规定等行为所进行的审计，也是一种合规审计。

合规审计的主要目的是检查财经纪律执行情况，揭露违法乱纪行为，如偷税漏税、乱挤乱摊成本、擅自提价、滥发实物奖金、公款旅游、请客送礼、贪污盗窃、行贿受贿等。由于违反财经纪律手段的特殊性，审计机构应采取不同的审计对策。按照有关规定，审计机关对违反财经纪律的单位和个人有权予以经济制裁；对严重违法乱纪人员，有权向有关部门建议予以行政纪律处分；对触犯国家刑律的，有权提请司法机关依法惩处。

开展合规审计的结果一般只向被审计单位内部报告，而不是大范围地披露。相对于外部使用者，被审计单位的管理当局是合规审计的主要需求方。

3. 财务报表审计

财务报表审计，是对被审计单位的财务报表（如资产负债表、利润表、股东权益变动表和现金流量表）、财务报表附注及相关附表进行的审计。这种审计的目的在于查明被审计单位的财务报表是否按照一般公认会计准则（即我国的《企业会计准则》和相关会计制度，下同），在所有重大方面公允地反映其财务状况、经营成果和现金流量情况。

在评价财务报表是否已经按照公认会计准则进行公允表达时，注册会计师应进行适当的测试来判断报表是否存在重大错报。一个系统的审计方法应考虑错报的可能性和防止错误的经营控制，并应将企业面临的环境和相应的战略评价融入这一整合方法之中。

财务报表审计是近代股份公司出现后，由于公司的所有权和经营权的分离，以及股份的社会化而逐渐发展起来的一种审计方式。在西方国家，从名义上讲，财务报表审计是保护股东权益的一种手段，但从实际效果看，财务报表审计所涉及的范围包括了与被审计单位有财务联系的各个方面。例如，在美国注册会计师协会颁布的《审计准则说明书》中，就详细规定了审计师应注意的有关事项。

财务报表审计是现代审计中理论最完备、方法最先进的一种审计方式。表1-1为财务报表审计、合规审计和经营审计三种不同审计种类的差异。

表 1-1　　财务报表审计、合规审计和经营审计的差异

审计种类	认定的性质	既定标准	审计报告的性质	例　子
财务报表审计	企业个体的财务报表信息	一般公认会计原则	财务报表是否公允的意见	上市公司年度财务报表审计
合规审计	认定或资料是否遵守政策、法令、法律规定及规章等	管理层的政策、法律、规定或第三方的要求	发现偏差的汇总及对合规程度的保证	财经法纪审计
经营审计	活动或执行的资料	管理层或法令设立的目标	观察到的效率或效果；改进的建议	经济效益审计

1.2.4 审计人员的种类

审计人员是审计活动的执行者，根据其所服务的单位在审计组织体系中的位置的不同，审计人员可以分为社会审计组织中的注册会计师、国家审计机关的政府审计人员、企业内部审计机构的内部审计人员。

1. 注册会计师

1720 年，英国爆发了南海公司破产事件，使公司股东和债权人遭受了巨大的经济损失。会计师查尔斯·施奈尔受议会聘请对其会计账目进行了检查，并以会计师名义出具了一份《查账报告》，指出南海公司的财务报告存在着严重的舞弊行为，这标志着独立会计师——注册会计师的正式诞生。

随后，为保护投资者和债权人的利益，监督股份公司的经营管理，英国议会于 1844 年颁布了《公司法》，规定股份公司必须设立监事来审查会计账簿和报表，并将审查结果报告给股东。次年，英国议会又对《公司法》进行了修订，规定股份公司必要时可以聘请会计师协助办理审计业务。该法案使公司具有聘请外部审计师的选择权，从而有力地促进了独立会计师职业的发展。其间，英国政府对一批独立会计师进行了资格确认。1853 年，爱丁堡会计师协会在苏格兰成立，同年 10 月 23 日，54 名会员获得了维多利亚女皇的"特准书"，标志着注册会计师审计职业的诞生。1862 年修改的《公司法》又确定独立会计师为法定的公司破产清算人，进一步明确了独立会计师的法律地位。

注册会计师是依法取得注册会计师资格证书，并接受委托从事审计、鉴证和相关服务的执业人员。凭借他们所受的教育、训练以及所拥有的经验，注册会计师有资格执行审计、鉴证和其他专业服务，注册会计师的客户可能包括各类企业、非营利组织、政府机构及个人。同医生、律师等专业人员一样，注册会计师也是以公费基础来提供服务。

在我国，注册会计师必须在会计师事务所执业，他们在其中的角色同律师在律师事务所的角色有许多相类似的地方，但是注册会计师在进行审计及出具报告结果时必须与客户保持独立，而律师则可在为客户提供法律服务时，立场偏向客户。

要取得注册会计师资格通常必须通过资格考试。各国对注册会计师资格的要求不同，如美国要求申办执照的注册会计师必须通过统一的注册会计师考试，有学士学位，并有两年工作经验；日本的公认会计师申办执照必须通过 3 个等级考试，总体掌握会计知识，有初级的公认会计师的专门知识和职业能力；德国的经济审计师必须通过个人和职业资格检查，并符合政府规定的批准和考试程序，其中包括不少于 5 年的工作经验方面的要求，此后，还要公开任命并宣誓；而我国的注册会计师必须参加全国统一考试，成绩合格，并从事审计业务工作两年以上，方可申请注册。

2. **政府审计人员**

政府审计人员是指审计机关中接受政府委托，依法行使审计监督权，从事审计业务的人员。他们对包括各级政府机构、国家金融机构、国有企事业单位以及其他有国家资产单位的财政、财务收支的真实性、合法性、效益性进行综合性的经济监督活动。

政府审计是世界各国审计的最初形态，中国最早的政府审计人员是西周的宰夫。现代政府审计不仅在审计体制上更加完善，而且在审计理论和实务方面有了许多发展，绩效审计、环境审计、三E审计（即经济性审计、效率性审计和效果性审计）等的逐步开展对政府审计人员的素质提出了更高的要求。

我国的政府审计人员实行专业技术资格制度，审计署和省级审计机关建立专业技术资格考试、评审制度。审计专业技术资格分为初级（审计员、助理审计师）资格、中级（审计师）资格、高级（高级审计师）资格。审计机关录用的审计人员必须经过培训合格后，才能独立承办审计业务。

政府审计人员既从事合规审计、经营审计，也从事与财务报表有关的审计。在美国很多州，在审计总署的工作经验可以作为从事注册会计师所要求的实际工作的经验。

3. **内部审计人员**

内部审计人员是单位所雇用的从事本单位内部审计工作的在册职员。内部审计人员对本单位内部控制的有效性，财务信息的真实性、完整性以及经营活动的效率和效果等展开评价活动。

内部审计的范围和目标因被审计单位的规模、组织结构和管理层需求的不同而存在很大差异。内部审计通常包括下列一项或多项活动：监督内部控制和风险管理；检查财务信息和经营信息；评价经营活动的效率和效果；评价对法律法规、其他外部要求以及管理层政策、指示和其他内部要求的遵守情况等。

企业内部审计有助于强化企业内部控制，改善企业风险管理，完善公司治理结构，促进企业目标的实现。

内部审计同样应当具有独立性，才能发挥最大的控制功能。然而，内部审计人员受雇于企业，限于劳资关系的固有约束，内部审计人员不能具有像注册会计师那样高的独立性。

1.3 注册会计师审计的三个发展阶段

1.3.1 注册会计师审计的产生

注册会计师审计是商品经济发展到一定程度时，随着企业财产所有权与经营权分离而产生的。通常认为，注册会计师审计产生于资本主义工业革命时代，而其萌芽则可以上溯到 16 世纪。威尼斯城的航海贸易日益发达并出现了早期的合伙企业。在合伙企业中，通常只有少数几人充当执行合伙人，负责企业的经营管理，其他合伙人则只出资而不参加经营管理。非执行合伙人需要了解合伙企业的经营情况和经营成果，执行合伙人也希望能证实自己经营管理的能力与效率，因此双方都希望能从外部聘请独立的会计专业人员来担任查账和监督工作。这些会计专业人员所进行的查账与监督，可以被看作是注册会计师审计的萌芽。

18 世纪下半叶，资本主义工业革命开始以后，英国的生产社会化程度大大提高，导致企业所有权与经营权进一步分离。企业主们雇用职业的经理人员来管理日常经营活动，他们需要借助外部专业人员来检查和监督经理人员，于是出现了第一批以查账为职业的独立会计师。特别是股份公司兴起以后，企业财产所有权与经营权日渐分离，绝大多数股东只向企业出资而完全脱离了经营管理。因此，股东们要求由经理人员组成的管理层定期向他们提交财务报告，以便了解公司的财务状况和经营成果。

而后，随着资本市场的快速发展，企业融资渠道进一步拓宽，债权人、潜在的投资者等社会公众都迫切需要了解公司的财务状况和经营成果，以做出贷款、投资等相应的经济决策。因此，为确保财务信息的真实与公允，由独立会计师对股份公司的财务报告进行审计就显得尤为必要。从审计对象的演变过程看，注册会计师审计可以分为会计账目审计、资产负债表审计和财务报表审计三个阶段。

1.3.2 会计账目审计阶段（19 世纪中叶至 20 世纪初）

由于英国的《公司法》确立了注册会计师的法律地位，这个时期的英国注册会计师审计得到了迅速发展，并对其他国家产生了重要影响。其主要特点是：注册会计师审计逐渐由任意审计转变为法定审计；审计的目的在于查错防弊，保护企业财产的安全完整；审计的方法是对会计账目进行逐笔的详细审计；审计报告的使用人主要是企业股东。

1.3.3　资产负债表审计阶段（20世纪的前30年）

这一阶段，全球经济发展的重心由欧洲转向美国。金融资本向产业资本的渗透更加广泛，企业与银行间的利益关系更加密切。银行通常要求企业提供经过注册会计师审计的资产负债表，以判断企业的偿债能力。企业也希望借助注册会计师对其资产负债表的审查，以更好地获取银行信用。因此，资产负债表审计成为此阶段注册会计师的主要业务。

这一阶段的基本特点是：审计对象由会计账目扩大到资产负债表；审计的主要目的在于通过审查资产负债表来判断企业的信用状况；审计方法从详细审计初步转向抽样审计；审计报告的使用人除企业股东外，还扩大到债权人。

1.3.4　财务报表审计阶段（20世纪30年代延续至今）

20世纪30年代以后，美国的证券市场得到了快速发展。为保护投资者的权益，1934年美国《证券交易法》规定，上市公司必须向证券交易管理部门报送经过审查的资产负债表和损益表。为顺应这种需要，注册会计师审计从资产负债表审计逐步扩大到财务报表审计。

在此阶段，注册会计师审计的主要特点为：审计对象扩大为企业的全部财务报表及相关资料；审计的主要目的在于对财务报表发表审计意见；审计范围扩大到测试相关的内部控制制度；抽样审计和计算机辅助审计技术逐渐被运用；审计报告的使用人范围进一步扩大，包括股东、债权人、潜在的投资者、证券交易机构、政府及社会公众；注册会计师审计准则体系不断建立和完善；注册会计师资格考试和认证制度逐步推行。

1.4　审计与会计

有些财务报表使用者和社会公众，将审计与会计混为一谈，原因在于审计与会计的密切性。审计信息与会计信息紧密相关，从事审计业务的人员称为"注册会计师"，甚至有人简称为"会计师"。

会计是以逻辑过程对经济事项进行记录、分类和汇总，其目的是为决策者提供所需的财务会计信息。会计的作用是提供一定类型的量化信息，以供投资者和管理当局进行决策所用。为了提供相关的信息，会计人员必须全面掌握表述会计信息应遵循的原则和规则。此外，会计人员应制作和利用一套会计处理系统，以确保能以合理的成本，及时恰当地记录组织所发生的经济事项。

在审计人员审计财务会计信息时，应关注信息是否恰当地反映了会计期间内所发生的经济事项。由于会计原则和规则是评价财务会计信息是否恰当的标准，因而审计人员必须全面准确地把握这些规则。在财务报表审计中，这些原则和规则就是公认会计准则，如《企业会计准则》和相关会计制度。

此外，审计人员还必须拥有搜集和解释审计证据的专业能力，这种专业能力也是审计人员与会计人员的区别之一。确定适当的审计程序、所需审计证据的数量和类型，评价审计结果，发表审计意见等，都是审计特有的工作内容。

1.5　注册会计师审计的审计模式

审计模式是审计对象、范围、方法以及目标等要素的组合。

审计环境的不断变化和审计理论水平的不断提高，促进了审计方法和模式的不断发展和完善。一般认为，审计模式的演进经历了以下三个阶段。

1.5.1　账项导向审计模式（19 世纪中叶到 20 世纪 40 年代）

账项导向审计是在当时被审计单位规模较小、业务较少、账目数量不多以及审计技术和方法不发达的特定审计环境下产生的。早期的注册会计师审计没有成熟的方法和理论，只是根据揭弊查错的目的，以公司的账簿和凭证作为审查的出发点，对会计账簿记录进行逐笔审查，检查各项分录的有效性和准确性，以及账簿的加总和过账是否正确、总账与明细账是否一致，以获取审计证据，达到揭弊查错的审计目的。因此，该审计模式主要采用详细审计。

随着企业规模的日渐增大和审计范围的不断扩大，对被审计单位的账目记录进行详细审查的成本越来越高，客观上要求对账项导向审计进行改进。注册会计师审计开始转向以财务报表为基础进行抽查。审计方式由顺查法改为逆查法，即先通过审查资产负债表有关项目，再有针对性地抽取凭证进行详细检查。在此阶段，抽查的数量很大，但由于采取判断抽样为主，注册会计师仍难以有效地揭示企业财务报表中可能存在的重大错弊。

1.5.2　内控导向审计模式（20 世纪 40 年代到 20 世纪 70 年代）

20 世纪 40 年代以后，随着社会和经济的发展，企业规模不断扩大，业务急剧增加，会计账目越来越多。企业为了管理的需要，开始建立内部控制制度。

1938 年的美国麦克森·罗宾斯公司倒闭事件，成为审计史上最大的案件，该事件不仅削弱了公众对审计的信任，也暴露出审计方法和程序方面存在的弊端。

经过长期的审计实践，注册会计师发现企业内部控制制度与企业会计信息的质量具有很大的相关性。如果内部控制制度健全有效，财务报表发生错误和舞弊的可能性就小，会计信息的质量就较高，从而审计测试的范围就可以相应缩小；反之，就必须扩大审计测试的范围，抽查更多的样本。因此，为了顺应审计环境的要求、提高审计效率、降低审计成本、保证审计质量，账项导向审计发展为内控导向审计模式。

内控导向审计要求注册会计师对委托单位的内部控制制度进行全面了解和评价，评估审计风险，制订审计计划，确定审计实施的范围和重点，规划实质性程序的性质、时间和范围，在此基础上实施实质性程序，获取充分、适当的审计证据，从而提出合理的审计意见。

通过实施内控导向审计，大大提高了审计工作的效率和质量，但客观上也增加了审计风险。

1.5.3　风险导向审计模式（20世纪70年代到现今）

20世纪70年代以来，审计诉讼案件有增无减。随着经济环境的变化，社会公众日益对审计人员赋予更高的期望，要求审计人员担负更大的责任。深入研究、防范和降低审计风险成为注册会计师审计职业的重要任务。

从企业的战略经营风险入手，现代风险导向审计强调从宏观上了解被审单位及其所处环境，按照"战略分析—环节分析—财务报表剩余风险分析"的基本思路，充分识别和评估财务报表重大错报的风险，并据此设计和实施控制测试和实质性程序，克服了传统风险导向审计简化主义的认知思路，从源头上和宏观上判断并发现财务报表存在的重大错报。

现代风险导向审计具有以下特点：

（1）审计工作以评估重大错报风险为起点和导向，从企业的战略经营风险入手，强调从宏观上了解被审单位及其所处环境，紧紧围绕评估的重大错报风险来设计和执行审计程序，最终保证财务报表整体不存在重大错报。

（2）风险的评估是起点和重点，注重对持续经营能力的考虑及经营风险对审计风险的影响，进而从经营风险中能更有效发现财务报表潜在的重大错报。

（3）风险评估以分析性复核为中心。风险评估包括检查、调查、询问、穿行测试等多种审计取证手法，现代风险导向审计的核心是对分析性复核的运用。分析性复核对象开始走向多样化，不再仅仅局限于财务数据，也包括了非财务数据。同时，充分借鉴现代管理方法，将管理方法运用到分析性程序之中。

（4）审计业务流程分风险评估程序、控制测试和实质性程序三个主要部分。

1.6 中国注册会计师审计的发展历程

中国的注册会计师审计始于辛亥革命以后。当时，一批爱国学者积极倡导创建中国的注册会计师审计事业。1918年，北洋政府颁布了我国第一部注册会计师审计法规——《会计师暂行章程》。同年，谢霖先生获准成为中国第一位注册会计师，并创办了第一家注册会计师审计机构——正则会计师事务所。1925年上海首先成立了会计师公会。

经过30余年的缓慢发展，到1947年，中国的注册会计师审计事业已经初具规模。然而，由于政治经济的落后，旧中国的注册会计师审计业务发展缓慢，远未能发挥注册会计师审计的应有作用。

新中国成立初期，在我国国民经济恢复过程中注册会计师审计曾发挥了积极作用。在社会主义改造完成以后，由于照搬苏联高度集中的计划经济模式，我国的注册会计师审计陷入长时期的停滞状态。

改革开放以后，我国逐渐从计划经济体制转向市场经济体制，并出现了国有、集体、外资以及个体私营经济等多种所有制经济形式，股票、债券等资本市场也得到了快速发展，注册会计师审计随着经济的发展而得到了恢复和发展，其发展过程大致分为两个阶段。

1.6.1 恢复重建阶段（1980~1993）

以1980年财政部发布《关于成立会计顾问处的暂行规定》为标志，注册会计师制度开始重建，主要业务是对外商投资企业进行审计并提供会计咨询服务。1986年7月，国务院颁布《中华人民共和国注册会计师条例》，确立了注册会计师行业的法律地位，到1988年底，注册会计师发展到3000人，会计师事务所250家，业务领域仍以外商投资企业为主。1988年11月，中国注册会计师协会成立，注册会计师行业开始步入政府监督和指导、行业协会自我管理的轨道。

在注册会计师事业发展的同期，我国注册会计师审计队伍——注册审计师也从无到有发展壮大起来。1990年，有审计事务所2322家，注册审计师7273人；1993年11月中国注册审计师协会成立；1995年，审计事务所已发展到3828家。

1.6.2 整顿改革阶段（1994～2003）

1994 年 1 月，《中华人民共和国注册会计师法》正式实施，注册会计师行业快速向规范化方向迈进。1995 年 6 月，中国注册会计师协会与中国注册审计师协会实现联合，开创了统一法律规范、统一执业标准、统一监督管理的行业发展新局面，为行业的规范发展奠定了良好的基础。"两会"联合后，注册会计师行业的规范化发展主要体现在三个方面：一是 1997 年拉开了行业清理整顿工作的序幕；二是 1998 年启动了行业体制改革工作；三是注册会计师审计准则制定工作基本完成，执业规范体系基本形成。

1998～1999 年底，在财政部领导下，注册会计师行业全面开展了并完成了会计师事务所的脱钩改制工作，会计师事务实现了与挂靠单位在"人事、财务、业务、名称"四个方面的彻底脱钩，改制成为以注册会计师为主体发起设立的自我约束、自我发展、自主经营、自担风险的真正意义上的市场中介组织。会计师事务所脱钩改制，彻底改变了行业的责权利关系，为注册会计师实现独立、客观、公正执业奠定了体制基础，极大地释放和激发了会计师事务所的活力。

1995～2003 年，中注协先后制定了 6 批注册会计师审计准则，包括 1 个准则序言、1 个注册会计师审计基本准则、28 个注册会计师审计具体准则、10 个注册会计师审计实务公告和 5 个执业规范指南，此外，还包括 3 个相关基本准则（职业道德基本准则、质量控制基本准则和后续教育基本准则），共计 48 个项目。

1.6.3 发展提高阶段（2004 年以来）

2004 年底，中国注册会计师协会召开第四次会员代表大会，会议明确提出开放国内市场和进军国际市场并举的国际化发展思路。2005 年开始，中国注册会计师协会拟定了 22 项准则，对 26 项准则进行了必要的修订和完善，并于 2006 年 2 月 15 日由财政部发布，自 2007 年 1 月 1 日起在所有会计师事务所施行。这些准则的发布，标志着我国已建立起一套适应社会主义市场经济发展要求，顺应国际趋同大势的中国注册会计师执业准则体系。

2007 年，财政部启动注册会计师行业做大做强战略，发布《关于推动会计师事务所做大做强的意见》和《会计师事务所内部治理指南》，并协调九部委发布《关于支持会计师事务所扩大服务出口的若干意见》；发布《中国注册会计师胜任能力指南》；促成会计师事务所民事侵权责任司法解释的发布实施；在布鲁塞尔举行中国注册会计师统一考试欧洲考区的首次考试；签订内地与香港审计准则等效的联合声明。

2008 年，建立行业诚信信息监控系统；与英格兰及威尔士特许会计师协会签署两会间职业资格考试部门科目互免协议；发布注册会计师考试制度改革方案；制定发布《关于规范和发展中小会计师事务所的意见》和《关于进一步改进和加强协会管理和服务工作的意见》；研究推进行业党建工作。

2009 年 10 月 3 日，国务院办公厅正式转发财政部《关于加快发展我国注册会计师行业的若干意见》（国办发（2009）56 号），明确提出了加快发展注册会计师行业的指导思想、基本原则、主要目标和具体措施。这是改革开放以来经国务院同意、由国务院办公厅转发的关于注册会计师行业改革与发展全局的第一个文件。这一纲领性文件有力地推动了注册会计师行业跨越式发展。

2009 年初，为应对审计环境的重大改变，实现与国际审计与鉴证准则的持续趋同，中注协启动了审计准则修订工作，共涉及 38 个准则项目。经过一年多的努力，历经两次公开征求意见，2010 年 10 月 31 日，中国审计准则委员会审议通过修订后的新审计准则，2010 年 11 月 1 日由财政部正式发布，定于 2012 年 1 月 1 日起施行。

据中注协网站，截至 2013 年 12 月 31 日，全国共有会计师事务所 8209 家，注册会计师 98707 人，非执业会员 95069 人；全国具有证券期货业务资格事务所 40 家，获准从事 H 股企业审计业务的内地大型会计师事务所 11 家。

目前，注册会计师行业的业务范围涵盖经济、政治、社会、文化和生态文明建设各领域 800 多类项目，服务企事业单位和行政机关超过 350 万家。根据中注协 2013 年度发布的事务所综合评价全国前百家信息，前百家事务所中，业务收入超过 1 亿元的有 44 家，超过 5 亿元的有 14 家，超过 10 亿元的有 10 家，超过 20 亿元的有 5 家。

本 章 小 结

1. 信息社会中，随着计算机、网络通信技术飞速发展，信息数量剧增，传递的速度加快，而信息质量成为人们关注的焦点，辨别和获取有用的信息资源工作越来越重要。

2. 对信息的真实性、有用性和公允性进行审核、验证，增加信息的可信性，比较而言是一种提升信息质量的最优选择。鉴证活动具有第三方的公允性、专业的低成本性以及及时性等优势，可以选择独立的、专业的第三方。

3. 注册会计师提供的鉴证服务业务主要包括审计、验资、审核、审阅和执行商定程序等。

4．审计的定义。①美国会计学会对审计的定义："审计是一个客观地获取和评价与经济活动和经济事项有关证据的认定，以确认这些认定与既定标准之间的符合程度，并把审计结果传达给有利害关系的用户的系统过程。"②通俗地讲，审计是由具备一定资格的人员，搜集和评价相关证据，确定特定信息与既定标准间的符合程度并发表意见。

5．按照审计的目的和内容的不同，对审计进行分类，包括经营审计、合规审计和财务报表审计三类。

6．审计人员可以分为社会审计组织中的注册会计师、国家审计机关的政府审计人员、企业内部审计机构的内部审计人员。

7．从审计对象的演变过程看，注册会计师审计可以分为会计账目审计、资产负债表审计和财务报表审计三个阶段。

8．注册会计师审计模式可分为账项导向审计模式、内控导向审计模式和风险导向审计模式三种。

思　考　题

1．举例说明信息在生活中的重要性。

2．信息为何需要鉴证？

3．如何理解注册会计师执行的鉴证服务业务？

4．如何理解审计的意义？

5．如何对审计进行科学分类？

6．如何理解财务报表审计？

7．请说明财务报表审计、合规审计和经营审计三种不同审计种类的差异。

8．对审计人员如何分类？

9．注册会计师审计的发展经历了哪些阶段？各有何特点？

10．如何理解审计与会计的区别和联系？

11．注册会计师审计的审计模式有哪些？各有何特征？

12．现代风险导向审计具有哪些特点？

第2章 会计师事务所与注册会计师行业

学习目标

　　了解中国注册会计师考试制度。掌握中国注册会计师业务范围；注册会计师职业继续教育的意义和内容。了解会计师事务所的组织形式；会计师事务所的组织结构。中国会计师事务所的设立条件和要求；会计师事务所的业务内容的拓展。了解会计师事务所的业务承接；中国注册会计师协会的职责、权力机构和常设执行机构。了解注册会计师的行业管理体制；中国注册会计师的行业管理内容和特点。

关键名词

　　注册会计师资格　注册会计师考试　会计师事务所　中国注册会计师协会　美国注册会计师协会　国际会计师联合会　注册会计师的行业管理　行业自律

2.1　注册会计师资格

　　注册会计师考试和注册登记制度是注册会计师制度的重要内容之一，它是一系列选拔注册会计师的措施、制度的总称。目前，世界上许多国家为了保证审计工作质量，保护投资者合法权益，维护注册会计师职业在公众心目中应有的权威性，都相继制定了较为完善的注册会计师考试和注册制度。

　　在美国，注册会计师的资格是由各州注册管理部门根据该州的法律授予的。对于一个想成为注册会计师的人而言，必须满足三方面的要求（见图 2 - 1①）。

---

　　① ［美］阿尔文·A·阿伦斯等著，张龙平等译：《审计》，东北财经大学出版社 2005 年版，第15页。

教育要求	统一的注册会计师考试要求	经验要求
一般而言，要求拥有会计专业的本科学历，包括最低会计学学分要求。有些州规定必须修满150个学分（255个季度学分）才有资格参加考试；有些州对参加考试必须取得的学分要求较少，但规定获得执业资格前必须修满150个学分	每年5月份和11月份举行两次考试，为期两天，考试科目如下：审计4.5小时；会计与报告3.5小时；财务会计与报告4.5小时；商法和职业责任3小时；除了会计与报告外，其他所有科目都包括至少20%的主观题，一些州还要求道德单独考试	2年工作经验，包括审计工作在内。一些州承认政府部门的工作经验或内部审计工作经验

图 2 - 1　美国对成为注册会计师的三方面要求

中国于 1991 年开始组织全国注册会计师统一考试，注册会计师考试制度的具体内容如下。

2.1.1　报考条件

根据《中华人民共和国注册会计师法》（以下简称《注册会计师法》）和《注册会计师全国统一考试办法》的规定，具有下列条件的中国公民，可报名参加考试：①高等专科以上学历或具有会计（或者相关专业）中级以上专业技术职称。②具有完全民事行为能力。

对外籍公民，按互惠原则，其所在国允许中华人民共和国公民参加该国注册会计师（或其他相应称谓）考试者，中华人民共和国政府亦允许其公民参加中国注册会计师考试。港、澳、台地区居民及按互惠原则确认的外籍公民申请参加中华人民共和国注册会计师考试必须具备下列条件之一：具有财政部注册会计师全国考试委员会认可的境内、外高等专科及以上学校的学历；已取得境外法律认可的注册会计师资格（或其他相应资格，下同）；已取得中国注册会计师统一考试的单科合格证书。

符合上述条件的报考人员，还必须提供如下有效证明：①报名人员合法身份的有效证件（护照、身份证等）。②报名人员境内、外高等专科及以上学校毕业的有效学历证书或境外注册会计师资格证书，或有效的中国注册会计师考试单科成绩合格凭证。

2.1.2　考试组织

财政部成立全国注册会计师考试委员会（简称全国考试委员会），全国考试委员会办公室（简称全国考试办公室）设在中国注册会计师协会。各省、自治区、直辖市财政厅（局）成立地方注册会计师考试委员会（简称地方考试委员会），地方考试委员会办公室（简称地方考试办公室）设在各省、自治区、直辖市注册会计师协会。

全国考试委员会组织领导全国统一考试工作，确定考试组织工作原则，制定考试组织工作方针、政策，审定《考试大纲》，确定考试命题，处理考试组织工作中的重大问题，指导地方考试委员会工作。全国考试办公室负责具体组织、实施考试工作，指导各地方考试办公室的工作。

地方考试委员会贯彻、实施全国考试委员会的规定，组织、领导本地区的考试工作。地方考试办公室在地方考试委员会领导下负责具体组织本地区的考试工作。

2.1.3 考试范围

考试范围在考试大纲中确定。考试大纲由全国考试办公室提出，经全国考试委员会审定发布。考试划分为专业阶段考试和综合阶段考试。考生在通过专业阶段考试的全部科目后，才能参加综合阶段考试。专业考试科目为会计、审计、财务成本管理、经济法、税法、公司战略与风险管理。考试均采取闭卷、笔试的方式进行。考试实行百分制，60 分为成绩合格分数线。单科成绩合格者，其合格成绩在取得单科成绩合格凭证（单科成绩合格证书或成绩通知单）后的连续 4 次考试中有效。

2.1.4 注册登记

根据《注册会计师法》的规定，通过注册会计师考试全科成绩合格的，均可取得注册会计师资格，包括在政府、企业、一切经济单位工作的人员均可按规定在取得注册会计师资格后，申请加入注册会计师协会成为非执业会员，但不能执业。注册会计师要依法执业。

申请注册者，如果有下列情形之一的，受理申请的注册会计师协会不予注册：①不具有完全民事行为能力的；②因受刑事处罚，自刑法执行完毕之日起至申请注册之日止不满 5 年的；③因在财务、会计、审计、企业管理或者其他经济管理工作中犯有严重错误受行政处罚、撤职以上处分，自处罚、处分之日起至申请之日止不满两年的；④受吊销注册会计师证书的处罚，自处罚决定生效之日起至申请注册之日止不满 5 年的；⑤国务院财政部门规定的其他不予注册的情形的。

已取得注册会计师证书的人员，如果注册后出现以下情形之一的，准予注册的注册会计师协会将其撤销注册，收回注册会计师证书：①完全丧失民事行为能力的；②受刑事处罚的；③以欺骗、贿赂等不正当手段取得注册会计师证书的；④自行停止执行注册会计师业务满一年的。

中国注册会计师协会的外籍非执业会员符合条件者，可申请注册成为中国注册会计师。具体要求请参见中国注册会计师协会网站（www. cicpa. org. cn）。

2.2　注册会计师业务范围

中国《注册会计师法》规定，注册会计师依法承办审计业务和会计咨询、会计服务业务。

审计业务属于法定业务，非注册会计师不得承办。在审计业务中又包括四种：①审查企业财务会计报告；②验证企业资本；③办理企业合并、分立、清算事宜中的审计业务；④办理法律、行政法规规定的其他审计业务。通常会计咨询、会计服务业务包括资产评估、代理记账、税务代理及管理咨询等业务。

20 世纪 90 年代以来，全球范围内的会计师事务所的业务范围呈现出多样化发展趋势，税务服务、技术服务、管理咨询服务和业绩管理服务、财务计划、IT 咨询服务、电子商务、网络认证、人力资源管理、信息系统可靠性、风险评估等非审计服务得到了蓬勃发展，例如"四大"会计公司的管理咨询收入比重已经超过了审计服务的收入比重。因为随着经营环境的逐步改变，市场对拥有丰富经验和专业知识的注册会计师提出了更多的要求，而且由于审计业务已经趋于成熟，成长的空间有限，会计师事务所的发展必然需要拓展更广泛的业务领域。

2.3　注册会计师职业继续教育

由于市场经济的快速发展，企业的经济业务和经营管理日趋复杂，社会对独立审计的期望也越来越高，审计理论和方法也不断地向前发展，为此，注册会计师就应不断地更新知识结构，提高专业素质和执业水平。如今，有些国家都非常注重加强注册会计师职业继续教育，并制定了相应的职业继续教育准则。我国也于 1997 年颁布了注册会计师职业继续教育准则。

2.3.1　职业继续教育的内容和形式

注册会计师职业继续教育的内容主要包括：

（1）会计准则及国家其他有关财务会计法规。为了对被审计单位财务报表发表合理的审计意见，注册会计师必须熟悉企业会计准则及国家其他有关财务会计法规，包括：企业会计准则及其具体准则、企业会计制度等。

（2）独立审计准则和其他职业规范。为保证和提高注册会计师执业质量，中国注册会计师协会拟定和发布了一系列职业规范，具体包括独立审计准则、注册会计师职业道德基本准则、审计质量控制基本准则和注册会计师职业继续教育基本准则。这些职业规范，是对注册会计师执业资格、执业行为的具体规定，注册会计师必须学习和掌握。

（3）与执业有关的其他有关法规。主要指与注册会计师执业有关的经济法律、法规和行政规章，如《会计法》《注册会计师法》《公司法》《证券法》等法律以及国务院及其主管部门发布的行政法规和部门规章。

（4）执业所需的其他知识与技能。为壮大会计师事务所规模，提高其业务收入，注册会计师在做好传统审计业务的同时，应当利用其专业优势不断扩展业务领域。因此，注册会计师需要了解和掌握多种知识及技能，如基建工程预决算、资产评估、投资咨询、管理咨询等。

注册会计师职业继续教育可以采取多种形式，例如：参加各级注册会计师协会举办或认可的专业培训、专业课程进修、专题研讨会；参加所在事务所的专业研讨与培训；公开出版专业著作或发表专业论文；承担专业课题研究并取得研究成果；个人专业学习与实务研究等。

2.3.2　职业继续教育的组织和实施

职业继续教育由中国注册会计师协会及其地方组织负责组织和实施。

中国注册会计师协会的主要职责包括：制定全国性的职业继续教育制度和办法；组织全国性的职业继续教育活动；制定全国性年度职业继续教育大纲；组织全国性职业继续教育教材的编写与选定以及组织全国性职业继续教育的考核与检查。

各地方注册会计师协会在其上级协会的指导下，根据职业继续教育准则及其他相关要求，组织和实施本地区的职业继续教育。其职责在于：制定本地区职业继续教育制度与办法；组织本地区职业继续教育活动；制定本地区年度职业继续教育大纲；组织本地区职业继续教育的考核与检查。

各会计师事务所也应根据职业继续教育准则和其他相关要求，合理地制订本所职业继续教育计划，并有效地组织本所注册会计师的继续教育工作。

2.3.3　职业继续教育的检查和考核

为了有效开展和落实注册会计师职业继续教育工作，准则中规定由中国注册会计师协会及其地方组织负责检查和考核注册会计师的职业继续教育情况。目前，中国注册会计师协会确定的时间标准是：执业会员每年接受职业继续教育的时间不得少于 40 学时，三年累计不得少于 180 学时；每年接受脱产培训的时间不得少于 20 学时，三年累计不得少于 120 学时。注册会计师如未能提供职业继续教育的有效记录或无故未达到职业继续教育要求的，考核时将不予通过。

2.4 会计师事务所的组织形式

会计师事务所是注册会计师依法承办业务的机构。从世界范围来看，会计师事务所的形式包括以下四类。

1. 独资制

独资制会计师事务所，是指注册会计师个人独立开办的事务所。其特点是：个人出资并承担无限责任，能适应中小企业代理记账、税务代理等一般性需要，但难以承接综合业务，因此制约了其长远发展。

2. 普通合伙制

即由两位或多位注册会计师合伙设立的会计师事务所。其特点在于：多人共同出资，并以各自财产对合伙事务所债务承担无限责任；由于利益共享，能有效扩展业务，扩大规模；但任何合伙人的执业行为都会影响整个事务所的生存和发展，因而风险较大。

3. 有限责任合伙制

即多个合伙人通过设立有限责任公司的方式来组建事务所。其显著特点是：事务所以其资产对债务承担有限责任，但各合伙人对个人执业行为承担无限责任。该方式结合了合伙制与公司制会计师事务所的优点，既能壮大会计师事务所规模，又能促进注册会计师关注审计风险，因而得到国际注册会计师职业界的认可。

4. 股份有限公司制

即通过设立股份有限公司方式组建事务所。它的特点有：执业的注册会计师认购事务所股份，并以其股份为限对本所债务承担有限责任；该方式能迅速扩大事务所规模，业务扩展较快；但由于风险均摊，不利于注册会计师关注职业风险。

中国《注册会计师法》规定，不准个人设立独资会计师事务所，只批准有限责任会计师事务所和合伙会计师事务所。合伙制会计师事务所是由两名以上的注册会计师共同出资设立，共同执业，合伙人按出资比例或协议以各自的财产对事务所债务承担连带责任的社会中介机构；有限责任会计师事务所是指由发起人通过共同出资并以其出资额为限对本所债务承担有限责任，会计师事务所以其全部资产对其债务承担责任的中介机构。

2.5 会计师事务所的规模

以美国为例，美国目前拥有 4 万多家会计师事务所，规模大小不同。规模小的只有 1 人，规模大的可能有 3 万多名员工和合伙人。大体可分为以下四类①。

（1）国际性事务所。美国现有的四大会计师事务所统称为"四大"，包括普华永道（PWC）、毕马威（KPMG）、德勤（DDT）和安永（EY）。这四大会计师事务所在全美各主要城市以及世界许多城市都设有业务部。"四大"几乎包揽了美国和全球范围内所有巨型公司的审计业务，以及许多中小型公司的审计业务。

（2）全国性事务所。美国本土还有三家会计师事务所在全美大多数主要城市设有业务部。这些事务所虽然规模较大，但与"四大"相比要小得多。

（3）区域性和大型地方性事务所。这些事务所数量较多，规模较小，在2000 年仅有 100 家左右的事务所拥有 50 名以上的职员。许多区域性和大型地方性事务所还建立了事务所联合会，共享诸如技术信息和继续教育等资源，有的还建立了国际同盟。

（4）小型地方性事务所。这类事务所数量众多，规模很小，95% 以上只有一个业务部，且人员不足 25 名。它们主要为小企业和非营利组织提供审计和其他服务。有些所并不能提供审计业务，主要是为客户提供会计和税务服务。

2.6 会计师事务所的组织结构

会计师事务所的组织结构是其内部管理机构的组成形式。由于各会计师事务所自身特点及提供服务的范围不同，使会计师事务所的组织结构存在差别，其中主要有以下三个因素：

（1）独立于客户的需要。独立性使注册会计师能够中立地对财务报表发表意见。

（2）加强注册会计师的职业胜任能力。胜任能力使注册会计师执行审计和其他服务具有效率性和效果性。

①　［美］阿尔文·A·阿伦斯等著，张龙平等译：《审计》，东北财经大学出版社 2005 年版，第 18 页。

（3）注册会计师面临日益增长的诉讼风险。在过去 10 年中，事务所的诉讼成本不断增加，而某些组织结构可为注册会计师提供一定程度的保护。

在中国，会计师事务所的组织结构大致有两种，即所长负责制和董事会领导下的主任会计师负责制。实行所长负责制，所长对本所工作负全面责任，副所长协助所长工作；事务所可根据需要设置若干业务部门，分别负责不同工作；设立主任会计师负责业务承接、人员安排、督促检查和报告初审等日常工作。

实行董事会领导下的主任会计师负责制，董事会为事务所最高权力机构，主任会计师负责日常业务，在机构设置上，因事务所规模、业务特点不同而有所差别。

合伙会计师事务所在其机构设置上有如下的特征：一是可以设立有限责任合伙人；二是可以设立合伙人管理委员会，由若干主要合伙人组成。管理委员会推举其中一名合伙人担任负责人。管理委员会负责人即为会计师事务所负责人。不设立合伙人管理委员会的合伙会计师事务所，可由全体合伙人对会计师事务所的重大问题集体做出决定，并推举主任会计师一人担任会计师事务所负责人，主任会计师必须由合伙人担任。

无论哪种类型的会计师事务所，其内部工作人员的分工大体一致，即实行主任会计师（或所长、总经理）、部门经理、项目经理（或业务经理）三级管理制度。其中，主任会计师全面负责事务所工作，处理和决定所有重大事项；部门经理负责处理和决定本部门审计或咨询业务的业务接洽、质量管理、人员安排、指导和复核及其他重要事项；项目经理负责委派本项目小组的具体工作、检查助理人员工作底稿及工时记录、拟定各种审计方案和计划、就审计或咨询工作中的问题与客户进行协调等。

国际上，会计师事务所的组织结构比较复杂，因会计师事务所类型不同而各具特点，但以合伙会计师事务所最为典型。合伙会计师事务所人员构成通常包括合伙人、部门经理、高级会计师、聘任会计师。其中，合伙人负责联络主要委托人，对审计工作结果作最终审核，批复审计收费，签发审计报告并对与审计报告相关的一切事项负最终责任；部门经理负责与委托人就审计报告或审计工作中发生的问题进行协商，直接监督和管理审计工作，详细审核审计工作底稿，向客户发出收费通知等；高级会计师直接负责拟定审计工作计划，指导聘任会计师的审计工作，对聘任会计师的工作进行复核；聘任会计师协助高级会计师拟定部分审计计划，直接负责被分派审计任务的外勤工作。

会计师事务所内不同级别的职员应具备有工作经验和承担的责任，如表 2－1 所述，职位越高，责任越大。

表 2 - 1 会计师事务所内职员的级别和责任

级　　别	平均工作经验	主　要　责　任
注册会计师、助理人员	0 ~ 2 年	执行大部分审计工作
高级会计师	2 ~ 5 年	协调并负责外勤工作，对注册会计师、助理人员进行复核和督导
部门经理	5 ~ 10 年	对整个审计工作进行管理，帮助制订项目计划，复核项目工作，并负责与客户沟通和联系。一个高级经理人员可能同时负责一个以上的业务
合伙人	10 年以上	复核整个审计工作，参与制定重要的审计决策。由于合伙人是事务所的所有者，故对审计工作和为客户提供的服务承担最终责任

　　会计师事务所级别划分的本质在于员工胜任能力的提高，因为每一级别的审计工作人员都要对下级审计人员的工作进行督导和复核。

2.7　中国有限责任会计师事务所的设立

1. 注册会计师可以发起设立有限责任会计师事务所

　　在以有限责任方式设立的情况下，事务所以其全部资产对其债务承担责任，事务所的出资人承担责任以其出资额为限。它有别于由合伙人按照出资比例或者协议以各自的财产承担连带无限责任的合伙会计师事务所。

　　设立负有限责任的会计师事务所必须符合下列条件：①不少于人民币 30 万元的注册资本。②有一定数量在国家规定的职龄以内的专职从业人员，其中至少有 5 名注册会计师。③有固定的办公场所。④审批机关规定的其他条件。

　　申请设立有限责任会计师事务所的单位必须符合财政部《有限责任会计师事务所审批办法》的有关规定。

2. 申请有限责任会计师事务所的申报材料

　　申请设立负有限责任的会计师事务所时应当报送下列文件：①事务所章程（草案）。②发起人简历及有关证明文件。③出资人简历及有关证明文件。④出资人协议书。⑤拟任主任会计师人选的有关资料。⑥出资证明。⑦其他注册会计师和从业人员名单、简历及有关证明文件。⑧事务所内部管理制度（草案）。⑨办公场所的产权或使用权证明文件。⑩审批机关要求的其他材料。

3. 申请及审批有限责任会计师事务所的程序

　　申请及审批有限责任会计师事务所按下列程序办理：①由发起人向所在地的省、自治区、直辖市注册会计师协会提交申请书及上述规定的文件。②省、自治区、直辖市注册会计师协会接到申请文件后 30 日内审查完毕，提出批准或者不批准的意见报告，由财政厅（局）长决定批准或不批准，决定批准或不批准后 15 日内通知申请人。③省、自治区、直辖市财政厅（局）批准设立的会计师事务所，应当送中国注册会计师协会报财政部备案。④经批准设立的会计师事务所，应当自接到批复文件 20 天内到所在地的省、自治区、直辖市注册会计师协会领取财政部统一印制的《会计师事务所执业证书》，并办理执业登记。

2.8　中国合伙会计师事务所的设立

会计师事务所可以由注册会计师合伙设立。合伙设立的会计师事务所的债务由合伙人按出资比例或者协议的约定，以各自的财产承担责任，合伙人对会计师事务所的债务承担连带责任。

1. 设立合伙会计师事务所的条件

设立合伙会计师事务所必须具备下列条件：①有两名以上符合规定的注册会计师为合伙人，由合伙人聘用一定数量符合规定条件的注册会计师和其他专业人员参加会计师事务所工作。②有固定的办公场所和必要的设施。③有书面合伙协议，有会计师事务所的名称。

2. 申请入伙的注册会计师的条件

申请成为会计师事务所合伙人的注册会计师必须符合下列条件：①必须是中华人民共和国公民。②持有中华人民共和国注册会计师有效证书，有 5 年以上在会计师事务所从事独立审计业务的经验和良好的道德记录。③不在其他单位从事谋取工资收入的工作。④至申请日止在申请注册地连续居住 1 年以上。

3. 设立合伙会计师事务所的申报材料

设立合伙会计师事务所，应当由合伙发起人向所在地省、自治区、直辖市注册会计师协会递交申请书并附送下列文件：①合伙人协议书。②各合伙人姓名、简历、地址、注册会计师证书复印件及从事注册会计师独立审计业务时间、有关业绩及职业道德的证明。③合伙会计师事务所章程。④合伙人出资和个人财产的有效证明。⑤其他注册会计师及助理人员姓名、简历、住址及注册会计师证书和年检记录以及助理人员有关情况的说明。⑥办公地址及办公用房产权或使用权的证明。⑦审批机关要求的其他材料。

其中，合伙人协议书应载明下列事项：①会计师事务所名称、地址。②合伙人姓名、资历、住址。③出资总额、合伙人出资方式和出资额及应承担债务的份额。④合伙人的权利和义务。⑤合伙人加入、退出的规定及程序。⑥组织和管理。

4. 合伙会计师事务所的审批程序

合伙会计师事务所的审批程序和负有限责任会计师事务所的审批程序大致相同。由于合伙会计师事务所是负无限责任的，因此，财政部颁发的《合伙会计师事务所设立及审批试行办法》第十六条规定："合伙会计师事务所应当建立风险基金，或向保险机构投保职业保险。建立风险基金的，每年提取的基金数应当不少于业务收入的百分之十。合伙会计师事务所的收入，扣除各项费用，按合伙人应分配额缴纳所得税后，提取不低于百分之三十作为共同基金，其余部分由合伙人按照协议进行分配。共同基金属于合伙人权益。"

2.9 会计师事务所的业务内容

会计师事务所的业务内容包括：审查企业财务会计报表，出具审计报告；验证企业资本，出具验资报告；办理企业合并、分立、清算事宜中的审计业务，出具有关报告；法律、行政法规规定的其他审计业务；对内部控制的有效性发表意见，出具审计报告、会计咨询、会计服务业务等。

财政部、证监会 2007 年 4 月 9 日联合发布《财政部、证监会关于会计师事务所从事证券、期货相关业务有关问题的通知》规定，只有具有证券期货资格的会计师事务所才能承担上市公司的审计业务。这是财政部、证监会为规范会计师事务所从事证券业务执业行为，促进证券市场健康发展的重要举措。

随着经济的不断发展，事务所的服务开始渗透于各行各业，且服务范围一直在不断扩展。2008 年 2 月，会计师事务所行业又迎来新的业务种类，即寿险公司动态偿付能力测试审核报告业务。日前，中国保监会发布了关于《保险公司偿付能力报告编报规则——问题解答第 7 号：寿险公司动态偿付能力测试的第三方独立审核》的通知。通知中明确规定：对人寿保险公司的动态偿付能力测试出具审核意见的外部机构，是指符合独立性要求和具备动态偿付能力测试审核所必需的专业胜任能力的会计师事务所、精算咨询顾问公司等机构。

会计师事务所作为现代经济社会的一种服务中介机构，不仅服务于各种经济组织，成为监管的重要辅助工具，更逐渐成为现代经济增长的动力之一，是经济社会不可或缺的成分。

2007 年 12 月 26 日，商务部、财政部、公安部、中国人民银行、国资委、海关总署、国家税务总局、中国证监会和国家外汇管理局，国务院九部委联合发布《关于支持会计师事务所扩大服务出口的若干意见》（以下简称《若干意见》），全面阐述了注册会计师行业"走出去"的现实意义、方式途径，系统地提出了当前扩大会计服务出口的一整套政策措施，涉及境外业务拓展、财政、税收、外汇、信贷、保险、出入境、市场进入、执业环境改善等各个方面。这是行业恢复重建近 30 年来国家有关部门首次专门为注册会计师行业发展出台的综合性政策文件。

顺应国际资本市场监管变革趋势，2008 年 5 月和 2010 年 4 月，财政部会同证监会、审计署、银监会和保监会分别发布了《企业内部控制基本规范》和《企业内部控制审计指引》等应用指引，确立了我国企业内部控制审计制度，要求执行内部控制规范体系的企业，必须聘请会计师事务所对其财务报告内部控制有效性进行审计。其中《企业内部控制审计指引》自 2011 年 1 月 1 日起在境内外同时上市的公司施行，自 2012 年 1 月 1 日起在上海证券交易所、深圳证券交易所主板上市公司施行。企业内部控制审计制度的确立，使得企业内部控制审计与财务报告审计一样，成为会计师事务所的经常性、周期性业务，上市公司每年要与年报一同公布企业内部控制审计报告。

2.10　会计师事务所的业务承接

在中国，注册会计师不能以个人名义承办业务，而必须由会计师事务所统一接受委托。接受委托时，应在业务约定书中明确承办业务的种类、范围，以及双方的责任，以避免客户对注册会计师所履行职责的误解，然后，再根据业务的性质选派适当的注册会计师担任该项工作，并制订审计计划。注册会计师在实施审计工作时，应依照具体情况，不断修订审计计划，达到业务约定书所要求的目的；完成审计工作时，应出具审计报告。审计报告除应由注册会计师本人签署外，还必须加盖会计师事务所的公章。注册会计师承办业务时，由会计师事务所按照收费标准统一收费。

会计师事务所在承办业务时，由于委托人不同，其被授予的权限也不同。在接受国家机关委托办理的业务时，根据业务的需要，注册会计师有权查阅有关财务会计资料和文件，查看业务现场和设施，向有关单位和个人进行调查与核实；接受其他委托人的委托时，需要查阅资料、文件和进行调查的，则应按照依法签订的业务约定书的约定办理。

2.11　中国注册会计师协会

中国注册会计师协会最早于 1988 年 11 月 15 日成立，并接受财政部监督、指导。1992 年 9 月 8 日，在审计署的监督、指导下成立了中国注册审计师协会。1995 年 6 月 19 日，中国注册会计师协会与中国注册审计师协会联合，组成全国性的注册会计师组织。联合后的中国注册会计师协会，依法对全国注册会计师行业实行管理，依法接受财政部的监督、指导；依据《中华人民共和国注册会计师法》和《中国注册会计师协会章程》行使职责。

2000 年 9 月，根据国务院清理整顿经济鉴证类社会中介机构领导小组《关于抓紧落实注册税务师、注册资产评估师、注册会计师行业合并统一管理工作的通知》和财政部《关于同意中国注册会计师协会与中国资产评估协会合并的通知》的要求，中国注册会计师协会、中国资产评估协会合并组成新的中国注册会计师协会，对行业实行统一管理。

2.11.1　中国注册会计师协会的职责

中国注册会计师协会是中国注册会计师行业的自律性组织。其基本职责包括：审批和管理协会会员，指导地方注册会计师协会办理注册会计师注册；拟定注册会计师执业准则、规则，监督检查实施情况；组织对注册会计师的任职资格、注册会计师和会计师事务所的执业情况进行年度检查；制定行业自律管理规范，对会员违反相关法律法规和行业管理规范的行为予以惩戒；组织实施注册会计师全国统一考试；组织、推动会员培训和行业人才建设工作；组织业务交流，开展理论研究，提供技术支持；开展中国注册会计师行业国际交往活动；指导地方注册会计师协会工作；承担法律、行政法规规定和国家机关委托或授权的其他有关工作。

2.11.2　中国注册会计师协会会员

中国注册会计师协会的会员有两类：个人会员、团体会员。会员入会均须履行申请和登记手续。

（1）个人会员。凡参加注册会计师全国统考全科合格、经批准者和依照规定经考核取得会员资格者，为注册会计师协会个人会员。其中依法取得中国注册会计师执业证书的，称为执业会员（退出会计师事务所不再执业时，经申请批准，可以继续保留会员资格）。其余不在事务所专职工作的个人会员，称为非执业会员。

（2）团体会员。凡依法批准设立的事务所，均为中国注册会计师协会的团体会员。设立团体会员是因为考虑到目前我国法律规定，注册会计师不允许个人开业，必须加入事务所才能接受委托承办业务。事务所作为协会的团体会员，便于协会对其实施有效的监督，也便于事务所向协会反映工作中的意见和建议。

中国注册会计师协会的会员拥有一定的权利和义务，具体内容请参见中国注册会计师协会网站（www.cicpa.org.cn）。

2.11.3　协会权力机构和常设执行机构

1. 权力机构

协会最高权力机构是全国会员代表大会，其职权是：制定、修改协会章程；讨论决定协会工作方针和任务；选举、撤换协会理事；审议、批准协会理事会的工作报告等。全国会员代表大会每五年举行一次，必要时，由本会理事会决定提前或推迟召开，推迟期限一般不得超过一年。代表采取选举、协商和特邀的办法产生。

协会理事会由全国会员代表大会选举理事若干人组成，任期五年，可以连选连任。理事会对全国会员代表大会负责，其职权是：提议召开会员代表大会，选举协会常务理事会成员及协会领导成员，推选或聘请协会常设执行机构领导成员，增补或更换协会理事，审议、批准协会常设执行机构的年度工作报告等。为履行其职权，理事会必须每年召开一次全体会议，必要时，可以提前或推迟召开。理事会全体会议选举名誉会长、名誉理事若干人，选举会长一人、副会长若干人、常务理事若干人。

常务理事会于理事会闭会期间行使理事会职权。会长代表协会，召集、主持理事会、常务理事会，并监督、检查其决议的贯彻实施。

2. 常设执行机构

协会的常设执行机构由秘书长、副秘书长若干人并配备必要数量的专职人员组成。执行机构部门的分设，由秘书长提出方案，经理事会讨论同意后，报财政部批准。秘书长主持协会常设执行机构的日常工作。

3. 专门委员会和专业委员会

目前，协会理事会下设 12 个专门委员会，包括战略委员会、行业信息化委员会、审计准则委员会、职业道德准则委员会、财务委员会、惩戒委员会、申诉与维权委员会、教育培训委员会、注册管理委员会、职业责任鉴定委员会、会计师事务所内部治理指导委员会、《中国注册会计师》编辑委员会。另外，理事会还下设 1 个专业技术指导委员会，负责处理行业发展中的专业技术问题，对理事会负责。

4. 地区注册会计师协会

各省、自治区、直辖市注册会计师协会是注册会计师的地方组织。其组织机构和章程，由本地区会员代表大会依法确定，报中国注册会计师协会和当地政府主管行政机关备案并接受监督和指导。

各省、自治区注册会计师协会根据需要可以设立市级协会，由省级协会批准，报中国注册会计师协会备案。省级以下协会的组织运行、职责权限，依照有关法律、法规及省级协会的规定办理。

2.12　美国注册会计师协会

　　美国注册会计师协会（AICPA）是美国注册会计师的全国性组织，其成立目的是促进全国注册会计师的团结，保护和增强其合法权益，加强注册会计师培训和行业管理，提高注册会计师的执业水平和职业道德。该协会目前有会员33万多人，其中执业会员约有25万人，其他会员分布于工商企业、政府部门和教育研究等机构中。协会下设理事会、常务理事会及各专门委员会。

　　美国注册会计师协会的主要职责是：制定审计及其他相关准则和规则；研究和出版有关会计、审计、管理咨询和税务等方面的资料；组织注册会计师考试、继续教育以及为会员提供专业咨询服务；开展行业交流等。

　　在美国，各州也设有州注册会计师协会，与美国注册会计师协会目的基本相同，但没有隶属关系。

2.13　国际会计师联合会

　　国际会计师联合会（IFAC）于1977年10月在德国慕尼黑成立。最初成员有49个国家的63个会计职业组织。目前，加入该会的成员已扩展到118个国家和地区的155个行业组织。

　　IFAC的宗旨是通过制定和实施高质量的职业标准，并促进标准的国际趋同，以及世界范围内会计行业的发展，推动全球经济增长，服务公众利益。

2.14　注册会计师的行业管理

　　为促进注册会计师事业的健康发展，加强注册会计师的行业管理就显得十分必要，各国政府和注册会计师职业自身都制定了相应的机制，以维护职业形象，提高从业人员的业务素质和执业水平。

2.14.1　根据各国政府介入程度的不同，注册会计师的行业管理体制基本上可以分为三类

1. 政府干预型
　　政府干预型的管理体制，是指在发挥注册会计师行业自我管理的基础上，

政府部门具有较大的影响和作用的管理体制。目前，实行政府干预型管理体制的国家主要有日本、德国、荷兰、瑞典、法国、意大利等。在这种体制下，政府部门通过制定一系列法律、法规，来强化注册会计师的行业管理和监督，能够有效地对国民经济实施宏观调控。行业组织通过与政府部门的相互合作，制定和执行合理有效的执业规范，保证和提高注册会计师的执业质量，维护职业声誉。

2.　行业自律型

行业自律型管理体制，是指政府在注册会计师行业管理中较少发挥作用，主要依靠行业自我管理的管理体制。实行这种管理体制的国家主要有美国、加拿大、英国、澳大利亚、阿根廷等。在这种体制下，由会计职业组织直接根据审计环境和审计实务的发展，制定相应的准则和规章，来规范和约束注册会计师的执业行为，保证注册会计师的执业质量，推动注册会计师行业的公平竞争，因而能够有效地促进注册会计师行业的发展。其局限性在于管理力度不如政府干预型体制，特别是难以有效地处理违规会计师事务所，在一定程度上制约了行业的稳步发展。

3.　政府干预与行业自律结合型

政府干预与行业自律结合型，是指在注册会计师管理中，政府管理与行业自我管理并重的管理体制，以我国最为典型。在该体制下，国家通过立法规范注册会计师行业，有关的政府部门发布行政性规章和命令对注册会计师行业进行管理和监督。同时，也充分发挥注册会计师协会的职能，对注册会计师实行行业管理，引导和促进独立审计事业的发展。

2.14.2　美国注册会计师行业的管理特点

在美国，注册会计师是备受尊敬的职业，具有很高的社会地位，注册会计师行业在社会上具有很高的威信和声誉。这与多年来注册会计师行业在接受外部管理的同时，不断加强自我管理是分不开的。

1.　外部管理

美国注册会计师的外部管理包括行政管理和法律约束。其中，最具影响的机构是证券交易委员会、法院和州会计委员会。

（1）证券交易委员会（SEC）。根据美国《证券法》和《证券交易法》的规定，所有上市公司在申请上市和年度备案时提交的财务报表及其他财务信息必须经由注册会计师审计。证券交易委员会对上市公司财务报表的形式和内容、审计报告的内容和注册会计师的上市公司审计资格做出具体规定。注册会计师对其审计报告须负相应的法律责任，证券交易委员会有权对注册会计师的违规行为进行处罚。

（2）法院。当注册会计师违反专业准则，对审计报告使用人造成损失时，往往会招致法律诉讼。对此，法院可以依据有关的法律或判例，对注册会计师的违约、过失或欺诈等行为做出司法审判，注册会计师会对其执业行为承担相应责任。

（3）州会计委员会。作为州政府的独立机构，州会计委员会根据州会计法的规定，有权颁发、更换或吊销注册会计师的执业许可证。多数州还规定了注册会计师继续教育的要求。

2. 行业自我管理

美国注册会计师职业界自我管理的组织主要包括财务会计准则委员会、政府会计准则委员会、美国注册会计师协会和州注册会计师协会。

（1）美国注册会计师协会（AICPA）。协会负责制定和发布一般公认审计准则、职业道德规范及其他执业规范。为强化注册会计师行业的管理，该协会建立了同业互查委员会和注册会计师（CPA）事务局。同业互查委员会主要负责同业互查相关标准的制定以及对同业互查情况的监督和检查工作。CPA事务局下设证券交易委员会业务部和私人公司业务部。会计师事务所可自愿选择加入或不加入，但加入的事务所都必须遵守该部制定的质量控制标准和其他有关要求。

（2）政府会计准则委员会（GASS）。它是制定和发布政府单位会计和报告准则的主要部门，在结构上与财务会计准则委员会相似，美国注册会计师协会也要求其会员遵守该委员会发布的准则。

（3）财务会计准则委员会（FASB）。该委员会是独立的民间组织，主要制定和发布财务会计准则公告及相关的公告解释和技术简报。该会没有专门的机制保证其公告的执行。但由于美国注册会计师协会和证券交易委员会都要求执行该会颁布的准则公告，因而该会的准则公告及相关解释实际上具有很高的权威性。

（4）州注册会计师协会。州注册会计师协会独立于美国注册会计师协会，两者在组织机构和作用上都很相似，在规范注册会计师行业长期保持着良好的合作。州注册会计师协会的主要工作是推进有利于注册会计师的立法，并出版专业刊物等。

2.14.3 中国注册会计师的行业管理

近年来，中国在颁布法律法规对注册会计师行业进行监管的同时，充分发挥行业协会的职能，有力地保障和促进了注册会计师行业的健康发展。其外部管理包括两方面。

1. 法律规范

《注册会计师法》是我国注册会计师行业管理的主要法律。该法规定了注册会计师考试与注册会计师的业务范围和规则、会计师事务所管理、行业协会以及法律责任等内容。在我国，会计师事务所和注册会计师执行审计业务、政府有关部门及行业协会对注册会计师行业实施管理必须遵守该法的规定。

2. 行政管理

中国有权对注册会计师行业进行行政管理的部门主要有财政部门、工商税务部门和中国证监会。其中：①国务院财政部门和省级人民政府财政部门，负责对注册会计师行业进行监督和指导，包括对注册会计师和会计师事务所的执业行为进行监督和收费管理，对注册会计师和会计师事务所执业过程中的违法和违规行为进行相应的处罚；②工商行政管理部门，可以依法对会计师事务所进行工商登记、对其业务范围进行监督；③税务部门，主要是对会计师事务所进行税务登记、税收征收和管理工作；④证监会，可会同财政部对注册会计师和会计师事务所从事证券、期货相关业务实施管理和监督，包括对注册会计师和会计师事务所从事证券、期货相关业务的资格确认，对其执业行为进行监督检查等。

中国注册会计师行业自我管理的组织是各级注册会计师协会。中国注册会计师协会是注册会计师行业的全国性组织，省级注册会计师协会是其地方组织。在国务院财政部门领导下，中国注册会计师协会通过制定独立审计准则和其他职业规范，组织注册会计师考试与培训，规范注册会计师的执业行为，提高独立审计工作的质量，有力地维护了独立审计职业的声誉，促进了独立审计事业的快速健康发展。当然，随着社会经济的不断发展，独立审计的外部环境也会不断变化，作为行业自律组织的注册会计师协会也必须进行相应的改革和完善，以更好地发挥其行业自律的职能，为社会主义市场经济发展服务。

本 章 小 结

1. 注册会计师考试和注册登记制度是注册会计师制度的重要内容之一，它是一系列选拔注册会计师的措施、制度的总称。

2. 国际上，对成为注册会计师一般有三方面要求，即教育要求、统一的注册会计师考试要求以及经验要求。

3. 中国《注册会计师法》规定，注册会计师依法承办审计业务和会计咨询、会计服务业务。审计业务属于法定业务，非注册会计师不得承办。在审计业务中又包括四种：①审查企业财务会计报告；②验证企业资本；③办理企业合并、分立、清算事宜中的审计业务；④办理法律、行政法规规定的其他审计业务。通常会计咨询、会计服务业务包括资产评估、代理记账、税务代理及管理咨询等业务。

4. 注册会计师职业继续教育的内容主要包括：会计准则及国家其他有关财务会计法规、独立审计准则和其他职业规范、与执业有关的其他有关法规、执业所需的其他知识与技能等。

5. 会计师事务所的组织形式包括四类，即独资制、普通合伙制、有限责任合伙制、股份有限公司制。

6. 在中国，会计师事务所的组织结构大致有两种，即所长负责制和董事会领导下的主任会计师负责制。

7. 注册会计师可以发起设立有限责任会计师事务所。在以有限责任方式设立的情况下，事务所以其全部资产对其债务承担责任，事务所的出资人承担责任以其出资额为限。它有别于由合伙人按照出资比例或者协议以各自的财产承担连带无限责任的合伙会计师事务所。

8. 会计师事务所可以由注册会计师合伙设立。合伙设立的会计师事务所的债务由合伙人按出资比例或者协议的约定，以各自的财产承担责任，合伙人对会计师事务所的债务承担连带责任。

9. 会计师事务所的业务内容包括：审查企业财务会计报表，出具审计报告；验证企业资本，出具验资报告；办理企业合并、分立、清算事宜中的审计业务，出具有关报告；法律、行政法规规定的其他审计业务；对内部控制的有效性发表意见，出具审计报告、会计咨询、会计服务业务等。近年来，会计师事务所的服务范围一直在不断扩展。

10. 中国注册会计师协会是中国注册会计师行业的自律性组织。其基本职责包括：审批和管理协会会员，指导地方注册会计师协会办理注册会计师注册；拟定注册会计师执业准则、规则，监督检查实施情况；组织对注册会计师的任职资格、注册会计师和会计师事务所的执业情况进行年度检查；制定行业自律管理规范，对会员违反相关法律法规和行业管理规范的行为予以惩戒；组织实施注册会计师全国统一考试；组织、推动会员培训和行业人才建设工作；组织业务交流，开展理论研究，提供技术支持；开展中国注册会计师行业国际交往活动；指导地方注册会计师协会工作；承担法律、行政法规规定和国家机关委托或授权的其他有关工作。

11. 凡参加注册会计师全国统考全科合格、经批准者和依照规定经考核取得会员资格者，为注册会计师协会个人会员。其中依法取得中国注册会计师执业证书的，称为执业会员（退出会计师事务所不再执业时，经申请批准，可以继续保留会员资格）。其余不在事务所专职工作的个人会员，称为非执业会员。

12. 凡依法批准设立的事务所，均为中国注册会计师协会的团体会员。

13. 中国注册会计师协会的最高权力机构是全国会员代表大会，其职权是：制定、修改协会章程；讨论决定协会工作方针和任务；选举、撤换协会理事；审议、批准协会理事会的工作报告等。

14. 美国注册会计师协会（AICPA）是美国注册会计师的全国性组织，其成立目的是促进全国注册会计师的团结，保护和增强其合法权益，加强注册会计师培训和行业管理，提高注册会计师的执业水平和职业道德。

15. 国际会计师联合会（IFAC）的宗旨是通过制定和实施高质量的职业标准，并促进标准的国际趋同，以及世界范围内会计行业的发展，推动全球经济增长，服务公众利益。

思　考　题

1. 成为注册会计师有哪些要求？
2. 中国注册会计师考试制度的具体内容是什么？
3. 注册会计师的业务范围是什么？
4. 注册会计师职业继续教育的内容有哪些？
5. 会计师事务所的组织形式有哪些？各有什么优缺点？
6. 会计师事务所的组织结构存在差别的原因是什么？
7. 中国会计师事务所的组织结构是什么？
8. 中国有限责任会计师事务所的设立必须符合哪些条件？
9. 中国合伙会计师事务所的设立必须符合哪些条件？
10. 会计师事务所在业务承接时应注意哪些问题？
11. 中国注册会计师协会是怎样的一个组织？它有什么职责？其组织机构是什么？
12. 何谓中国注册会计师协会的个人会员？团体会员？
13. 注册会计师的行业管理体制可以分为哪几类？各有何特点？
14. 中国注册会计师行业的外部管理有哪些内容？

第3章 审计报告

学习目标

　　了解审计报告的作用。掌握标准无保留审计报告的格式、结构和措辞。掌握标准无保留意见审计报告的签发条件。掌握五种审计意见类型的审计报告。掌握审计报告的含义。了解审计报告的分类。

关键名词

　　标准无保留审计报告　引言段　责任段　审计意见段　带强调事项段的无保留意见审计报告　保留意见审计报告　否定意见审计报告　无法表示意见审计报告　审计报告　标准审计报告　非标准审计报告

　　注册会计师与外部交流的主要手段就是审计报告，审计报告记录了注册会计师发现的情况。财务报表使用者依赖注册会计师对公司财务报表发表意见的审计报告。

　　我们只有理解了审计报告的形式和内容后，才能进一步理解审计责任、审计证据的收集、审计计划、审计风险等一系列审计概念和审计工作。

3.1　标准无保留审计报告

　　为了便于审计报告使用者理解审计报告，审计准则规范了报告的格式和措辞。不同注册会计师可能在措辞和表达上略有不同，但含义相同。图3-1是注册会计师出具的标准无保留意见审计报告实例。

1. 审计报告的八个组成部分

　　根据《中国注册会计师审计准则第1501号——对财务报表形成审计意见和出具审计报告》和《中国注册会计师审计准则第1502号——在审计报告中发表非无保留意见》的规定，标准无保留意见审计报告的基本内容如下。

审 计 报 告

ABC 股份有限公司全体股东：

　　我们审计了后附的 ABC 股份有限公司（以下简称 ABC 公司）财务报表，包括 20×6 年 12 月 31 日的资产负债表，20×6 年度的利润表、股东权益变动表和现金流量表以及财务报表附注。

　　一、管理层对财务报表的责任

　　编制和公允列报财务报表是 ABC 公司管理层的责任。这种责任包括：（1）按照企业会计准则的规定编制财务报表，并使其实现公允反映；（2）设计、实施和维护必要的内部控制，以使财务报表不存在由于舞弊或错误导致的重大错报。

　　二、注册会计师的责任

　　我们的责任是在实施审计工作的基础上对财务报表发表审计意见。我们按照中国注册会计师审计准则的规定执行了审计工作。中国注册会计师审计准则要求我们遵守职业道德守则，计划和实施审计工作以对财务报表是否不存在重大错报获取合理保证。

　　审计工作涉及实施审计程序，以获取有关财务报表金额和披露的审计证据。选择的审计程序取决于注册会计师的判断，包括对由于舞弊或错误导致的财务报表重大错报风险的评估。在进行风险评估时，注册会计师考虑与财务报表编制和公允列报相关的内部控制，以设计恰当的审计程序，但目的并非对内部控制的有效性发表意见。审计工作还包括评价管理层选用会计政策的恰当性和做出会计估计的合理性，以及评价财务报表的总体列报。

　　我们相信，我们获取的审计证据是充分、适当的，为发表审计意见提供了基础。

　　三、审计意见

　　我们认为，ABC 公司财务报表在所有重大方面按照企业会计准则的规定编制，公允反映了 ABC 公司 20×6 年 12 月 31 日的财务状况以及 20×6 年度的经营成果和现金流量。

×× 会计师事务所（盖章）　　　中国注册会计师：×××

标　　题	
收件人	
引 言 段	
责任段（管理层对财务报表的责任）	
责任段（注册会计师的责任）	
意 见 段	
名称、地址、签名及盖章	
报告日期	

图 3−1　标准无保留意见审计报告

（1）标题。应当统一规范为"审计报告"，以突出业务性质，并与其他业务报告相区别。

（2）收件人。即注册会计师按照业务约定书的要求致送审计报告的对象，一般是指审计业务的委托人。审计报告应当载明收件人的全称。对于股份有限公司，审计报告收件人一般可用"××股份有限公司全体股东"；对于有限责任公司，收件人可用"××有限责任公司董事会"；对于合伙企业，收件人可用"××合伙企业全体合伙人"；对于独资企业，收件人可直接用"××公司（企业）"（该独资企业的名称）。

（3）引言段。应当说明被审计单位的名称和财务报表已经过审计，并包括：①指出构成整套财务报表的每张财务报表的名称；②提及财务报表附注；③指明财务报表的日期和涵盖的期间。根据企业会计准则规定，整套财务报表的每张财务报表的名称分别为资产负债表、利润表、所有者（股东）权益变动表和现金流量表。此外，由于附注是财务报表不可或缺的重要组成部分，因此，也应提及财务报表附注。财务报表有反映时点的，有反映期间的，注册会计师应在引言段中指明财务报表的日期或涵盖的期间。

（4）管理层对财务报表的责任段。应当说明按照编制和公允列报财务报表是管理层的责任，这种责任包括：①按照企业会计准则的规定编制财务报表，并使其实现公允反映；②设计、实施和维护必要的内部控制，以使财务报表不存在由于舞弊或错误导致的重大错报。

（5）注册会计师的责任段。应当说明：①注册会计师的责任是在实施审计工作的基础上对财务报表发表审计意见。注册会计师按照中国注册会计师审计准则的规定执行了审计工作。中国注册会计师审计准则要求注册会计师遵守职业道德守则，计划和实施审计工作以对财务报表是否不存在重大错报获取合理保证。②审计工作涉及实施审计程序，以获取有关财务报表金额和披露的审计证据。选择的审计程序取决于注册会计师的判断，包括对由于舞弊或错误导致的财务报表重大错报风险的评估。在进行风险评估时，注册会计师应考虑与财务报表编制和公允列报相关的内部控制，以设计恰当的审计程序，但目的并非对内部控制的有效性发表意见。[①] 审计工作还包括评价管理层选用会计政策的恰当性和做出会计估计的合理性，以及评价财务报表的总体列报。③注册会计师相信已获取的审计证据是充分、适当的，为其发表审计意见提供了基础。若结合财务报表审计对内控的有效性发表审计意见，应删除"但目的并非对内

---

① 如果接受委托，注册会计师应当结合财务报表审计对内部控制有效性发表意见，可以省略"但目的并非对内部控制的有效性发表意见"的术语。

部控制的有效性发表意见"的措辞。

（6）审计意见段。应当说明：财务报表是否按照适用的会计准则和相关会计制度的规定编制，是否在所有重大方面公允反映了被审计单位的财务状况、经营成果和现金流量。

（7）签名、盖章、名称及地址。审计报告应当由两名具备相关业务资格的注册会计师签名并盖章。合伙会计师事务所出具的审计报告，应当由一名对审计项目负最终复核责任的合伙人和一名负责该项目的注册会计师签名盖章。有限责任会计师事务所出具的审计报告，应当由会计师事务所主任会计师或其授权的副主任会计师和一名负责该项目的注册会计师签名盖章。

审计报告应当载明会计师事务所的名称和地址（一般只写明其注册地城市名），并加盖会计师事务所公章。

（8）报告日期。审计报告标注的日期为注册会计师完成审计工作的日期。审计报告的日期不应早于注册会计师获取充分、适当的审计证据（包括管理层认可对财务报表的责任且已批准财务报表的证据），并在此基础上对财务报表形成审计意见的日期。

注册会计师在确定审计报告日期时，应当考虑：①构成整套财务报表的所有报表已编制完成；②法律法规规定的被审计单位权力机构（董事会或类似机构）已经认可其对财务报表负责。在实务中，注册会计师在正式签署审计报告前，通常把审计报告草稿和已审计财务报表草稿一同提交给管理层。如果管理层批准并签署已审计财务报表，注册会计师即可签署审计报告。注册会计师签署审计报告的日期通常与管理层签署已审计财务报表的日期为同一天，或晚于管理层签署已审计财务报表的日期。

当被审计单位存在可能导致对持续经营能力产生重大疑虑的事项或情况，或者存在可能对财务报表产生重大影响的不确定事项（持续经营问题除外），但不影响已发表的审计意见时，注册会计师应当在审计意见段之后增加强调事项段，以提请财务报表使用者对此予以关注。

当出具非无保留意见的审计报告时，注册会计师应当在注册会计师的责任段之后、审计意见段之前增加说明段，描述其对财务报表发表保留意见、否定意见或无法表示意见的理由，并在可能情况下，指出其对财务报表的影响程度。

2. 标准无保留意见审计报告的签发条件

标准无保留意见审计报告，是注册会计师对被审计单位财务报表发表不带强调事项段的无保留意见审计报告。注册会计师经过审计后，认为被审计单位财务报表符合下列所有条件，注册会计师应当出具标准无保留意见的审计报告：①财务报表已经按照财务报表基础的规定编制，在所有重大方面公允反映了被审计单位的财务状况、经营成果和现金流量。②注册会计师已经按照中国注册会计师审计准则的规定计划和实施审计工作，在审计过程中未受到限制。③没有必要在审计报告中增加强调事项段或其他事项段。

综合起来，注册会计师出具无保留意见审计报告的条件：一是财务报表反映公允；二是注册会计师的审计范围没有受到重大限制。

3. 评价财务报表合法性和公允性时应考虑的内容

注册会计师应当根据已获取的审计证据，对财务报表的合法性和公允性形成审计意见。

（1）在评价财务报表是否按照适用的会计准则和相关会计制度的规定编制时，注册会计师应当考虑下列内容：①选择和运用的会计政策是否符合适用的会计准则和相关会计制度，并适合于被审计单位的具体情况；②管理层做出的会计估计是否合理；③财务报表反映的信息是否具有相关性、可靠性、可比性和可理解性；④财务报表是否做出充分披露，使财务报表使用者能够理解重大交易和事项对被审计单位财务状况、经营成果和现金流量的影响；⑤财务报表是否充分披露了选择和运用的会计政策；⑥财务报表使用的术语是否恰当。

（2）在评价财务报表是否做出公允反映时，注册会计师应当考虑下列内容：①财务报表的列报、结构和内容是否合理；②财务报表是否真实地、公允地反映了交易和事项的经济实质。

4. 标准无保留意见审计报告的关键措辞

无保留意见审计报告应当以"我们认为"作为意见段的开头，并使用"在所有重大方面""公允反映了"等专业术语。

3.2　审计报告的五种类型

根据《中国注册会计师审计准则第 1501 号——对财务报表形成审计意见和出具审计报告》和《中国注册会计师审计准则第 1502 号——在审计报告中发表非无保留意见》的规定，财务报表审计报告的基本类型有五种：标准无保留意见、带强调事项段或其他事项段的无保留意见、保留意见、否定意见和无法表示意见的审计报告。

如果不能满足标准无保留意见审计报告三个条件中的任意一条，就不能出具标准无保留意见审计报告。图 3-2 列示了注册会计师出具的审计报告的五种类型。图中的报告按偏离标准无保留意见审计报告的程度，由轻到重从上至下排列。

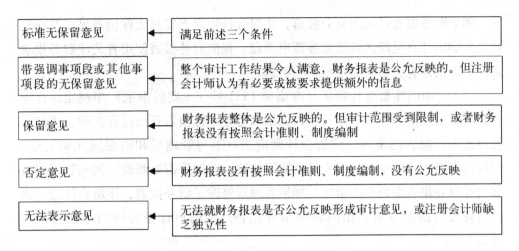

标准无保留意见	满足前述三个条件
带强调事项段或其他事项段的无保留意见	整个审计工作结果令人满意，财务报表是公允反映的。但注册会计师认为有必要或被要求提供额外的信息
保留意见	财务报表整体是公允反映的。但审计范围受到限制，或者财务报表没有按照会计准则、制度编制
否定意见	财务报表没有按照会计准则、制度编制，没有公允反映
无法表示意见	无法就财务报表是否公允反映形成审计意见，或注册会计师缺乏独立性

图 3 - 2　审计报告的五种类型

3.3　带强调事项段的无保留意见的审计报告

审计报告的强调事项段是指注册会计师在审计意见段之后增加的对重大事项予以强调的段落。注册会计师应当在强调事项段中指明，该段内容仅用于提醒财务报表使用者关注，并不影响已发表的审计意见。

强调事项应当同时符合两个条件：①可能对财务报表产生重大影响，但被审计单位进行了恰当的会计处理，且在财务报表中做出充分披露；②不影响注册会计师发表的审计意见。

除上述两种情形以及其他审计准则规定的增加强调事项段的情形外，注册会计师不应在审计报告的意见段之后增加强调事项段或任何解释性段落，以免财务报表使用者产生误解。

审计准则中规定应当增加强调事项段的情形有：

（1）《中国注册会计师审计准则第 1111 号——就审计业务约定条款达成一致意见》中规定，如果相关部门要求采用的财务报告编制基础不适用于被审计单位的具体情况，管理层需要在财务报表中对此做出额外披露，以避免财务报表产生误导；在审计报告中增加强调事项段，以提醒使用者关注额外披露。

（2）《中国注册会计师审计准则第 1324 号——持续经营》中规定，如果认为运用持续经营假设适合具体情况，但存在重大不确定性，注册会计师应当确定：①财务报表是否已充分描述可能导致对持续经营能力产生重大疑虑的主要事项或情况，以及管理层针对这些事项或情况的应对计划；②财务报表是否已清楚披露可能导致对持续经营能力产生重大疑虑的事项或情况存在重大不确定性，并由此导致被审计单位可能无法在正常的经营过程中变现资产和清偿债务。如果财务报表已做出充分披露，注册会计师应当发表无保留意见，并在审计报告的审计意见段之后增加强调事项段，提醒财务报表使用者关注财务报表附注中对前述有关持续经营事项的披露。

（3）《中国注册会计师审计准则第 1332 号——期后事项》中规定，在审计报告日后至财务报表报出日前，如果知悉在审计报告日已经存在的、可能导致修改审计报告的事项，注册会计师应当：①与管理层和治理层（如适用）讨论该事项；②确定财务报表是否需要修改；③如果需要修改，询问管理层将如何在财务报表中处理该事项。如果管理层修改了财务报表，注册会计师应当针对修改后的财务报表出具新的审计报告。新的审计报告应当增加强调事项段。

（4）《中国注册会计师审计准则第 1601 号——对按照特殊目的编制基础编制的财务报表审计的特殊考虑》中规定，注册会计师对特殊目的财务报表出具的审计报告应当增加强调事项段，以提醒审计报告使用者关注财务报表按照特殊目的编制基础编制，因此，财务报表可能不适用于其他目的。

注册会计师应当在强调事项段中指明，该段内容仅用于提醒财务报表使用者关注，并不影响已发表的审计意见（见图 3-3）。

审 计 报 告

ABC 股份有限公司全体股东：

我们审计了后附的 ABC 股份有限公司（以下简称 ABC 公司）财务报表，包括 20×6 年 12 月 31 日的资产负债表，20×6 年度的利润表、股东权益变动表和现金流量表以及财务报表附注。

一、管理层对财务报表的责任

编制和公允列报财务报表是 ABC 公司管理层的责任。这种责任包括：（1）按照企业会计准则的规定编制财务报表，并使其实现公允反映；（2）设计、实施和维护必要的内部控制，以使财务报表不存在由于舞弊或错误导致的重大错报。

二、注册会计师的责任

我们的责任是在实施审计工作的基础上对财务报表发表审计意见。我们按照中国注册会计师审计准则的规定执行了审计工作。中国注册会计师审计准则要求我们遵守职业道德守则，计划和实施审计工作以对财务报表是否不存在重大错报获取合理保证。

审计工作涉及实施审计程序，以获取有关财务报表金额和披露的审计证据。选择的审计程序取决于我们的判断，包括对由于舞弊或错误导致的财务报表重大错报风险的评估。在进行风险评估时，我们考虑了与财务报表编制相关的内部控制，以设计恰当的审计程序，但目的并非对内部控制的有效性发表意见。审计工作还包括评价管理层选用会计政策的恰当性和做出会计估计的合理性，以及评价财务报表的总体列报。

我们相信，我们获取的审计证据是充分、适当的，为发表审计意见提供了基础。

三、审计意见

我们认为，ABC 公司财务报表在所有重大方面按照企业会计准则的规定编制，公允反映了 ABC 公司 20×6 年 12 月 31 日的财务状况以及 20×6 年度的经营成果和现金流量。

四、强调事项

我们提醒财务报表使用者关注，如财务报表附注×所述，ABC 公司在 20×6 年发生亏损×万元，在 20×6 年 12 月 31 日，流动负债高于流动资产总额××万元。ABC 公司已在财务报表附注×充分披露了拟采取的改善措施，但其持续经营能力仍然存在重大不确定性。本段内容不影响已发表的审计意见。

××会计师事务所	中国注册会计师：×××（签名并盖章）
（盖章）	中国注册会计师：×××（签名并盖章）
中国××市	二○×七年×月×日

图 3 - 3　带强调事项段的无保留意见审计报告

在审计报告中，有时需要采用"其他事项段"。所谓其他事项段，是指审计报告中含有的一个段落，该段落提及未在财务报表中列报或披露的事项，根据注册会计师的职业判断，该事项与财务报表使用者理解审计工作、注册会计师的责任或审计报告相关。注册会计师应当将其他事项段紧接在审计意见段和强调事项段之后，如果其他事项段的内容与其他报告责任部分相关，这一段落也可以置于审计报告的其他位置。

在《中国注册会计师审计准则第 1332 号——期后事项》《中国注册会计师审计准则第 1511 号——比较信息：对应数据和比较财务报表》《中国注册会计师审计准则第 1521 号——注册会计师对含有已审计财务报表的文件中的其他信息的责任》审计准则中，均有要求增加其他事项段的情况说明。

3.4　保留意见审计报告

1. 签发保留意见审计报告的条件

如果认为财务报表整体是公允的，但还存在下列情形之一时，注册会计师应当出具保留意见审计报告：（1）在获取充分、适当的审计证据后，注册会计师认为错报单独或累计起来时对财务报表影响重大，但不具有广泛性；（2）因审计范围受到限制，不能获取充分、适当的审计证据，虽影响重大，但不具有广泛性。

2. 保留意见审计报告的基本内容与专业术语

保留意见审计报告的基本内容除了包括标准无保留意见审计报告的基本内容外，还应当在审计报告的"注册会计师的责任段"之后、"审计意见段"之前增加说明段，清楚地说明导致所发表意见的所有原因，并在可能情况下，指出其对财务报表的影响程度。

保留意见的审计报告应当在审计意见段中使用"除……的影响外"等专业术语。如因审计范围受到限制，注册会计师还应当在"注册会计师的责任段"中提及这一情况（见图 3-4）。

审 计 报 告

ABC 股份有限公司全体股东：

我们审计了后附的 ABC 股份有限公司（以下简称 ABC 公司）财务报表，包括 20×6 年 12 月 31 日的资产负债表，20×6 年度的利润表、股东权益变动表和现金流量表以及财务报表附注。

一、管理层对财务报表的责任

编制和公允列报财务报表是 ABC 公司管理层的责任。这种责任包括：（1）按照企业会计准则的规定编制财务报表，并使其实现公允反映；（2）设计、实施和维护必要的内部控制，以使财务报表不存在由于舞弊或错误导致的重大错报。

二、注册会计师的责任

我们的责任是在实施审计工作的基础上对财务报表发表审计意见。除本报告"三、导致保留意见的事项"所述事项外，我们按照中国注册会计师审计准则的规定执行了审计工作。中国注册会计师审计准则要求我们遵守职业道德守则，计划和实施审计工作以对财务报表是否不存在重大错报获取合理保证。

审计工作涉及实施审计程序，以获取有关财务报表金额和披露的审计证据。选择的审计程序取决于注册会计师的判断，包括对由于舞弊或错误导致的财务报表重大错报风险的评估。在进行风险评估时，注册会计师考虑与财务报表编制相关的内部控制，以设计恰当的审计程序，但目的并非对内部控制的有效性发表意见。审计工作还包括评价管理层选用会计政策的恰当性和做出会计估计的合理性，以及评价财务报表的总体列报。

我们相信，我们获取的审计证据是充分、适当的，为发表审计意见提供了基础。

三、导致保留意见的事项

ABC 公司 20×6 年 12 月 31 日的应收账款余额×万元，占资产总额的×%。由于 ABC 公司未能提供债务人地址，我们无法实施函证以及其他审计程序，以获取充分、适当的审计证据。

四、保留意见

我们认为，除了前段所述未能实施函证可能产生的影响外，ABC 公司财务报表在所有重大方面按照企业会计准则的规定编制，公允反映了 ABC 公司 20×6 年 12 月 31 日的财务状况以及 20×6 年度的经营成果和现金流量。

××会计师事务所   中国注册会计师：×××（签名并盖章）

（盖章）   中国注册会计师：×××（签名并盖章）

中国××市   二○×七年×月×日

图 3 – 4 保留意见审计报告

3.5 否定意见审计报告

1. 签发否定意见审计报告的条件

否定意见是指注册会计师认为财务报表没有按照适用的会计准则和相关会计制度的规定编制，未能在所有重大方面公允反映被审计单位的财务状况、经营成果和现金流量而发表的审计意见。否定意见说明被审计单位的财务报表不能信赖，因此，无论是注册会计师，还是被审计单位都不希望发表此类意见。因而在审计实务中发表否定意见的情况极其少见。

如果认为财务报表没有按照适用的会计准则和相关会计制度的规定编制，未能在所有重大方面公允反映被审计单位的财务状况、经营成果和现金流量，或者在获取充分、适当的审计证据后，如果认为错报单独或累积起来对财务报表的影响重大且具有广泛性，注册会计师应当出具否定意见的审计报告。

2. 否定意见审计报告的基本内容与关键措辞

否定意见审计报告的基本内容除了包括标准无保留意见审计报告的基本内容外，还应当在审计报告的"注册会计师的责任段"之后、"审计意见段"之前增加说明段，清楚地说明导致所发表意见的所有原因，并在可能情况下，指出其对财务报表的影响程度。

否定意见的审计报告应当在审计意见段中使用"由于上述问题造成的重大影响""由于受到前段所述事项的重大影响""财务报表没有按照……的规定编制，未能在所有重大方面公允反映"等专业术语（见图 3 – 5）。

审计报告

ABC 股份有限公司全体股东：

我们审计了后附的 ABC 股份有限公司（以下简称 ABC 公司）财务报表，包括 20×6 年 12 月 31 日的资产负债表，20×6 年度的利润表、股东权益变动表和现金流量表以及财务报表附注。

一、管理层对财务报表的责任

编制和公允列报财务报表是 ABC 公司管理层的责任。这种责任包括：（1）按照企业会计准则的规定编制财务报表，并使其实现公允反映；（2）设计、实施和维护必要的内部控制，以使财务报表不存在由于舞弊或错误导致的重大错报。

二、注册会计师的责任

我们的责任是在实施审计工作的基础上对财务报表发表审计意见。我们按照中国注册会计师审计准则的规定执行了审计工作。中国注册会计师审计准则要求我们遵守职业道德守则，计划和实施审计工作以对财务报表是否不存在重大错报获取合理保证。

审计工作涉及实施审计程序，以获取有关财务报表金额和披露的审计证据。选择的审计程序取决于注册会计师的判断，包括对由于舞弊或错误导致的财务报表重大错报风险的评估。在进行风险评估时，注册会计师考虑与财务报表编制相关的内部控制，以设计恰当的审计程序，但目的并非对内部控制的有效性发表意见。审计工作还包括评价管理层选用会计政策的恰当性和做出会计估计的合理性，以及评价财务报表的总体列报。

我们相信，我们获取的审计证据是充分、适当的，为发表审计意见提供了基础。

三、导致否定意见的事项

经审计，我们发现如下问题：

1. ABC 公司 20×6 年度少计提坏账准备 132 万元；

2. ABC 公司在 20×6 年 12 月 31 日将确实无法支付的应付账款 100 万元计入了"营业外收入"，将原材料短缺的 200 万元及其相应的增值税进项税额 34 万元计入了"待处理财产损溢"，列入了资产负债表，未按《××会计制度》要求进行处理；

3. 根据 ABC 公司固定资产折旧政策和固定资产减值准备会计政策，ABC 公司在 20×6 年度少计提折旧费用 248 万元，少计提固定资产减值准备 50 万元。

上述三个问题致使 ABC 公司 20×6 年 12 月 31 日资产总额虚增了 664 万元，资本公积虚减了 100 万元，利润总额虚增了 764 万元，从而导致 ABC 公司由盈利 254 万元变为亏损 510 万元。

四、否定意见

我们认为，由于受到前段所述事项的重大影响，ABC 公司财务报表没有在所有重大方面按照企业会计准则的规定编制，未能公允反映 ABC 公司 20×6 年 12 月 31 日的财务状况以及 20×6 年度的经营成果和现金流量。

××会计师事务所	中国注册会计师：×××（签名并盖章）
（盖章）	中国注册会计师：×××（签名并盖章）
中国××市	二〇×七年×月×日

图 3-5　否定意见审计报告

3.6 无法表示意见审计报告

1. 签发无法表示意见审计报告的条件

无法表示意见是指注册会计师不能就被审计单位财务报表整体是否公允反映其财务状况、经营成果和现金流量发表审计意见，也即对被审计单位的财务报表既不发表无保留意见或保留意见，也不发表否定意见。

注册会计师发表无法表示意见，不同于注册会计师拒绝接受委托，它是在注册会计师实施了必要审计程序后所形成的结论。注册会计师发表无法表示意见，不是注册会计师不愿意发表无保留、保留或否定意见，而是由于一些重大限制使得注册会计师无法实施必要的审计程序，未能对一些重大事项获得充分适当的审计证据，从而不能对财务报表整体是否公允反映形成意见。

一般来说，如果审计范围受到限制可能产生的影响非常重大和广泛，不能获取充分、适当的审计证据，以至于无法对财务报表发表审计意见，注册会计师应当出具无法表示意见的审计报告。

典型的审计范围受到限制的情况有：①未能对存货进行监盘；②未能对应收账款进行函证；③未能取得被投资企业的财务报表；④内部控制极度混乱，会计记录缺乏系统性与完整性等。

2. 无法表示意见审计报告的基本内容和专业术语

无法表示意见审计报告的基本内容，在标准无保留审计报告基本内容的基础上进行四方面的修正：（1）引言段应当修订，说明注册会计师接受委托审计财务报表；（2）责任段应当修订，仅做出如下说明："我们的责任是在按照中国注册会计师审计准则的规定执行审计工作的基础上对财务报表发表审计意见。但由于导致无法表示意见的事项段中所述的事项，我们无法获取充分、适当的审计证据以为发表审计意见提供基础"。（3）注册会计师应当在导致无法表示意见的事项段中说明无法获取审计证据的原因；（4）在审计意见段中应当说明：由于导致无法表示意见的事项段所述事项的重要性，注册会计师无法获取充分、适当的审计证据以为发表审计意见提供基础，因此，注册会计师不对这些财务报表发表意见。

图 3-6 是注册会计师因不能对存货进行监盘而出具的无法表示意见的审计报告。

审 计 报 告

ABC 股份有限公司全体股东：

我们接受委托审计后附的 ABC 股份有限公司（以下简称 ABC 公司）财务报表，包括 20×6 年 12 月 31 日的资产负债表，20×6 年度的利润表、股东权益变动表和现金流量表以及财务报表附注。

一、管理层对财务报表的责任

编制和公允列报财务报表是 ABC 公司管理层的责任。这种责任包括：（1）按照企业会计准则的规定编制财务报表，并使其实现公允反映；（2）设计、实施和维护必要的内部控制，以使财务报表不存在由于舞弊或错误导致的重大错报。

二、注册会计师的责任

我们的责任是在按照中国注册会计师审计准则的规定执行审计工作的基础上对财务报表发表审计意见。但由于导致无法表示意见的事项段中所述的事项，我们无法获取充分、适当的审计证据以为发表审计意见提供基础。

三、导致无法表示意见的事项

ABC 公司未对 20×6 年 12 月 31 日的存货进行盘点，金额为×万元，占期末资产总额的 40%。我们无法实施存货监盘，也无法实施替代审计程序，以对期末存货的数量和状况获取充分、适当的审计证据。

四、无法表示意见

由于前段所述审计范围受到限制可能产生的影响非常重大和广泛，我们无法获取充分、适当的审计证据以为发表审计意见提供基础，因此，我们无法对 ABC 公司财务报表发表审计意见。

××会计师事务所　　　　　　　　中国注册会计师：×××（签名并盖章）

（盖章）　　　　　　　　　　　　中国注册会计师：×××（签名并盖章）

中国××市　　　　　　　　　　　　　　　　二〇×七年×月×日

图 3 - 6　无法表示意见的审计报告

3.7　关于审计报告的总结

1. 审计报告的含义

审计报告是注册会计师根据中国注册会计师审计准则的规定，在实施审计工作的基础上对被审计单位财务报表发表审计意见的书面文件。审计报告是审计工作的最终结果，是对审计工作的全面总结，是评价被审计单位财务报表合法性和公允性的重要工具，是向审计服务需求者传达所需信息的重要手段，也是表明注册会计师完成了审计任务并愿意承担审计责任的证明文件。

2. 审计报告的种类

（1）按审计报告格式和措辞的规范性，可分为规范性审计报告和特殊性审计报告。规范性审计报告是指格式和措辞基本统一的审计报告。审计职业界认为，为了避免混乱，有必要统一审计报告的格式和措辞，便于使用者准确理解其含义。规范性审计报告一般适用于对外公布。特殊性审计报告是指格式和措辞不统一，可以根据具体审计项目的情况来决定的审计报告。特殊性审计报告一般不对外公布。

应当注意的是，由于注册会计师出具的年度财务报表审计报告有规范的格式和措辞，均属于规范性审计报告。但人们也习惯于将注册会计师出具的标准无保留意见审计报告称为"标准审计报告"，也称为"标准审计意见"；将注册会计师出具的非标准无保留意见审计报告，具体包括带强调事项段的无保留意见审计报告、保留意见审计报告、否定意见审计报告和无法表示意见审计报告，称为"非标准审计报告"，也称为"非标准审计意见"。

（2）按审计报告使用的目的，可分为公布目的审计报告和非公布目的审计报告。公布目的审计报告，一般用于对企业股东、投资者、债权人等非特定利益关系者公布财务报表时所附送的审计报告。非公布目的审计报告，一般用于经营管理、合并或业务转让、融通资金等特定目的而实施审计的审计报告。这类审计报告是分发给特定使用者的，如经营者、合并或业务转让的关系人、提供信用的金融机构等。

（3）按审计报告的详略程度，可分为简式审计报告和详式审计报告。简式审计报告，又称短式审计报告，一般用于注册会计师对应公布财务报表所出具的简明扼要的审计报告，其反映的内容是非特定多数的利害关系人共同认为的必要审计事项，且为法令或审计准则所规定的，具有标准格式。它一般适用于公布目的，具有标准审计报告的特点。详式审计报告，又称长式审计报告，一般是指对审计对象所有重要经济业务和情况都要做详细说明和分析的审计报告。它主要用于指出企业经营管理存在的问题和帮助企业改善经营管理，其内容丰富、详细，一般适用于非公布目的，具有非标准审计报告的特点。

本 章 小 结

1. 审计报告的组成部分包括：标题、收件人、引言段、管理层对财务报表的责任段、注册会计师的责任段、审计意见段、签名、盖章、名称及地址、报告日期等内容。

2. 标准无保留意见审计报告，是注册会计师对被审计单位财务报表发表不带强调事项段或其他事项段的无保留意见审计报告。

3. 被审计单位财务报表只有符合下列所有条件的，注册会计师才能出具标准无保留意见的审计报告：①财务报表已经按照财务报表基础的规定编制，在所有重大方面公允反映了被审计单位的财务状况、经营成果和现金流量；②注册会计师已经按照中国注册会计师审计准则的规定计划和实施审计工作，在审计过程中未受到限制；③没有必要在审计报告中增加强调事项段或其他事项段。

4. 在评价财务报表合法性时，注册会计师应当考虑下列内容：①选择和运用的会计政策是否符合适用的会计准则和相关会计制度，并适合于被审计单位的具体情况；②管理层做出的会计估计是否合理；③财务报表反映的信息是否具有相关性、可靠性、可比性和可理解性；④财务报表是否做出充分披露，使财务报表使用者能够理解重大交易和事项对被审计单位财务状况、经营成果和现金流量的影响；⑤财务报表是否充分披露了选择和运用的会计政策；⑥财务报表使用的术语是否恰当。

5. 在评价财务报表是否做出公允反映时，注册会计师应当考虑下列内容：①财务报表的列报、结构和内容是否合理；②财务报表是否真实地公允地反映了交易和事项的经济实质。

6. 财务报表审计报告的基本类型有：标准无保留意见、带强调事项段或其他事项段的无保留意见、保留意见、否定意见和无法表示意见的审计报告五种。

7. 审计报告的强调事项段是指注册会计师在审计意见段之后增加的对重大事项予以强调的段落。注册会计师应当在强调事项段中指明，该段内容仅用于提醒财务报表使用者关注，并不影响已发表的审计意见。

8. 签发保留意见审计报告的条件：①在获取充分、适当的审计证据后，注册会计师认为错报单独或累计起来对财务报表影响重大，但不具有广泛性；②因审计范围受到限制，不能获取充分、适当的审计证据，虽影响重大，但不具有广泛性。

9. 否定意见是指注册会计师认为财务报表没有按照适用的会计准则和相关会计制度的规定编制，未能在所有重大方面公允反映被审计单位的财务状况、经营成果和现金流量而发表的审计意见。否定意见说明被审计单位的财务报表不能信赖，因此，无论是注册会计师，还是被审计单位都不希望发表此类意见。因而在审计实务中发表否定意见的情况极其少见。

10. 无法表示意见是指注册会计师不能就被审计单位财务报表整体是否公

允反映其财务状况、经营成果和现金流量发表审计意见，也即对被审计单位的财务报表既不发表无保留意见或保留意见，也不发表否定意见。

11. 审计报告是注册会计师根据中国注册会计师审计准则的规定，在实施审计工作的基础上对被审计单位财务报表发表审计意见的书面文件。审计报告是审计工作的最终结果，是对审计工作的全面总结，是评价被审计单位财务报表合法性和公允性的重要工具，是向审计服务需求者传达所需信息的重要手段，也是表明注册会计师完成了审计任务并愿意承担审计责任的证明文件。

12. 按审计报告格式和措辞的规范性，可分为规范性审计报告和特殊性审计报告。

13. 按审计报告的详略程度，可分为简式审计报告和详式审计报告。

思 考 题

1. 标准无保留意见审计报告的格式、结构和措辞是怎样的？

2. 审计报告的组成部分有哪些？

3. 审计报告的引言段应当说明哪些内容？

4. 审计报告的责任段应当说明哪些内容？

5. 审计报告的审计意见段应当说明哪些内容？

6. 审计报告的报告日期应当如何确定？

7. 标准无保留意见审计报告的签发条件是什么？

8. 评价财务报表合法性和公允性时应考虑哪些内容？

9. 依据审计意见的不同，审计报告分为哪几种类型？

10. 审计报告中应当增加强调事项段的情形有哪些？

11. 注册会计师应当出具保留意见审计报告的情形有哪些？

12. 哪种情况下注册会计师应当出具否定意见的审计报告？

13. 如何理解注册会计师发表无法表示意见？

14. 最常见的审计报告是哪一种类？

第4章 注册会计师执业准则

学习目标

　　了解注册会计师执业准则的意义和作用。掌握注册会计师执业准则体系构成。掌握注册会计师业务准则体系。了解注册会计师鉴证业务基本准则的作用和内容。掌握注册会计师审计准则体系和内容。了解注册会计师审阅准则及其他鉴证业务准则。了解会计师事务所质量控制准则体系和内容。

关键名词

　　注册会计师执业准则　注册会计师鉴证业务基本准则　注册会计师审计准则　注册会计师审阅准则　注册会计师其他鉴证业务准则　注册会计师相关服务准则　会计师事务所质量控制准则　职业道德规范

4.1 注册会计师执业准则的意义和作用

　　注册会计师执业准则是指注册会计师在执行业务的过程中所应遵守的职业规范。

　　执业准则的根本作用在于保证注册会计师执业质量，维护社会经济秩序。此外，执业准则的制定、颁布和实施，对于增强社会公众对注册会计师职业的信任、合理区分客户管理层的责任和注册会计师的责任，客观评价注册会计师执业质量、保护责任方及各利害关系人的合法权益，以及推动审计理论的发展均有一定的作用。具体地说，执业准则的作用主要表现在以下几个方面。

　　1. 为衡量和评价注册会计师执业质量提供了依据，从而有助于注册会计师执业质量的提高

　　在市场经济社会中，一种商品能否取信于社会的关键在于它的质量，一项服务能否取信于社会同样在于它的质量。审计和鉴证工作能否满足社会的需求和取信于社会，关键也是质量问题。由于审计和鉴证业务质量对维护责任方、社会公众的利益以及提高注册会计师职业的社会地位都有直接的联系，因此，无论是被审计单位、社会公众还是注册会计师职业界本身都需要一个衡量评价注册会计师执业质量的标准即执业准则。注册会计师执业准则对注册会计师执行业务应遵循的规范作了全面规定，既涵盖了鉴证业务和相关服务等业务领域，又为质量控制提供了标准。其中的审计准则对财务报表审计的目标和一般原则、审计工作的基本程序和方法，以及审计报告的基本内容、格式和类型等都作了详细规定。只要注册会计师遵照执业准则的规定执行业务，执业质量就有保证。另外，执业准则是注册会计师实践经验的总结和升华，它的实施有助于注册会计师理论和实务水平的提高。

2. 有助于规范审计工作，维护社会经济秩序

市场经济的要素之一是平等，一切市场经济参与者都不能因权力、地位不同而形成差异，行政权力如果与经济交易结合在一起，就会破坏市场经济秩序，无法实现经济资源的合理配置。从一定意义上说，审计工作作为一种经济监督，其经济后果或多或少总是会使一部分人受益，另一部分人受损，这种受益和受损的幅度需要加以限制，限制的手段便是执业准则。前已述及执业准则是审计工作自由度和统一度的平衡结果，这种结果的本质作用便是规范审计工作，维护社会经济秩序。建立了注册会计师执业准则，就确立了注册会计师的执业规范，使注册会计师在执行业务的过程中有章可循。比如，执业准则规范了在审计业务中注册会计师如何签订审计业务约定书，如何编制审计计划，如何实施审计程序，如何记录审计工作底稿，如何与治理层进行沟通，如何利用其他实体的工作，如何出具审计报告，以及如何控制审计质量等问题，执业准则也对注册会计师从事财务报表审阅、其他鉴证业务和相关服务进行了规范。这就使注册会计师在执行业务的每一环节都有了相应的依据和标准，从而规范了注册会计师的行为，可以减少注册会计师选择政策、程序和方法的自由度，避免注册会计师随意发表审计意见。

3. 有助于增强社会公众对注册会计师职业的信任

执业准则的制定和实施反映着注册会计师职业的成熟。过去几十年中，当许多国家正式颁布执业准则后，注册会计师职业的声望都大大提高了。这表明审计界有信心公开明确它的标准，并使从业人员遵循这些标准。

注册会计师行业担负着对会计信息质量进行鉴证的重要职能，客观上起着维护社会公众利益的职能。中国注册会计师执业准则体系立足于维护公众利益的宗旨，充分研究和分析了新形势下资本市场发展和注册会计师执业实践面临的挑战与困难，强化了注册会计师的执业责任，细化了对注册会计师揭示和防范市场风险的指导。其中，审计准则要求注册会计师强化审计的独立性，保持应有的职业谨慎态度，遵守职业道德守则，切实贯彻风险导向审计理念，提高识

别和应对市场风险的能力，更加积极地承担对财务报表舞弊的发现责任，始终把对公众利益的维护作为审计准则的衡量标尺。中国注册会计师执业准则体系的实施，必将提升注册会计师的执业质量，加强会计师事务所质量控制和风险防范将为提高财务信息质量，降低投资者的决策风险，维护社会公众利益，实现更有效的资源配置，推动经济发展和保持金融稳定发挥重要作用。

另外，由于执业准则为衡量和评价注册会计师执业质量提供了依据，这就使社会公众可以通过对注册会计师的某项审计工作结果进行评价，看它是否符合执业准则，是否达到令他们满意的程度。只有注册会计师执业质量令人满意，注册会计师的工作才能令人信任。正如爱德华·斯坦泼与莫里斯·穆尼兹在合著的《国际审计标准》一书中所说："只有假定那些信任审计人员意见的人确信注册会计师是按照最高的准则去做他的工作，注册会计师才能完成对财务报表提供可信任的职责"。①

4. 有助于维护会计师事务所和注册会计师的正当权益，使得他们免受不公正的指责和控告

注册会计师的责任并非毫无限制，工作结果也不可能在任何条件下都绝对地正确。执业准则中规定了注册会计师的工作范围，注册会计师只要能严格按照执业准则的要求执业，就算是尽到了职责。当审计委托人与注册会计师发生纠纷并诉诸法律时，执业准则就成为法庭判明是非、划清责任界限的重要依据。

5. 有助于推动审计与鉴证理论的研究和现代审计人才的培养

执业准则是注册会计师实践经验的总结和升华，已成为审计与鉴证理论的一个重要组成部分。在执业准则制定过程中，必然会激发各种理论的争论、探讨，从而带动理论研究。随着执业准则的制定、修订和实施，一些理论方面的争论就会消除，认识上和实践上的分歧就会趋于统一。执业准则颁布以后，审计学界仍然要围绕着如何实施准则和怎样达到准则的要求展开细致的工作和研究，不断改进完善这些准则。因此，审计理论水平会随着执业准则的制定实施不断得以提高。注册会计师执业质量和理论水平的提高，无疑会带动审计教育水准的提高，这样必然会有助于培养现代化的审计人才，推动审计事业的进一步发展。

应当指出的是，大多数人只注意到了执业准则的种种作用和优点，很少有人分析执业准则可能带来的副作用。其实，任何事物都是矛盾的统一体，执业

---

① ［加］爱德华·斯坦泼、［美］莫里斯·穆尼兹：《国际审计标准》，中国财政经济出版社 1983 年版，第 2 页。

准则也不例外，执业准则有其积极作用，也有其消极作用。在充分认识执业准则积极作用的同时，探讨其可能带来的负效应，对于正确理解和认识准则，合理运用准则应是大有裨益的。

执业准则的负效应主要表现在以下几个方面：①执业准则可能导致僵化，人为缩小注册会计师职业判断的范围；②报告使用者往往认为依据执业准则审定的财务报表是确实可靠的；③执业准则可能源于社会或政治压力，致使会计师职业受到操纵；④执业准则可能抑制批评性思想、建设性思想的发展；⑤准则越多，注册会计师的执业成本越高。

4.2　注册会计师执业准则体系构成

2001 年以来，针对国际资本市场一系列上市公司财务舞弊事件，国际审计准则制定机构改进了国际审计准则的制定机制和程序，强调以社会公众利益为宗旨，全面引入了风险导向审计的概念，全面提升了国际审计准则质量。

按照财政部领导关于着力完善我国注册会计师审计准则体系，加速实现与国际准则趋同的指示，中国注册会计师协会拟订了 22 项准则，并对 26 项准则进行了必要的修订和完善，已于 2006 年 2 月 15 日由财政部发布，自 2007 年 1 月 1 日起在所有会计师事务所施行。这些准则的发布，标志着我国已建立起一套适应社会主义市场经济发展要求，顺应国际趋同大势的中国注册会计师执业准则体系。

2006 年以来，审计环境发生了重大变化，国际审计准则做出了重大修订。我国借鉴国际审计准则的成果，

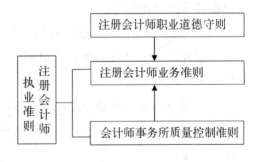

图 4 – 1　注册会计师执业准则体系

对 33 项准则进行调整，调整后的准则项目是 37 个，实现了与国际审计准则的一一对应。包括我国特有的前后任注册会计师的沟通准则 1 项，本次修订的审计准则共 38 项。现行准则中的其他准则项目本次未做修订。修订后的准则，于 2010 年 11 月 1 日发布，自 2012 年 1 月 1 日起施行。

中国注册会计师执业准则体系包括鉴证业务准则、相关服务准则和会计师事务所质量控制准则。为了便于社会公众理解，有时将执业准则简称为"审计准则"。中国注册会计师执业准则体系的构成如图4 – 1、图 4 – 2 所示。

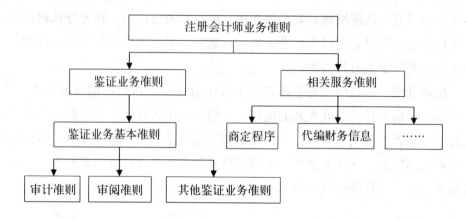

图4-2　注册会计师业务准则体系

（1）鉴证业务准则由鉴证业务基本准则统领，按照鉴证业务提供的保证程度和鉴证对象的不同，分为中国注册会计师审计准则、中国注册会计师审阅准则和中国注册会计师其他鉴证业务准则（以下分别简称审计准则、审阅准则和其他鉴证业务准则）。其中，审计准则是整个执业准则体系的核心。

（2）审计准则用以规范注册会计师执行历史财务信息的审计业务。在提供审计服务时，注册会计师对所审计信息是否不存在重大错报提供合理保证，并以积极方式提出结论。

（3）审阅准则用以规范注册会计师执行历史财务信息的审阅业务。在提供审阅服务时，注册会计师对所审阅信息是否不存在重大错报提供有限保证，并以消极方式提出结论。

（4）其他鉴证业务准则用以规范注册会计师执行历史财务信息审计或审阅以外的其他鉴证业务，根据鉴证业务的性质和业务约定的要求，提供有限保证或合理保证。

（5）相关服务准则用以规范注册会计师代编财务信息、执行商定程序，提供管理咨询等其他服务。在提供相关服务时，注册会计师不提供任何程度的保证。

（6）质量控制准则用以规范会计师事务所在执行各类业务时应当遵守的质量控制政策和程序，是对会计师事务所质量控制提出的制度要求。

新的中国注册会计师执业准则体系共包括51项准则，其具体构成是：

（1）中国注册会计师鉴证业务基本准则（1项）

（2）中国注册会计师审计准则第1101号——第1633号（44项）

（3）中国注册会计师审阅准则第2101号（1项）

（4）中国注册会计师其他鉴证业务准则第3101号——第3111号（2项）

（5）中国注册会计师相关服务准则第 4101 号——第 4111 号（2 项）

（6）会计师事务所质量控制准则第 5101 号（1 项）

4.3 注册会计师鉴证业务基本准则

中国注册会计师业务准则体系由鉴证业务准则和相关服务准则所构成。其中，鉴证业务准则由鉴证业务基本准则统领，按照鉴证业务提供的保证程度和鉴证对象的不同，分为审计准则、审阅准则和其他鉴证业务准则。

《中国注册会计师鉴证业务基本准则》的目的在于规范注册会计师执行鉴证业务，明确鉴证业务的目标和要素，确定中国注册会计师审计准则、中国注册会计师审阅准则、中国注册会计师其他鉴证业务准则适用的鉴证业务类型。该准则共九章六十条，主要对鉴证业务的定义与目标、业务承接，以及鉴证业务的三方关系、鉴证对象、标准、证据、鉴证报告等鉴证业务的要素等方面进行了阐述。注册会计师执行历史财务信息审计业务、历史财务信息审阅业务和其他鉴证业务时，应当遵守依据该准则制定的审计准则、审阅准则和其他鉴证业务准则。如果一项鉴证业务只是某项综合业务的构成部分，则该准则仅适用于该业务中与鉴证业务相关的部分。如果某项业务不存在除责任方之外的其他预期使用者，但在其他所有方面符合审计准则、审阅准则或其他鉴证业务准则的要求，注册会计师和责任方可以协商运用该准则的原则。但在这种情况下，注册会计师的报告中应注明该报告仅供责任方使用。

注册会计师执行司法诉讼中涉及会计、审计、税务或其他事项的鉴定业务时，除有特定要求者外，应当参照该准则办理。

某些业务可能符合鉴证业务的定义，使用者可能从业务报告的意见、观点或措辞中推测出某种程度的保证，但如果满足下列所有条件，注册会计师执行这些业务不必遵守该准则：

（1）注册会计师的意见、观点或措辞对整个业务而言仅是附带性的；

（2）注册会计师出具的书面报告被明确限定为仅供报告中所提及的使用者使用；

（3）与特定预期使用者达成的书面协议中，该业务未被确认为鉴证业务；

（4）在注册会计师出具的报告中，该业务未被称为鉴证业务。

4.4 注册会计师审计准则

中国注册会计师审计准则共包括 44 项，用以规范注册会计师执行历史财务信息的审计业务。审计准则涉及审计业务的一般原则与责任、风险评估与应对、审计证据、利用其他主体的工作、审计结论与报告、特殊领域审计六个方面。

1. 一般原则与责任

规范审计业务的一般原则与责任的准则具体包括《中国注册会计师审计准则第 1101 号——注册会计师的总体目标和审计工作的基本要求》《中国注册会计师审计准则第 1111 号——就审计业务约定条款达成一致意见》《中国注册会计师审计准则第 1121 号——对财务报表审计实施的质量控制》《中国注册会计师审计准则第 1131 号——审计工作底稿》《中国注册会计师审计准则第 1141 号——财务报表审计中与舞弊相关的责任》《中国注册会计师审计准则第 1142 号——财务报表审计中对法律法规的考虑》《中国注册会计师审计准则第 1151 号——与治理层的沟通》《中国注册会计师审计准则第 1152 号——向治理层和管理层通报内部控制缺陷》《中国注册会计师审计准则第 1153 号——前任注册会计师和后任注册会计师的沟通》九项。

（1）《中国注册会计师审计准则第 1101 号——注册会计师的总体目标和审计工作的基本要求》共 6 章 38 条，指出注册会计师的总体目标是，对财务报表整体是否不存在由于舞弊或错误导致的重大错报获取合理保证，使得注册会计师能够对财务报表是否在所有重大方面按照适用的财务报告编制基础发表审计意见；按照审计准则的规定，根据审计结果对财务报表出具审计报告，并与管理层和治理层沟通。并且从定义、财务报表审计、总体目标、要求（与财务报表相关的职业道德要求，职业怀疑，职业判断，审计证据和审计风险，按照审计准则的规定执行审计工作）等方面进行了阐述。

（2）《中国注册会计师审计准则第 1111 号——就审计业务约定条款达成一致意见》共 5 章 22 条，主要对定义、目标、要求（审计的前提条件，就审计业务约定条款达成一致意见，连续审计，审计业务约定条款的变更，业务承接时的其他考虑）等方面进行了规范。

（3）《中国注册会计师审计准则第 1121 号——对财务报表审计实施的质量控制》的目的在于规范注册会计师对财务报表审计实施质量控制程序的具体责任，以及项目质量控制复核人员的责任。该准则共 5 章 41 条，主要从定义、目标、要求（对审计质量承接的领导责任，相关职业道德要求，客户关系和审计业务的接受与保持，项目组的工作委派，业务执行，监控，审计工作底稿）等方面对财务报表审计业务的质量控制进行了规范。

（4）审计工作底稿是注册会计师对制订的审计计划、实施的审计程序、获取的相关审计证据，以及得出的审计结论做出的记录。《中国注册会计师审计准则第1131号——审计工作底稿》共5章21条，主要规范了定义、目标、要求（及时编制审计工作底稿，记录实施的审计程序和获取的审计证据，审计工作底稿的归档）。

（5）《中国注册会计师审计准则第1141号——财务报表审计中与舞弊相关的责任》共5章52条，对定义、目标、要求（职业怀疑，项目组内部的讨论，风险评估程序和相关活动，识别和评估舞弊导致的重大错报风险，应对评估的由舞弊导致的重大错报风险，评价审计证据，无法继续执行审计业务，书面声明，与管理层和治理层的沟通，向监管机构和执法机构报告，审计工作记录）等方面进行了规范。

（6）《中国注册会计师审计准则第1142号——财务报表审计中对法律法规的考虑》旨在规范注册会计师在财务报表审计中对法律法规的考虑。该准则共5章30条，主要从对定义、目标、要求（注册会计师对被审计单位遵守法律法规的考虑，识别出或怀疑存在违反法律法规行为时实施的审计程序，对识别出的或怀疑存在的违反法律法规行为的报告，审计工作底稿）方面进行了规范。注册会计师接受专项委托，对被审计单位遵守特定法律法规进行单独测试并出具审计报告的鉴证业务不适用这一准则。

（7）注册会计师应当就与财务报表审计相关，且根据职业判断认为与治理层责任相关的重大事项，以适当的方式及时与治理层沟通。《中国注册会计师审计准则第1151号——与治理层的沟通》共5章25条。该准则主要对定义、目标、要求（沟通的对象，沟通的事项，沟通的过程和审计工作底稿）方面进行了规范。

（8）《中国注册会计师审计准则第1152号——通报内部控制的缺陷》旨在规范注册会计师向治理层和管理层恰当通报在财务报表审计中识别出的内部控制缺陷。该准则共5章13条，主要对定义、目标、要求做出了规范。

（9）当出现更换注册会计师的情况时，后任注册会计师应当征得被审计单位的同意，主动地与前任注册会计师沟通。《中国注册会计师审计准则第1153号——前后任注册会计师的沟通》旨在规范前任注册会计师和后任注册会计师在财务报表审计中的沟通责任。该准则共5章19条，分别对定义、目标、要求（接受委托前的沟通，接受委托后的沟通，发现前任注册会计师审计的财务报表可能存在重大错报时的处理）进行了规范。

2. 风险评估与应对

最近几年，注册会计师面临的审计环境发生了很大的变化，面临的审计风险日益加剧。一方面，复杂多变的市场环境、日新月异的科学技术、不断创新的经营模式和市场工具，增大了企业面临的经营风险，加剧了企业经营失败的可能性，进而更容易引致注册会计师的审计风险。另一方面，会计中估计与判断成分的不断增加、审计对象由有形资产向无形资产转变、信息技术的不断发展，迫切要求注册会计师创新审计理念和技术。在此背景下，中国注册会计师协会制定了审计风险准则，改进了传统的审计风险模型，提高了注册会计师识别、评估和应对重大错报风险的能力。通过修订审计风险模型，新准则强调了解被审计单位及其环境，包括内部控制，以充分识别和评估财务报表重大错报的风险，针对评估的重大错报风险设计和实施控制测试与实质性程序。关于风险评估与应对的准则不仅是此次修订准则体系的核心，也是审计准则的关键组成部分。

对风险评估与应对进行规范的审计准则共有六项，包括《中国注册会计师审计准则第 1201 号——计划审计工作》《中国注册会计师审计准则第 1211 号——了解被审计单位及其环境并评估重大错报风险》《中国注册会计师审计准则第 1241 号——对被审计单位使用服务机构的考虑》《中国注册会计师审计准则第 1221 号——重要性》《中国注册会计师审计准则第 1231 号——针对评估的重大错报风险实施的程序》《中国注册会计师审计准则第 1251 号——评价审计过程中识别出的错报》。

（1）注册会计师应当计划审计工作，使审计业务以有效的方式得到执行。计划审计工作包括针对审计业务制订总体审计策略和具体审计计划，以将审计风险降至可接受的低水平。为了规范注册会计师计划财务报表审计工作，《中国注册会计师审计准则第 1201 号——计划审计工作》分 4 章 14 条，分别从目标、要求（项目组关键成员的参与、初步业务活动、计划活动、审计工作底稿、首次审计业务的补充考虑）等方面提供了指引。

（2）从传统风险导向审计方法向现代风险导向审计方法的转变是审计准则修订的精髓。现代风险导向审计方法要求从被审计单位的经营风险入手，评估财务报表重大错报风险。因此，注册会计师应当了解被审计单位及其环境，以足够识别和评估财务报表重大错报风险，设计和实施进一步的审计程序。准则规定，了解被审计单位及其环境是必要程序，特别是为注册会计师在许多关键环节做出职业判断提供了重要基础。有关的准则即为《中国注册会计师审计准则第 1211 号——通过了解被审计单位及其环境识别和评估重大错报风险》，共 5 章 36 条。该准则从定义、目标、要求（风险评估程序和相关活动，了解被审计单位及其环境，了解内部控制，识别和评估重大错报风险，审计工作底稿）方面进行了规范。

（3）有时被审计单位可能将记录交易和处理相关数据，或者执行交易并履行受托责任等工作委托给有关服务机构。在这种情况下，注册会计师应当考虑被审计单位使用服务机构对其内部控制的影响，以识别和评估重大错报风险，设计和实施进一步审计程序。为了规范注册会计师对被审计单位使用服务机构的考虑，以及对服务机构注册会计师的报告的考虑，《中国注册会计师审计准则第 1241 号——对被审计单位使用服务机构的考虑》共 5 章 31 条，对定义、目标、要求（了解服务机构提供的服务，应对评估的重大错报风险，注册会计师的报告）等方面进行了阐述。

（4）确定重要性水平是审计工作的一个关键环节，重要性水平与审计风险有直接关系。《中国注册会计师审计准则第 1221 号——计划和执行审计工作时的重要性》旨在规范注册会计师在计划和执行财务报表审计工作时运用重要性概念。该准则共 5 章 15 条，分别从定义、目标、要求（计划审计工作时确定重要性和实际执行的重要性、审计过程中修改重要性水平、审计工作底稿）等方面进行了阐述。

（5）根据新的审计风险模型，为了将审计风险降至可接受的低水平，注册会计师应当针对评估的财务报表层次重大错报风险制定总体应对措施，并针对评估的认定层次重大错报风险设计和实施进一步审计程序。为了规范注册会计师针对已评估的重大错报风险确定总体应对措施，设计和实施进一步审计程序，《中国注册会计师审计准则第 1231 号——针对评估的重大错报风险实施的程序》共 5 章 31 条，从定义、目标、要求（总体应对措施，进一步审计程序，控制测试，实质性程序，列报和披露的恰当性，评价审计证据的充分性和适当性，审计工作底稿）等方面进行了阐述。

（6）《中国注册会计师审计准则第 1251 号——评价审计过程中识别出的错报》旨在规范注册会计师评价识别出的错报对审计的影响以及未更正错报对财务报表的影响。该准则共 5 章 17 条，对定义、目标、要求（累计识别出的错报，随着审计的推进考虑识别出的错报，沟通和更正错报，评价未更正错报的影响，书面声明，审计工作底稿）进行了规范。

3. 审计证据

审计证据是注册会计师发表审计意见的基础。与审计证据有关的审计准则共有十一项，包括《中国注册会计师审计准则第 1301 号——审计证据》《中国注册会计师审计准则第 1311 号——对存货等特定项目获取审计证据的具体考虑》《中国注册会计师审计准则第 1312 号——函证》《中国注册会计师审计准则第 1313 号——分析程序》《中国注册会计师审计准则第 1314 号——审计抽样》《中国注册会计师审计准则第 1321 号——审计会计估计（包括公允价值会计估计）和相关披露》《中国注册会计师审计准则第 1323 号——关联方》《中国注册会计师审计准则第 1324 号——持续经营》《中国注册会计师审计准

则第 1331 号——首次审计业务涉及的期初余额》《中国注册会计师审计准则第
1332 号——期后事项》《中国注册会计师审计准则第 1341 号——书面声明》。

（1）注册会计师应当获取充分、适当的审计证据，以得出合理的审计结
论，作为形成审计意见的基础。《中国注册会计师审计准则第 1301 号——审计
证据》旨在规范财务报表审计中审计证据的构成，明确注册会计师设计和实施
审计程序以获取充分、适当的审计证据的责任。该准则共 5 章 16 条，主要对
定义、目标、要求（充分、适当的审计证据，用作审计证据的信息，选取测试
项目以获取审计证据，审计证据之间存在不一致或对审计证据的可靠性存在疑
虑）进行了规范。

（2）《中国注册会计师审计准则第 1311 号——对存货、诉讼和索赔、分部
信息等特定项目获取审计证据的具体考虑》旨在规范注册会计师在财务报表审
计中对存货、诉讼和索赔、分部信息等特定项目的某些方面获取充分、适当的
审计证据的具体考虑。该准则共 4 章 14 条，对目标、要求（存货、诉讼和索
赔、分部信息）进行了规范。

（3）《中国注册会计师审计准则第 1312 号——函证》旨在规范注册会计
师按照《中国注册会计师审计准则第 1301 号——审计证据》和《中国注册会
计师审计准则第 1231 号——针对评估的重大错报风险采取的应对措施》的规
定使用函证程序，以获取相关、可靠的审计证据。该准则共 5 章 24 条，主要
对定义、目标、要求（函证程序，管理层不允许寄发询证函，实施函证程序的
结果，消极式函证，评价获取的审计证据）进行了规范。本准则不适用于注册
会计师对被审计单位诉讼和索赔事项实施询问程序。

（4）分析程序在审计过程中发挥着重要作用，在现代风险导向审计中其
地位更加重要。《中国注册会计师审计准则第 1313 号——分析程序》共 5 章 8
条。该准则阐述了定义、目标、要求（实质性分析程序，有助于形成总体结论
的分析程序，调查分析程序的结果）的规定。

（5）由于企业规模不断扩大，注册会计师无法再对被审计单位被审计期
间的所有交易进行全面检查，只能从中选取部分项目进行测试。《中国注册会
计师审计准则第 1314 号——审计抽样》共 5 章 25 条，旨在规范注册会计师在
实施审计程序时使用审计抽样。该准则说明了定义、目标、要求（样本设计、
样本规模和选取测试项目，实施审计程序，偏差和错报的性质与原因，推断错
报，评价审计抽样结果）。

（6）近年来，会计中估计与判断的成分不断增加，要求注册会计师必须
更加重视对会计估计的审计。《中国注册会计师审计准则第 1321 号——审计会
计估计（包括公允价值会计估计）和相关披露》旨在规范注册会计师在财务

报表审计中与会计估计（包括公允价值会计估计）和相关披露有关的责任。该准则共 5 章 29 条，对定义、目标、要求（风险评估程序和相关活动，识别和评估重大错报风险，应对评估的重大错报风险，实施进一步实质性程序以应对特别风险，评价会计估计的合理性并确定错报，与会计估计相关的披露，可能存在管理层偏向的迹象，书面声明，审计工作底稿）做出了规范。

（7）社会经济的发展对传统的历史成本计价方法提出了挑战，适度引入公允价值是这次会计准则改革的核心之一。面对公允价值在会计中日益广泛的应用，注册会计师必须革新审计理念与方法。《中国注册会计师审计准则第 1322 号——公允价值计量和披露的审计》旨在规范注册会计师公允价值计量和披露的审计，共 9 章 50 条。该准则在界定了被审计单位管理层和注册会计师对公允价值的责任之后，进一步对下述方面进行了重点说明：了解被审计单位公允价值计量和披露的程序以及相关控制活动并评估重大错报风险，评价公允价值计量的适当性和披露的充分性，充分利用专家的工作，针对公允价值计量和披露的重大错报风险实施的审计程序，评价审计程序实施的结果，管理层声明，与治理层的沟通等。

（8）关联方和关联方交易已经成为市场中非常普遍的经济现象，并且对报表使用者正确判断企业的财务状况和经营成果产生了重要的影响。《中国注册会计师审计准则第 1323 号——关联方》旨在规范注册会计师在财务报表审计中对关联方及其交易的责任。本准则共 5 章 30 条，分别对定义、目标、要求（风险评估程序和相关工作，识别和评估与关联方关系及其交易相关的重大错报风险，针对关联方关系及其交易相关的重大错报风险的应对措施，评价识别出的关联方关系及其交易的会计处理和披露，书面声明，与治理层的沟通，审计工作底稿）等方面进行了详细的阐述。

（9）复杂多变的市场环境、日新月异的科学技术、不断创新的经营模式和市场工具，增大了企业面临的经营风险，加剧了企业经营失败的可能性，进而更容易引致注册会计师的审计风险。《中国注册会计师审计准则第 1324 号——持续经营》旨在规范注册会计师在财务报表审计中与管理层编制财务报表时运用持续经营假设相关的责任。该准则共 4 章 24 条，从目标、要求（风险评估程序和相关活动，评价管理层的评估，询问超出管理层评估期间的事项或情况，识别出事项或情况时实施追加的审计程序，审计结论与报告，与治理层沟通，严重拖延对财务报表的批准）等方面进行了规范。

（10）《中国注册会计师审计准则第 1331 号——首次审计业务涉及的期初余额》旨在规范注册会计师在执行首次审计业务时对期初余额的责任。该准则共 5 章 16 条，阐述了定义、目标、要求（审计程序、审计结论和审计报告）。

（11）《中国注册会计师审计准则第 1332 号——期后事项》共 5 章 21 条，旨在规范注册会计师在财务报表审计中对期后事项的责任。准则主要针对定义、目标、要求（财务报表日至审计报告日之间发生的事项，注册会计师在审计报告日后至财务报表报出日前知悉的事实，注册会计师在财务报表报出后知悉的事实）等方面进行了说明。

（12）《中国注册会计师审计准则第 1341 号——书面声明》共 5 章 20 条，从定义、目标、要求（提供书面声明的管理层，针对管理层责任的书面声明，其他书面声明，书面声明涵盖的日期和期间，书面声明的形式，对书面声明可靠性的疑虑以及管理层不提供要求的书面声明）方面进行了规范。

4. 利用其他主体的工作

涉及利用其他主体的工作的审计准则共有三项，包括《中国注册会计师审计准则第 1401 号——对集团财务报表审计的特殊考虑》、《中国注册会计师审计准则第 1411 号——利用内部审计人员的工作》和《中国注册会计师审计准则第 1421 号——利用专家的工作》。

（1）在合并报表审计中，被审计单位财务报表与被审计单位组成部分的财务信息可能由不同的注册会计师进行审计。《中国注册会计师审计准则第 1401 号——对集团财务报表审计的特殊考虑》旨在规范主审注册会计师执行集团审计时的特殊考虑，特别是涉及组成部分注册会计师的特殊考虑。该准则共 5 章 64 条，对定义、目标、要求（责任，集团审计业务的接受与保持，总体审计策略和具体审计计划，了解集团及其环境、集团组成部分及其环境，了解组成部分注册会计师，重要性，针对评估的风险采取的应对措施，合并过程，期后事项，与组成部分注册会计师的沟通，评价审计证据的充分性和适当性，与集团管理层和集团治理层的沟通，审计工作底稿）等方面进行了规范。

（2）《中国注册会计师审计准则第 1411 号——利用内部审计人员的工作》旨在规范注册会计师在获取充分、适当地审计证据时利用内部审计人员的工作，明确注册会计师利用内部审计人员的工作的责任。该准则共 5 章 14 条。该准则对定义、目标、要求（确定是否利用以及在多大程度上利用内部审计人员的工作，利用内部审计人员的特定工作，审计工作底稿）等方面进行了说明。

（3）《中国注册会计师审计准则第 1421 号——利用专家的工作》共 5 章 17 条，对定义、目标、要求（确定是否需要利用专家的工作，审计程序的性质、时间安排和范围，专家的胜任能力、专业素养和客观性，了解专家的专长领域，与专家达成一致意见，评价专家工作的恰当性，在审计报告中提及专家）进行了规范。

5. 审计结论与报告

涉及审计结论与报告的审计准则共有五项，包括《中国注册会计师审计准则第 1501 号——对财务报表形成审计意见和出具审计报告》、《中国注册会计师审计准则第 1502 号——在审计报告中发表非无保留意见》、《中国注册会计师审计准则第 1503 号——在审计报告中增加强调事项段和其他事项段》、《中国注册会计师审计准则第 1511 号——比较信息：对应数据和比较财务报表》和《中国注册会计师审计准则第 1521 号——对含有已审计财务报表的文件中的其他信息的责任》。

（1）审计报告是注册会计师在完成审计工作后向委托人提交的最终产品。《中国注册会计师审计准则第 1501 号——审计报告》共 5 章 47 条，规范了注册会计师对财务报表形成审计意见，以及作为财务报表审计结果所出具的审计报告的格式和内容。准则说明了定义、目标、要求（对财务报表形成审计意见，审计意见的形式，审计报告，与财务报表一同列报的补充信息）。

（2）《中国注册会计师审计准则第 1502 号——在审计报告中发表非无保留意见》对注册会计师出具非无保留意见的审计报告进行了规范，共 5 章 30 条。该准则对定义、目标、要求（应当发表非无保留意见的情形，确定非无保留意见的类型，非无保留意见审计报告的格式和内容，与治理层的沟通）进行了规范。

（3）《中国注册会计师审计准则第 1503 号——在审计报告中增加强调事项段和其他事项段》旨在规范注册会计师在审计报告中增加强调事项段和其他事项段，以传递必要的补充信息。该准则共 5 章 11 条，规范了定义、目标、要求（审计报告中的强调事项段，审计报告中的其他事项段，与治理层的沟通）。比较数据包括上期对应数和相关披露，是本期财务报表的组成部分。《中国注册会计师审计准则第 1511 号——比较信息：对应数据和比较财务报表》旨在规定注册会计师在财务报表审计中对比较数据的责任，共 5 章 23 条。该准则主要从定义、目标、要求（审计程序、审计报告、对应数据、审计报告、比较财务报表）方面进行了规范。

（4）《中国注册会计师审计准则第 1521 号——注册会计师对含有已审计财务报表的文件中的其他信息的责任》共 5 章 19 条，用于规范定义、目标、要求（阅读其他信息，重大不一致，对事实的重大错报）。

6. 特殊领域审计

与特殊领域审计有关的审计准则共有十项，包括《中国注册会计师审计准则第 1601 号——对按照特殊目的编制基础编制的财务报表审计的特殊考虑》《中国注册会计师审计准则第 1602 号——验资》《中国注册会计师审计准则第

1603 号——对单一财务报表和财务报表特殊要素审计的特殊考虑》《中国注册会计师审计准则第 1604 号——对简要财务报表出具审计报告的业务》《中国注册会计师审计准则第 1611 号——商业银行财务报表审计》《中国注册会计师审计准则第 1612 号——银行间函证程序》《中国注册会计师审计准则第 1613 号——与银行监管机构的关系》《中国注册会计师审计准则第 1631 号——财务报表审计中对环境事项的考虑》《中国注册会计师审计准则第 1632 号——衍生金融工具的审计》《中国注册会计师审计准则第 1633 号——电子商务对财务报表审计的影响》。这些审计准则涵盖了对特殊行业、特殊性质的企业和企业特殊业务、特殊事项的审计。

（1）由于特殊目的审计业务在审计目的、范围等方面与整套通用财务报表审计业务不同，因而在审计报告的格式、内容、措辞及使用范围等方面存在差异，因此，对特殊目的审计业务出具审计报告进行规范十分必要。《中国注册会计师审计准则第 1601 号——对按照特殊目的编制基础编制的财务报表审计的特殊考虑》共 5 章 16 条，对定义、目标、要求（承接业务时的考虑，计划和执行审计工作的考虑，形成审计意见和出具报告时的考虑）进行了规范。

（2）验资是注册会计师的法定业务，也是一项鉴证业务。《中国注册会计师审计准则第 1602 号——验资》以规范注册会计师执行验资业务、明确工作要求为目标，共 5 章 36 条。该准则从签订业务约定书，制订验资计划，实施审计程序和记录验资工作底稿，以及验资报告等方面进行了说明。准则指出，注册会计师在执行验资业务时不应孤立地使用该准则，而应当将该准则与相关审计准则结合使用。

（3）《中国注册会计师审计准则第 1603 号——对单一财务报表审计和财务报表的特定要素、账户或项目审计时的特殊考虑》共 5 章 20 条，对定义、目标、要求（业务承接时的考虑，计划和执行审计工作时的考虑，形成审计意见和出具报告时的考虑）进行了规范。

（4）《中国注册会计师审计准则第 1604 号——对简要财务报表出具报告的业务》共 5 章 34 条。该准则对定义、目标、要求（业务的承接，程序的性质，意见的格式，工作的时间安排和期后事项，对简要财务报表出具的审计报告，对审计报告分发或使用的限制，提醒阅读者关注编制基础，比较信息，与简要财务报表一同列报的未审计的补充信息，含有简要财务报表的文件中的其他信息，与注册会计师相关联）进行了规范。

（5）《中国注册会计师审计准则第 1611 号——商业银行财务报表审计》用于规范注册会计师执行商业银行财务报表审计业务，共 7 章 56 条。该准则从接受业务委托，计划审计工作，了解和测试内部控制，实质性程序，以及审计报告等多个环节对商业银行财务报表审计进行了说明。注册会计师在执行商业银行财务报表审计业务时，也应当将该准则与相关审计准则结合使用。

（6）注册会计师在对商业银行财务报表进行审计时，经常要对一些出现在财务报表和附注中的重要项目和其他信息等进行函证，这通常会涉及银行间函证。《中国注册会计师审计准则第 1612 号——银行间函证程序》共 5 章 14 条，从询证函的编制与寄发、函证的内容、回函的评价等几个方面规范了注册会计师在商业银行财务报表审计中实施银行间函证程序。

（7）《中国注册会计师审计准则第 1613 号——与银行监管机构的关系》共 6 章 37 条，旨在明确在商业银行财务报表审计中商业银行治理层、管理层和注册会计师的责任，促进注册会计师与银行监管机构之间的理解与合作，提高审计的有效性。该准则重点说明了以下几个方面：商业银行治理层和管理层的责任，注册会计师的责任，注册会计师与银行监管机构的关系，协助完成特定监管任务时的补充要求。该准则既适用于注册会计师执行商业银行财务报表审计业务，也适用于接受银行监管机构委托执行专项业务。

（8）《中国注册会计师审计准则第 1631 号——财务报表审计中对环境事项的考虑》共 5 章 40 条，从实施风险评估程序时对环境事项的考虑，针对评估的重大错报风险实施审计程序时对环境事项的考虑，以及出具审计报告时对环境事项的考虑等方面，对注册会计师在财务报表审计中对被审计单位环境事项的考虑进行了规范。

（9）随着经营环境不确定性的日益增加，包括金融企业在内的许多企业，开始利用衍生金融工具来转移风险或获取收益，衍生金融工具的使用越来越普遍，在财务报表中列报和披露的要求也日渐增加。《中国注册会计师审计准则第 1632 号——衍生金融工具的审计》旨在规范注册会计师针对与衍生金融工具相关的财务报表认定计划和实施审计程序。该准则共 12 章 66 条，对衍生金融工具及活动，管理层和治理层的责任，注册会计师的责任，了解可能影响衍生活动及其审计的因素，了解内部控制，控制测试，实质性程序，对套期活动的额外考虑，管理层声明，以及与管理层和治理层的沟通等若干方面做出了规定。

（10）《中国注册会计师审计准则第 1633 号——电子商务对财务报表审计的影响》共 7 章 34 条，从知识和技能的要求，对被审计单位电子商务的了解，识别风险，对内部控制的考虑，以及电子记录对审计证据的影响等方面加以阐述，以规范注册会计师在财务报表审计中对被审计单位电子商务的考虑。

4.5 注册会计师审阅准则及其他鉴证业务准则

1. 审阅准则

执业体系中只有一项审阅准则，即《中国注册会计师审阅准则第 2101 号——财务报表审阅》。该准则共七章三十一条，对审阅范围和保证程度、业务约定书、审阅计划、审阅程序和审阅证据、结论和报告等进行了重点说明，以规范注册会计师执行财务报表审阅业务。准则明确了审阅报告应当包括的要素，规定审阅报告的结论包括无保留结论、保留结论、否定结论和无法提供任何保证几种，并说明了每种结论的适用情况。

2. 其他鉴证业务准则

其他鉴证业务准则包括两项：《中国注册会计师其他鉴证业务准则第 3101 号——历史财务信息审计或审阅以外的鉴证业务》和《中国注册会计师其他鉴证业务准则第 3111 号——预测性财务信息的审核》。

（1）《中国注册会计师其他鉴证业务准则第 3101 号——历史财务信息审计或审阅以外的鉴证业务》共十章七十七条，旨在规范注册会计师执行历史财务信息审计或审阅以外的鉴证业务，即其他鉴证业务。其他鉴证业务的鉴证对象信息不是历史财务信息。其他鉴证业务的保证程度分为合理保证和有限保证。准则从承接与保持业务、计划与执行业务、利用专家的工作、获取证据、考虑期后事项、形成工作记录、编制鉴证报告，及其他报告责任等方面，对注册会计师执行其他鉴证业务做出了规定。《中国注册会计师鉴证业务基本准则》与该准则之间存在上下级关系。注册会计师在阅读、理解和运用该准则时，应当结合《中国注册会计师鉴证业务基本准则》。与审计报告、审阅报告不同，其他鉴证业务的鉴证报告可以分为短式报告和长式报告。短式报告通常包括准则规定的鉴证报告的基本内容。长式报告除包括基本内容外，还包括对业务约定条款的详细说明、在特定方面发现的问题以及提出的相关建议。

（2）《中国注册会计师其他鉴证业务准则第 3111 号——预测性财务信息的审核》共九章三十条，用于规范注册会计师执行预测性财务信息审核业务。在预测性财务信息审核业务中，注册会计师接受委托对预测性财务信息实施审核并出具报告，以增强该信息的可信赖程度。注册会计师的责任不包括对预测性财务信息的结构能否实现发表意见，但需要对管理层采用的假设是否合理发表有限保证的审核意见，对预测性财务信息是否依据这些假设恰当编制并按照适用的会计准则和相关会计制度的规定进行列报发表合理保证的审核意见。该准则从保证程度，接受业务委托，了解被审核单位情况，涵盖期间，审核程序，列报和审核报告等方面进行了说明。

3. 服务准则

中国注册会计师执业准则体系中的相关服务准则有两项：《中国注册会计师相关服务准则第 4101 号——对财务信息执行商定程序》和《中国注册会计师相关服务准则第 4111 号——代编财务信息》，分别对注册会计师执行商定程序和代编信息这两项服务提供指引。两项准则分别从业务约定书、计划、程序与记录、报告等方面对注册会计师执行商定程序和代编财务信息业务进行了规范。注册会计师执行这两种相关服务都没有独立性要求，且对出具的报告不发表任何鉴证意见。

4.6 会计师事务所质量控制准则

健全完善的质量控制制度是保证会计师事务所及其人员遵守法律法规的规定、中国注册会计师职业道德守则以及中国注册会计师执业技术准则的基础。中国注册会计师执业准则体系中包括两项质量控制准则，即《会计师事务所质量控制准则第 5101 号——会计师事务所对执行财务报表审计和审阅、其他鉴证和相关服务业务实施的质量控制》和《中国注册会计师审计准则第 1121 号——对财务报表审计实施的质量控制》。前者从会计师事务所层面上进行规范，适用于包括历史财务信息审计业务在内的各项业务；后者从执行审计项目的负责人层面上进行规范，仅适用于历史财务信息审计业务。这两项准则联系紧密，前者是后者的制定依据。

1. 业务质量控制的目的和要素

（1）业务质量控制的目的。会计师事务所应当根据准则的规定制定质量控制制度。会计师事务所进行业务质量控制的目的在于：合理保证会计师事务所及其人员遵守法律法规、中国注册会计师职业道德守则以及审计准则、审阅准则、其他鉴证业务准则和相关服务准则的规定；合理保证会计师事务所和项目负责人根据具体情况出具恰当的报告。

（2）业务质量控制的要素。会计师事务所业务质量控制制度应当包括针对下列要素而制定的政策和程序：①对业务质量承担的领导责任；②职业道德守则；③客户关系和具体业务的接受与保持；④人力资源；⑤业务执行；⑥监控。

这样，会计师事务所的质量控制制度是由上述六项要素构成的一个完整的质量控制体系。在实务中，会计师事务所应当从上述六个方面制定质量控制制度，并针对每个方面制定具体的质量控制政策和程序。

2. 对业务质量承担的领导责任

会计师事务所应当制定政策和程序，培育以质量为导向的内部文化。这些政策和程序应当要求会计师事务所主任会计师对质量控制制度承担最终责任。明确质量控制制度的最终责任人，对会计师事务所的业务质量控制起着决定作用。

主任会计师可针对下列方面制定政策和程序，以履行对质量控制的责任：①在会计师事务所内部形成以质量为导向的文化；②会计师事务所各级管理层树立质量至上的意识，通过言传身教发挥示范作用；③合理保证会计师事务所及人员遵守职业道德守则；④在考虑客户诚信、自身专业胜任能力和能否遵守职业道德守则等的基础上，接受或保持客户关系和具体业务；⑤合理保证拥有足够的、具有必要素质和专业胜任能力并遵守职业道德守则的人员；⑥合理保证按照法律法规、职业道德守则和业务准则的规定执行业务，如计划、执行、督导、复核、记录和报告业务；⑦能够及时将业务工作底稿归档，按照规定期限与要求保管业务工作底稿，并对其内容保密，以保证其安全性和完整性，以及使用与检索的合规性和便利性；⑧合理保证质量控制制度中的政策和程序相关、适当，并正在有效运行。

会计师事务所的领导层应当树立质量至上的意识。会计师事务所应当通过下列措施实现质量控制的目标：①合理确定管理责任，以避免重商业利益轻业务质量；②建立以质量为导向的业绩评价、薪酬及晋升的政策和程序；③投入足够的资源制定和执行质量控制政策和程序，并形成相关文件记录。

在实务中，主任会计师通常委派专门人员具体负责质量控制。承担质量控制的人员，应当具有足够、适当的经验和能力以及必要的权限以履行其责任。但这不能减轻或替代主任会计师对质量控制制度承担的最终责任。

3. 职业道德守则

（1）会计师事务所应当制定政策和程序，以合理保证会计师事务所及其人员遵守职业道德守则。会计师事务所如不能合理保证职业道德守则得到遵守，就无法保证业务质量。会计师事务所制定的政策和程序应当强调遵守职业道德守则的重要性，并通过必要的途径予以强化。这些途径有：①会计师事务所领导层的示范。领导层应在会计师事务所内形成重视职业道德守则的氛围，并将相关政策和程序传达给会计师事务所员工。例如，领导层可通过电子邮件、信件和记录等，在专业发展会议上或在客户关系和具体业务的接受与续约以及业务执行过程中，强调独立、客观、公正、专业等职业道德基本原则。②教育和培训。会计师事务所应向所有人员提供适用的专业文献和法律文献，并告知希望他们熟悉这些文献。会计师事务所还应要求所有人员定期接受职业道德培训，这种培训应涵盖会计师事务所有关职业道德守则的政策和程序，也可涵盖所有适用的法律法规中有关职业道德的要求。③监控。会计师事务所可以通过定期检查，监督会计师事务所有关职业道德守则的政策和程序设计是否合理，运行是否有效，并改进其设计和解决运行中存在的问题。④对违反职业道德守则行为的处理。会计师事务所应当制定处理违反职业道德守则行为的政策和程序，指出违反职业道德守则的后果，并据此对违反职业道德守则的个人及时进行处理。会计师事务所可以为每位员工建立职业道德档案，记录个人违反职业道德守则的行为及其处理结果。

（2）会计师事务所应当制定政策和程序，以合理保证会计师事务所及其人员，包括聘用的专家和其他需要满足独立性要求的人员，保持职业道德守则要求的独立性。这些政策和程序应当使会计师事务所能够：①向相关人员传达独立性要求；②识别和评价对独立性造成威胁的情况和关系，并采取适当的防护措施以消除对独立性的威胁，或将其降至可接受的水平。必要时，解除业务约定。

（3）为促进事务所内部的信息沟通，会计师事务所制定的政策和程序应当要求：①项目负责人向会计师事务所提供与客户委托业务相关的信息，以使会计师事务所能够依据这些信息评价对保持独立性的总体影响；②会计师事务所人员立即向会计师事务所报告对独立性造成威胁的情况和关系，以便会计师事务所采取适当行动；③会计师事务所收集相关信息，并向适当人员传达。

（4）会计师事务所应当制定政策和程序，以合理保证能够获知违反独立性要求的情况，并采取适当行动予以解决。这些政策和程序包括下列要求：①所有应当保持独立性的人员，将注意到的违反独立性要求的情况立即告知会计师事务所；②会计师事务所将已识别的违反这些政策和程序的情况，立即传达给需要与会计师事务所共同处理这些情况的项目负责人，以及会计师事务所内部其他相关人员和受独立性要求约束的人员；③项目负责人、会计师事务所内部的其他相关人员，以及需要保持独立性的其他人员，在必要时，立即向会计师事务所告知他们为解决有关问题采取的行动，以便会计师事务所能够决定是否应当采取进一步的行动。

（5）会计师事务所和相关项目负责人采取的适当行动，包括采取适当的防护措施以消除对独立性的威胁或将威胁降至可接受的水平，或解除业务约定。会计师事务所还应每年至少一次向所有受独立性要求的人员获取其遵守独立性政策和程序的书面确认函。

4. 客户关系和具体业务的接受与保持

（1）会计师事务所应当制定有关客户关系和具体业务接受与保持的政策

和程序，以合理保证只有在下列情况下，才能接受或保持客户关系和具体业务：①已考虑客户的诚信，没有信息表明客户缺乏诚信；②具有执行业务必要的素质、专业胜任能力、时间和资源；③能够遵守职业道德守则。

（2）针对有关客户的诚信，会计师事务所应当考虑下列主要事项：①客户主要股东、关键管理人员、关联方及治理层的身份和商业信誉；②客户的经营性质；③客户主要股东、关键管理人员及治理层对内部控制环境和会计准则等的态度；④客户是否过分考虑将会计师事务所的收费维持在尽可能低的水平；⑤工作范围受到不适当限制的迹象；⑥客户可能涉嫌洗钱或其他刑事犯罪行为的迹象；⑦变更会计师事务所的原因。

（3）在确定是否具有接受新业务所需的必要素质、专业胜任能力、时间和资源时，会计师事务所应当考虑下列事项，以评价新业务的特定要求和所有相关级别的现有人员的基本情况：①会计师事务所人员是否熟悉相关行业或业务对象；②会计师事务所人员是否具有执行类似业务的经验，或是否具备有效获取必要技能和知识的能力；③会计师事务所是否拥有足够的具有必要素质和专业胜任能力的人员；④在需要时，是否能够得到专家的帮助；⑤如果需要项目质量控制复核，是否具备符合标准和资格要求的项目质量控制复核人员；⑥会计师事务所是否能够在提交报告的最后期限内完成业务。

在确定是否接受新业务时，会计师事务所还应当考虑接受该业务是否会导致现实或潜在的利益冲突。在确定是否保持客户关系时，会计师事务所应当考虑在本期或以前业务执行过程中发现的重大事项，以及对保持客户关系可能造成的影响。

如果在接受业务后获知某项信息，而该信息若在接受业务前得知，可能导致会计师事务所拒绝接受业务，会计师事务所应当针对这种情况制定保持具体业务和客户关系的政策和程序，这些政策和程序应当考虑下列方面：

（1）适用于这种情况的职业责任和法律责任，包括是否要求会计师事务所向委托人报告或在某些情况下向监管机构报告。

（2）解除业务约定或同时解除业务约定和客户关系的可能性。

5. 人力资源

会计师事务所应当制定政策和程序，合理保证拥有足够的具有必要素质和专业胜任能力并遵守职业道德守则的人员，以使会计师事务所和项目负责人能够按照法律法规、职业道德守则和业务准则的规定执行业务，并根据具体情况出具恰当的报告。

会计师事务所制定的人力资源政策和程序应当解决下列人事问题：招聘；业绩评价；人员素质；专业胜任能力；职业发展；晋升；薪酬；人员需求

预测。

（1）招聘是人力资源管理的首要环节。会计师事务所应当制定招聘程序，以选择正直的、通过发展能够具备执行业务所需的必要素质和专业胜任能力的人员。

（2）由于执业环境和工作要求在不断发生变化，会计师事务所应当采取措施保证人员持续保持必要的素质和专业胜任能力。会计师事务所提高人员素质和专业胜任能力的途径包括：职业教育、职业发展（培训）、工作经验，以及由经验更丰富的员工提供辅导等。会计师事务所应当在人力资源政策和程序中强调对各级别人员进行继续培训的重要性，并提供必要的培训资源和帮助，以使人员能够发展和保持必要的素质和专业胜任能力。

（3）会计师事务所应当制定业绩评价、薪酬及晋升程序，对发展和保持专业胜任能力并遵守职业道德守则的人员给予应有的肯定和奖励。业绩评价、薪酬及晋升程序应当强调：①使人员知晓会计师事务所对业绩和遵守职业道德守则的期望；②向人员提供业绩、工作进步及职业发展方面的评价和咨询；③帮助人员了解提高业务质量及遵守职业道德守则是晋升更高职位的主要途径，而不遵守会计师事务所的政策和程序可能招致惩戒。

会计师事务所应当对每项业务委派至少一名项目合伙人，并制定政策和程序，明确下列要求：

（1）将项目合伙人的身份和作用告知客户管理层和治理层的关键成员；

（2）项目合伙人具有履行职责所要求的适当的胜任能力、必要素质和权限；

（3）清楚界定项目合伙人的职责，并告知该项目合伙人。

6. 业务执行

（1）指导、监督与复核。会计师事务所应当制定政策和程序，以合理保证按照法律法规、职业道德守则和业务准则的规定执行业务，使会计师事务所和项目负责人能够根据具体情况出具恰当的报告。

会计师事务所在制定指导、监督与复核政策和程序时，应当考虑的事项包括：①如何将业务情况简要告知项目组，使项目组了解工作目标；②保证适用的业务准则得以遵守的程序；③业务监督、员工培训和辅导的程序；④对已实施的工作、做出的重大判断以及拟出具的报告进行复核的方法；⑤对已实施的工作及其复核的时间和范围做出适当记录；⑥保证所有的政策和程序是合适的。

会计师事务所通常使用书面或电子手册、软件工具、标准化底稿以及行业和特定业务对象的指南性材料等文件，记录和传达其制定的政策和程序，以使全体人员了解、掌握和贯彻执行这些政策和程序。

指导、监督与复核的具体要求：①指导的具体要求。项目组的所有成员应当了解拟执行工作的目标。项目负责人应当通过适当的团队工作和培训，使经验较少的项目组成员清楚了解所分派工作的目标和程序。②监督的具体要求。监督也是质量控制的一个重要因素。合理有效地监督工作，是提高会计师事务所工作质量，完成各项任务，向客户提供符合质量要求的服务的必要保证。项目负责人对业务的监督包括：追踪业务进程；考虑项目组各成员的素质和专业胜任能力，以及是否有足够的时间执行工作，是否理解工作指令，是否按照计划的方案执行工作；解决在执行业务过程中发现的重大问题，考虑其重要程度并适当修改原计划的方案；识别在执行业务过程中需要咨询的事项，或需要由经验较丰富的项目组成员考虑的事项。③复核的具体要求。复核范围可能随业务的不同而不同。例如，执行高风险的业务、对金融机构执行的业务和为重要客户执行的业务可能需要进行更详细的复核。复核人员一般是由项目组内经验较多的人员复核经验较少的人员执行的工作。在复核项目组成员已执行的工作时，复核人员应当考虑：工作是否已按照法律法规、职业道德守则和业务准则的规定执行；重大事项是否已提请进一步考虑；相关事项是否已进行适当咨询，由此形成的结论是否得到记录和执行；是否需要修改已执行工作的性质、时间和范围；已执行的工作是否支持形成的结论，并得以适当记录；获取的证据是否充分、适当；业务程序的目标是否实现。

（2）咨询。项目组在业务执行中时常会遇到各种各样的疑难问题或者争议事项。当这些问题和事项在项目组内不能得到解决时，有必要向项目组之外的适当人员咨询。因此会计师事务所应当建立政策和程序，以合理保证：就疑难问题或争议事项进行适当咨询；可获取充分的资源进行适当咨询；咨询的性质和范围得以记录；咨询形成的结论得到记录和执行。

对咨询的具体要求包括几个方面：①形成良好的咨询文化。会计师事务所应当形成一种良好的咨询氛围，鼓励会计师事务所人员就疑难问题或争议事项进行咨询。②合理确定咨询事项，适当确定被咨询者。项目组应当考虑就重大的技术、职业道德及其他事项，向会计师事务所内部或在适当情况下向会计师事务所外部具备适当知识、资历和经验的其他专业人士咨询，并适当记录和执行咨询形成的结论。③充分提供相关事实。项目组在向会计师事务所内部或外部其他专业人士咨询时，应当提供所有相关事实，以使其能够对咨询的事项提出有见地的意见。④考虑利用外部咨询。需要向外部咨询的会计师事务所，可以利用其他会计师事务所、职业团体、监管机构或商业机构提供的咨询服务，但应当考虑外部咨询提供者是否能够胜任这项工作。⑤完整记录咨询情况并得到认可。咨询形成的记录应当完整详细，包括寻求咨询的事项和咨询的结果，后者包括做出的决策、决策依据以及决策的执行情况。项目组就疑难问题或争议事项向其他专业人士咨询所形成的记录应当经被咨询者认可。

（3）意见分歧。会计师事务所应当制定政策和程序，以处理和解决项目组内部、项目组与被咨询者之间以及项目负责人与项目质量控制复核人员之间的意见分歧。形成的结论应当得以记录和执行。只有意见分歧问题得到解决，项目负责人才能出具报告。

（4）项目质量控制复核。项目质量控制复核是指在出具报告前，对项目组做出的重大判断和在准备报告时形成的结论做出客观评价的过程。会计师事务所应当制定政策和程序，要求对特定业务实施项目质量控制复核，以客观评价项目组做出的重大判断，以及在准备报告时得出的结论。这些政策和程序应当包括下列要求：①对所有上市公司财务报表审计实施项目质量控制复核；②规定适当的标准，据此评价上市公司财务报表审计以外的历史财务信息审计和审阅、其他鉴证业务及相关服务业务，以确定是否应当实施项目质量控制复核；③对符合适当标准的所有业务实施项目质量控制复核。项目质量控制复核通常包括：与项目负责人进行讨论；复核财务报表或其他业务对象信息及报告，尤其考虑报告是否适当；选取与项目组做出重大判断及形成结论有关的工作底稿进行复核。项目质量控制复核的范围取决于业务的复杂程度和出具不恰当报告的风险。

在对上市公司财务报表审计实施项目质量控制复核时，复核人员应当考虑：①项目组就具体业务对会计师事务所独立性做出的评价；②在审计过程中识别的特别风险以及采取的应对措施；③做出的判断，尤其是关于重要性和特别风险的判断；④是否已就存在的意见分歧、其他疑难问题或争议事项进行适当咨询，以及咨询得出的结论；⑤在审计中识别的已更正和未更正的错报的重要程度及处理情况；⑥拟与管理层、治理层以及其他方面沟通的事项；⑦所复核的审计工作底稿是否反映了针对重大判断执行的工作，是否支持得出的结论；⑧拟出具的审计报告的适当性。

在对上市公司财务报表审计以外的其他业务实施项目质量控制复核时，项目质量控制复核人员可根据情况考虑上述部分或全部事项。如果项目负责人不接受项目质量控制复核人员的建议，并且重大事项未得到满意解决，项目负责人不应当出具报告。只有在按照会计师事务所处理意见分歧的程序解决重大事项后，项目负责人才能出具报告。

会计师事务所应当制定政策和程序，保证项目质量控制复核人员的客观性。在确定项目质量控制复核人员时，会计师事务所应当避免下列情形：复核人员由项目负责人挑选；复核人员在复核期间以其他方式参与该业务；复核人员代替项目组进行决策；存在可能损害复核人员客观性的其他情形。在业务执行过程中，项目负责人可以对项目质量控制复核人员进行咨询。当咨询问题的性质和范围十分重大时，项目组和复核人员应当谨慎从事，以使复核人员保持客观性。如果复核人员不能保持客观性，会计师事务所应当委派其他人员或聘请具有适当资格的外部人员，担当项目质量控制复核人员或该项业务的被咨询者。

7. 业务工作底稿

（1）业务工作底稿的归档要求。会计师事务所应当制定政策和程序，以使项目组在出具业务报告后及时将工作底稿归整为最终业务档案。会计师事务所应当根据业务的具体情况，确定适当的业务工作底稿归档期限。对历史财务信息审计和审阅业务、其他鉴证业务，业务工作底稿的归档期限为业务报告日后 60 天内。如果针对客户的同一财务信息执行不同的委托业务，出具两个或多个不同的报告，会计师事务所应当将其视为不同的业务，根据制定的政策和程序，在规定的归档期限内分别将业务工作底稿归整为最终业务档案。

（2）业务工作底稿的管理要求。会计师事务所应当制定政策和程序，以安全保管业务工作底稿并对业务工作底稿保密；保证业务工作底稿的完整性；便于使用和检索业务工作底稿；按照规定的期限保存业务工作底稿。除下列情况外，会计师事务所应当对业务工作底稿包含的信息予以保密：取得客户的授权；根据法律法规的规定，会计师事务所为法律诉讼准备文件或提供证据，以及向监管机构报告发现的违反法规行为；接受注册会计师协会和监管机构依法进行的质量检查。

无论业务工作底稿是纸质、电子还是其他介质，会计师事务所都应当针对业务工作底稿设计和实施适当的控制，以实现下列目的：①业务工作底稿应清晰地显示其生成、修改及复核的时间和人员；②在业务的所有阶段，尤其是在项目组成员共享信息或通过互联网将信息传递给其他人员时，保护信息的完整性；③防止未经授权改动业务工作底稿；④允许项目组和其他已授权的人员为适当履行职责而接触业务工作底稿。

会计师事务所应当制定政策和程序，以使业务工作底稿保存期限满足法律法规的规定和会计师事务所的需要。对历史财务信息审计和审阅业务、其他鉴证业务，会计师事务所应当自业务报告日起，对业务工作底稿至少保存 10 年。

（3）业务工作底稿的所有权。业务工作底稿的所有权属于会计师事务所。会计师事务所可自主决定允许客户获取业务工作底稿的部分内容，或摘录部分工作底稿，但披露这些信息不得损害会计师事务所执行业务的有效性。对鉴证业务，披露这些信息不得损害会计师事务所及其人员的独立性。

在实务中，客户基于某种考虑和需要可能向会计师事务所提出，获取业务工作底稿部分内容，或摘录部分工作底稿。会计师事务所应当在确保遵守职业道德守则、业务准则和质量控制制度规定的前提下，考虑具体业务的特点和分析客户要求的合理性，谨慎决定是否满足客户的要求。如果披露这些信息损害会计师事务所执行业务的有效性，就不应当满足客户的要求。尤其要注意的是，如果披露这些信息会损害会计师事务所及其人员的独立性，就不得向客户提供相关工作底稿信息。

8. 监控

会计师事务所应当制定监控政策和程序，以合理保证质量控制制度中的政策和程序是相关、适当的，并正在有效运行。这些监控政策和程序有：（1）持续考虑和评价会计师事务所的质量控制制度。包括周期性地选取已完成的业务进行检查，周期最长不得超过3年；在每个周期内，对每个项目合伙人，至少检查一项已完成的业务；（2）要求委派一个或多个合伙人，或会计师事务所内部具有足够、适当的经验和权限的其他人员负责监控过程；（3）要求执行业务或实施项目质量控制复核的人员不参与该项业务的检查工作。

会计师事务所应当评价在监控过程中注意到的缺陷的影响，并确定：（1）会计师事务所的质量控制制度不足以合理保证会计师事务所遵守职业准则和适用的法律法规的规定，以及会计师事务所和项目合伙人出具适合具体情况的报告；（2）该缺陷是系统性的、反复出现的或其他需要及时纠正的重大缺陷。此时，会计师事务所应当将实施监控程序注意到的缺陷以及建议采取的适当补救措施，告知相关项目合伙人及其他适当人员。针对注意到的缺陷，建议采取的适当补救措施应当包括：（1）采取与某项业务或某个人员相关的适当补救措施；（2）将发现的缺陷告知负责培训和职业发展的人员；（3）改进质量控制政策和程序；（4）对违反会计师事务所政策和程序的人员，尤其是对反复违规的人员实施惩戒。

会计师事务所应当每年至少一次将质量控制制度的监控结果，向项目合伙人及会计师事务所内部的其他适当人员通报。这种通报应当足以使会计师事务所及其相关人员能够在其职责范围内及时采取适当的行动。通报的信息应当包括：（1）对已实施的监控程序的描述；（2）实施监控程序得出的结论；（3）对系统性的、反复出现的缺陷或其他需要及时纠正的重大缺陷的描述。

如果会计师事务所是网络的一部分，可能实施以网络为基础的某些监控程序，以保持在同一网络内实施的监控程序的一致性。如果网络内部的会计师事务所在符合本准则要求的、共同的监控政策和程序下运行，并且这些会计师事务所信赖该监控制度，为了网络内部的项目合伙人信赖网络内实施监控程序的结果，会计师事务所的政策和程序应当要求：（1）每年至少一次就监控过程的总体范围、程度和结果，向网络事务所的适当人员通报；（2）立即将识别出的质量控制制度缺陷，向相关网络事务所的适当人员通报，以便使其采取必要的行动。

9. 投诉和指控

会计师事务所应当制定政策和程序，以合理保证能够适当处理下列事项：（1）投诉和指控会计师事务所执行的工作未能遵守职业准则和适用的法律法规的规定；（2）指控未能遵守会计师事务所质量控制制度。

作为处理投诉和指控过程的一部分，会计师事务所应当明确投诉和指控渠道，以使会计师事务所人员能够没有顾虑地提出关注的问题。

如果在调查投诉和指控的过程中识别出会计师事务所质量控制政策和程序在设计或运行方面存在缺陷，或存在违反质量控制制度的情况，会计师事务所应当采取的适当补救措施。

10. 对质量控制制度的记录

会计师事务所应当制定政策和程序，完成以下工作：（1）形成适当的工作记录，以对质量控制制度的每项要素的运行情况提供证据；（2）要求对工作记录保管足够的期限，以使执行监控程序的人员能够评价会计师事务所遵守质量控制制度的情况；（3）记录投诉、指控以及应对情况。

本 章 小 结

1. 注册会计师执业准则是指注册会计师在执行业务的过程中所应遵守的职业规范。

2. 中国注册会计师执业准则体系包括鉴证业务准则、相关服务准则和会计师事务所质量控制准则。为了便于社会公众理解，有时将执业准则简称为"审计准则"。

3. 注册会计师鉴证业务准则由鉴证业务基本准则统领，按照鉴证业务提供的保证程度和鉴证对象的不同，分为中国注册会计师审计准则、中国注册会计师审阅准则和中国注册会计师其他鉴证业务准则（以下分别简称审计准则、审阅准则和其他鉴证业务准则）。其中，审计准则是整个执业准则体系的核心。

4. 审计准则用以规范注册会计师执行历史财务信息的审计业务。在提供审计服务时，注册会计师对所审计信息是否不存在重大错报提供合理保证，并以积极方式提出结论。

5. 审阅准则用以规范注册会计师执行历史财务信息的审阅业务。在提供审阅服务时，注册会计师对所审阅信息是否不存在重大错报提供有限保证，并以消极方式提出结论。

6. 质量控制准则用以规范会计师事务所在执行各类业务时应当遵守的质量控制政策和程序，是对会计师事务所质量控制提出的制度要求。

7. 中国注册会计师审计准则共包括44项，用以规范注册会计师执行历史财务信息的审计业务。审计准则涉及审计业务的一般原则与责任、风险评估与应对、审计证据、利用其他主体的工作、审计结论与报告、特殊领域审计六个方面。

8. 会计师事务所应当根据准则的规定制定质量控制制度。

9. 会计师事务所应当制定政策和程序，以合理保证会计师事务所及其人员遵守职业道德守则。会计师事务所如不能合理保证职业道德守则得到遵守，就无法保证业务质量。

10. 会计师事务所应当制定政策和程序，以合理保证会计师事务所及其人员，包括聘用的专家和其他需要满足独立性要求的人员，保持职业道德守则要求的独立性。

11. 在确定是否具有接受新业务所需的必要素质、专业胜任能力、时间和资源时，会计师事务所应当考虑下列事项，以评价新业务的特定要求和所有相关级别的现有人员的基本情况。

12. 会计师事务所应当制定政策和程序，合理保证拥有足够的具有必要素质和专业胜任能力并遵守职业道德守则的人员，以使会计师事务所和项目负责人能够按照法律法规、职业道德守则和业务准则的规定执行业务，并根据具体情况出具恰当的报告。

13. 项目质量控制复核是指在出具报告前，对项目组做出的重大判断和在准备报告时形成的结论做出客观评价的过程。会计师事务所应当制定政策和程序，要求对特定业务实施项目质量控制复核，以客观评价项目组做出的重大判断以及在准备报告时得出的结论。

思 考 题

1. 如何理解注册会计师执业准则的意义和作用？
2. 注册会计师执业准则体系如何构成？
3. 注册会计师业务准则体系和内容是什么？
4. 注册会计师鉴证业务准则的作用和组成是什么？

5. 中国注册会计师审计准则的主要内容是什么？

6. 会计师事务所质量控制准则的主要内容是什么？

7. 项目质量控制复核有哪些要求？

8. 业务工作底稿的要求有哪些？

第5章 注册会计师职业道德

学习目标

    了解道德对注册会计师职业的意义。注册会计师职业道德规范的主要作用。掌握注册会计师职业道德的基本原则。重点掌握注册会计师独立性的含义。

关键名词

    注册会计师职业道德　注册会计师职业道德规范　注册会计师职业道德基本原则　独立性　客观性　公正　专业胜任能力　保密原则　收费和佣金　或有收费

    道德与法律是社会赖以正常运行的必要条件。社会的和谐、社会行为的有序有效执行，都有赖于道德的调节。也可以说，道德是保持社会融洽的黏合剂。社会需要道德规范，因此，人们将许多普遍持有的道德价值标准写入法律法规。

5.1 注册会计师职业对道德的特别需求

    道德可以理解为行为准则或价值标准的体系或系统。广义的道德包括：法律和法规、宗教信仰、各类团体组织的行为规范等；狭义的道德指法律法规之外的行为规范。本教材所指道德是狭义的道德。

1. 道德与法律存在的区别

    （1）含义不同。法律指享有国家立法权的机关按照宪法的规定，按照立法程序制定并且颁布实施的规范性文件；道德指生活在一定物质条件下的自然人关于善与恶、荣与辱、正义与非正义、公正与偏见、野蛮与谦逊等观念、原则以及规范的总和。

    （2）调整的范围不同。可以说大多数的社会关系既可以由法律和道德共同调整，也可以由它们各自调整；但是也有少数的社会关系只能由道德来调整，比如友谊、爱情等。

（3）保证实施的力量不同。法律靠国家强制力保证实施；道德主要凭借舆论、习惯、内心信念、宣传教育等手段保证实施。

（4）产生和变迁不同。法律的产生和变迁更多具有人为的特点；道德的产生和变迁具有自生自发性。

2. 道德与法律的联系

（1）一国范围内的法律与统治阶级的道德都是统治阶级整体意志的体现。

（2）两者都是调节人们行为的规则，均为社会的秩序、正义、安全等提供一定程度的保障。

（3）道德和法律在产生、变迁过程中相互渗透，道德可以法律化，法律也可能道德化。

（4）道德与法律相辅相成。法律的制定受道德的影响，体现并维护道德的精神；道德补充着法律的不足并支持促进法律的贯彻实施。

职业道德是某一职业组织以公约、守则等形式公布的，其会员自愿接受的职业行为标准。注册会计师职业道德，是指注册会计师职业品德、职业纪律、专业胜任能力及职业责任的总称。社会普遍对各种职业团体提出了高水准的职业道德要求。这是因为，某种职业需要为他们的服务质量取得公众的信任，不论具体由哪个执业人员提供这种服务。对注册会计师来说，客户和外部财务报表使用者对审计和其他服务质量的信任是非常关键的。

由于多数职业团体所提供的服务具有专业性、复杂性，所以由使用者对执业质量进行评价是不可能的。人们不能期望财务报表使用者评价审计质量，就如同不能期望让病人评价手术的实施是否恰当一样。但是，如果职业团体站在全体职业界的立场，提出并鼓励高水准的执业质量和道德标准，那么，公众对该职业团体服务质量的信任就会得以提高。

会计师事务所与财务报表使用者之间的关系不同于其他职业团体与其服务对象之间的关系。例如，律师的职责是担当客户的辩护人，一般由客户聘用和支付报酬，而会计师事务所是由客户（公布财务报表的公司）聘用和支付报酬，审计报告的主要受益人却是报表使用者。如果财务报表使用者认为会计师事务所并没有降低信息风险，没有提供有价值的服务，那么会计师事务所的审计报告和其他鉴证报告的价值就会降低，对审计的需求也会减少。因此，社会存在着促使会计师事务所按照高职业水准执业的巨大动因。目前，由于会计服务行业市场化，会计师行业竞争非常激烈，使会计师事务所更加关注保留客户资源和维持合理利润，这对注册会计师行业的职业道德的遵守和提高是一个极大的挑战。

5.2　注册会计师职业道德规范的建设及作用

　　注册会计师的职业性质决定了其对社会公众应承担的责任。为使注册会计师切实担负起这种神圣的职责，为社会公众提供高质量的、可信赖的专业服务，就必须大力加强对注册会计师的职业道德教育。注册会计师的道德水平是关系到整个行业能否生存和发展的大事。从世界各国来看，凡是建立注册会计师制度的国家，都制定了相应的职业道德规范，以昭示注册会计师应达到的道德水准。在美国，早在 1917 年即通过了全国性的职业道德准则，1988 年其《职业行为规则》得以实施。1992 年 1 月 14 日修订的《美国注册会计师协会职业行为准则》适用于美国注册会计师协会的全体会员，为他们提供规则和指导。会员不论是执行公共业务，还是在企业、政府和教育部门中工作均应遵守。会员在执行公共会计业务过程中，还应对与其相关的所有人员，包括其下属、合伙人或股东是否遵守准则负责。

　　国际会计师联合会道德委员会自 1980 年开始，截至 1988 年年底，共制定了 12 项《国际会计职业道德准则》。国际会计师联合会的《职业道德规范》（简称《道德规范》），是由联合会的道德委员会建立并经理事会批准颁布的。在与各国的规定不一致或相抵触时，按照国际会计师联合会宪章的要求，各成员团体应该在可行时和行得通的范围内设法贯彻本规范，但本规范是劝导性，而非命令性，是建议而不是要求。

　　我国注册会计师事业恢复与重建的历史只有 20 多年，注册会计师尚未普遍树立起强烈的风险意识、责任意识和道德意识，在这种情况下，强调注册会计师的职业道德，更有其深刻的现实意义和深远的历史意义。中国注册会计师协会自 1988 年底组建以来，一直非常重视注册会计师的道德标准建设和道德教育。1992 年，中国注册会计师协会发布了《中国注册会计师职业道德守则》（试行）。1996 年 12 月 26 日，经财政部批准，中国注册会计师协会印发了《中国注册会计师职业道德基本准则》（以下简称《职业道德准则》），于 1997 年 1 月 1 日起施行，以代替《中国注册会计师职业道德守则》（试行）。《职业道德准则》作为基本准则，对注册会计师职业道德只进行了原则性规定，需要进一步制定具体准则，对注册会计师执业活动中如何遵循职业道德的要求加以具体指导，但目前具体准则尚未发布。为适应需要，中国注册会计师协会于 2002 年 6 月 25 日印发了《中国注册会计师职业道德规范指导意见》（以下简称《指导意见》），于 1997 年 1 月 1 日起施行。2009 年 10 月，中国注册会计师协会发布了《中国注册会计师职业道德守则》（以下简称《职业道德守则》），全面规范了注册会计师的职业道德行为，实现了与国际会计师职业道德守则的全面趋同。

2009 年 10 月发布的《中国注册会计师职业道德守则》包括五个组成部分。其中，《中国注册会计师职业道德守则第 1 号——职业道德基本要求》提出了注册会计师应当遵守职业道德基本原则，对后面的四号守则起到统驭作用。《中国注册会计师职业道德守则第 2 号——职业道德概念框架》为注册会计师提供思路，以识别、评价和应对对职业道德基本原则产生不利影响的情形。《中国注册会计师职业道德守则第 3 号——提供专业服务的具体要求》对注册会计师提供的所有专业服务提出要求。注册会计师提供的各项专业服务中，注册会计师应当客观公正。独立性是注册会计师执行鉴证业务的灵魂，是客观、公正的体现，也是职业道德守则的精髓。审计审阅业务的独立性要求高于其他鉴证业务的独立性要求。《中国注册会计师职业道德守则第 4 号——审计和审阅业务的独立性要求》和《中国注册会计师职业道德守则第 5 号——其他鉴证业务的独立性要求》列举了可能对独立性产生不利影响的多种情形，并提供识别、评价和应对不利影响的因素和防范措施。由于守则难以涵盖所有的情形和防范措施，守则要求在应对不利影响时，注册会计师应当运用职业道德概念框架。为了便于注册会计师理解和执行守则，注册会计师协会同时发布了配套的术语表。

为指导注册会计师更好地运用职业道德守则，解决实务问题，防范执业风险，2014 年 11 月 1 日，中注协发布《中国注册会计师职业道德守则问题解答》，自 2015 年 1 月 1 日起施行。本问题解答根据中国注册会计师职业道德守则制定，包括 30 个具体问题，内容涵盖职业道德概念框架、网络事务所、审计和审阅业务对独立性的要求、非执业会员职业道德守则等多个领域，为注册会计师恰当理解职业道德守则、解决实务问题提供细化指导和提示，需要注册会计师将其与职业道德守则一并掌握和执行。

注册会计师职业道德守则的主要作用有以下五个方面：

（1）它规定哪些行为是可行的，哪些行为是不可行的，从而为注册会计师职业界提供了有用的行为指南；

（2）促使注册会计师按照独立审计准则等职业准则的要求提供专业服务，保证与提高服务质量；

（3）加强注册会计师对来自外界压力的抵抗力，避免注册会计师在外界强制要求下发表不当意见，以牺牲一方利益为代价而使另一方受益；

（4）向社会公众昭示注册会计师应达到的道德水准，提高社会公众对注册会计师职业的信赖程度；

（5）明确注册会计师的职业责任，进而规范注册会计师与客户、同行，以及社会公众的关系。有利于维护注册会计师的正当权益，使他们免受不正当的指责和控告。

5.3　注册会计师职业道德的基本原则

职业道德基本原则是对注册会计师应当具备的品质做出的一般性规定。职业道德基本原则表明了注册会计师承担的责任，也反映了职业道德的基本信条。这些原则要求注册会计师，即使牺牲个人利益也要履行职业责任，坚持正确的行为。

1. 诚信、客观、公正

诚信、客观、公正是注册会计师职业道德中的三个最重要的概念，也是对注册会计师职业道德的三条最重要的要求。《职业道德守则》和《问题解答》中的其他规定大多由此引申而来。

（1）诚信是指诚实、守信，是注册会计师行业的立业之本和执业之基。诚信是注册会计师职业道德的精髓，是其道德准则、道德情操与道德品质的基本要求和价值体现。孔子说"人而不信，不知其可也"。声誉、品牌和公信力对于注册会计师行业，无疑是经营的生命线。

（2）客观性是一种思想状态，一种能为注册会计师的服务增加价值的品质，也是一项职业的特征。客观性原则要求注册会计师应当力求公平，不得因为成见、利益冲突或他人影响而损害独立性。也就是说，注册会计师应该按照事物的本质去考察，在执业中要做到一切从实际出发、注重调查研究，只有这样，才能取得主观与客观的一致，做到审计结论有理有据。

（3）注册会计师的服务涉及多方利益，因此不可避免地会受到来自客户或其他方面的压力。公正性原则要求注册会计师应当具备正直、诚实的品质，在各种压力面前不屈服，能够公平公正、不偏不倚的对待利益各方，不以牺牲一方的利益为条件而使另一方受益。

需要指出的是，客观性原则和公正性原则适用于注册会计师提供的各种专业服务，而不仅仅局限于鉴证业务。

2. 独立性

独立性是注册会计师执行审计业务的灵魂，也是客观、公正的前提。客观性和公正性具有无形性，因此必须有独立性规则从制度上加以保证，才能真正取信于公众。独立性原则要求注册会计师在提供审计和其他签证服务时，应当保持实质上和形式上的独立，并割断影响客观性和公正性的任何因素。

3. 专业胜任能力和应有的关注

注册会计师职业要使其所提供的服务对客户而言至关重要，其前提条件是，注册会计师与客户之间的专业能力水平存在重要差别，以至于客户必须依赖注册会计师的专业能力。由此可见，专业胜任能力是注册会计师职业得以存在的基石。随着业务、法规和技术的最新发展，注册会计师还应不断保持和改进自己的专业知识和技能，使其维持在一定水平之上。专业胜任能力原则也要求当某项业务所需的能力超出注册会计师个人或其所在事务所的能力时，他应该拒绝接受委托，除非能得到有关专家的帮助。

应有的关注原则要求注册会计师以其能力和勤勉的态度履行其职业责任，关注客户的最佳利益以保证客户能够享受高水平的专业服务，并与注册会计师对公众的职业责任保持一致。应有的关注原则要求还给注册会计师充分计划和监督其负责的任何职业活动。

4. 保密

注册会计师与客户之间存在的是一种合约关系，这种合约关系的基础是相互信赖。唯有这样，注册会计师才能获取与客户财务报表有关的所有信息，进而利用其专业技能对客户的财务报表发表公正客观的意见。由于注册会计师获知的某些信息可能高度机密且对客户的竞争者富有价值，因此，注册会计师需要保密，这是他与客户之间保持相互信赖的基础。

保密原则要求注册会计师对在执业过程中获知的信息保密。除非有法定的或专业的披露权力及义务，在未经正当或特别授权的情况下，注册会计师不得使用或披露任何类似信息。保密原则在注册会计师与客户的关系终止后仍应继续。此外，注册会计师还应当采取措施，确保业务助理人员和专家对客户的信息保密。

5. 良好的职业行为

罗斯科·庞德曾经对职业下过这样的定义："所谓职业，就是富有为公众服务精神的，并把一门有学问的艺术作为共同的天职来追求的一群人。即使这种追求是一种谋生手段，但其本质仍然是一种公共服务。"因此，任何职业的存在和发展都必须对其所提供的服务是否达到社会期望，也就是该职业所承担的责任予以特别关注。对于注册会计师行业来说，这种社会期望集中体现在职业声誉上，良好的职业声誉是整个行业赖以生存的命脉。职业行为原则要求注册会计师遵守相关的法律和规章，维护本职业的良好声誉，避免任何损害职业形象的行为。

5.4　独立性

从近期国内证券市场发生的一系列重大案件看，注册会计师的独立性问题备受关注。例如，会计师事务所和注册会计师在鉴证业务中采用或有收费，为审计客户编制财务报表，受到有关单位或个人不恰当的干预等。注册会计师执行鉴证业务时应当保持实质上和形式上的独立，不得因任何利害关系影响其客观、公正的立场。

5.4.1　独立性的含义

独立性是注册会计师执行鉴证业务的灵魂，因为注册会计师要以其自身的信誉向社会公众表明，被审计单位的财务报表是真实与公允的。

在市场经济条件下，投资者主要依赖财务报表判断投资风险，在投资机会中做出选择。如果注册会计师与客户之间不能保持独立，存在经济利益、关联关系或屈从于外界压力，就很难取信于社会公众。

那么，什么是独立性呢？美国注册会计师协会在《职业行为准则》中要求："在公共业务领域中的会员（执业注册会计师），在提供审计和其他鉴证业务时应当保持实质上与形式上的独立"。国际会计师联合会《职业会计师道德守则》也要求执行公共业务的职业会计师（执业注册会计师）保持实质上的独立和形式上的独立。

根据国内外有关文献，我们给出独立性的定义：独立性是指实质上的独立和形式上的独立。实质上的独立，是一种内心状态，是指注册会计师在发表意见时其专业判断不受影响，公正执业，保持客观和专业怀疑。形式上的独立，是一种外在表现，是指一个理性且掌握充分信息的第三方，在权衡所有相关事实和情况后，认为会计师事务所或审计项目组成员没有损害诚信原则、客观和公正原则或职业怀疑态度。

5.4.2　对独立性的损害行为

会计师事务所和注册会计师应当考虑可能损害独立性的因素，包括自身利益、自我评价、过度推介、密切关系、外在压力等。

1. 自身利益因素可能损害独立性的主要情形

（1）鉴证业务项目组成员在鉴证客户中拥有直接经济利益；

（2）会计师事务所的收入过分依赖某一客户；

（3）鉴证业务项目组成员与鉴证客户存在重要且密切的商业关系；

（4）会计师事务所担心可能失去某一重要客户；

（5）对鉴证业务采取或有收费的方式；

（6）可能与鉴证客户发生雇佣关系；

（7）注册会计师在评价所在会计师事务所以往提供的专业服务时，发现了重大错误。

2. 自我评价因素可能损害独立性的主要情形

（1）会计师事务所在对客户提供财务系统的设计或操作服务后，又对系统的运行有效性出具鉴证报告；

（2）会计师事务所为客户编制原始数据，这些数据构成鉴证业务的对象；

（3）鉴证业务项目组成员目前或最近曾受雇于客户，并且所处职位能够对鉴证对象施加重大影响；

（4）鉴证业务项目组成员担任或最近曾经担任客户的董事或高级管理人员；

（5）会计师事务所为鉴证客户提供直接影响鉴证对象信息的其他服务。

3. 密切关系因素可能损害独立性的主要情形

（1）与鉴证小组成员关系密切的家庭成员是鉴证客户的董事、经理、其他关键管理人员或能够对鉴证业务产生直接重大影响的员工；

（2）鉴证客户的董事、经理、其他关键管理人员或能够对鉴证业务产生直接重大影响的员工是会计师事务所的前高级管理人员；

（3）会计师事务所的高级管理人员或签字注册会计师与鉴证客户长期交往；

（4）接受鉴证客户或其董事、经理、其他关键管理人员或能够对鉴证业务产生直接重大影响的员工的贵重礼品或超出社会礼仪的款待。

4. 外在压力因素可能损害独立性的主要情形

（1）在重大会计、审计等问题上与鉴证客户存在意见分歧而受到解聘威胁；

（2）审计客户表示，如果会计师事务所不同意对某项交易的会计处理，则不再委托其承办拟议中的非鉴证业务；

（3）客户威胁将起诉会计师事务所；

（4）会计师事务所受到降低收费的影响而不恰当地缩小工作范围；

（5）由于客户员工对所讨论的事项更具有专长，注册会计师面临服从其判断的压力；

（6）会计师事务所合伙人告知注册会计师，除非同意审计客户不恰当的会计处理，否则将影响晋升。

5. 过度推介因素可能损害独立性的情形主要包括：

（1）会计师事务所推介审计客户的股份；

（2）在审计客户与第三方发生诉讼或纠纷时，注册会计师担任该客户的辩护人。

5.4.3 防范措施

注册会计师应当运用判断，确定如何应对超出可接受水平的不利影响，包括采取防范措施消除不利影响或将其降低至可接受的水平，或者终止业务约定或拒绝接受业务委托。

应对不利影响的防范措施包括下列两类：（1）法律法规和职业规范规定的防范措施；（2）在具体工作中采取的防范措施。

法律法规和职业规范规定的防范措施主要包括：（1）取得注册会计师资格必需的教育、培训和经验要求；（2）持续的职业发展要求；（3）公司治理方面的规定；（4）执业准则和职业道德规范的要求；（5）监管机构或注册会计师协会的监控和惩戒程序；（6）由依法授权的第三方对注册会计师编制的业务报告、申报资金或其他信息进行外部复核。

在具体工作中，应对不利影响的防范措施包括会计师事务所层面的防范措施和具体业务层面的防范措施。

1. 会计师事务所从整体上维护独立性的主要措施

（1）领导层强调遵循职业道德基本原则的重要性；

（2）领导层强调鉴证业务项目组成员应当维护公众利益；

（3）制定有关政策和程序，实施项目质量控制，监督业务质量；

（4）制定有关政策和程序，识别对职业道德基本原则的不利影响，评价不利影响的严重程度，采取防范措施消除不利影响或将其降低至可接受的水平；

（5）制定有关政策和程序，保证遵循职业道德基本原则；

（6）制定有关政策和程序，识别会计师事务所或项目组成员与客户之间的利益或关系；

（7）制定有关政策和程序，监控对某客户收费的依赖程度；

（8）向鉴证客户提供非鉴证服务时，指派鉴证业务项目组以外的其他合伙人和项目组，并确保鉴证业务项目组和非鉴证业务项目组分别向各自的业务主管报告工作；

（9）制定有关政策和程序，防止项目组以外的人员对业务结果施加不当影响；

（10）及时向所有合伙人和专业人员传达会计师事务所的政策和程序及其变化情况，并就这些政策和程序进行适当的培训；

（11）指定高级管理人员负责监督质量控制系统是否有效运行；

（12）向合伙人和专业人员提供鉴证客户及其关联实体的名单，并要求合伙人和专业人员与之保持独立；

（13）制定有关政策和程序，鼓励员工就遵循职业道德基本原则方面的问题与领导层沟通；

（14）建立惩戒机制，保障相关政策和程序得到遵守。

2. 会计师事务所在承办具体鉴证业务时维护独立性的主要措施

（1）对已执行的非鉴证业务，由未参与该业务的注册会计师进行复核，或在必要时提供建议；

（2）对已执行的鉴证业务，由鉴证业务项目组以外的注册会计师进行复核，或在必要时提供建议；

（3）向客户审计委员会，监管机构或注册会计师协会咨询；

（4）与客户治理层讨论有关的职业道德问题；

（5）向客户治理层说明提供服务的性质和收费的范围；

（6）由其他会计师事务所执行或重新执行部分业务；

（7）轮换鉴证业务项目组合伙人和高级员工。

另外，监管机构、注册会计师协会或会计师事务所建立有效的公开投诉系统，使会计师事务所合伙人和员工以及公众能够注意到违反职业道德基本原则的行为。法律法规、职业规范或会计师事务所政策明确规定，注册会计师有义务报告违反职业道德基本原则的行为。这些防范措施都有助于识别或制止违反职业道德基本原则的行为。

3. 道德冲突问题的解决

在遵循职业道德基本原则时，注册会计师应当解决遇到的道德冲突问题。在解决道德冲突问题时，注册会计师应当考虑的因素有：（1）与道德冲突问题有关的事实；（2）涉及的道德问题；（3）道德冲突问题涉及的职业道德基本原则；（4）会计师事务所制定的解决道德冲突问题的程序；（5）可供选择的措施。注册会计师应当考虑记录涉及的道德冲突问题、解决问题的过程，以及做出的相关决策。

在考虑上述因素并权衡可供选择措施的后果后，注册会计师应当确定适当的措施。如果道德冲突问题仍无法解决，注册会计师应当考虑向会计师事务所内部的适当人员咨询。如果与所在会计师事务所或外部单位存在道德冲突，注册会计师应当确定是否与会计师事务所领导层或外部单位治理层讨论。

如果某项重大道德冲突问题未能解决，注册会计师可以考虑向注册会计师协会或法律顾问咨询。如果所有可能采取的措施都无法解决道德冲突问题，注册会计师不得再与产生道德冲突问题的事项发生牵连。在这种情况下，注册会计师应当确定是否退出项目组或不再承担相关任务，或者向会计师事务所提出辞职。

5.5 专业胜任能力

为何要把专业胜任能力提高到道德层次？这是因为，注册会计师如果不能保持和提高专业胜任能力，就难以完成客户委托的业务，也就从根本上无法满足社会公众对注册会计师的需求。事实上，如果注册会计师在缺乏足够的专业知识、技能或经验的情况下提供专业服务，就构成了一种欺诈。因此，一个合格的注册会计师不仅要充分认识自己的能力，对自己充满信心，更重要的是，必须清醒认识到自己在专业胜任能力方面的不足，不承接自己不能胜任的业务，否则就会对"专业胜任能力和应有的关注"这一基本原则产生经济利益的威胁。注册会计师作为专业人士，在许多方面都要履行相应的责任，保持和提高专业胜任能力就是其中之一。

目前，我国注册会计师队伍的素质得到明显提高，但在许多方面离市场经济的要求还有一定的差距，特别是在年龄结构、专业知识、技能和经验等方面有不尽如人意之处。注册会计师应当通过教育、培训和执业实践保持和提高专业胜任能力，以保证专业服务符合适当的国内和国际规定的质量控制程序。

1. 注册会计师不得宣称自己具有本不具备的专业知识、技能或经验

注册会计师依法取得了执业证书，就表明在该领域具备了一定的知识，但能否保持专业胜任能力只有自己才清楚。因此，注册会计师对于自己的专业胜任能力必须不高估、不虚报，否则就构成了一种欺诈，对注册会计师的行业形象极为不利。从这一角度来说，必须从道德上要求注册会计师在承接业务时实事求是，脚踏实地。

2. 注册会计师不得提供不能胜任的专业服务

如果注册会计师不具备提供某项专业服务的专业知识、技能或经验，但却承接了这样的业务，其结果往往导致服务质量无法满足客户的需要，公众利益也无法得到维护。因此，注册会计师不得提供不能胜任的专业服务。

3. 在提供专业服务时，注册会计师可以在特定领域利用专家协助其工作

注册会计师并非所有领域的专家，对于某些业务，可能不具备完成特定局部业务的专业知识、技能或经验。在这种情况下，他可以向其他专家寻求帮

助。《独立审计具体准则第 1421 号——利用专家的工作》对注册会计师如何在财务报表审计中利用专家的工作从技术上进行了规范。

4. 在利用专家工作时，注册会计师应当对专家遵守职业道德的情况进行监督和指导

注册会计师在利用专家工作时，不仅自己要遵守职业道德，也应当提请并督导专家遵守职业道德。例如，对于执业过程中获知的客户信息给予保密。

专业胜任能力可分为两个独立的阶段：一是专业胜任能力的获取；二是专业胜任能力的保持。获取专业胜任能力首先需要高水平的普通教育，继而需要进行与专业相关学科的专门教育、培训和考试，而且，无论是否有明确规定，一般都要求有一段时间的工作经验。这是培养注册会计师的一般模式。为了保持专业胜任能力，注册会计师在其职业生涯中应始终将精力投入到学习与提高职业水准中，这是注册会计师个人的责任。他需要了解会计职业的最新发展，包括国内和国际在会计、审计方面发布的有关规定，以及其他相关规章和法规要求。

5.6 保密

追溯注册会计师职业发展的历史，不难发现，保密义务和独立性一样，是注册会计师职业的两个基本概念之一。在职业发展早期，人们曾对论述独立性的规章进行过多次讨论，但对于保密义务，从来就是一致的认同，甚至还认为，没有保密义务，可能就没有注册会计师职业。

1. 保密义务

注册会计师能否与客户维持正常的关系，有赖于双方能否自愿而充分地进行沟通和交流，不掩盖任何重要的事实和情况。只有这样，注册会计师才能充分了解情况，并有效地完成工作。但注册会计师与客户的这种沟通，必须建立在为客户信息保密的基础上。这里所说的客户信息，通常是指商业秘密，因为一旦商业秘密被泄露或被利用，往往会给客户造成损失。这样，如果注册会计师在接受委托后不能保守客户的秘密，那么客户就会认为其利益没有得到很好的维护，从而使得客户因担心秘密泄露而在是否允许注册会计师检查某些重要文件的时候表现出犹豫不决。客户对注册会计师的这种不信任将导致双方的合约关系很难维持。因此，注册会计师在签订业务约定书时，应当书面承诺对在执行业务过程中获知的客户信息保密。许多国家都规定，在公众领域执业的注册会计师，不能在没有取得客户同意的情况下，泄露任何客户的秘密信息。

注册会计师应当对职业活动中获知的涉密信息保密，不得：（1）未经客户授权或法律法规允许，向会计师事务所以外的第三方披露其所获知的涉密信息；（2）利用所获知的涉密信息为自己或第三方谋取利益。例如，利用获知的客户信息买卖客户的股票，与客户发生意见分歧时诉诸媒体等。

（1）注册会计师应当对执业过程中获知的客户信息保密，这一责任不因业务约定的终止而终止。这一规定给出了保密信息的范围和时间跨度。范围是注册会计师执业过程中获知的客户信息，主要是指商业秘密。但问题是，客户信息包括商业秘密，也包括非商业秘密，那么注册会计师该怎么办呢？我们认为，由于以下两点理由，将保密信息的范围界定为注册会计师执业过程中所获知的所有信息更为合理：第一，在注册会计师实务中，商业秘密和非商业秘密的界限很难辩明；第二，对所有的客户信息保密能够解除客户的后顾之忧，更有助于注册会计师与客户之间的坦诚交流。对客户信息的保密还存在一个时间跨度的问题，这一点很显然是在业务约定期满，甚至注册会计师从此不再与客户存在业务关系时，他仍然负有对客户信息的保密责任。

（2）注册会计师应当采取措施，确保业务助理人员和专家遵守保密原则。这一规定规范的是相关人员的保密问题。注册会计师在执业过程中，由于时间、地域、能力的限制，一般都会将一部分工作委派给助理人员，或利用专家来完成其中的部分工作。助理人员和专家在执行其分类工作时，也会接触到客户的信息，包括商业秘密，因此，注册会计师有义务保证此类人员同样保守客户秘密。

（3）注册会计师不得利用在执业过程中获知的客户信息为自己或他人牟取不正当的利益。前两条规定涉及对客户信息的披露，这一规定规范的是注册会计师对客户信息的利用问题。因为注册会计师自己利用客户信息同样会对客户利益造成损害。实际上，注册会计师还应该尽量避免自己的行为被公众看起来有利用客户信息为自己或他人牟取不正当利益的嫌疑。

（4）注册会计师应当对拟接受的客户或拟受雇的工作单位向其披露的涉密信息保密。

（5）注册会计师应当对所在会计师事务所的涉密信息保密。

（6）注册会计师在社会交往中应当履行保密义务，警惕无意中泄密的可能性，特别是警惕无意中向近亲属或关系密切的人员泄密的可能性。

（7）如果获得新客户，注册会计师可以利用以前的经验，但不得利用或披露以前职业活动中获知的涉密信息。

2. 保密义务的豁免

尽管在通常情况下，注册会计师应当对执业过程中获知的客户信息保密，但是也有例外。由于注册会计师承担着维护社会公众利益的重任，因此，如果客户存在违法行为，注册会计师便会面临着法规强制的披露客户信息的要求。例如，美国在1995年对《证券法案》的修正案中，要求注册会计师如果发现客户的违法行为或可能存在的违法行为，应当：①告知适当的管理层，并向董事会或其审计委员会报告；②如果管理层或董事会不采取适当行动加以改正，而因此影响审计报告的质量，注册会计师应立即如实告知董事会；③董事会应在得知情况的一个工作日内，报告证券交易管理委员会，并向注册会计师提供向证券交易管理委员会报告的复印件；④如果注册会计师在一个工作日内没有拿到董事会向证券交易管理委员会报告的复印件，就必须解除业务或直接向证券交易管理委员会报告；⑤解除业务的注册会计师仍有必要向证券交易管理委员会递交一份给董事会报告的复印件。

注册会计师在以下情况下可以披露客户的有关信息：

（1）法律法规允许披露，并取得客户的授权。保密不是绝对的。若客户授权注册会计师披露其在执业过程中获知的相关信息，则注册会计师可以向相关方面进行披露。例如，前后任注册会计师之间的沟通。

（2）根据法律法规要求，为法律诉讼、仲裁准备文件或提供证据，以及向监管机构报告发现的违反法规行为。如果注册会计师收到传票或法庭传唤，要求其接受法律诉讼或出庭作证，即使相关信息在保密范围之内，他也应当如实披露，且提交法庭要求其提交的任何凭证。在发现客户有违法行为时，注册会计师更是应该主动向监管机构进行报告，而无须考虑保密义务。

（3）接受注册会计师协会或监管机构的执业质量检查，答复其询问和调查。

（4）法律法规允许的情况下，在法律诉讼、仲裁中维护自己的合法权益。

（5）法律法规、执业准则和职业道德规范规定的其他情形。

需要指出的是，在决定披露客户的有关信息时，注册会计师应当考虑是否了解和证实所有相关信息、信息披露的方式和对象，以及可能承担的法律责任和后果。

具体考虑因素有：（1）客户同意披露的涉密信息，是否为法律法规所禁止；（2）如果客户同意披露涉密信息，是否会损害利害关系人的利益；（3）是否已了解和证实所有相关信息；（4）信息披露的方式和对象；（5）可能承担的法律责任和后果。

5.7　收费

会计师事务所的收费应当公平地反映为客户提供的专业服务的价值。但收费问题与业务竞争相联系，因此低收费的竞争，往往会削弱注册会计师的独立性，降低其服务质量。此外，或有收费在鉴证业务中的危害也很大。

5.7.1　收费

确定收费时，为客观反映为客户提供专业服务的价值，会计师事务所应当考虑的因素主要包括：专业服务所需的知识和技能；所需专业人员的水平和经验；每一专业人员提供服务所需的时间；提供专业服务所需承担的责任。

收费通常以每一专业人员适当的小时费用率或日费用率为基础计算。目前，会计师事务所的收费标准不一，有的按照行业管理部门的规定，有的按照被审计单位同行业的审计收费平均水平，有的按照被审计单位资产规模大小及审计工作量等确定。总体而言，以每一专业人员适当的小时费用率或日费用率为基础计算业务收费更加科学。当然，注册会计师的业务收费必须建立在专业服务得到良好的计划、监督及管理的前提下，否则无论从职业形象还是服务质量上讲都是不利的。同时，专业服务的收费依据、收费标准及收费结算方式与时间应在业务约定书中予以明确。

1．低价收费

在市场经济条件下，竞争可以使顾客得到价格最低、质量最好的商品和服务。工业、商业等领域的竞争，可以向消费者展示产品、服务的质量和价格，使顾客做出理性的评价和判断。竞争机制激励了产品生产者或服务提供者向这一目标努力，使消费者得到好处。然而，在注册会计师行业，由于注册会计师提供服务的高度专业性，消费者无法做出类似的评价和判断——至少不能同等程度上做出类似评价或判断。因此，注册会计师行业的竞争与其他工业、商业等领域的竞争是不同的。过度竞争——特别是低价竞争，使得注册会计师面临很大的时间和预算压力，往往导致服务质量达不到标准，而且有可能削弱注册会计师的独立性。因此，许多国家都禁止低价竞争。我国会计服务市场的竞争非常激烈，业务上的竞争往往直接导致了业务收费的降低。

如果收费报价明显低于前任注册会计师或其他会计师事务所的相应报价，会计师事务所应当确保：

（1）在提供专业服务时，工作质量不会受到损害，并保持应有的职业谨慎，遵守执业准则和质量控制程序。

（2）客户了解专业服务的范围和收费基础。这主要针对的是会计师事务所的变更，因为会计师事务所变更的原因可能是前后任会计师事务所存在低价竞争。

总之，会计师事务所确定的投标报价不得低于按照审计准则的要求执行该项审计业务所花费的成本。会计师事务所应当通过当期的审计收费补偿当期的审计成本，不得通过未来各期的审计收费或提供其他服务的收入来补偿当期的审计成本。

2. 或有收费

或有收费是指收费与否或收费多少以鉴证工作结果或实现特定目的为条件。例如，客户要求注册会计师发表标准审计报告，否则就不付费，这属于收费与否型的或有收费；客户按照审计后的净利润水平高低付费，这属于收费水平型的或有收费。但是，如果一项收费是由法院或政府有关部门规定的，则该项收费不被视为或有收费。

或有收费是早期世界各国会计服务市场上注册会计师获取报酬的主要方式，即对客户有利多收钱，对客户不利少收钱，它符合一般商品的消费原则。但是这种收费方式仅适用于一对一的商品服务，其前提是不损害其他消费者的利益。而注册会计师职业发展至今，所提供的服务早已不是一对一的服务，付费人只是审计报告的使用者之一。在这种情况下，如果按付费人的满意程度来收费，势必会诱导事务所仅注重付费人的利益而忽视其他审计报告使用者的利益。因此，或有收费在鉴证业务中危害很大。如果会计师事务所的收费与否或多少以鉴证工作结果或实现特定目的为条件，注册会计师为了获得收费或多收费，往往就会发表不恰当的意见，做出有违社会公众利益的行为。因此，除法规允许外，会计师事务所不得以或有收费方式提供鉴证服务，收费与否或多少不得以鉴证工作结果或实现特定目的为条件。

一般而言，对于非鉴证服务是否可以采用或有收费的问题，不能影响鉴证业务质量是一条明确的界限。如果非鉴证服务的或有收费与鉴证服务的结果有关，一般都在被禁止之列。

会计师事务所在向审计客户提供非鉴证服务时，如果非鉴证业务以直接或间接形式取得或有收费，也可能因自身利益产生不利影响。如果出现以下情况之一，将因自身利益产生非常严重的不利影响，导致没有防范措施能够将其降至可接受的水平，会计师事务所不得采用这种收费安排：（1）非鉴证服务的或有收费由对财务报表发表审计意见的会计师事务所取得，并且对其影响重大或预期影响重大；（2）网络事务所参与大部分审计工作，非鉴证服务的或有收费由该网络事务所取得，并且对其影响重大或预期影响重大；（3）非鉴证服务的结果以及由此收取的费用金额，取决于未来或当期与财务报表重大金额审计相关的判断。

5.7.2　收费结构对独立性的影响

（1）如果会计师事务所从某一审计客户收取的全部费用占其审计收费总

额的比重很大，则对该客户的依赖及对可能失去该客户的担心将因自身利益或外在压力产生不利影响。不利影响的严重程度主要取决于下列因素：①会计师事务所的业务类型及收入结构；②会计师事务所成立时间的长短；③该客户对会计师事务所是否重要。

会计师事务所应当评价不利影响的严重程度，并在必要时采取：①降低对该客户的依赖程度；②实施外部质量控制复核；③就关键的审计判断向第三方咨询，例如，向行业监管机构或其他会计师事务所咨询，以消除不利影响或将其降至可接受的水平。

（2）如果从某一审计客户收取的全部费用占某一合伙人从所有客户收取的费用总额比重很大，或占会计师事务所某一分部收取的费用总额比重很大，也将因自身利益或外在压力产生不利影响。不利影响的严重程度主要取决于：①该客户在性质上或数量上对该合伙人或分部是否重要；②该合伙人或该分部合伙人的报酬来源于该客户的收费的依赖程度。

会计师事务所应当评价不利影响的严重程度，并在必要时采取防范措施消除不利影响或将其降至可接受的水平。防范措施主要包括：①降低对来源于该客户的收费的依赖程度；②由审计项目组以外的注册会计师复核已执行的工作或在必要时提出建议；③定期实施独立的质量控制复核。

（3）如果会计师事务所连续两年从某一属于公众利益实体的审计客户及其关联实体收取的全部费用，占其从所有客户收取的全部费用的比重超过15%，会计师事务所应当向审计客户治理层披露这一事实，并讨论选择下列防范措施，以将不利影响降至可接受的水平：①在对第二年度财务报表发表审计意见之前，由其他会计师事务所对该业务再次实施项目质量控制复核（简称发表审计意见前复核）；②在对第二年度财务报表发表审计意见之后、对第三年财务报表发表审计意见之前，由其他会计师事务所对第二年度的审计工作再次实施项目质量控制复核（简称发表审计意见后复核）。

在上述收费比例明显超过15%的情况下，如果采用发表审计意见后复核无法将不利影响降至可接受的水平，会计师事务所应当采用发表审计意见前复核。如果两年后每年收费比例继续超过15%，则会计师事务所应当每年向治理层披露这一事实，并讨论选择采取上述哪种防范措施。在收费比例明显超过15%的情况下，如果采用发表审计意见后复核无法将不利影响降至可接受的水平，会计师事务所应当采用发表审计意见前复核。

5.8　与执行鉴证业务不相容的工作

注册会计师不得从事有损于或可能有损于其独立性、客观性、公正性或诚信的业务、职业或活动，这些都是与鉴证业务不相容的，因为独立、客观、公正、诚信是注册会计师执业审计业务的基本原则，而诚信则是注册会计师和整个行业赖以生存的命脉。如果注册会计师从事了此类业务、职业或活动，显然对执业质量和行业形象极为不利。

同时提供两种或两种以上专业服务，其本身并不损害公正性、客观性或独立性。但如果注册会计师正在或将要提供的服务，与其提供鉴证服务所需要的独立性发生冲突，就产生了不相容的工作。例如，注册会计师向审计客户提供评估服务、内部审计服务、IT 系统服务、法律服务、编制财务报表、管理咨询等服务，产生自我评价威胁，可能影响其独立性。注册会计师在承接上述服务时，应当就其向鉴证客户提供的非鉴证服务与鉴证服务是否相容做出评价，并谨慎行事，通过采取防范措施将影响降至最低，否则，就不应接受此类业务。

另外，如果会计师事务所的合伙人或员工兼任审计客户的董事或高级管理人员，将因自我评价和自身利益产生非常严重的不利影响，导致没有防范措施能够将其降至可接受的水平。会计师事务所的合伙人或员工不得兼任审计客户的董事或高级管理人员。如果会计师事务所的合伙人或员工担任审计客户的公司秘书，将因自我评价和过度推介产生非常严重的不利影响，导致没有防范措施能够将其降至可接受的水平。会计师事务所的合伙人或员工不得兼任审计客户的公司秘书。

5.9　接任前任注册会计师的审计业务

会计师事务所的变更，涉及前后任注册会计师。根据《独立审计具体准则第 1153 号——前任注册会计师和后任注册会计师的沟通》的规定，前任注册会计师是指代表会计师事务所对最近期间财务报表出具了审计报告或接受委托但未完成审计工作，已经或可能与委托人解除业务约定的注册会计师。后任注册会计师是指代表会计师事务所正在考虑接受委托或已经接受委托，接替前任注册会计师执行财务报表审计业务的注册会计师。前后任注册会计师的关系，仅限于审计业务，因为审计业务提供的保证程度较高，且是一项连续业务；而其他鉴证业务如盈利预测审核，财务报表审阅等业务提供的保证程度较低，且是非连续业务，不包括在内。此外，如果审计客户委托注册会计师对已审计财务报表进行重新审计，正在考虑接受委托或已经接受委托的注册会计师应视为后任注册会计师，而之前对已审计财务报表发表审计意见的注册会计师则视为前任注册会计师。

客户更换会计师事务所的原因很多，有两种原因很可能不利于行业的发展和市场的正常秩序。一种原因是会计师事务所之间为争揽业务而进行恶性竞争；另一种原因则是注册会计师可能与客户在重大会计、审计问题上存在分歧，客户不认可注册会计师的立场。在某些情况下，如果注册会计师拒绝出具客户希望得到的意见，客户就可能通过更换会计师事务所实现其目的，这种情况构成了购买审计意见。

为了弄清上市公司更换会计师事务所的原因，美国证券交易管理委员会要求，上市公司更换注册会计师时，必须向委员会提交报告，说明上市公司和注册会计师之间是否存在重要意见不一致的情况及具体内容。注册会计师也应当及时客观地以书面形式说明上市公司的陈述是否属实。中国证监会在 1996 年也发布了有关通知，要求上市公司解聘或者不再续聘会计师事务所应当由股东大会做出决定，并在有关报刊上予以披露，必要时说明更换原因，并报中国证监会和中国注册会计师协会备案；上市公司解聘或者不再续聘会计师事务所，应当事先通知会计师事务所，会计师事务所有权向股东大会陈述意见。由此可见，证券监管机构对上市公司更换会计师事务所做出的规定，旨在抑制上市公司潜在的购买审计意见行为。

近年来，一些上市公司存在着频繁变更会计师事务所的现象，甚至在一个年度财务报表审计过程中，接连变更会计师事务所。上市公司频繁更换会计师事务所的行为，对注册会计师行业产生了一定的影响。例如，有些后任注册会计师为了承揽业务，迎合上市公司对审计意见的要求，蓄意侵害前任注册会计师的合法权益；有些前任注册会计师不配合后任注册会计师的工作，拒绝答复后任注册会计师的询问；有些后任注册会计师对涉及前任注册会计师的审计问题，不与前任注册会计师沟通，在不完全了解事实的情况下，轻率发表审计意见，导致同行关系的紧张。后任注册会计师在接任前任注册会计师的审计业务时不得蓄意侵害前任注册会计师的合法权益。并要求前后任注册会计师在接受委托前和接受委托后均应进行充分的沟通。

1. 接受委托前的沟通

前后任注册会计师在后任注册会计师接受委托之前进行沟通，其目的在于帮助后任注册会计师充分了解有关客户的相关情况，以确定是否接受委托。

（1）在接受审计业务委托前，后任注册会计师应当向前任注册会计师询问审计客户变更会计师事务所的原因，并关注前任注册会计师与审计客户之间在重大会计、审计等问题上可能存在的意见分歧。后任注册会计师向前任注册会计师询问的内容应当合理、具体，通常包括：①是否发现被审计单位管理层存在诚信方面的问题；②前任注册会计师与管理层在重大会计、审计等问题上存在的意见分歧；③前任注册会计师与被审计单位治理层沟通的管理层舞弊、违反法规行为以及内部控制的重大缺陷；④前任注册会计师认为导致被审计单位变更会计师事务所的原因。

（2）后任注册会计师应当提请审计客户授权前任注册会计师对其询问做出充分的答复。如果审计客户拒绝授权，或限制前任注册会计师做出答复的范围，后任注册会计师应当向审计客户询问原因，并考虑是否接受业务委托。

（3）前任注册会计师应当根据所了解的情况对后任注册会计师的询问做出及时、充分的答复。如果受到审计客户的限制或存在法律诉讼的顾虑，决定不向后任注册会计师做出充分答复，前任注册会计师应当向后任注册会计师表明其答复是有限的。

2. 接受委托后的沟通

前后任注册会计师在后任注册会计师接受委托之后进行沟通，其目的在于充分了解涉及前任注册会计师的审计问题，避免轻率发表审计意见，导致同行关系紧张。如果后任注册会计师发现前任注册会计师所审计的财务报表存在重大错报，应当提请审计客户告知前任注册会计师，并要求审计客户安排三方会谈，以便采取措施进行妥善处理。

此外，在接受委托后，后任注册会计师可要求前任注册会计师在经客户许可的情况下，向其提供有关工作底稿或其他记录或资料。一般来说，前任注册会计师应允许后任者查看与具有持续会计意义的事项有关的工作底稿，诸如对资产负债表账户（包括流动和非流动账户）进行分析的工作底稿以及与或有项目有关的工作底稿。不过，由于正常的商业原因，可能导致前任注册会计师决定不允许对其工作底稿进行检查。前后任注册会计师应当对他们联系过程中的讨论进行记录。后任注册会计师还应对前任注册会计师向他提供的资料严格保密。

5.10　广告、业务招揽和宣传

广告、业务招揽和宣传，都涉及注册会计师和会计师事务所向社会公众传递信息，这种信息传递必须客观、真实、得体。否则，不仅会对注册会计师的职业形象产生不利影响，也会严重侵害公众利益。因为社会公众作为非会计专业人士，很难辨别信息的真伪。因此，世界各国对于会计师事务所和注册会计师的此类行为都做了严格规定。

目前，国内有些会计师事务所在媒体上刊登不恰当的广告，有些会计师事务所和注册会计师采用不正当的手段争揽业务，或进行抬高自己的宣传，均会引起同行的不满。

5.10.1　广告

这里所说的广告，是指为招揽业务，会计师事务所将其服务和技能等方面的信息向社会公众进行传播。

一般来说，会计师事务所和注册会计师不宜通过刊登广告来招揽业务，主要有三条理由：一是注册会计师的服务质量及能力无法由广告内容加以评估；二是广告可能损害专业服务的精神；三是广告可能导致同行之间的不正当竞争。

从历史的角度来看，在注册会计师行业的发展初期并没有禁止做广告的行规。在 19 世纪，注册会计师将广告作为吸引客户的手段之一。到了 1921 年，美国注册会计师协会制定了一项行为守则，认为就注册会计师职业的性质来说，自我吹嘘是违反职业道德的，而所有广告则不同程度地带有自我吹嘘成分。20 世纪 70 年代末以前，美国注册会计师协会、美国全国会计委员会协会和各州会计委员会都明文禁止审计职业界以广告招揽业务。但实际上，不允许做广告实际上是在维护那些老所、大所的名声，而拒绝一些新的、有活力的和富有挑战精神的事务所参与竞争。1977 年，美国联邦贸易委员会和美国司法部开始调查注册会计师行业的不正当竞争行为。随着调查的深入，美国司法部开始关注禁止以广告招揽业务的合法性问题。美国司法部认为，禁止广告宣传违反了反托拉斯法，造成市场的分割和事务所之间的竞相压价行为，并认为这是导致无序竞争的重要原因。受上述反不正当竞争思潮和立法的影响，1978 年以后，美、英、加等国都先后为注册会计师行业的广告宣传开禁，但对广告的内容和形式都作了严格规定。而另外一些国家，目前仍不允许会计师事务所刊登广告。例如，法国 1969 年 8 月 12 日法令第 57 条禁止法国注册会计师协会的成员从事任何形式的广告行为。

在我国，会计师事务所被允许做广告，但对广告的内容和形式进行了限制。会计师事务所不得利用新闻媒体对其能力进行广告宣传，但刊登设立、合并、分立、解散、迁址、名称变更、招聘员工等信息以及注册会计师协会为会员所做的同意宣传不受此限制。

5.10.2　业务招揽

业务招揽是指会计师事务所和注册会计师与非客户接触以争取业务。

（1）会计师事务所和注册会计师不得采用强迫、欺诈、利诱或骚扰等方式招揽业务等。

（2）会计师事务所和注册会计师在招揽业务时不得有以下行为：①暗示

有能力影响法院、监管机构或类似机构及其官员；②做出自我标榜的陈述，且陈述无法予以证实；③与其他注册会计师进行比较；④不恰当地声明自己是某一特定领域的专家；⑤做出其他欺骗性的或可能导致误解的声明。

5.10.3　宣传

宣传是指会计师事务所和注册会计师向社会公众告知有关事实，其目的不是抬高自己。

（1）会计师事务所和注册会计师进行宣传时，不得有以下行为：①利用政府委托或特别奖励牟取不正当利益；②当会计师事务所将其名称、地址、电话号码以及其他必要的联系信息载入电话簿、信纸或其他载体时，含有自我标榜的措辞；③当注册会计师就专业问题参与演讲、访谈或广播、电视节目时，抬高自己及其会计师事务所；④当会计师事务所通过新闻媒体发布招聘信息时，含有抬高自己的成分。

（2）会计师事务所可以将印制的手册向客户发放，也可以应非客户的要求向非客户发放，但手册的内容应当真实、客观。

（3）注册会计师在名片上可以印有姓名、专业资格、职务及其会计师事务所的地址和标识等，但不得印有社会职务、专家称谓以及所获荣誉等。

本 章 小 结

1. 注册会计师职业道德，是指注册会计师职业品德、职业纪律、专业胜任能力及职业责任等的总称。

2. 2009 年 10 月发布的《中国注册会计师职业道德守则》包括五个组成部分：《中国注册会计师职业道德守则第 1 号——职业道德基本要求》《中国注册会计师职业道德守则第 2 号——职业道德概念框架》《中国注册会计师职业道德守则第 3 号——提供专业服务的具体要求》《中国注册会计师职业道德守则第 4 号——审计和审阅业务的独立性要求》《中国注册会计师职业道德守则第 5 号——其他鉴证业务的独立性要求》。

3. 诚信、客观、公正是注册会计师职业道德中的三个最重要的概念，也是对注册会计师职业道德的三条最重要的要求。

4. 独立性是注册会计师执行审计业务的灵魂，也是客观、公正的前提。客观性和公正性具有无形性，因此必须有独立性规则从制度上加以保证，才能真正取信于公众。独立性原则要求注册会计师在提供审计和其他验证服务时，应当保持实质上和形式上的独立，并割断影响客观性和公正性的任何因素。

5. 客观性原则要求注册会计师应当力求公平，不得因为成见、利益冲突或他人影响而损害独立性。

6. 专业胜任能力是注册会计师职业得以存在的基石。随着业务、法规和技术的发展，注册会计师还应不断保持和改进自己的专业知识和技能，使其维持在一定水平之上。专业胜任能力原则还要求当某项业务所需的能力超出注册会计师个人或其所在事务所的能力时，他应该拒绝接受委托，除非能得到有关专家的帮助。

7. 保密原则要求注册会计师对在执业过程中获知的信息保密。除非有法定的或专业的披露权利及义务，在未经正当或特别授权的情况下，注册会计师不得使用或披露任何类似信息。保密原则在注册会计师与客户的关系终止后仍应继续。此外，注册会计师还应当采取措施，确保业务助理人员和专家对客户的信息保密。

8. 会计师事务所和注册会计师应当考虑可能损害独立性的因素，包括自身利益、自我评价、过度推介、密切关系、外在压力等。

9. 确定收费时，为客观反映为客户提供专业服务的价值，会计师事务所应当考虑的因素主要包括：专业服务所需的知识和技能；所需专业人员的水平和经验；每一专业人员提供服务所需的时间；提供专业服务所需承担的责任。

10. 或有收费是指收费与否或收费多少以鉴证工作结果或实现特定目的为条件。例如，客户要求注册会计师发表标准审计报告，否则就不付费，这属于收费与否型的或有收费；客户按照审计后的净利润水平高低付费，这属于收费水平型的或有收费。

11. 如果会计师事务所从某一审计客户收取的全部费用占其审计收费总额的比重很大，则对该客户的依赖及对可能失去该客户的担心将因自身利益或外在压力产生不利影响。如果从某一审计客户收取的全部费用占某一合伙人从所有客户收取的费用总额比重很大，或占会计师事务所某一分部收取的费用总额比重很大，也将因自身利益或外在压力产生不利影响。

12. 后任注册会计师在接任前任注册会计师的审计业务时不得蓄意侵害前任注册会计师的合法权益，并要求前后任注册会计师在接受委托前和接受委托后均应进行充分的沟通。

思　考　题

1. 如何理解注册会计师职业对道德有着特别的需求？
2. 注册会计师职业道德规范建设的意义是什么？

3. 注册会计师职业道德的基本原则有哪些？

4. 如何理解独立性？

5. 影响注册会计师独立性的因素可能有哪些？

6. 会计师事务所如何维护独立性？

7. 何谓注册会计师的专业胜任能力？

8. 何谓注册会计师的保密义务？

9. 如何理解或有收费？

10. 接任前任注册会计师的审计业务应该注意哪些问题？

11. 会计师事务所和注册会计师进行宣传时，不得有哪些行为？

第6章 法律责任

学习目标

    了解近年来注册会计师行业遭遇的诉讼和赔偿案件。掌握注册会计师与被审计单位在财务报表审计中的责任。掌握注册会计师发现错误与舞弊的责任。了解注册会计师发现违反法律法规行为的责任。了解审计失败、企业经营失败与审计风险的联系与区别。了解注册会计师法律责任的成因。了解过失、普通过失、重大过失和欺诈的界定。掌握注册会计师法律责任的种类。了解中国关于注册会计师法律责任的相关规定。掌握注册会计师职业界应对法律责任的措施。

关键名词

    在财务报表审计中被审计单位的责任　在财务报表审计中注册会计师的责任　错误　舞弊　违反法律法规行为　审计失败　企业经营失败　审计风险　违约　过失　欺诈　普通过失　重大过失　共同过失　行政责任　民事责任　刑事责任　法律责任　习惯法　成文法　对于第三人的责任　注册会计师法

    2002年前,有投资者起诉红光实业,被告包括涉案的会计师事务所,法院以原告无法证明其损失与被告虚假陈述的因果关系为由予以驳回。也曾有投资者起诉银广夏,但法院以技术不足以胜任为由暂不受理。针对投资者起诉提供虚假财务报告的公司及事务所等责任人的情况,最高人民法院于2001年9月专门发布了暂不受理的通知。

    近十年来,企业经营失败或者因管理层舞弊造成破产倒闭的事件剧增,投资者和贷款人蒙受重大损失,因而指控注册会计师未能及时揭示或报告这些问题,并要求其赔偿有关的损失的情况越来越多。迫于社会的压力,许多国家的法院判决逐渐倾向于增加注册会计师在这些方面的法律责任。

    2002年1月15日,最高人民法院颁发《关于受理证券市场因虚假陈述引发的民事侵权纠纷案件有关问题的通知》(简称15号文),要求法院受理和审理因虚假陈述引发的证券市场上的民事侵权纠纷案件。2003年1月9日,最高人民法院发布《关于审理证券市场因虚假陈述引发的民事赔偿案件的若干规定》（简称1.9规定），标志着证券市场民事责任赔偿机制的正式确立。对注册会计师而言，民事赔偿责任已由警钟变成了现实。

2007年6月15日，最高人民法院出台并施行《关于审理涉及会计师事务所在审计业务活动中民事侵权赔偿案件的若干规定》，明确利害关系人以会计师事务所在从事审计业务活动中出具不实报告并致其遭受损失为由，向人民法院提起民事侵权赔偿诉讼的，人民法院应当依法受理。会计师事务所给利害关系人造成损失的，应当承担侵权赔偿责任，除非能够证明自己没有过错。

20世纪90年代美国专家估计，由于法律诉讼和赔偿金额的激增，美国会计师事务所诉讼的直接费用支出占其审计收入的20%。诉讼赔偿不仅是大型会计师事务所面临的问题，也是中小会计师事务所提供鉴证服务应当考虑的问题。

注册会计师法律责任不断扩大，履行责任的对象随之拓宽，这些都使得注册会计师很容易被指控为民事侵权，"诉讼爆炸"也由此产生。在目前的法律环境下，注册会计师职业引人关注的一个问题是，指控会计师事务所和注册会计师执业不当的诉讼案件和赔偿金额日益增多。

6.1　注册会计师与被审计单位在财务报表审计中的责任

1. 被审计单位的责任

企业的所有权与经营权分离后，管理层负责企业的日常经营管理并承担受托责任。管理层通过编制财务报表反映受托责任的履行情况。为了借助公司内部之间的权力平衡和制约关系，保证财务信息的质量，现代公司治理结构往往要求治理层对管理层编制财务报表的过程实施有效的监督。

在治理层的监督下，管理层作为会计工作的行为人，对编制财务报表负有直接责任。《中华人民共和国会计法》第二十一条规定，财务会计报告应当由单位负责人和主管会计工作的负责人、会计机构负责人（会计主管人员）签名并盖章；设置总会计师的单位，还须由总会计师签名并盖章。单位负责人应当保证财务会计报告真实、完整。《中华人民共和国公司法》第一百七十一条规定，公司应当向聘用的会计师事务所提供真实、完整的会计凭证、会计账簿、财务会计报告及其他会计资料，不得拒绝、隐匿、谎报。

因此，在被审计单位治理层的监督下，按照适用的财务报告框架的规定编制财务报表是被审计单位管理层的责任。

管理层对编制财务报表的具体责任：

（1）选择适用的财务报告框架的规定编制财务报表，包括使其实现公允反映（如适用）。管理层应当根据会计主体的性质和财务报表的编制目的，选择适用的会计准则和相关会计制度。就会计主体的性质而言，事业单位适合采用《事业单位会计制度》，而企业根据规模和行业性质，分别适合采用《企业会计准则》、《企业会计制度》、《金融企业会计制度》和《小企业会计制度》等。

按照编制目的，财务报表可分为通用目的和特殊目的两种报表。前者是为了满足范围广泛的使用者的共同信息需要，如为公布目的而编制的财务报表；后者是为了满足特定信息使用者的信息需要。相应的，编制和列报财务报表适用的会计准则和相关会计制度也不同。

（2）设计、执行和维护必要的内部控制，使得编制的财务报表不存在由于舞弊或错误导致的重大错报。

为了履行编制财务报表的职责，管理层通常设计、实施和维护与财务报表编制相关的内部控制，以保证财务报表不存在由于舞弊和错误而导致的重大错报。

管理层在治理层的监督下，高度重视对舞弊的防范和遏制是非常重要的。对舞弊的防范可以减少舞弊发生的机会；由于舞弊存在被发现和惩罚的可能性，对舞弊的遏制能够警示被审计单位人员不要实施舞弊。对舞弊的防范和遏制需要管理层营造诚实守信和合乎道德的文化，并且这一文化能够在治理层的有效监督下得到强化。治理层的监督包括考虑管理层凌驾于控制之上或对财务报告过程施加其他不当影响的可能性，例如，管理层为了影响分析师对企业业绩和盈利能力的看法而操纵利润。

控制，是指内部控制一个或多个要素，或要素表现出的各个方面。审计准则所称的内部控制，与适用的法律法规有关内部控制的概念一致。在审计实务中，一般通过签署管理层声明书来确认管理层的责任。我国《会计法》明确规定，单位负责人对本单位的会计工作和会计资料的真实性、完整性负责。从审计角度来看，相关法律规定管理层和治理层对编制财务报表承担责任，有利于从源头上保证财务信息质量。

（3）向注册会计师提供必要的工作条件。这些必要的工作条件包括允许注册会计师接触与编制财务报表相关的所有信息，向注册会计师提供审计所需的其他信息，允许注册会计师在获取审计证据时不受限制地接触其认为必要的内部人员和其他相关人员。

管理层（有时涉及治理层）认可并理解应当承担与财务报表相关的上述

责任，是执行审计工作的前提，构成了注册会计师按照审计准则的规定执行审计工作的基础。

2．注册会计师的责任

就大多数通用目的财务报告框架而言，注册会计师的责任是，针对财务报表是否在所有重大方面按照财务报告框架编制并实现公允反映发表审计意见。

注册会计师作为独立的第三方，对财务报表发表审计意见，有利于提高财务报表的可信赖程度。为履行这一职责，注册会计师应当遵守职业道德规范，按照审计准则的规定计划和实施审计工作，收集充分、适当的审计证据，并根据收集的审计证据得出合理的审计结论，发表恰当的审计意见。注册会计师通过签署审计报告确认其责任。

财务报表审计不能减轻被审计单位管理层和治理层的责任。

财务报表编制和财务报表审计是财务信息生成链条上的不同环节，两者各司其职。法律法规要求管理层和治理层对编制财务报表承担责任，有利于从源头上保证财务信息质量。同时，在某些方面，注册会计师与管理层和治理层之间可能存在信息差异。管理层和治理层作为内部人员，对企业的情况更为了解，更能做出适合企业特点的会计处理决策和判断，因此管理层和治理层理应对编制财务报表承担完全责任。尽管在审计过程中，注册会计师可能向管理层和治理层提出调整建议，甚至在不违反独立性的前提下为管理层编制财务报表提供一些协助，但管理层仍应对编制财务报表承担责任，并通过签署财务报表确认这一责任。

如果财务报表存在重大错报，而注册会计师通过审计没有能够发现，也不能因为财务报表已经注册会计师审计这一事实而减轻管理层和治理层对财务报表的责任。

6.2　注册会计师发现错误与舞弊的责任

6.2.1　错误与舞弊的概念

舞弊与错误都是指被审计单位相关方面（管理层、员工）的行为，这些行为最终都可能导致财务报表出现错报。因此，舞弊、错误是原因，错报是结果。

舞弊与错误是两个相对应的概念。错误是指导致财务报表错报的非故意的行为。错误的主要情形包括：为编制财务报表而收集和处理相关数据时发生失误；在做出会计估计或判断时，由于疏忽了某些事实，或没有充分理解有关事实，导致做出的会计估计或判断不恰当；在运用与确认、计量、分类或列报（包括披露，下同）相关的会计政策时发生失误。

舞弊是指被审计单位的管理层、治理层、员工或第三方使用欺骗手段获取不当或非法利益的故意行为。舞弊行为主体的范围很广，可能是被审计单位的管理层、治理层、员工或第三方。涉及管理层或治理层一个或多个成员的舞弊通常被称为"管理层舞弊"，只涉及被审计单位员工的舞弊通常被称为"员工舞弊"。无论是何种舞弊，都有可能涉及被审计单位内部或与外部第三方的串谋。舞弊行为的目的则是为特定个人或利益集团获取不当或非法利益。

6.2.2 发现错误和舞弊的责任

防止或发现舞弊是被审计单位治理层和管理层的责任。在防止或发现舞弊的责任方中，治理层发挥的是一种监督职责，即监督管理层建立和维护内部控制。治理层积极的监督有助于保证管理层在树立诚信文化方面的受托责任。在行使治理职能时，治理层有责任考虑管理层凌驾于控制之上或对财务报告过程产生其他不当影响的可能性，例如，管理层试图操纵利润以误导财务报表使用者对被审计单位财务业绩的看法。

管理层有责任在治理层的监督下建立良好的控制环境，维护有关控制政策和程序，以实现经营有效性目标、财务报告可靠性目标和遵守法律法规目标。从财务报表及其审计的角度看，管理层的责任包括制定和维护与财务报告可靠性相关的控制，并对可能导致财务报表发生重大错报的风险实施管理。

在财务报表审计中，注册会计师对错误和舞弊的责任在于，按照中国注册会计师审计准则的规定实施审计工作，获取财务报表在整体上不存在重大错报的合理保证，无论该错报是由于舞弊还是错误导致。这就要求注册会计师在实施审计时保持职业怀疑态度，按审计准则的要求，充分考虑审计风险，通过实施适当的审计程序，将使财务报表产生重大错报的错误和舞弊揭示出来。

注册会计师如果未能将导致财务报表重大错报的错误和舞弊揭示出来，就应承担法律责任。

由于一系列固有限制的存在，注册会计师即使按照审计准则的规定恰当地计划和实施审计工作，也不能对财务报表整体不存在重大错报得到绝对保证，只能取得合理保证。承担合理保证的责任也意味着审计工作并不能保证发现所有的重大错报（包括不能保证发现所有的错误和舞弊导致的重大错报）。

如果在完成审计工作后发现舞弊导致的财务报表重大错报，特别是串通舞弊或伪造文件记录导致的重大错报，并不必然表明注册会计师没有遵循审计准则。要判断注册会计师是否按照审计准则的规定实施了审计工作，应当取决于其是否根据具体情况实施了审计程序，是否获取了充分、适当的审计证据，以及是否根据证据评价结果出具了恰当的审计报告。

6.3 注册会计师揭露违反法规行为的责任

6.3.1 违反法律法规行为的含义

违反法律法规行为，是指被审计单位有意或无意违背除适用的财务报告框架以外的现行法律法规的行为。可以结合以下三点理解该定义：

第一，在我国，被审计单位适用的会计准则和相关会计制度也属于法律法规的范畴。对财务报表审计而言，适用的会计准则和相关会计制度是注册会计师评价财务报表的合法性和公允性时直接使用的判断依据。也就是说，被审计单位违反会计准则和相关会计制度，将直接影响财务报表的合法性和公允性。而被审计单位如违反其他法律法规，则可能与财务报表相关，也可能与财务报表无关。定义中所说的违反法律法规的行为并不包括违反适用的会计准则和相关会计制度的行为。

第二，违反法规行为具体涉及下列三个方面：（1）被审计单位做出的违反法律法规行为；（2）以被审计单位名义做出的违反法律法规行为；（3）管理层或员工以被审计单位名义做出的违反法律法规行为，但不包括管理层和员工个人从事的、与被审计单位经营活动无关的不当行为。

第三，违反法律法规的行为与舞弊存在一定的区别。舞弊是被审计单位的管理层、治理层、员工或第三方使用欺骗手段获取不当或非法利益的故意行为。换言之，舞弊是被审计单位的管理层、治理层、员工或第三方为了自身的利益而牺牲公司的利益；而违反法律法规的行为则是被审计单位的管理层、治理层、员工为了公司的利益而牺牲社会利益。

6.3.2 发现违反法律法规行为的责任

1. 注册会计师考虑被审计单位违反法律法规的责任

保证经营活动符合法律法规的规定，防止和发现违反法规行为是被审计单位管理层的责任。注册会计师不应当，也不能对防止被审计单位违反法规行为负责，但执行年度财务报表审计可能是遏制违反法规行为的一项措施。因为注册会计师在执行年度财务报表审计过程中可能会发现被审计单位的违反法规行为。从这个意义上讲，财务报表定期审计制度会对被审计单位的违反法律法规行为起到一定的威慑作用，但从根本上看，遏制违反法规行为则有赖于管理层制定和实施有效的控制政策和程序。

管理层承担的与违反法规行为有关的责任，具体包括：

（1）承担防止和发现违反法规行为的责任。按照有关法律法规的规定，管理层有责任通过建立健全和有效实施内部控制，确保其遵守适用于被审计单位的所有法律法规。为实现这一目标，管理层通常建立政策和程序，以防止和发现违反法规行为。

（2）被审计单位的违反法规行为可能导致包括处罚、诉讼、赔偿等后果。由于这些后果是被审计单位违反法律法规造成的，所以管理层理应承担相应责任。

注册会计师执行财务报表审计的目的并不是专门为了发现违反法规行为，而是对财务报表发表审计意见。因此，界定注册会计师考虑被审计单位违反法规行为的责任应当在这一框架下进行。

《中国注册会计师审计准则第1142号——财务报表审计中对法律法规的考虑》规定：在设计和实施审计程序以及评价和报告审计结果时，注册会计师应当充分关注被审计单位违反法规行为可能对财务报表产生重大影响。

按其对财务报表的影响，违反法律法规的行为可以分为两类：第一类是对财务报表产生直接影响的违反法律法规的行为（如违反税法）；第二类是对财务报表有间接影响的违反法律法规的行为（如违反安全、健康、环保等方面的法规等），因为违反这些法律可能招致罚款和其他处罚从而导致或有负债的产生。对两种不同类型的违反法律法规的行为，注册会计师所负的检查和报告责任是不相同的。对于第一类违反法律法规的行为，注册会计师应科学地计划审计工作，充分考虑审计风险，收集充分适当的审计证据，以合理保证发现此类违反法律法规的行为；对于第二类违反法律法规的行为，注册会计师应加以充分的关注。

为了充分关注被审计单位违反法律法规行为可能对财务报表产生的重大影响，在计划和实施审计工作时，注册会计师应当保持职业怀疑态度，充分关注审计可能引发被审计单位遵守法律法规产生怀疑的情况或事项。

为了弄清被审计单位是否可能存在对财务报表产生重大影响的违反法律法规的行为，在计划审计工作时，注册会计师应当总体了解适用于被审计单位及其所处行业的法律法规，以及被审计单位如何遵守这些法律法规。

在获得总体了解后，注册会计师应当实施识别违反法规行为的进一步审计程序，包括：（1）向管理层询问被审计单位是否遵守了适用于被审计单位及其行业的法律法规；（2）检查被审计单位与许可证颁发机构或监管机构的往来函件。因为与这些机构的往来函件可能显示被审计单位涉及违反法规的行为。

对影响财务报表重大金额和披露的法律法规（如税法），注册会计师应当获取被审计单位遵守这些法律法规的充分、适当的审计证据。如果没有获取这些法律法规已得到被审计单位遵守的充分、适当的审计证据，注册会计师就无法对财务报表形成恰当的审计意见。

除实施以上规定的审计程序以外，注册会计师不需对被审计单位遵守法律法规情况实施其他特别的审计程序，因为实施其他审计程序超出了财务报表的审计范围。

为形成财务报表审计意见所实施的常规审计程序，也可能使注册会计师注意到被审计单位存在影响财务报表的违反法规行为，注册会计师应当对此保持警觉。

在实施上述规定的审计程序和为形成财务报表审计意见而实施的常规审计程序后，如果没有证据表明被审计单位存在违反法规行为，注册会计师可推定被审计单位遵守了相关法律法规。

2. 注册会计师对被审计单位可能存在违反法律法规行为应采取的行动

如果有迹象表明，被审计单位可能存在违反法律法规的行为，注册会计师应当了解该行为的性质及发生的环境，并获取其他适当信息，以评价其对财务报表可能产生的影响。注册会计师如认为可能存在违反法规行为，应当先与管理层讨论。如果管理层能提供令人满意的信息证明其确实遵守了法律法规，注册会计师的怀疑得以消除，可以不再实施其他审计程序。如果管理层不能提供令人满意的证明信息，注册会计师应当向律师咨询，以确定被审计单位是否存在违反法规行为、可能导致的法律后果以及应采取的进一步行动。

3. 对被审计单位违反法律法规行为报告的责任

如果被审计单位果真存在违反法律法规的行为，注册会计师应将注意到的管理层违反法规行为尽快地与治理层沟通或获取治理层已获知管理层违反法规行为的审计证据。

如果认为被审计单位存在对财务报表产生重大影响的违反法规行为，注册会计师应当要求被审计单位在财务报表中予以恰当反映。如果被审计单位在财务报表中对该违反法规行为做出恰当反映，注册会计师应当出具无保留意见的审计报告。如果被审计单位拒绝在财务报表中反映或反映不恰当，注册会计师应当根据其影响财务报表的严重程度，运用职业判断，确定出具保留意见或否定意见的审计报告。

如果因被审计单位阻挠无法获取充分、适当的审计证据，以评价是否发生或可能发生对财务报表具有重大影响的违反法规行为，注册会计师应当根据审计范围受到限制的程度，出具保留意见或无法表示意见的审计报告。

如果发现被审计单位存在严重违反法规行为，注册会计师应当考虑按法律法规是否要求其向监管机构报告；必要时，征询法律意见。

如果被审计单位存在违反法规行为，且没有采取注册会计师认为必要的补救措施，注册会计师应当考虑解除业务约定。

6.4 审计失败、企业经营失败与审计风险

1. 审计失败

审计失败是指在企业财务报表存在重大错报或漏报的情况下，注册会计师发表了无保留意见。

审计失败的衡量与判定会计信息真实性分为结果真实与程序真实一样，包括结果失败与过程失败两个方面。应该承认过分偏向二者中的任何一种都是不正确的，必须二者同时兼顾，而审计准则正是二者的有机结合，因此，由审计准则作为衡量审计失败标准就是最为合理与最为科学的。

2. 经营失败

企业经营失败是指因产业不景气、管理决策失误或出现非预期的竞争因素等导致企业无法达成投资人的期望或无力偿还债务的情况。企业经营失败的极端情况是破产。

社会公众往往将审计失败和经营失败相混淆，认为发生了经营失败则审计必然也是失败的。这种看法是有一定原因的。西方国家近 30 年来的"诉讼爆炸"在很大程度上是由于企业兼并、破产事件层出不穷，众多的企业投资者、债权人为了最大限度地保护自己的利益，往往寻求与经营失败相关人员的责任。注册会计师由于为破产前企业实施审计，对于财务报表表示过意见（特别是出具了无保留意见审计报告），则首当其冲遭到起诉，被认为其出具的审计报告不真实或没有能够公允地反映企业的财务状况和经营业绩，或者没有发现其中的错误和舞弊。

经营风险源于对被审计单位实现目标和战略产生不利影响的重大情况、事项、环境和行动，或源于不恰当的目标和战略。不同的企业可能面临不同的经营风险，这取决于企业经营的性质、所处行业、外部监管环境、企业的规模和复杂程度。管理层有责任识别和应对这些风险。

注册会计师要密切关注经营风险，因为经营风险与财务报表发生重大错报的风险密切相关。许多经营风险最终都会有财务后果，因而影响到财务报表，

进而对财务报表审计产生影响。例如，宏观经济形势不景气可能对商业银行贷款损失准备产生重大影响；化工企业面临的环境风险可能意味着需要确认预计负债；技术升级风险可能导致企业原有的生产设备和存货发生减值，甚至影响持续经营假设的适当性。更为严重的是，在经营风险引起经营失败时，可能促使被审计单位管理层通过财务报表舞弊对此加以掩盖。

当然，并非所有经营风险都与财务报表相关，注册会计师应当重点关注可能影响财务报表的经营风险。

3. 审计风险

风险是客观存在的，也是不确定的。风险既可能导致损失，也可能导致盈利，其可能带来的损失是非故意、非计划、非预期经济价值的减少，其结果是不确定的。

审计风险是指财务报表存在重大错报而注册会计师发表不恰当审计意见的可能性。审计风险并不包含下面这种情况，即财务报表不含有重大错报，而注册会计师错误地发表了财务报表含有重大错报的审计意见的风险。

6.5 注册会计师法律责任的成因

社会职业的地位与其社会责任直接相关。对于注册会计师而言，为社会公众认可的必要条件之一是，具备承担社会责任的能力并对因其未能满足规定要求而引发的后果负责。注册会计师的社会地位和责任犹如一枚硬币的正反两面，相辅相成，缺一不可。注册会计师社会责任最主要的表现形式即为法律责任。当前，各国注册会计师的法律责任呈现日益强化的趋势。

1. 变化中的法律环境

20 世纪 80 年代后，西方发达国家的法律环境发生了较大变化，注册会计师职业团体对于行业法律责任秉持的态度也有所改变。21 世纪之初，受到"安然"等事件的影响和冲击，注册会计师职业所承担的法律责任发生了显著变化，主要表现为以下几方面。

（1）针对注册会计师的法律诉讼大量增加。近 10 多年来，特别是"安然""世通"事件爆发之后，因企业经营失败或者管理层舞弊导致的破产事件激增，致使投资者和贷款人蒙受巨大损失，由此引发针对注册会计师独立性和执业能力的大量诉讼，并要求其赔偿相关损失。受到公司破产和舞弊丑闻的影响，迫于社会公众的巨大压力，西方主要国家先后出台了有关强化注册会计师法律责任的法案，法院判决时也倾向于加大注册会计师的经济赔偿责任。

（2）扩展注册会计师对第三方责任。在判例法国家，早期的司法制度并没有规定注册会计师除了客户之外，还要对与自己没有合同关系的第三方承担责任，法官们也倾向于限定注册会计师的第三方责任范围。但自20世纪后半叶之后，不少法官已放弃限制注册会计师对第三方责任范围的判例原则，转而规定注册会计师对已知的第三方使用者或财务报表的特定用途必须承担法律责任。

（3）扩充注册会计师法律责任的内涵。注册会计师传统法律责任的含义仅限于财务报表符合公认会计原则的公允性。但各方面使用者和利益集团近10多年来不断要求注册会计师对委托人的会计记录差错、管理舞弊、经营破产可能性及违反有关法律行为都应承担检查和报告责任，从而促使许多会计职业团体在20世纪80年代后期修订有关审计准则，要求注册会计师在进行财务报表审计时，必须设计和实施必要的审计程序，为发现错误与舞弊提供合理的保证，从而实质上扩充了注册会计师法律责任的内涵。

注册会计师法律责任究竟是如何产生的？在现代社会，注册会计师成为被告的原因来自多方面，如可能来自被审计单位的责任，可能来自注册会计师自身的责任，也可能来自双方责任。其中，被审计单位的责任和注册会计师的责任是最重要的。

2．被审计单位的责任

（1）错误、舞弊和违反法规行为。财务报表的错报可能由于舞弊或错误所致，被审计单位违反法规的行为通常也会导致财务报表失真。注册会计师如果未能发现和揭露被审计单位的严重错误和舞弊、违反法规行为，可能会给使用者造成损失，注册会计师可能因此受到控告。由于审计的固有限制，即使按照审计准则的规定恰当地计划和实施审计工作，注册会计师也不能对财务报表整体不存在重大错报而有绝对保证。因此，不能要求注册会计师对所有未查出的财务报表中的错误与舞弊情况负责，但是，也不意味着注册会计师对未能查出的财务报表中的重大错误与舞弊没有任何责任，关键要看未能查出的原因是否源自注册会计师本身的过错。

在审计过程中，注册会计师应当充分关注被审计单位违反法规行为可能对财务报表产生的重大影响。在考虑被审计单位的一项行为是否违反法律法规时，注册会计师应当征询法律意见。当认为可能存在违反法规行为时，注册会计师应当记录所发现的情况，并与管理层讨论。对于被审计单位的严重违反法规行为，注册会计师应当考虑是否按相关法律法规的要求向监管机构报告；必要时，征询法律意见。当被审计单位存在违反法规行为，且没有采取注册会计师认为必要的补救措施时，注册会计师应当考虑解除业务约定。

注册会计师出具审计报告时，如果认为违反法规行为对财务报表有重大影响，且未能在财务报表中得到恰当反映，应当出具保留意见或否定意见的审计报告；如果因被审计单位阻挠无法获取充分、适当的审计证据，注册会计师应当根据审计范围受到限制的程度，出具保留意见或无法表示意见的审计报告；审计范围受到被审计单位以外的其他条件限制而无法确定违反法规行为是否发生时，注册会计师应当考虑其对审计报告的影响。

（2）经营失败。被审计单位经营失败的影响可能会波及注册会计师。财务报表使用者控告会计师事务所的主要原因之一，是不理解经营失败和审计失败之间的差别。企业经营失败是指因产业不景气、管理决策失误或出现非预期的竞争因素等导致企业无法达成投资人的期望或无力偿还债务的情况。企业经营失败的极端情况是破产。经营风险是导致经营失败的主要因素之一。众所周知，资本投入或借给企业后就面临某种程度的经营风险。所谓经营风险是指企业由于经济或经营条件，比如经济萧条、决策失误或同行之间意想不到的竞争等，而无力归还借款或无法达到投资人期望的收益。

审计失败则是指注册会计师由于没有遵守公认审计准则而形成或提出了错误的审计意见。出现经营失败时，审计失败可能存在，也可能不存在。另外，还可能存在这样的情况，即注册会计师确实遵守了审计准则，但却提出了错误的审计意见，这种情况称为审计风险。审计风险是指财务报表存在重大错报而注册会计师发表不恰当审计意见的可能性。

社会公众往往将审计失败与经营失败相混淆，认为发生了经营失败则审计必然是失败的。当某一公司破产或无力偿还债务而导致投资者和债权人遭受损失时，注册会计师往往被指责这些正是审计失败的后果。当企业破产的最近会计期间的审计意见说明财务报表公允时，社会公众更是认为注册会计师应当对企业破产、经营失败负责。造成社会公众在被审计单位发生经营失败时指责审计失败的原因之一是缺乏对注册会计师责任的了解；还有部分原因是遭受损失的人们希望得到补偿，而不管错在哪方。出于平衡公众利益的需要，法院在判案时也往往倾向于保护投资者和债权人的利益。受到上述等因素的影响，注册会计师不得不接受一轮轮"诉讼爆炸"的来临。

3. 注册会计师的责任

如果不是由于注册会计师的原因给被审计单位或第三人造成损失，注册会计师将不负法律责任。但是，也有一些会计师事务所和注册会计师因违约、过失和欺诈等行为惹来官司。

（1）违约。"违约"是指合同的一方或几方未能达到合同条款的要求。违约责任是指注册会计师因违反了业务合同约定造成了损失而承担的法律责任。

比如，在商定的期间内，注册会计师未能完成审计或者其他业务约定，或违反了与被审计单位订立的保密协议等。

（2）过失。"过失"是指在一定条件下，缺少应具有的合理的谨慎。评价注册会计师的过失，是以其他合格注册会计师在相同条件下可做到的谨慎为标准的。当过失给他人造成损害时，注册会计师应负过失责任。通常，按过失程度不同，可以分为普通过失和重大过失。

① 普通过失。在某种情况下，对行为人应当注意和能够注意的程度有较高要求时，行为人没有遵守这种较高的要求，但未违背一般人应当注意并能够注意的一般规则，属于普通过失。对注册会计师而言，普通过失（又称"一般过失"）通常是指没有保持应有的职业怀疑、没有完全遵循专业准则的要求。比如，未按特定审计项目取得必要和充分的审计证据的情况，可视为一般过失。

② 重大过失。如果行为人不但没有遵守较高的要求，甚至连普通人应当注意并能够注意的一般标准也未达到，这就是重大过失。对于注册会计师而言，重大过失是指连起码的职业谨慎都不保持，对业务或事务不加考虑，满不在乎；根本没有遵循专业准则或没有按专业准则的基本要求执行业务。比如，审计不以《中国注册会计师审计准则》为依据，可视为重大过失。

另外，还有一种过失叫"共同过失"，即对他人过失，受害方自己未能保持合理的谨慎，因而蒙受损失。比如，被审计单位未能向注册会计师提供编制纳税申报表所必要的信息，后来又控告注册会计师未能妥当地编制纳税申报表，这种情况可能使法院判定被审计单位有共同过失。再比如，在审计中未能发现现金等资产短少时，被审计单位可以过失为由控告注册会计师，而注册会计师则可以说现金等问题是由缺乏适当的内部控制造成的，并以此为由来反击被审计单位的诉讼。

"重要性"和"内部控制"这两个概念有助于区分注册会计师的普通过失和重大过失。

首先，如果财务报表中存在重大错报事项，注册会计师运用常规审计程序通常应予以发现，但因工作疏忽而未能将重大错报事项查出来就很可能在法律诉讼中被解释为重大过失。如果财务报表有多处错报事项，每一处都不算重大，但综合起来对财务报表的影响却较大，也就是说财务报表作为一个整体可能严重失实。在这种情况下，法院一般认为注册会计师具有普通过失，而非重大过失，因为常规审计程序发现每处较小错报事项的概率也较小。

其次，内部控制是被审计单位为了合理保证财务报告的可靠性、经营的效率和效果以及对法律法规的遵守，由治理层、管理层和其他人员设计和执行的政策和程序。内部控制的研究与评价关系到注册会计师设计和实施进一步审计程序的性质、时间和范围。注册会计师应当重点考虑被审计单位某项控制，是否能够以及如何防止或发现并纠正各类交易、账户余额、列报存在的重大错报。如果注册会计师在评估认定层次重大错报风险时，预期内部控制运行是有效的，能够防止、发现并纠正认定层次的重大错报，但却未实施控制测试，则注册会计师具有重大过失。相反的情况是，内部控制本身非常健全，但由于领导层凌驾于控制之上，职工串通舞弊，导致财务报告出现重大错报，这并不必然表明注册会计师没有遵守审计准则。因而，应当根据注册会计师是否根据具体情况实施了审计程序，是否获取了充分、适当的审计证据，以及是否根据证据评价结果出具了恰当的审计报告等判断注册会计师是否具有过失、是否具有普通过失。

（3）欺诈。欺诈，是以欺骗或坑害他人为目的的一种故意的错误行为。作案具有不良动机是欺诈的重要特征，也是欺诈与普通过失和重大过失的主要区别之一。对于注册会计师而言，欺诈就是为了达到欺骗他人的目的，明知委托人的财务报表有重大错报，却加以虚伪的陈述，出具无保留意见的审计报告。简而言之，欺诈属于注册会计师的舞弊行为。

与欺诈相关的另一个概念是"推定欺诈"，又称"涉嫌欺诈"，是指虽无故意欺诈或坑害他人的动机，但却存在极端或异常的过失。推定欺诈和重大过失这两个概念的界限往往很难界定，在美国许多法院曾经将注册会计师的重大过失解释为推定欺诈，特别是近年来有些法院放宽了"欺诈"一词的范围，使得推定欺诈和欺诈在法律上成为等效的概念。这样，具有重大过失的注册会计师的法律责任就进一步加大了。

（4）没有过失、普通过失、重大过失和欺诈的界定。注册会计师过失程度的大小没有特别严格的界限，在实务中也往往很难界定。上述过失之间的主要区别，应由法院根据每一个案例的具体情况给予解释。通过参考图 6 - 1，或许会有助于理解在什么条件下注册会计师可能会被判定为没有过失、普通过失、重大过失或欺诈。

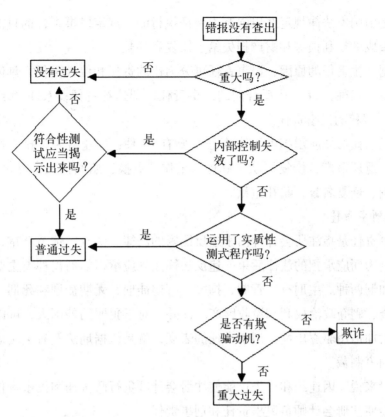

图 6-1 注册会计师过失或欺诈责任界定

6.6 注册会计师法律责任的种类

注册会计师因违约、过失或欺诈给被审计单位或其他利害关系人造成损失的，按照有关法律和规定，可能被判负行政责任、民事责任或刑事责任。这三种责任既可单处，也可并处。

1. 行政责任

行政责任是指注册会计师由于行政违法而应承担的法律后果。行政责任的具体表现是依据法律规定，承受一定的制裁。行政制裁是国家行政机关、行业管理部门对行政违法行为追究行政责任所给予的制裁，分为行政处罚和纪律处分两种。对注册会计师个人来说，行政处罚包括警告、暂停执业、吊销注册会计师证书；对会计师事务所而言，包括警告、没收违法所得、罚款、暂停执业、撤销等。

2. 民事责任

民事责任是指民事主体因违反合同或不履行其他法律义务，侵害国家、集体的财产，侵害他人财产、人身权利、依法应当承担的民事法律后果。这种法律后果是由国家法律规定并以强制力保证执行的。规定民事责任的目的，就是对已经造成的权利损害和财产损失给予恢复和补救。

根据产生责任的原因，民事责任可分为违约责任和侵权责任。具体形式主要包括以下三种：（1）违反合同的民事责任，即违约责任；（2）缔约过失责任；（3）侵权的民事责任。

违反法律法规应承担的民事责任主要有 10 种：停止侵害，排除妨碍，消除危险，返还财产，恢复原状，修理、重作、更换，赔偿损失，支付违约金，消除影响、恢复名誉，赔礼道歉。

3. 刑事责任

刑事责任是指注册会计师由于违反国家的法律、法规，情节严重，构成刑事犯罪行为而应承担的法律后果。违反法律法规应承担的刑罚种类主要包括主刑和附加刑两种。主刑有：管制、拘役、有期徒刑、无期徒刑和死刑。附加刑有：罚金、剥夺政治权利和没收财产。此外，对于犯罪的外国人，可以独立适用或者附加适用驱逐出境。刑事责任的表现，就是依据刑法及有关法规，承受一定的刑事制裁。

一般来说，因违约和过失可能使注册会计师负行政责任和民事责任，因欺诈可能会使注册会计师负民事责任和刑事责任。

6.7   注册会计师法律责任的内容

以美国注册会计师法律责任理论为例，注册会计师的法律责任主要源自习惯法和成文法。所谓习惯法，指不是通过立法而是通过美国的法院判例引申而成的各项法律；所谓成文法，则是由美国的联邦或州立法机构以文字所制定的法律。在运用习惯法的案件中，法院甚至可以不按以往的判例而另行创立新的法律先例；但在成文法案件中，法院只能按照有关法律的字面进行精确解释。

6.7.1   注册会计师对于委托人的责任

对委托人的责任是指注册会计师在合同规定之内对委托人所负的责任。它包括：违约的责任；疏忽的责任；违反保密要求的责任；失察舞弊的责任等。

注册会计师只要接受委托执行业务，就负有恪尽专业职守、保持认真与谨慎的义务。这一点不论是否已在与委托人签订的合同（即业务约定书）中写明，都是一定存在的。因此，在习惯法下，如果由于注册会计师的过失（即使是普通过失）给委托人造成了经济损失，注册会计师对于委托人都负有法律责任。注册会计师对于委托人的责任最常发生的案例，就是未能查出委托人的职工盗用公款之类的舞弊事件。遭受损失的委托人往往指控注册会计师具有过失，从而向法院提出要求注册会计师赔偿的诉讼。

一旦委托人对注册会计师提起诉讼，在习惯法下，委托人（即原告）就负有举证责任，即必须向法院证明其已受到损失，以及这种损失是由于注册会计师的过失造成的。

作为被告的注册会计师在受到指控时，可用以下几种理由或几种理由之一进行抗辩：（1）注册会计师本身并无过失，即他执业时严格遵循了专业标准的要求，保持了职业上应有的认真与谨慎；（2）注册会计师虽有过失，但这种过失并不是委托人受到损失的直接原因；（3）委托人涉及共同过失。共同过失的抗辩实际上也是表示注册会计师的过失并非委托人受损的直接原因的一种方式。

6.7.2　习惯法下注册会计师对于第三人的责任

1. 注册会计师对于受益第三人的责任

所谓受益第三人这个法律概念，主要是指合同（业务约定书）中所指明的人，但此人既非要约人，又非承诺人。例如，注册会计师知道被审计单位委托他对财务报表进行审计的目的是为了获得某家银行的贷款，那么这家银行就是受益第三人。

委托人之所以能够取得归因于注册会计师普通过失的损害赔偿的权利，源自习惯法下有关合同的判例。受益第三人同样地具有委托人和会计师事务所订立合同的权利，因而也享有同等的追索权。也就是说，如果注册会计师的过失（包括普通过失）给依赖审定财务报表（经注册会计师审计过的财务报表）的受益第三人造成了损失，受益第三人也可以指控注册会计师具有过失而向法院提起诉讼，追回遭受的损失。

2. 注册会计师对于其他第三人的责任

委托人和受益第三人对注册会计师的过失具有损害赔偿的追索权，因为它们具有和会计师事务所订立合同中的各项权利。那么其他依赖审定财务报表却无合同中特定权利的许多第三人是否也有追索权呢？也就是说，注册会计师对于其他第三人是否也有责任呢？这在习惯法下和成文法下有些不同。首先看一下习惯法下注册会计师的责任。

1931 年美国厄特马斯公司对杜罗斯会计师事务所一案，是关于注册会计师对于第三人责任的一个划时代的案例，它确立了"厄特马斯主义"的传统做法。在这个案件中，被告杜罗斯会计师事务所对一家经营橡胶进口和销售的公司进行审计并出具了无保留意见的审计报告，但其后不久这家公司宣告破产。厄特马斯公司是这家公司的应收账款代理商（企业将应收账款直接卖给代理商以期迅速获得现金），根据注册会计师的审计意见曾给予它几次贷款。厄特马斯公司以未能查出应收账款中有 70 万美元系欺诈为由，指控会计师事务所具有过失。纽约上诉法庭（即纽约州最高法院）的判定意见是犯有普通过失的注册会计师不对未曾指明的第三人负责；但同时法庭也认为，如果注册会计师犯有重大过失或欺诈行为，则应当对未指明的第三人负责。

可见，注册会计师对于未指明的第三人是否负有责任，厄特马斯主义的关键在于要看过失程度的大小。普通过失不负责任，而重大过失和欺诈则应当负责。但是自 20 世纪 80 年代以来，许多法院扩大了厄特马斯主义的含义，判定具有普通过失的注册会计师对可以合理预期的第三人负有责任。所谓可以合理预期的第三人，是指注册会计师在正常情况下能够预见将依赖财务报表的人，例如资产负债表有大额未归还的银行贷款，那么银行就是可以合理预期的第三人。在美国，目前关于习惯法下注册会计师对于第三人的责任仍然处于不确定状态，一些司法权威仍然承认厄特马斯主义的优先地位，认为注册会计师仅因重大过失和欺诈对第三人有责任；但同时也有些州的法院坚持认为，具有普通过失的注册会计师对可以合理预期的第三人也有责任。

习惯法下注册会计师对于第三人的责任案中，举证的责任也在原告，即当原告（第三人）提起诉讼时，他必须向法院证明：（1）他本身受到了损失；（2）他依赖了令人误解的已审财务报表；（3）这种依赖是他受到损失的直接原因；（4）注册会计师具有某种程度的过失。作为被告的注册会计师仍处于反驳原告所做指控的地位。

6.7.3　成文法下注册会计师对于第三人的责任

在美国，涉及注册会计师责任的成文法主要有三个，即《1933 年证券法》、《1934 年证券交易法》和《2002 年公众公司会计改革和投资者保护法案》。当受害第三人指控注册会计师时，首先应当选择这种指控是根据习惯法还是根据成文法（如果有适用的法律的话）提出的。由于《联邦证券法》和《证券交易法》允许集团诉讼（即某一类人，如全体股东成为原告），并要求注册会计师应按照严格的标准行事，因此大多数指控注册会计师的公开上市公司的股东或债券持有人都根据联邦成文法提出。

1. 《1933 年证券法》

《1933 年证券法》规定：凡是公开发行证券（包括股票和债券）的公司，必须向证券交易委员会呈送登记表，其中包括由注册会计师审计过的财务报表。如果登记表中有重大的误述或遗漏事项，那么呈送登记表的公司，及其注册会计师对证券的原始购买人负有责任，注册会计师仅对登记表中经他审核和报告的误述或遗漏负责。

《1933 年证券法》对注册会计师的要求颇为严格。其一，只要注册会计师具有普通过失，就对第三人负有责任；其二，将不少举证责任由原告转往被告，原告（证券购买人）仅需证明他遭受了损失以及登记表是令人误解的，而不需证明他依赖了登记表或注册会计师的过失，这方面的举证责任转往被告（注册会计师）。但《1933 年证券法》将有追索权的第三人限定为一组有限的投资人——证券的原始购买人。

在《1933 年证券法》里，注册会计师如欲避免承担原告损失的责任，他必须向法院正面证明：他本身并无过失或他的过失并非原告受损的直接原因。因此，《1933 年证券法》建立了注册会计师责任的最高水准，他不但应当对他的普通过失行为造成的损害负责，而且必须证明他的无辜，而非单单反驳原告的非难或指控。

2. 《1934 年证券交易法》

《1934 年证券交易法》规定：每个在证券交易委员会管辖下的公开发行公司（具有 100 万美元以上的总资产和 500 位以上的股东），均须向证券交易委员会呈送经注册会计师审计过的年度财务报表。如果这些年度财务报表令人误解，呈送公司和它的注册会计师对于买卖公司证券的任何人负有责任，除非被告确能证明他本身行为出于善意，且并不知道财务报表是虚伪不实或令人误解的。

与《1933 年证券法》相比，《1934 年证券交易法》涉及的财务报表和投资者数目更多。《1933 年证券法》将注册会计师的责任限定在登记表中的财务报表和那些购买公司原始证券的投资者，但在《1934 年证券交易法》中，注册会计师要对上市公司每年的年度财务报表和买卖公司证券的任何人负责。

不过，《1934 年证券交易法》对注册会计师的责任有所减轻。由于《1934 年证券交易法》规定"除非被告确能证明他本身行为出于善意，且不知道财务报表是虚伪不实或令人误解的"。这就将注册会计师的责任限定在重大过失或欺诈行为，而《1933 年证券法》则涉及注册会计师的普通过失。《1934 年证券交易法》将大部分的举证责任也转往被告。但与《1933 年证券法》不同的是，一方面，原告应当向法院证明他依赖了令人误解的财务报表，也就是说要证明这是他受损的直接原因；另一方面，《1933 年证券法》要求注册会计师证明他并无过失，而《1934 年证券交易法》比较宽大，只要求注册会计师证明他的行为"出于善意"（即无重大过失和欺诈）就可以了。

3.《2002 年公众公司会计改革和投资者保护法案》

针对"安然"等财务欺诈事件，美国国会出台了《2002 年公众公司会计改革和投资者保护法案》。该法案又被称作《2002 年萨班斯—奥克斯利法案》（简称《萨班斯法案》）。萨班斯法案对美国《1933 年证券法》、《1934 年证券交易法》做了不少修订，在会计职业监管、公司治理、证券市场监管等方面做出了许多新的规定。

《萨班斯法案》规定，成立独立的公众公司会计监察委员会（PCAOB），监管执行公众公司审计职业。PCAOB 有权调查、处罚和制裁违反该法案、相关证券法规以及专业准则的会计师事务所和个人。PCAOB 的处罚程序要受 SEC 监督。PCAOB 对会计师事务所和个人进行处罚和制裁的形式包括：临时或永久吊销注册；临时或永久禁止个人在会计师事务所执业；临时或永久限制事务所或个人的执业活动、职能等；对于故意、明知故犯、不计后果的行为或者屡犯的过失行为，可对自然人处以 75 万美元以下的罚款，对单位处以 1500 万美元以下的罚款；对于过失行为，自然人罚款不超过 10 万美元，单位不超过 200 万美元；谴责；强制要求参加附加的专业培训和教育；其他处罚形式。

4. 英国关于注册会计师法律责任的相关规定

在英国，被审计单位和相关方对注册会计师提起刑事诉讼的法律依据主要是：（1）1989 年《公司法》。该法第 41~44 条对非法行为做出限定，并规定相关的惩罚形式。（2）1968 年《盗窃法》。该法第 15~19 条专门处理公司高级职员伪造报表，提供有重大错误、误解或欺诈的信息，通过欺骗手段获取不当财产和好处，以及由公司高级职员公布或同意公布意在诈骗股东或债权人的含有重大错误、误解和欺诈信息的书面说明或报表等刑事犯罪行为。在英国，公司委托进行法定审计的注册会计师也被看做是公司的高级职员，所以上述法律条款同样适用于注册会计师。（3）1958 年《防止欺诈法》，则是对任何参与编制误解的、错误的和欺骗性的说明、许诺或预测，以引诱购买证券或提供资金的人员提起刑事犯罪诉讼。

5. 日本关于注册会计师法律责任的相关规定

在日本，称注册会计师为公认会计师，会计师事务所称为审计法人，《公认会计师法》是规范公认会计师和审计法人、会计组织的主要法律。为了进一步规范公认会计师审计业务，加强公认会计师审计的独立性，2003 年 3 月，日本内阁议会决定并由国会正式提出了《公认会计师法修改法律案及其纲要》，提出对《公认会计师法》进行修订。修订后的《公认会计师法》在一定程度上强化了注册会计师的责任，如规定：

（1）对没有公认会计师资格的人从事审计业务，处以 200 万日元以下罚款或 2 年以内的徒刑。

（2）对采取不正当、非法手段取得公认会计师资格的人，处以 100 万日元以下罚款或 6 个月的徒刑。

（3）对公认会计师盗用或泄露在审计过程中得知的秘密，处以 2 年以下徒刑，或处以 100 万日元以下的罚款。

（4）内阁总理大臣要求公认会计师协会提供有关报告或资料，或要求公认会计师、见习公认会计师、审计法人提供有关报告或资料时，有关当事人不让提供或提供伪造的报告或资料的，处以 100 万日元以下的罚款。

（5）对拒不接受内阁总理大臣检查或妨碍检查者，处以 100 万日元以下的罚款。

根据日本《证券交易法》规定，上市公司的重要文书必须真实；如有虚假行为，将对有关责任人处以 300 万日元以下罚款或 3 年以下徒刑，还要对审计法人处以 3 亿日元以下的罚款。如果因审计失误，造成对投资者的误导，那么该公认会计师要负民事赔偿责任，同时还会被取消公认会计师的资格。尤其要指出的是，审计法人在审计时负有连带的无限责任，所冒风险甚大。为降低风险，审计法人一般都参加了职业保险。

由上述介绍不难看出，这些国家注册会计师的审计服务之所以比较先进，是与对注册会计师的法律责任有具体而又明确的规定分不开的。注册会计师法律责任的具体化不仅有利于注册会计师职业的发展，而且也有利于注册会计师及其事务所的发展和相关方利益的保护。

6.8　中国注册会计师的法律责任

近年来我国颁布的不少重要的经济法律、法规中，都有专门规定会计师事务所、注册会计师法律责任的条款，其中比较重要的有：《中华人民共和国注册会计师法》、《中华人民共和国公司法》、《中华人民共和国证券法》及《中华人民共和国刑法》等。

6.8.1　《注册会计师法》的规定

涉及注册会计师法律责任的最重要的法律是《注册会计师法》，其中的第六章为"法律责任"，在第三十九条中规定了会计师事务所和注册会计师应承担的行政责任和刑事责任，第四十二条规定了会计师事务所应承担的民事责任。

1.《注册会计师法》第三十九条的规定

"会计师事务所违反本法第二十条、第二十一条规定的，由省级以上人民政府财政部门给予警告，没收违法所得，可以并处违法所得 1 倍以上 5 倍以下的罚款；情节严重的，并可以由省级以上人民政府财政部门暂停其经营业务或者予以撤销。

"注册会计师违反本法第二十条、第二十一条规定的，由省级以上人民政府财政部门给予警告，情节严重的，可以由省级以上人民政府财政部门暂停其执行业务或者吊销注册会计师证书。

"会计师事务所、注册会计师违反本法第二十条、第二十一条的规定，故意出具虚假的审计报告、验资报告，构成犯罪的，依法追究刑事责任。"

2.《注册会计师法》第四十二条的规定

"会计师事务所违反本法规定，给委托人、其他利害关系人造成损失的，应当依法承担赔偿责任。"

6.8.2 《公司法》

2005 年 10 月 27 日，第十届全国人民代表大会常务委员会第十八次会议通过了《公司法（修订草案）》，并以中华人民共和国主席令第四十二号予以公布，自 2006 年 1 月 1 日起施行。

《公司法》第二百零八条规定，承担资产评估、验资或者验证的机构提供虚假材料的，由公司登记机关没收违法所得，处以违法所得一倍以上五倍以下的罚款，并由有关主管部门依法责令该机构停业、吊销直接责任人的资格证书和营业执照。

承担资产评估、验资或者验证的机构因出具的评估结果、验资或者验证证明不实，给公司债权人造成损失的，除能够证明自己没有过错外，在其评估或者证明不实的金额范围内承担赔偿责任。

6.8.3 《证券法》

2005 年 10 月 27 日，第十届全国人民代表大会常务委员会第十八次会议通过了《证券法（修订草案）》，并以中华人民共和国主席令第四十三号予以公布，自 2006 年 1 月 1 日起施行。

《证券法》第一百七十三条规定，证券服务机构为证券的发行、上市、交易等证券业务活动制作、出具审计报告、资产评估报告、财务顾问报告、资信评级报告或者法律意见书等文件，应当勤勉尽责，对所制作、出具的文件内容的真实性、准确性、完整性进行核查和验证。其制作、出具的文件有虚假记载、误导性陈述或者重大遗漏，给他人造成损失的，应当与发行人、上市公司承担连带赔偿责任，但能够证明自己没有过错的除外。

第一百九十三条规定，发行人、上市公司或者其他信息披露义务人未按照规定披露，或者所披露的信息有虚假记载、误导性陈述或者重大遗漏的，由证券监督管理机构责令改正，给予警告，处以 30 万元以上 60 万元以下的罚款。对直接负责的主管人员和其他直接责任人员给予警告，并处以 3 万元以上 30 万元以下的罚款。

发行人、上市公司或者其他信息披露义务人未按照规定报送有关报告，或者报送的报告有虚假记载、误导性陈述或者重大遗漏的，由证券监督管理机构责令改正，处以 30 万元以上 60 万元以下的罚款。对直接负责的主管人员和其他直接责任人员给予警告，并处以 3 万元以上 30 万元以下的罚款。

第二百零一条规定，为股票的发行、上市、交易出具审计报告、资产评估报告或者法律意见书等文件的证券服务机构和人员，违反本法第四十五条的规定买卖股票的，责令依法处理非法持有的股票，没收违法所得，并处以所买卖股票等值以下的罚款。

第二百零七条规定，违反本法第七十八条第二款的规定，在证券交易活动中做出虚假陈述或者信息误导的，责令改正，处以 3 万元以上 20 万元以下的罚款；属于国家工作人员的，还应当依法给予行政处分。

第二百二十三条规定，证券服务机构未能勤勉尽责，所制作、出具的文件有虚假记载、误导性陈述或者有重大遗漏的，责令改正，没收业务收入，暂停或者撤销证券服务业务许可，并处以业务收入一倍以上五倍以下的罚款。对直接负责的主管人员和其他直接责任人员给予警告，撤销证券从业资格，并处以 3 万元以上 10 万元以下的罚款。

第二百二十五条规定，上市公司、证券公司、证券交易所、证券登记结算机构、证券服务机构，未按照有关规定保存有关文件和资料的，责令改正，给予警告，并处以 3 万元以上 30 万元以下的罚款；隐匿、伪造、篡改或者销毁有关文件和资料的，给予警告，并处以 30 万元以上 60 万元以下的罚款。

6.8.4 《中华人民共和国刑法》

第二百二十九条规定，承担资产评估、验资、验证、会计、审计、法律服务等职责的中介组织的人员故意提供虚假证明文件，情节严重的，处五年以下有期徒刑或者拘役，并处罚金。

前款规定的人员，索取他人财物或者非法收受他人财物，犯前款罪的，处五年以上十年以下有期徒刑，并处罚金。

第一款规定的人员，严重不负责任，出具的证明文件有重大失实，造成严重后果的，处三年以下有期徒刑或者拘役，并处或者单处罚金。

6.8.5 最高人民法院的规定

针对注册会计师验资业务所涉及的赔偿责任确定问题，最高人民法院先后下达了三项司法解释和一项解释说明，即法函 ［1996］56 号《关于会计师事务所为企业出具虚假验资证明应如何处理的复函》、法释 ［1997］10 号《关于验资单位对多个案件债权人损失应如何承担责任的批复》、法释 ［1998］13 号《关于会计师事务所为企业出具虚假验资证明应如何承担责任问题的批复》、2002 年《关于会计师事务所为企业出具虚假验资证明应如何承担责任问题的批复的解释说明》。为了进一步明确各级法院受理证券市场因虚假陈述引发的民事侵权纠纷案件相关问题，2002 年 1 月 15 日，最高人民法院出台了《最高人民法院关于受理证券市场因虚假陈述引发的民事侵权纠纷案件有关问题的通知》。

6.9 注册会计师职业界应对法律责任的措施

注册会计师的职业特点决定了它是一个容易遭受法律诉讼的行业。因此，法律诉讼一直是困扰着西方国家会计师职业界的一大难题，会计师行业每年不得不为此付出大量的精力、支付巨额的赔偿金、购买高昂的保险费。

注册会计师制度在我国恢复与重建已有 20 多年的历史，随着注册会计师地位和作用的提高，注册会计师社会影响力越来越大。政府部门和社会公众在了解注册会计师作用的同时，对注册会计师责任的了解也在增加，因此诉讼注册会计师的案件便时有发生。近几年来，我国注册会计师行业发生了一系列震惊整个行业乃至全社会的案件。有关会计师事务所均因出具虚假报告造成严重后果而被撤销、没收财产或取消特许业务资格，有关注册会计师也被吊销资格，有的被追究刑事责任。除一些大案件之外，涉及注册会计师的中小型诉讼案更有日益上升的趋势。如何避免法律诉讼，已成为我国注册会计师非常关注的问题。

注册会计师被控告的原因可能是多方面的。有的是被审计单位方面的原因，有的是注册会计师方面的责任，而有的是双方的责任，还有的是使用者误解的原因。来自注册会计师方面的原因是最重要的。

1. 职业道德素质低下

对于职业道德因素的分析很早就已开始，人们在审计实践中常常发现"审计中所存在的一些问题并非完全是由于技术上或程序上的失误所造成的，注册会计师的日常行为和工作态度有时往往会成为问题的症结所在"。因此，在探讨审计失败原因时，除了关注审计技术及程序的发展外，人们亦开始关注起注册会计师的自身行为，这类行为通常包括：①注册会计师未能认清其在社会经济生活中所扮演的角色，一味地以赚钱为目的；②与客户存在利害关系，不能保持应有的独立性；③违反职业道德准则的某些特定要求，如以低价策略拉抢客户、承接与审计业务不相容的其他职务或服务、接受客户的佣金等。

2. 专业胜任能力不够

注册会计师应熟悉并掌握会计审计和计算机等知识技能，随时了解相关领域的前沿知识，并将掌握的知识有效地运用于研究和分析之中。注册会计师的专业知识欠缺可能导致审计失败，主要表现为：①未能严格遵守独立审计准则对于审计计划、了解内部控制及证据搜集的基本要求；②违反某些特定审计准则的要求，如在接受客户之前，未能与前任注册会计师取得联系，没有了解是否存在会计审计方面的争议问题；③对于会计信息处理过程缺乏基本的了解，特别是对会计电算化代替人工所做的快速及大量的会计信息处理方面缺乏了解。

3. 对被审计单位经营情况了解不够

注册会计师接受客户的委托，对其财务报表进行审计，以鉴证其对财务状况、经营成果如何进行公允反映。如果注册会计师对客户的经营了解不够，势必会发表错误的审计意见，导致审计失败。注册会计师对客户经营情况了解不够的情形具体表现在：①对客户的经营业务欠缺充分了解，尤其是一些特殊产业，例如，金融、保险或高科技产业。美国许多储贷银行倒闭，究其原因有很多情况可归因于注册会计师对这些储贷银行的经营政策及程序、产业特性、放款损失评估及资产负债表外作业控制的了解不够深入；②对于客户经营所处的环境不熟悉，以至于对经济及产业情况认识不够，以及对客户所面临的风险不能提高警惕；③对于最高管理人员的思想及作风以及过去背景未能予以正视或评价；④对于客户经营环境的了解不够。例如，在权威领导的组织里，经营单位的经理可能为了达成公司最高管理层所设定的目标而粉饰其业绩；或故意隐藏其已达成的业绩，以减少未来业绩的压力；⑤对客户的组织机构、产品、制造过程及设备了解不够；⑥对管理人员的陈述及声明给予过分的信赖；⑦对客户其他人员、主管机关或供应商的某些报告未加以研究或重视。

4. 审计程序不妥

注册会计师发表的正确审计意见的基础是必须遵循审计准则的要求，实施必要的审计程序，搜集充分适当的审计证据。如果注册会计师实施的审计程序不妥，则会导致审计失败。常见的注册会计师实施审计程序不妥的情形有：①未能适当运用分析性复核程序。在审计实务中，注册会计师应运用分析性复核程序，对客户重要的比率或趋势进行分析，以了解客户的基本情况及变化原因，发现客户财务报表和其他会计资料的异常变动。②询问技巧不足。通常注册会计师对于客户内部控制制度的了解或问题的澄清，都是通过询问方式进行的。而要达到询问的目的，就必须慎选询问者及注重询问技巧、善于察言观色，找出破绽或发现疑点。③未能进行充分观察。观察是注册会计师对企业的经营场所、实物资产和有关业务活动及其内部控制制度的执行情况所进行的实地察看。有经验的注册会计师应能通过观察企业经营业务处理过程，发现其中的缺陷，从而决定采取适当的审计程序。遗憾的是，目前注册会计师很少使用观察程序。④实施不适当的审计程序。注册会计师使用错误的证据搜集方法，或证据使用的方法错误。如企业账上记录一笔未经正式订货程序的销货，销货单上的单价相当高且数量少，经由海运送交国外顾客。注册会计师检查运费单据，证明货物所有权已转移和存货已经出库，所以未能发现疑点。但如果注册会计师询问为什么选择以海运方式送交价高量少的货物，他就很有可能会怀疑这笔销货。⑤实施内部控制测试不当。内部控制测试的目的在于减少实质性程序的工作量，但是注册会计师大都受时间预算的限制，希望其测试结果支持原有内部控制制度良好运行的假设，纵然遇到例外情况，也不会扩大实质性程序范围，因为这样做很可能超出时间预算而增加审计成本。

5. 未能保持应有的职业谨慎

对交易事项缺乏应有的专业怀疑，未能发现关联方交易；过分信赖管理层，轻易接受企业管理层所做的解释；过度信赖内部注册会计师的工作，不切实际地减少自己的符合性测试和实质性程序。

6. 所收集的证据明显不足

7. 未能将审计证据恰当地记录于工作底稿

8. 对客户舞弊的研究与重视不够

9. 审计欺诈的存在

面对注册会计师法律责任的扩展和被控诉讼案件的急剧增加，整个注册会计师职业界都在积极研究如何避免法律诉讼。这对于提高注册会计师审计的鉴证水平，增强发现重大错误与舞弊的能力都有较大的帮助。具体措施表现为：

（1）严格审计程序。注册会计师发表恰当审计意见的前提是必须遵循审计准则的要求，实施必要的审计程序，搜集充分适当的审计证据。审计实践已经证明，只有严格按照正确、合理的审计程序进行审计，才能防范审计风险，防范法律诉讼。因此，高标准的审计程序是保护注册会计师的利器，要求注册会计师执行严格审计程序是保护行业利益的根本所在。

（2）加强行业监管。只有在维护好社会公众利益的基础上，注册会计师行业才能实现行业利益，表明自身的社会价值。注册会计师行业的监管对于维护、协调、平衡公众利益和行业利益都是至关重要的。行业监管不仅仅指的是政府部门、独立监管部门的行政监管和独立监管，还包括行业协会对于行业自身的自律性监管。在经历过多次诉讼风暴和信任危机之后，当前国际社会的行业监管呈现日益强化的趋势，监管模式也呈现逐渐混合的态势。

（3）反击恶意诉讼。注册会计师经常作为"深口袋"的角色，出现在法庭之上。当遭受到投资损失时，投资者出于急于弥补损失的目的，往往将注册会计师作为被告，西方国家发达的律师行业更是起到了推波助澜的作用。因此，很多针对注册会计师的恶意诉讼案件层出不穷。恶意诉讼中的"恶意"主要体现在两个方面：一是明知自己的诉讼请求缺乏事实和法律依据；二是具有侵害对方合法权益的不正当的诉讼目的。注册会计师行业应当加强与司法系统的沟通交流，在立法层面和司法程序上，对恶意诉讼做出限定，建立防范恶意诉讼的有效司法机制。在面临恶意诉讼时，应当抓住原告的"恶意"本意，聘请律师，帮助注册会计师合法保护自身的利益。

（4）弥补社会公众期望差距。如果职业界不采取措施来缩小审计期望差距，会计职业将面临越来越多的诉讼和批评。中国也存在对审计职能认识的"期望差距"，例如，在审计目标、审计查错防弊的责任以及注册会计师由于疏忽或审计失败而追究第三方的责任等方面，审计职业界和审计受益人之间有着不同的看法。从行业内来看，应当增加与公众的沟通，通过改善审计质量和提高审计独立性来提高财务报告质量，从而缩小由于不恰当的行为导致的审计差距，从而尽可能地满足公众需求、降低审计风险。另外，使用清楚表达审计责任的审计报告，也可以增进公众对于审计工作的了解和理解。

6.10　会计师事务所应对法律责任的措施

作为会计师事务所和注册会计师避免法律诉讼的具体措施，可以概括为以下几点。

1. 严格遵循职业道德规范

严格遵循职业道德规范是注册会计师保护自身利益，避免法律诉讼最基本的要求。注册会计师如要为社会公众提供高质量的、可信赖的专业服务，就必须强化职业道德意识，提高职业道德水准。少数注册会计师忽视职业道德规范的要求，执业过程中，往往处于被动地位，甚至帮助被审计单位掩饰舞弊。当发生审计诉讼时，此类注册会计师必然会受到应有的处罚。还有少数注册会计师在执业过程中，对有关被审计单位的问题未持应有的职业谨慎，或为节省时间而缩小审计范围和简化审计程序，都会导致财务报表中的重大错报不被发现从而可能成为被告。因此，注册会计师应当树立起强烈的风险意识、责任意识和道德意识，时刻强调职业道德，防范司法诉讼。

2. 建立会计师事务所质量控制制度

会计师事务所不同于一般的公司、企业，质量管理是会计师事务所各项管理工作的核心和关键。如果一个会计师事务所质量管理不严，很有可能因某一个人或一个部门的原因导致整个会计师事务所遭受灭顶之灾。许多审计中的差错是由于注册会计师失察或未能对助理人员或其他人员进行切实的监督而发生的。对于业务复杂且重大的委托人来说，其审计是由多个注册会计师及许多助理人员共同配合来完成的。如果他们的分工存在重叠或间隙，又缺乏严密的执业监督，发生过失是不可避免的。因此，会计师事务所必须建立、健全一套严密、科学的内部质量控制制度，并把这套制度推行到每一个人、每一个部门和每一项业务，迫使注册会计师按照专业标准的要求执业，保证整个会计师事务所的质量。

3. 谨慎选择合伙人

要避免法律诉讼，首要问题是谨慎选择合伙人，以避免可能导致审计失败的隐患。一般说来，不宜选择下列合伙人：崇尚商业利润而忘记职业道德的合伙人；无视职业规范自以为是的合伙人；认为倒霉事不会落到自己头上的合伙人；不评估客户风险的合伙人；逾越内部控制、不遵循事务所政策的合伙人；凡事都授权给经理的合伙人；重大问题不咨询或请教别人的合伙人；不了解客户需要和动机的合伙人；专业技能落伍的合伙人；过度扩张或过度忙碌的合伙人。

4. 招收合格的人员，并给予适当培训和督导

对于大多数的审计项目来说，相当多的工作是由缺乏经验的助理人员来完成的。对会计信息公允、正确与否的识别、估测、评价等都大量依靠的是注册会计师的专业判断。没有注册会计师的经验以及由经验积累而成的判断，会计师事务所就要承担审计失败的风险。因此，防止审计失败的措施之一，就是必须严格助理人员的条件，还要对他们进行有效的业务培训和道德教育，并在审计工作过程中对他们进行适当的监督和指导。

5. 与委托人签订业务约定书

《注册会计师法》第十六条规定，注册会计师承办业务，会计师事务所应

与委托人签订委托合同（即业务约定书）。业务约定书具有法律效力，它是确定注册会计师和委托人的责任的一个重要文件。会计师事务所不论承办何种业务，都要按照业务约定书准则的要求与委托人签订约定书，这样才能在发生法律诉讼时将一切口舌争辩减少到最低限度。

6. 审慎选择被审计单位

中外注册会计师法律案例告诉我们，注册会计师如欲避免法律诉讼，必须慎重地选择被审计单位。被审计单位如果对其顾客、职工、政府部门和其他方面没有正直品格，则出现差错和舞弊行为的可能性就大，审计失败的可能性就比较高，即使扩大审计测试的规模，注册会计师也难以使总体审计风险的水平降低到社会可接受的程度内，出现法律纠纷的可能性就比较大。因此，注册会计师在接受委托之前，就应采取与前任注册会计师联系等程序，评价管理层的品格。只与正直的客户打交道。如果客户在处理与顾客、员工、政府部门及其他方面的关系时缺乏正直和道德感，则出现纠纷和法律问题的可能性就比较大。

一般说来，不宜与下列被审计单位打交道：有不诚实的记录或在业界的声誉不佳的；以前年度曾经发生过舞弊，或违反法规行为的；管理层过分强调盈利预测的实现和企业股价的表现的；管理层过去常与注册会计师发生争议，或曾经欺骗过注册会计师，或对注册会计师不够尊重的；经常变更会计师事务所、倾向于购买会计原则的；经常从事内幕交易的客户；倾向于采用不稳健的会计政策和不适当的冒险做法的客户；面临较大的经济和财务压力、陷入财务困境的。

7. 取得业务约定书和管理当局声明书

业务约定书和管理当局声明书是确定客户与注册会计师各自责任的两个重要文件。他们不仅在注册会计师与客户之间的诉讼案中具有作用，在涉及注册会计师与第三者的诉讼案中也是有用的。

8. 严格遵守审计准则

正如前面所充分论述的，不能苛求注册会计师对于财务报表中的所有错报事项都要承担法律责任，注册会计师是否应承担法律责任，关键在于注册会计师是否有过失或欺诈行为。而判别注册会计师是否具有过失的关键在于注册会计师是否遵循专业标准的要求执业。因此，保持良好的职业道德，严格遵循专业标准的要求执行业务、出具报告，对于避免法律诉讼或在提起的诉讼中保护注册会计师尤其重要。

9. 选择有限责任的组织形式

选择有限责任的组织形式，可以给会计师事务所的所有者提供一些保护责任。

10. 提取风险基金或购买责任保险

在西方国家，投保充分的责任保险是会计师事务所一项极为重要的保护措施，尽管保险不能免除可能受到的法律诉讼，但能防止或减少诉讼失败时会计师事务所发生的财务损失。我国《注册会计师法》也规定了会计师事务所应当按规定建立职业风险基金，办理职业保险。

11. 聘请律师

会计师事务所在可能的条件下，应当聘请熟悉相关法规及注册会计师法律责任的律师。在执业过程中如遇重大法律问题，注册会计师应同本所的律师或外聘律师详细讨论所有潜在的危险情况，并仔细考虑律师的建议。一旦发生法律诉讼，也应请有经验的律师参与诉讼。

6.11　注册会计师应对法律责任的对策

注册会计师个人也可采取一些行动，使其法律责任最小化。

（1）保持独立性。独立性不单单指形式方面，还要在实质上保持独立性。

（2）了解客户的业务。在很多法律纠纷中，注册会计师之所以未能发现错报，原因之一是对客户所在行业的特点和客户经营业务缺乏了解。

（3）执行高质量的审计。

（4）恰当地记录审计工作底稿。编制良好的审计记录，可以帮助会计师事务所组织和执行高质量的审计。如果注册会计师必须应诉的话，那么，高质量的审计记录就是很有利的证据。

（5）遵守保密原则。注册会计师的道德责任和某些时候的法律责任要求他们不能随意向外界泄露客户的有关事项。

（6）保持职业谨慎和职业怀疑态度。

本 章 小 结

1. 在被审计单位治理层的监督下，按照适用的财务报告框架的规定编制财务报表是被审计单位管理层的责任。

2. 就大多数通用目的财务报告框架而言，注册会计师的责任是，针对财务报表是否在所有重大方面按照财务报告框架编制并实现公允反映发表审计意见。

3. 错报是指导致财务报表错报的非故意行为。错报的主要情形包括：为编制财务报表而收集和处理相关数据时发生失误；在做出会计估计或判断时，由于疏忽了某些事实，或没有充分理解有关事实，导致做出的会计估计或判断不恰当；在运用与确认、计量、分类或列报（包括披露，下同）相关的会计政策时发生失误。

4. 舞弊是指被审计单位的管理层、治理层、员工或第三方使用欺骗手段获取不当或非法利益的故意行为。

5. 防止或发现舞弊是被审计单位治理层和管理层的责任。

6. 注册会计师如果未能将导致财务报表重大错报的错误和舞弊揭示出来，就应承担法律责任。

7. 违反法律法规行为，是指被审计单位有意或无意违背除适用的财务报告框架以外的现行法律法规的行为。

8. 在设计和实施审计程序以及评价和报告审计结果时，注册会计师应当充分关注被审计单位违反法规行为可能对财务报表产生重大影响。

9. 审计失败指在企业财务报表存在重大错报或漏报的情况下，注册会计师发表了无保留意见。

10. 企业经营失败是指因产业不景气、管理决策失误或出现非预期的竞争因素等导致企业无法达成投资人的期望或无力偿还债务的情况。企业经营失败的极端情况是破产。

11. 审计风险是指财务报表存在重大错报而注册会计师发表不恰当审计意见的可能性。审计风险并不包含下面这种情况，即财务报表不含有重大错报，而注册会计师错误地发表了财务报表含有重大错报的审计意见的风险。

12. 注册会计师法律责任究竟是如何产生的？在现代社会，注册会计师成为被告的原因来自多方面，如可能来自被审计单位的责任，可能来自注册会计师自身的责任，也可能来自双方责任。其中，被审计单位的责任和注册会计师的责任是最重要的。

13. 违约责任是指注册会计师因违反了业务合同约定造成了损失而承担的法律责任。

14. 对注册会计师而言，普通过失通常是指没有保持应有的职业怀疑、没有完全遵循专业准则的要求。

15. 对于注册会计师而言，重大过失是指连起码的职业谨慎都不保持，对业务或事务不加考虑，满不在乎；根本没有遵循专业准则或没有按专业准则的基本要求执行业务。

16. 对于注册会计师而言，欺诈就是为了达到欺骗他人的目的，明知委托人的财务报表有重大错报，却加以虚伪的陈述，出具无保留意见的审计报告。

简而言之，欺诈属于注册会计师的舞弊行为。

17. 注册会计师因违约、过失或欺诈给被审计单位或其他利害关系人造成损失的，按照有关法律和规定，可能被判负行政责任、民事责任或刑事责任。

18. 行政责任是指注册会计师由于行政违法而应承担的法律后果。行政责任的具体表现是依据法律规定，承受一定的制裁。行政制裁是国家行政机关、行业管理部门对行政违法行为追究行政责任所给予的制裁，分为行政处罚和纪律处分两种。

19. 民事责任是指民事主体因违反合同或不履行其他法律义务，侵害国家、集体的财产，侵害他人财产、人身权利、依法应当承担的民事法律后果。这种法律后果是由国家法律率规定并以强制力保证执行的。规定民事责任的目的，就是对已经造成的权利损害和财产损失给予恢复和补救。

20. 刑事责任是指注册会计师由于违反国家的法律、法规，情节严重，构成刑事犯罪行为而应承担的法律后果。违反法律法规应承担的刑罚种类主要包括主刑和附加刑两种。主刑有：管制、拘役、有期徒刑、无期徒刑和死刑。附加刑有：罚金、剥夺政治权利和没收财产。此外，对于犯罪的外国人，可以独立适用或者附加适用驱逐出境。刑事责任的表现，就是依据刑法及有关法规，承受一定的刑事制裁。

21. 我国关于会计师事务所、注册会计师法律责任的法律法规，比较重要的有《中华人民共和国注册会计师法》、《中华人民共和国公司法》、《中华人民共和国证券法》及《中华人民共和国刑法》等。

22. 注册会计师职业界应对法律责任的措施包括：严格审计程序、加强行业监管、反击恶意诉讼、弥补社会公众期望差距等。

思　考　题

1. 如何理解注册会计师行业面临的诉讼与日俱增的问题？
2. 如何理解注册会计师与被审计单位在财务报表审计中的责任？
3. 如何区别错误与舞弊概念？
4. 如何理解注册会计师发现错误与舞弊的责任？
5. 如何理解注册会计师揭露违反法规行为的责任？
6. 如何理解审计失败、企业经营失败与审计风险三者的联系与区别？
7. 如何看待各国注册会计师的法律责任呈现日益强化的趋势？
8. 如何区别会计师事务所和注册会计师的违约、过失和欺诈行为？
9. 如何理解普通过失、重大过失、共同过失三者的区别和联系？

10. 注册会计师的行政责任有哪些?

11. 注册会计师的民事责任有哪些?

12. 注册会计师的刑事责任有哪些?

13. 如何理解习惯法下注册会计师对于第三人的责任?

14. 如何理解成文法下注册会计师对于第三人的责任?

15. 中国对注册会计师和会计师事务所的法律责任相关规定有哪些?

16. 注册会计师职业界应如何规避法律责任?

第7章 审计目标与审计过程

学习目标

    了解审计目标及影响审计目标的因素；了解注册会计师审计总目标的演变过程；掌握财务报表审计总目标；掌握财务报表具体审计目标的内容；了解财务报表认定的含义；掌握财务报表的一般审计目标的内容；掌握财务报表的项目审计目标的内容；掌握财务报表审计过程；了解审计业务的循环分块法。

关键名词

    审计目标　审计总目标　具体审计目标　财务报表认定　一般审计目标　总体合理性　真实性　所有权　完整性　估价　截止　机械准确性　分类　披露　项目审计目标　财务报表循环　审计业务的循环分块法

    审计目标是在一定历史环境下，审计主体通过审计实践活动所期望达到的境地或最终结果，它体现了审计的基本职能，是构成审计理论结构的基石，是整个审计系统运行的定向机制，是审计工作的出发点和落脚点。

7.1 影响审计目标的因素

    影响审计目标确立与变更的因素有许多，但最重要的因素有以下三个方面。

1. 社会需求是影响审计目标确立的根本因素

    社会需求是社会生产和服务的出发点。审计作为一种服务职业，其审计目标自然受社会需求的重要影响。这可以从注册会计师审计产生、发展的历史演变得以验证。

    在审计萌芽的初期，生产技术比较落后，经济业务比较简单，控制手段比较原始，财产所有者对财产经管者最关心的是其诚实性。因此，审计目标是单纯的查找舞弊行为，审计方法是简单的查账、对账和详细查账，几乎毫无例外的要详细验证每笔经济业务。例如，在1298年，英国伦敦市曾选举和委任某些政府官员，由市政和司法高级官员组成委员会，对该市的财务管理官员的账目进行审核。通过审计活动，使财产经管者更加诚实和可靠。

19 世纪末 20 世纪初，随着资本主义生产的发展和企业规模的日益扩大，前述的详细审计活动必然跟不上客观经济形势。这一时期，美国的资本市场还相当不完善，公司所需资金仍主要依赖于银行的贷款。经过长期的实践，申请贷款者发现，报送经独立的审计师鉴证过的资产负债表比较容易取得银行的贷款，因而，美国便开展了以证明企业偿债能力为主要目标的资产负债表审计，详细审计便为资产负债表审计所取代。

20 世纪三四十年代以后，随着整个世界资本市场的迅猛发展，证券市场的涌现及广大投资者对投资收益情况的关心，整个社会的注意力转而集中于收益表上，使其成为审计的主要内容。同时，人们对财务报表提供信息的可靠性也更加重视，从而使审计又发展到以验证财务报表公允性为主要审计目标的财务报表审计阶段。

20 世纪中叶以后，资本主义从自由竞争发展到垄断阶段，企业内部的经营管理活动日益加强。为适应企业内部经营管理和决策的需要，现代管理会计与传统财务会计相分离。同时，审计目标也从原来的仅限于验证企业财务报表的公允性扩展到内部控制、经营决策、职能分工、企业素质、工作效率、经营效益等方面。因此，经营审计、管理审计、绩效审计等便从传统审计中分离出来，评价企业工作的经济性、效率性、效果性成为注册会计师审计工作的主要目标。

从上述审计目标的演变不难看出，社会需求是影响审计目标确立的根本因素。

2. 审计能力是影响审计目标确立的决定性的制约因素

社会对审计需求的不断扩大和对审计工作的过高期望，常常会使审计师陷入责任诉讼的旋涡之中。任何一门职业所能发挥的作用必定是有限的，审计作为一门职业也不例外。当审计工作的结果不能满足社会对它的期望时，二者之间便会发生矛盾，这是双方在审计目标上的差距。事实上，审计工作自产生以来，便始终在为满足社会的需求而努力，但也始终无法完全满足社会的需求。这是因为，当旧的社会需求满足了，又会产生新的社会需求，而为了满足新的社会需求，审计师需要做出多方努力，这需要时间，更需要审计技术、方法和审计理论上的突破。所以，审计能力满足社会需求是相对的，而不是绝对的。

审计能力的有限性决定了审计满足社会需求的有限性，它在审计目标的确立中起着决定性的制约作用。只有当审计具备了满足社会需求的能力时，这种社会需求才能成为审计目标。

3. 社会环境的制约使审计目标成为现实的审计目标

著名会计学家迈克尔·查特菲尔德（Michael Chatfield）认为，美国和英国的审计发展受到国家法律、法庭判决和会计职业团体三个方面的重要影响。审计目标的确立同样受到这三个方面的影响。

（1）国家法律对审计目标确立的影响。国家法律对审计目标的影响可以从英国的《公司法》、美国的《证券法》《证券交易法》中窥见一斑。通过这些法律的颁布，使法定审计成为可能，同时也明确了审计目标。例如，1900年以前的英国《公司法》，根据当时的社会需求，用法律的形式明确规定公司审计的主要目标是揭露舞弊和差错。到了1949年，根据社会经济环境的变化，新修订的《公司法》则明确规定审计师的报告已不再是揭露舞弊和差错，而是对财务报表的质量提出专门的意见。从此，审计的主要目标转向对每年提交给股东的财务报表的质量做出评价，而揭露舞弊和差错已成为次要的目标。随后1967年、1976年、1980年和1985年又相继颁发了修订后的《公司法》，对审计目标作了更具体的规定。以至于汤姆·李在《公司审计学》一书中认为"现代企业审计师所从事的审计工作具有多种职能。审计师不仅要对企业的主要财务报表提出专门意见，而且还要审查主要财务报表与董事会报告的一致性（对不一致的地方都要进行报告）；如果主要财务报表没有充分表达，则审计师要在审计报告中予以充分表达；在审计意见有保留的情况下，审计师要对红利分配的合法性提出单独报告……"①

在美国，1933年的《证券法》和1934年的《证券交易法》以及1977年的《反国外贿赂法》等对审计目标的确立也有类似的影响。

国家法律根据社会需求对审计目标做出的规定，带有强制性，审计师必须遵守，这在规范审计师工作行为的审计准则中也必定有所体现。

（2）法庭判决对审计目标确立的影响。在英美等国，法庭对诉讼案例的判决结果及判决原则被看做一种案例法，审计范围和审计责任通过法庭对一系列典型案件的判决而得到明确。例如，英国法庭在1887年的里兹地产建筑投资公司对夏巴德案（Case of Leads Estate Building and Investment Co. V. Shephero）的判决中明确指出：审计师的职责是检查管理部门，确定管理部门人员编制的资产负债表是否实质上正确，而不仅仅是计算上的正确性。该案的判决明确了两个问题：一是审计师应对编制的会计记录进行检查；二是只有在认为资产实存性没有问题时才能签发审计报告。这表明审计的目标最主要的是检查报表反映情况的真实性，即是否有欺诈舞弊行为。由于法律对审计目标的阐述比较抽

---

① ［英］汤姆·李：《企业审计》，天津大学出版社1991年版。

象，许多的具体细节还需要通过法庭的判决来加以明确，并且在许多情况下，法庭的判决要考虑社会需求及审计能力的变化，因而导致法庭的判决随着社会经济环境的变化而变化，审计目标和内容也随之发生相应的变化。

（3）会计职业团体对审计目标确立的影响。会计职业团体在审计目标确立中所发挥的作用可以说是最重要的。20 世纪七八十年代，AICPA 制定发布的许多新的《审计准则说明书》就是很好的例证。例如，审计准则委员会于1977 年发布的第 16 号《审计准则说明书》"独立的审计师揭露差错和舞弊的责任"（The Independent Auditor's Responsibilties for the Detection of Irregularities）和第 17 号《审计准则说明书》"客户的非法行为"（Illegal Acts by Clients）。这两个说明书的颁布表明，会计职业团体根据社会的需求，已经将揭露差错舞弊和客户的非法行为列为审计目标。1988 年，审计准则委员会根据环境的变化，又分别颁布第 53、54 号《审计准则说明书》，以分别取代前述的第 16、17 号《审计准则说明书》，分别对审计师揭露差错、舞弊和客户的非法行为作了修订。这一系列的《审计准则说明书》的发布，对确立审计目标发挥了重要的作用。

综上所述，审计目标是不同时期社会的需求、审计能力及社会环境的协调统一，它们在审计目标的确立过程中分别起了不同的作用。

7.2　审计目标的演变

审计目标既反映社会（审计环境）对审计的要求，也反映审计作用于社会（审计环境）的实质内容。审计目标的确定受到审计环境的影响，并随着审计环境的变化而变化。审计目标的演变大致可划分为如下三个阶段。

（1）以查错防弊为主要审计目标阶段。这一阶段大致从注册会计师审计的产生直到 20 世纪 30 年代。在此阶段，企业主需要通过审计来了解管理层履行其职责的情况。因此"发现舞弊"被公认为是注册会计师审计的首要目标。然而，为了保护注册会计师的利益，法庭将注册会计师发现舞弊的责任限制在合理的范围内，即要求注册会计师在其工作中应持有合理谨慎态度，并运用娴熟的技能。在没有疑点的情况下，不要求注册会计师发现所有舞弊。但是，如果存在引起怀疑的事项，注册会计师必须做进一步的调查。

（2）以验证财务报表的真实公允性为主要审计目标阶段。这一阶段从 20世纪 30 年代到 60 年代。随着社会经济环境的变化，公司股权逐步分散，企业管理者的责任范围由原来的只对股东和债权人负责扩大到包括其他诸多利益集团，外部投资者也逐渐以财务报表作为其投资决策的重要依据。由于信息不对称的存在，报表使用人无法确认财务报表所反映财务信息的真伪，需要外部注册会计师对财务报表进行鉴证。同时，股份公司的规模和业务量较过去大大扩展，注册会计师在客观上也无法对全部经济业务进行逐笔审计。此外，30年代内部控制理论产生后，审计职业界开始认为如能建立完善的内部控制，可以在很大程度上控制欺诈舞弊的发生。因此，注册会计师审计不再以查错防弊为主要目标，而是着重对财务报表的真实性与公允性发表意见，以帮助报表使用者做出相应决策。

（3）查错防弊和验证财务报表的真实公允性两目标并重阶段。20世纪60年代以来，涉及企业管理人员欺诈舞弊的案件大量增加，由此给社会公众造成重大损失。社会公众出于保护自身利益的考虑，纷纷要求注册会计师将查错防弊作为审计的主要目标。社会公众的强烈要求加之法庭的判决和政府管理机构的压力，都迫使审计职业界重新考虑将查错防弊纳入审计目标。1974年，美国注册会计师协会提出科恩（Cohen）报告，认为"绝大部分利用和依靠审计工作的人员都将揭露欺诈列为审计的最重要的目标""一项审计应予以合理计划，以对财务报表没有受到重大欺诈舞弊的影响提供合理的保证同时对企业管理部门实施企业重要资产的管理责任提供合理的保证"。因而，这一时期中，审计职业界加重了注册会计师对舞弊所承担的责任，要求注册会计师对引起其怀疑的事项要持有合理的职业谨慎态度。如果发现舞弊事项，注册会计师有义务对其做进一步调查。

20世纪80年代以来，为缩小公众对审计的期望差距，审计职业界开始对"舞弊责任"采取了更加积极的态度。尽管"发现舞弊"作为审计目标尚不明显，但各国审计界开始接受揭露管理层舞弊的责任，只是在接受的程度上有所区别。1988年美国注册会计师协会发布了第53、54号《审计准则说明书》，将揭露舞弊和非法行为作为审计的主要目标。例如，第53号《审计准则说明书》中指出"注册会计师必须评价舞弊和差错可能引起财务报表严重失实的风险，并依据这种评价设计审计程序，以合理地保证揭露对财务报表有重大影响的舞弊和差错"。第54号《审计准则说明书》则对注册会计师揭露客户非法行为作了阐述。可见，注册会计师开始承担在常规审计程序中发现、揭露可能存在的对财务报表信息有重大影响的舞弊，包括揭露管理层舞弊的责任。

应当指出的是，20世纪80年代以来，国际上著名的会计公司在不同程度上开始采用"风险导向审计"的审计模式，其审计目标是降低信息风险。

7.3 现阶段我国注册会计师的总体目标

根据《中国注册会计师审计准则第1101号——注册会计师的总体目标和

审计工作的基本要求》的规定，在执行财务报表审计工作时，注册会计师的总体目标是：（1）对财务报表整体是否不存在由舞弊或错误导致的重大错报获取合理保证，使得注册会计师能够对财务报表是否在所有重大方面按照适用的财务报告编制基础编制发表审计意见；（2）按照审计准则的规定，根据审计结果对财务报表出具审计报告，并与管理层和治理层沟通。

审计的目的是提高财务报表预期使用者对财务报表的信赖程度。这一目的可以通过注册会计师对财务报表是否在所有重大方面按照适用的财务报告编制基础编制发表审计意见得以实现。就大多数通用目的财务报告编制基础而言，注册会计师针对财务报表是否在所有重大方面按照财务报告编制基础编制并实现公允反映发表审计意见。注册会计师按照审计准则和相关职业道德要求执行审计工作，能够形成这样的意见。

1. 评价财务报表的合法性

在评价财务报表是否按照适用的会计准则和相关会计制度的规定编制时，注册会计师应当考虑下列内容：

（1）选择和运用的会计政策是否符合适用的会计准则和相关会计制度，并适合于被审计单位的具体情况；

（2）管理层做出的会计估计是否合理；

（3）财务报表反映的信息是否具有相关性、可靠性、可比性和可理解性；

（4）财务报表是否做出充分披露，使财务报表使用者能够理解重大交易和事项对被审计单位财务状况、经营成果和现金流量的影响。

2. 评价财务报表的公允性

在评价财务报表是否做出公允反映时，注册会计师应当考虑下列内容：

（1）经管理层调整后的财务报表是否与注册会计师对被审计单位及其环境的了解一致；

（2）财务报表的列报、结构和内容是否合理；

（3）财务报表是否真实地反映了交易和事项的经济实质。

7.4　具体审计目标

审计具体目标是总体目标的具体化，并受到总体目标的制约。它包括与各类交易和事项相关的审计目标、与期末账户余额相关的审计目标、与列报相关的审计目标。

具体目标必须根据被审计单位管理层的认定和注册会计师总体目标来确定。认定是指管理层在财务报表中做出的明确或隐含的表达，注册会计师将其用于考虑可能发生的不同类型的潜在错报。认定与审计目标密切相关，注册会计师的基本职责就是确定被审计单位管理层对其财务报表的认定是否恰当。注册会计师了解了认定，就很容易确定每个项目的具体审计目标，并以此作为评估重大错报风险以及设计和实施进一步审计程序的基础。

7.5 管理层认定

认定，是对事物的积极声明。每个认定本身都有一定意义，同时也可以分解为更加明确、更加明细的认定。

管理层认定，即管理层在财务报表上的认定，它代表提供者（管理层）所提供的一系列信息。财务报表本身就是一系列高度复杂相互联系的认定的集合（见图7-1）。

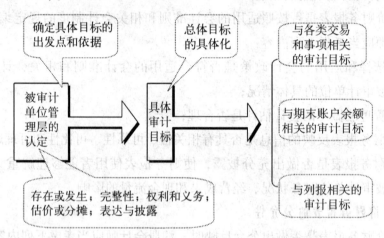

图7-1 管理层认定是确定审计目标的依据

管理层在财务报表上的认定有些是明确表达的，有些则是隐含表达的。例如，管理层在资产负债表中列报存货及其金额，意味着做出了下列明确的认定：（1）记录的存货是存在的；（2）存货以恰当的金额包括在财务报表中，与之相关的计价或分摊调整已恰当记录。同时，管理层也做出下列隐含的认定：（1）所有应当记录的存货均已记录；（2）记录的存货都由被审计单位拥有。

管理层对财务报表各组成要素均做出了认定，注册会计师的审计工作就是要确定管理层的认定是否恰当。

1. 与各类交易和事项相关的认定

注册会计师对所审计期间的各类交易和事项运用的认定通常分为下列

类别：

（1）发生。记录的交易和事项已发生且与被审计单位有关。由发生认定推导的审计目标是已记录的交易是真实的。例如，如果没有发生销售交易，但在销售日记账中记录了一笔销售，则违反了该目标。

发生认定所要解决的问题是管理层是否把那些不曾发生的项目记入财务报表，它主要与财务报表组成要素的高估有关。

（2）完整性。所有应当记录的交易和事项均已记录。由完整性认定推导的审计目标是已发生的交易确实已经记录。例如，如果发生了销售交易，但没有在销售日记账和总账中记录，则违反了该目标。

发生和完整性两者强调的是相反的关注点。发生目标针对潜在的高估，而完整性目标则针对漏记交易（低估）。

（3）准确性。与交易和事项有关的金额及其他数据已恰当记录。由准确性认定推导出的审计目标是已记录的交易按正确金额反映的。例如，如果销售交易中，发出商品的数量与账单上的数量不符，或是开账单时使用了错误的销售价格，或是账单中的乘积或加总有误，或是在销售日记账中记录了错误的金额，则违反了该目标。

准确性与发生、完整性之间存在区别。例如，若已记录的销售交易是不应当记录的（如发出的商品是寄销商品），则即使发票金额是准确计算的，仍违反了发生目标。再如，若已入账的销售交易是对正确发出商品的记录，但金额计算错误，则违反了准确性目标，但没有违反发生目标。在完整性与准确性之间也存在同样的关系。

（4）截止。交易和事项已记录于正确的会计期间。由截止认定推导出的审计目标是接近于资产负债表日的交易记录于恰当的期间。例如，如果本期交易推到下期，或下期交易提到本期，均违反了截止目标。

（5）分类。交易和事项已记录于恰当的账户。由分类认定推导出的审计目标是被审计单位记录的交易经过适当分类。例如，如果将现销记录为赊销，将出售经营性固定资产所得的收入记录为营业收入，导致交易分类的错误，则违反了分类的目标。

2. 与期末账户余额相关的认定

注册会计师对期末账户余额运用的认定通常分为下列类别：

（1）存在。记录的资产、负债和所有者权益是存在的。由存在认定推导的审计目标是记录的金额确实存在。例如，如果不存在某顾客的应收账款，在应收账款试算平衡表中却列入了对该顾客的应收账款，也违反了存在性目标。

（2）权利和义务。记录的资产由被审计单位拥有或控制，记录的负债是被审计单位应当履行的偿还义务。由权利和义务认定推导的审计目标是资产归属于被审计单位，负债属于被审计单位的义务。例如，将他人寄售商品记入被审计单位的存货中，违反了权利的目标；将不属于被审计单位的债务记入账内，违反了义务目标。

（3）完整性。所有应当记录的资产、负债和所有者权益均已记录。由完整性认定推导的审计目标是已存在的金额均已记录。例如，如果存在某顾客的应收账款，在应收账款试算平衡表中却没有列入对该顾客的应收账款，则违反了完整性目标。

（4）计价和分摊。资产、负债和所有者权益以恰当的金额包括在财务报表中，与之相关的计价或分摊调整已恰当记录。

3. 与列报相关的认定

各类交易和账户余额的认定正确只是为列报正确打下了必要的基础，财务报表还可能因被审计单位误解有关列报的规定或舞弊等而产生错报。另外，还可能因被审计单位没有遵守某些专门的披露要求而导致财务报表错报。因此，即使注册会计师审计了各类交易和账户余额的认定，实现了各类交易和账户余额的具体审计目标，也不意味着获取了足以对财务报表发表审计意见的充分、适当的审计证据。因此，注册会计师还应当对各类交易、账户余额及相关事项在财务报表中列报的正确性实施审计。

注册会计师对列报运用的认定通常分为下列类别：

（1）发生及权利和义务。披露的交易、事项和其他情况已发生，且与被审计单位有关。将没有发生的交易、事项，或与被审计单位无关的交易和事项包括在财务报表中，则违反该目标。例如，复核董事会会议记录中是否记载了应收账款质押或售让等事项，询问管理层应收账款是否经过质押或出售，即是对列报的权利认定的运用。如果质押或售让应收账款则需要在财务报表中列报，说明其权利受到限制。

（2）完整性。所有应当包括在财务报表中的披露均已包括。如果应当披露的事项没有包括在财务报表中，则违反该目标。例如，检查关联方和关联交易，以验证其在财务报表中是否得到充分披露，即是对列报的完整性认定的运用。

（3）分类和可理解性。财务信息已被恰当地列报和描述，且披露内容表述清楚。例如，检查存货的主要类别是否已披露，是否将出售固定资产收入列为主营业务收入，即是对列报的分类和可理解性认定的运用。

（4）准确性和计价。财务信息和其他信息已公允披露，且金额恰当。例如，检查财务报表附注是否分别对原材料、在产品和产成品等存货成本核算方法做了恰当说明，即是对列报的准确性和计价认定的运用。

7.6 与各类交易和事项相关的审计目标

（1）发生：记录的交易和事项已发生且与被审计单位有关。例如，如果没有发生销售交易，但在销售日记账中记录了一笔销售，则违反了该目标。

发生认定所要解决的问题是管理层是否把那些不曾发生的项目列入财务报表，它主要与财务报表组成要素的高估有关。

（2）完整性：所有应当记录的交易和事项均已记录。例如，如果发生了销售交易，但没有在销售日记账和总账中记录，则违反了该目标。

发生和完整性两者强调的是相反的关注点。发生目标针对潜在的高估，而完整性目标则针对漏记交易（低估）。

（3）准确性：与交易和事项有关的金额及其他数据已恰当记录。例如，如果在销售交易中，发出商品的数量和账单上的数量不符，或是开账单时使用了错误的销售价格，或是账单中的乘机或加总有误，或是在销售日记账中记录了错误的金额，则违反了该目标。

值得注意的是，准确性与发生、完整性之间存在区别。例如，若已记录的销售交易是不应当记录的（如发出的商品是寄销商品），则即使发票金额是准确计算的，也违反了发生目标。再如，若已入账的销售交易是对正确发出商品的记录，但金额计算错误，则违反了准确性目标，但没有违反发生目标。在完整性和准确性之间也存在同样的关系。

（4）截止：交易和事项已记录于正确的会计期间。例如，如果将本期交易推到下期记录，或将下期交易提到本期记录，均违反了截止目标。

（5）分类：交易和事项已记录于恰当的账户。例如，如果将现销记录为赊销，将出售经营性固定资产所得的收入记录为主营业务收入，则导致交易分类的错误，违反了分类的目标。

表 7 −1 　　　　　　　ABC 公司管理层认定与审计目标

管理层认定	运用于应收账款审计的具体目标
	应收账款项目在财务报表上的反映总体合理，看来无重要错报
1. 存在或发生	在资产负债表日，应收账款确实存在
2. 权利或义务	所有应收账款确实归被审计单位，所有应收账款未作抵押
3. 完整性	应收账款和坏账准备增减变动的记录全面完整

续表

管理层认定	运用于应收账款审计的具体目标
4. 估价或分摊	应收账款预计可收回，坏账准备的计提方法是恰当的，坏账准备的计提是充分的
	年末销售截止是恰当的
	发生额累计、账面结转都正确； 应收账款的总账与明细账总额一致； 应收账款和坏账准备的期末余额正确
5. 表达与披露	应收账款和坏账准备在财务报表上的披露恰当

应当说明，收集审计证据贯穿于审计工作的全过程。在审计工作的不同阶段，注册会计师通过收集充分适当的审计证据，来证实企业管理层对财务报表的认定是否正确，进而对财务报表做出恰当的审计意见。具体审计目标是针对被审计单位的具体情况而确定的。注册会计师在确定具体目标时，应充分考虑以下基本因素：①被审计单位的经营状况；②被审计单位经济活动的性质；③被审计单位所属行业的特殊会计实务等。有关不同阶段和不同项目的审计目标将在以后各章节中详细阐述。

7.7　与期末账户余额相关的审计目标

（1）存在。由存在认定推导的审计目标是记录的金额确实存在。例如，如果不存在某顾客的应收账款，在应收账款试算平衡表中却列入了对该顾客的应收账款，则违反了存在性目标。

（2）权利和义务。由权利和义务认定推导的审计目标是资产归属于被审计单位，负债属于被审计单位的义务。例如，将他人寄售商品记入被审计单位的存货中，违反了权利的目标；将不属于被审计单位的债务记入账内，违反了义务目标。

（3）完整性。由完整性认定推导的审计目标是已存在的金额均已记录。例如，如果存在某顾客的应收账款，在应收账款试算平衡表中却没有列入对该顾客的应收账款，则违反了完整性目标。

（4）计价和分摊。资产、负债和所有者权益以恰当的金额包括在财务报表中，与之相关的计价或分摊调整已恰当记录。

7.8 与列报相关的审计目标

各类交易和账户余额的认定正确只是为列报正确打下了必要的基础，财务报表还可能因被审计单位误解有关列报的规定或舞弊等而产生错报。另外，还可能因被审计单位没有遵守某些专门的披露要求而导致财务报表错报。因此，即使注册会计师审计了各类交易和账户余额的认定，实现了各类交易和账户余额的具体审计目标，也不意味着获取了足以对财务报表发表审计意见的充分、适当的审计证据。因此，注册会计师还应当对各类交易、账户余额及相关事项在财务报表中列报的正确性实施审计。

（1）发生及权利和义务。将没有发生的交易、事项，或与被审计单位无关的交易和事项包括在财务报表中，则违反该目标。例如，复核董事会会议记录中是否记载了固定资产抵押等事项，询问管理层固定资产是否被抵押，即是对列报的权利认定的运用。如果抵押固定资产则需要在财务报表中列报，说明其权利受到限制。

（2）完整性。如果应当披露的事项没有包括在财务报表中，则违反该目标。例如，检查关联方和关联交易，以验证其在财务报表中是否得到充分披露，即是对列报的完整性认定的运用。

（3）分类和可理解性。财务信息已被恰当地列报和描述，且披露内容表述清楚。例如，检查存货的主要类别是否已披露，是否将一年内到期的长期负债列为流动负债，即是对列报的分类和可理解性认定的运用。

（4）准确性和计价。财务信息和其他信息已公允披露，且金额恰当。例如，检查财务报表附注是否分别对原材料、在产品和产成品等存货成本核算方法做了恰当说明，即是对列报的准确性和计价认定的运用。

7.9 财务报表审计过程

如图 7-2 所示，我们用若干重要概念，依照审计逻辑概括地说明财务报表审计的完整过程。并且，风险、控制以及重要性的思维贯穿于审计过程的始终。

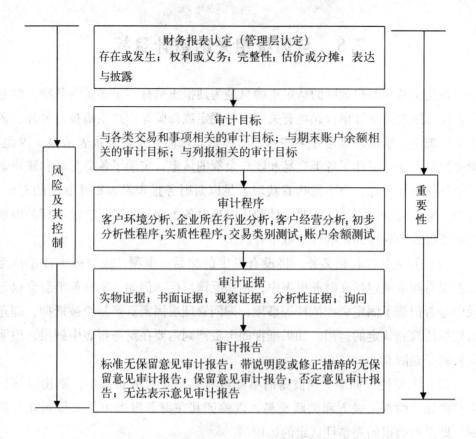

图 7 - 2　财务报表审计过程的概念性框架

7.10　财务报表循环

1. 审计业务的循环分块法

在执行财务报表审计时，应将财务报表按一定的标准划分为更小的部分，以便于管理和审计团体中人员的分工。在对财务报表的项目划分时，通常有以下两种标准：第一，按财务报表的项目进行划分；第二，按业务循环进行划分（所谓业务循环是指处理某一类经济业务的工作程序和先后顺序）。按财务报表的项目来组织财务报表审计的方法称为项目分块法。按业务循环来组织财务报表审计的方法称为业务的循环分块法。

审计业务的循环分块法是指按照业务循环评估被审计单位重大错报的风险，测试其内部控制，实施进一步的审计程序，从而对财务报表的合法性、公允性进行审计的一种方法。

一般而言，采用项目分块法与多数被审计单位账户设置体系及会计报表格式相吻合，所以具有操作方便的优点，但由于内部控制测试通常按照业务循环采用审计抽样的方法进行，故该方法也存在与按业务循环进行的内部控制测试严重脱节的弊端；而业务循环分块法则不仅可与按业务循环进行的内部控制测试直接联系，可加深审计人员对被审计单位经济业务的理解，而且便于审计人员的合理分工，将特定业务循环所涉及的会计报表项目分配给一个或数个审计人员，能够提高审计的效率与效果。

在采用审计业务循环分块法时，注册会计师首先应确定被审计单位业务循环的种类。由于各被审计单位的业务性质和规模不同，其业务循环的划分应有所不同。以生产企业为例，注册会计师可以将业务循环划分为销售与收款循环、采购与付款循环、员工服务与生产循环、筹资与投资循环。

注册会计师对各业务循环的审计可以相对独立的进行，但这不等于说各业务循环的审计是孤立的。注册会计师在最终判断被审计单位会计报表是否公允反映时，必须综合考虑审计发现的各业务循环的错误对财务报表产生的影响。因此，即使在单独执行某一业务循环的审计时，注册会计师仍然应经常地将该循环与其他循环的审计情况结合起来加以考虑。

2. 各循环之间的关系

企业的生产经营是由各交易循环构成的有机整体。各循环之间的关系如图7-3所示。从图中可以看出，要进行生产经营活动，企业首先必须筹集生产经营所需的资金（筹资与投资循环）。筹集资金可以采用负债和权益两种方式，所筹集资金一般存在于货币资金形态上。企业可以用货币资金采购生产经营所需的原材料、固定资产等（采购与付款循环），用货币资金支付员工薪酬和生产活动所需的其他开支（员工服务与生产循环）。经过生产过程后，企业生产出可以用于对外销售的产品。企业将所生产的产品对外销售，取得货币资金或取得索取货款的权利（销售收款循环）。

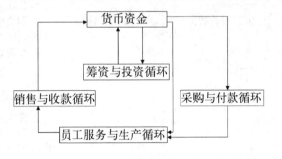

图 7-3　各交易循环之间的关系

销售与收款循环产生的货币资金可以用于支付股利、利息及扩大再生产，从而重新开始新一轮的生产经营活动。

在循环法下，注册会计师审计各个循环时，最有效的方法是审计循环中在各类交易及相关账户期末余额的基础上，合并形成对某类交易及相关账户期末余额的保证水平。在注册会计师得出报表整体公允表达的结论之前，必须实现各类交易的审计目标和各类账户余额的审计目标。有关交易的审计目标和有关余额的审计目标尽管有所不同，却是紧密联系的。比如，资产负债表中"应收账款"项目属销售与收款循环，审计时应分别测试影响该账户的四类交易（销售、销售退回、收现及坏账冲销）和该账户的期末余额。

业务循环在财务报表审计工作中非常重要。在审计过程中，注册会计师对各循环分别进行审计，尽管要随时注意各循环之间的关系，但为了有效管理复杂的审计工作，注册会计师必须相对独立地对各循环分别审计。

7.11 各循环的具体内容

不同行业的企业经营性质不同，因此，可将其财务报表分为不同的循环，即使是同一企业，不同注册会计师也可能有不同的循环划分方法。假定某公司是制造性企业，注册会计师将其 200×年度财务报表划分为四个循环：销售与收款循环、采购与付款循环、存货与仓储循环、筹资与投资循环，如表 7 - 2 所示。

表 7 - 2　　　　　　　　　　　公司循环划分

循　　环	各循环包括的计账凭证的主要种类	各循环包括的总账项目举例	
		资产负债表项目	利润表项目
销售与收款循环	收款、转账	应收票据 应收账款 长期应收款 预收账款 应交税费	营业收入 营业税金及附加 销售费用
采购与付款循环	付款、转账	预付账款 固定资产 在建工程 工程物资 固定资产清理 无形资产 开发支出 商誉 长期待摊费用 应付票据 应付账款 长期应付款	管理费用

续表

循　　环	各循环包括的计账凭证的主要种类	各循环包括的总账项目举例	
		资产负债表项目	利润表项目
存货与仓储循环	转账、付款	存货 （包括材料采购 在途物资 原材料 材料成本差异 库存商品 发出商品 商品进销差价 委托加工物资 委托代销商品 受托代销商品 周转材料 生产成本 制造费用 劳务成本 存货跌价准备 受托代销商品款等） 应付职工薪酬	营业成本
筹资与投资循环	转账、收款、付款	以公允价值计量且其变动计入当期损益的金融资产 应收股利 应收利息 其他应收款 其他流动资产 可供出售金融资产 持有至到期投资 长期股权投资 投资性房地产 递延所得税资产 其他非流动资产 短期借款 以公允价值计量且其变动计入当期损益的金融负债 应付利息 应付股利 其他应付款 其他流动负债 长期借款 应付债券 专项应付款 预计负债 递延所得税负债 其他非流动负债 实收资本（或股本） 资本公积 盈余公积 未分配利润	财务费用 资产减值损失 公允价值变动损益 投资收益 营业外收入 营业外支出 所得税费用

7.12　审计目标的实现过程

审计目标的实现与审计过程密切相关。所谓审计过程是指审计工作从开始到结束的整个过程，其内容主要包括接受业务委托、计划审计工作、实施风险评估程序、实施控制测试和实质性程序及完成审计工作并出具审计报告。审计过程大致可分为五个阶段。

1. 接受业务委托

会计师事务所应当按照执业准则的规定，谨慎决策是否接受或保持某客户关系和具体审计业务。在接受委托前，注册会计师应当初步了解审计业务环境，包括业务约定事项、审计对象特征、使用的标准、预期使用者的需求、责任方及其环境的相关特征，以及可能对审计业务产生重大影响的事项、交易、条件和惯例等其他事项。

注册会计师只有在了解其符合专业胜任能力、独立性和应有的关注等职业道德要求，并且拟承接的业务具备审计业务特征后，才能将其作为审计业务予以承接。如果审计业务的工作范围受到重大限制，或者委托人试图将注册会计师的名字和审计对象不适当地联系在一起，则该项业务可能不具有合理的目的。接受业务委阶段的主要工作包括：了解和评价审计对象的可审性；决策是否考虑接受委托；商定业务约定条款；签订审计业务约定书等。

2. 计划审计工作

计划审计工作十分重要，计划不周不仅会导致盲目实施审计程序，无法获得充分、适当的审计证据以将审计风险降至可接受的低水平，影响审计目标的实现，而且还会浪费有限的审计资源，增加不必要的审计成本，影响审计工作的效率。因此，对于任何一项审计业务，注册会计师在执行具体审计程序之前，都必须根据具体情况制订科学、合理的计划，使审计业务以有效的方式得到执行。一般来说，计划审计工作主要包括：在本期审计业务开始时开展的初步业务活动；制订总体审计策略；制订具体审计计划等。计划审计工作不是审计业务的一个孤立阶段，而是一个持续的、不断修正的过程，贯穿于整个审计业务的始终。

3. 实施风险评估程序

审计准则规定，注册会计师必须实施风险评估程序，以此作为评估财务报表层次和认定层次重大错报风险的基础。所谓风险评估程序，是指注册会计师了解被审计单位及其环境，并识别和评估财务报表重大错报风险的程序。风险评估程序是必要程序，了解被审计单位及其环境，特别是为注册会计师在许多关键环节做出职业判断提供了重要基础。了解被审计单位及其环境是一个连续和动态地收集、更新与分析信息的过程，贯穿于整个审计过程的始终。注册会计师应当运用职业判断确定需要了解被审计单位及其环境的程度。一般来说，实施风险评估程序的主要工作包括：了解被审计单位及其环境；识别和评估财务报表层次以及各类交易、账户余额、列报认定层次的重大错报风险，包括确定需要特别考虑的重大错报风险（即特别风险）以及仅通过实质性程序无法应对的重大错报风险等。

4. 实施控制测试和实质性程序

注册会计师实施风险评估程序本身并不足以为发表审计意见提供充分、适当的审计证据，注册会计师还应当实施进一步审计程序，包括实施控制测试（必要时或决定测试时）和实质性程序。因此，注册会计师评估财务报表重大错报风险后，应当运用职业判断，针对评估的财务报表层次重大错报风险确定总体应对措施，并针对评估的认定层次重大错报风险设计和实施进一步审计程序，以将审计风险降至可接受的低水平。

5. 完成审计工作并出具审计报告

注册会计师在完成财务报表所有循环的进一步审计程序后，还应当按照有关审计准则的规定做好审计完成阶段的工作，并根据所获取的各种证据，合理运用专业判断，形成适当的审计意见。本阶段主要工作有：审计期初余额、比较数据、期后事项和或有事项；考虑持续经营问题和获取管理层声明；汇总审计差异，并提请被审计单位调整或披露；复核审计工作底稿和财务报表；与管理层和治理层沟通；评价审计证据，形成审计意见；编制审计报告等。

本 章 小 结

1. 审计目标是在一定历史环境下，审计主体通过审计实践活动所期望达到的境地或最终结果，它体现了审计的基本职能，是构成审计理论结构的基石，是整个审计系统运行的定向机制，是审计工作的出发点和落脚点。

2. 影响审计目标的主要因素有社会需求、审计能力以及社会环境的制约。

3. 注册会计师审计的目标包括总体目标和具体目标两个层次。总体目标规范具体目标的内容，具体目标则是总体目标的具体化。审计总体目标既反映社会（审计环境）对审计的要求，也反映审计作用于社会（审计环境）的实质内容。

4. 在财务报表审计中，注册会计师的总体目标是：（1）对财务报表整体是否不存在由舞弊或错误导致的重大错报获取合理保证；（2）按照审计准则的规定，根据审计结果对财务报表出具审计报告，并与管理层和治理层沟通。

5. 审计具体目标是总体目标的具体化，并受到总体目标的制约，它包括与各类交易和事项相关的审计目标、与期末账户余额相关的审计目标、与列报相关的审计目标。

6. 管理层认定，即管理层在财务报表上的认定，它代表提供者（管理层）所提供的一系列信息。财务报表本身就是一系列高度复杂相互联系的认定的集合。

7. 审计业务的循环分块法是指按照业务循环评估被审计单位重大错报的风险，测试其内部控制，实施进一步的审计程序，从而对财务报表的合法性、公允性进行审计的一种方法。

思 考 题

1. 影响审计目标的因素有哪些？
2. 如何理解审计目标的演变过程？
3. 何谓现阶段我国注册会计师的总体目标？
4. 如何理解管理层认定、审计总体目标、审计具体目标之间的相互关系？
5. 如何理解管理层在财务报表上的认定？
6. 与各类交易和事项相关的认定的主要内容是什么？
7. 与期末账户余额相关的认定有哪些？
8. 业务工作底稿的要求有哪些？
9. 与列报相关的认定有哪些？
10. 如何理解财务报表审计的过程？
11. 审计业务为何采用循环分块法？
12. 各业务循环有哪些具体内容？

第8章 审计证据与审计工作底稿

学习目标

掌握审计证据的意义和作用；审计证据的分类；审计证据的说服力及其要求；获取审计证据的审计程序；审计工作底稿的定义及内容。

关键名词

审计证据　实物证据　书面证据　口头证据　环境证据　直接证据间接证据　内部证据　外部证据　亲历证据　正面证据　反面证据　证据的证明力　充分性　适当性　审计风险　重大错报风险　检查风险　审计工作底稿

注册会计师形成任何审计结论和意见都必须以充分、适当的证据为基础，否则，审计报告就不可信赖。因此，审计证据是审计中的一个核心概念。要实现审计目标，必须收集和评价审计证据。

在财务报表审计中，每一位注册会计师所面临的主要决策之一，就是确定为满足判断客户财务报表各组成部分以及财务报表整体是否公允表达所应搜集证据的适当类型与数量。这一判断极其重要，因为审查和评价所有可能获取的证据成本是难以承受的。例如，在对上市公司的财务报表审计中，注册会计师不可能审查所有的会计凭证、管理文件、会计核算软件以及计算机程序。

为了规范注册会计师在财务报表审计中获取审计证据的内容、数量和质量，以及为获取审计证据所需实施的审计程序，中国注册会计师协会拟定了《中国注册会计师审计准则第1301号——审计证据》，经财政部批准予以实施。注册会计师应按该准则的要求，做好审计证据的获取和整理分析工作。

8.1　审计证据的含义

审计证据是指注册会计师为了得出审计结论、形成审计意见而使用的信息，包括构成财务报表基础的会计记录中含有的信息和其他信息。注册会计师应当获取充分、适当的审计证据，以得出合理的审计结论，作为形成审计意见的基础。

审计证据内容包括构成财务报表基础的会计记录中含有的信息和其他信息（见图8-1）。

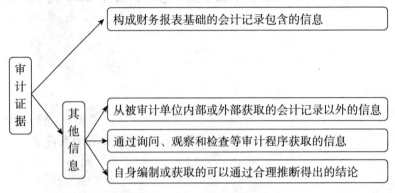

图8-1　审计证据的内容

1. 构成财务报表基础的会计记录一般包括对初始分录的记录和支持性记录，如支票、电子资金转账记录、发票、合同、总账、明细账、记账凭证和未在记账凭证中反映的对财务报表的其他调整，以及支持成本分配、计算、调节和披露的手工计算表和电子数据表。

依据会计记录编制财务报表是被审计单位管理层的责任，注册会计师应当测试会计记录以获取审计证据。但是会计记录中含有的信息本身并不足以提供充分的审计证据作为对财务报表发表审计意见的基础，注册会计师还应获取用作审计证据的其他信息。

2. 其他信息的内容比较广泛，包括有关被审计单位所在行业的信息、被审计单位的内外部环境的其他信息等。可以用作审计证据的其他信息包括：

（1）注册会计师从被审计单位内部或外部获取的会计记录以外的信息，如被审计单位会议记录、内部控制手册、询证函的回函、分析师的报告、与竞争者的比较数据等；

（2）注册会计师通过询问、观察和检查等审计程序获取的信息，如通过检查存货获取存货存在性的证据等；

（3）注册会计师自身编制或获取的可以通过合理推断得出结论的信息，如注册会计师编制的以各种计算表、分析表等。

财务报表依据会计记录中的信息和其他信息共同构成了审计证据，两者缺一不可。如果没有前者，审计工作将无法进行；如果没有后者，可能无法识别重大错报风险。只有将两者结合在一起，才能将审计风险降至可接受的低水平，为注册会计师发表审计意见提供合理基础。

8.2 审计证据的种类

审计证据的种类繁多，其外在形式、取得方式、取得途径、证明力的强弱等方面均有所不同。对审计证据进行合理、科学的分类，有利于有效地收集、恰当地使用和评价审计证据。

1. 按证据外在形式分类

根据审计证据的外在的具体形态，可以将其划分为：实物证据、书面证据、口头证据、环境证据。

（1）实物证据。实物证据是指通过实际观察或有形资产检查所取得的、用以确定某些实物资产是否确实存在的证据。例如，库存现金的数额可以通过有形资产检查加以验证，各种存货和固定资产也可以通过有形资产检查的方式证明其是否确实存在。实物证据通常是证明实物资产是否存在的非常有说服力的证据，但实物资产的存在并不能完全证实被审计单位对其拥有所有权。例如，年终盘点的存货可能包括其他企业寄售或委托加工的部分，或者已经销售而等待发运的商品。再者，通过对某些实物资产的清点，虽然可以确定其实物数量，但质量好坏（它将影响到资产的价值）有时难以通过实物清点来加以判断。因此，对于取得实物证据的账面资产，还应就其所有权归属及其价值情况另行审计。

（2）书面证据。书面证据是注册会计师所获取的各种以书面文件为形式的一类证据。它包括与审计有关的各种原始凭证、会计记录（记账凭证、会计账簿和各种明细表）、各种会议记录和文件、各种合同、通知书、报告书及函件等。在审计过程中，注册会计师往往要大量地获取和利用书面证据，因此书面证据是审计证据的主要组成部分，也可称之为基本证据。

最常见的书面证据主要包括下列几个方面：

① 会计记录。会计记录包括各种自制的原始凭证、记账凭证、账簿记录等，它是注册会计师取自被审计单位内部的一类非常重要的审计证据。注册会计师在检查财务报表项目时，往往需追溯检查被审计单位的会计账簿和各种凭证。他们通常需由分类账追查至日记账与记账凭证，然后再追查至支票、发票及其他原始凭证。会计记录的可靠性，主要取决于被审计单位在填制时内部控制的完善程度。例如，注册会计师要查明所审计年度内被审计单位出售的一台机器设备是否经适当记载时，首先要查阅固定资产明细账，检查机器设备在持有年度内的累计折旧额是否等于出售时所转销的"累计折旧"的账面金额，并检查明细账上所列的原始成本金额是否与出售时贷记"固定资产"账户的

金额一致，同时还应检查出售所得的货币收入是否已恰当地记入现金或银行存款日记账。假如固定资产明细账、总账和日记账分别由三位职员独立负责，或由具有良好内部控制的电子计算机系统所完成，且各种证据彼此一致，则这些证据就能强有力地证明：机器设备的出售业务已经被恰当地记录。至于注册会计师是否需进一步检查某些有关文件，诸如核准出售的通知书等，则应视机器设备所涉及金额的相对重要性及其他审计环境而定。

除各种会计凭证、会计账簿外，可作为这一类审计证据的还有各种试算表和汇总表等。

② 被审计单位管理层声明书。被审计单位管理层声明书是注册会计师从被审计单位管理层所获取的书面声明，其主要内容是以书面的形式确认被审计单位在审计过程中所做的各种重要的陈述或保证。被审计单位管理层声明书属于可靠性较低的内部证据，不可替代注册会计师实施其他必要的审计程序。

③ 其他书面文件。其他书面文件是指其他有助于注册会计师形成审计结论和意见的书面文件，如被审计单位董事会及股东大会会议记录，重要的计划、合同资料，被审计单位的或有损失，关联方交易等。

（3）口头证据。口头证据是被审计单位职员或其他有关人员对注册会计师的提问进行口头答复所形成的一类证据。通常在审计过程中，注册会计师会向被审计单位的有关人员询问会计记录、文件的存放地点，采用特别会计政策和方法的理由，收回逾期应收账款的可能性等。对于这些问题的口头答复，就构成了口头证据。一般而言，口头证据本身并不足以证明事情的真相，但注册会计师往往可以通过口头证据发掘出一些重要的线索，从而有利于对某些需审核的情况做进一步的调查，以收集到更为可靠的证据。例如，注册会计师在对应收账款进行账龄分析后，可以询问应收账款负责人对收回逾期应收账款的可能性的意见。如果其意见与注册会计师自行估计的坏账损失基本一致，则这一口头证据就可成为证实注册会计师有关坏账损失判断的重要证据。

在审计过程中，注册会计师应把各种重要的口头证据尽快做成记录，并注明是何人、何时、在何种情况下所做的口头陈述，必要时还应获得被询问者的签名确认。相对而言，不同人员对同一问题所做的口头陈述相同时，口头证据具有较高的可靠性。但在一般情况下，口头证据往往需要得到其他相应证据的支持。

（4）环境证据。环境证据也称状况证据，是指对被审计单位产生影响的各种环境事实。具体而言，它又包括以下几种：

① 有关行业和宏观经济运行情况。宏观经济的运行和有关政策的变动直接关系到企业的生存和发展，行业周期的变动对企业的经营必然带来机遇和冲

击。获取相关的证据将有助于注册会计师对被审计单位的财务报表重大错报风险的评估，有利于进一步的审计工作。

② 有关内部控制情况。如果被审计单位有着良好的内部控制，就可增加其会计资料的可信赖程度。也就是说，当注册会计师确认被审计单位有良好的内部控制，且其日常管理又一贯地遵守其内部控制中有关的规定时，就可认为被审计单位现行的内部控制为财务报表项目的可靠性提供了强有力的证据。注册会计师就被审计单位的财务报表发表有无重大错报、漏报的意见时，一方面要依赖于被审计单位内部控制的完善程度；另一方面又要依赖于注册会计师所实施的有关财务报表信息的实质性审计。此外，被审计单位内部控制的完善程度还决定着注册会计师所需的从其他各种渠道收集的审计证据的数量。内部控制越健全、越严密，所需的其他各类审计证据就越少；否则，注册会计师就必须获取较大数量的其他审计证据。

③ 被审计单位管理人员的素质。被审计单位管理人员的素质越高，则其所提供的证据发生差错的可能性就越小。例如，当被审计单位会计人员的素质较高时，其会计记录就不容易发生错误。因此，会计人员的素质对会计资料的可靠性会产生影响。

④ 各种管理条件和管理水平。良好的管理条件和较高的管理水平，也是影响其所提供证据的可靠程度的一个重要因素。

必须指出，环境证据一般不属于基本证据，但它可帮助注册会计师了解被审计单位及其经济活动所处的环境，是注册会计师进行判断所必须掌握的资料。

尽管上述各种证据可用来实现各种不同的审计目标，但是对每一具体账户及其相关的认定来说，注册会计师则应选择能以最低成本实现全部审计目标的证据，力求做到证据收集既有效又经济。

以上各类证据与具体审计目标的关系如表 8 - 1 所示。

表 8 - 1　　　　　　　　　　证据与具体审计目标的关系

证据种类	具体审计目标								
	总体合理性	真实性	完整性	所有权	估价	截止	机械准确性	披露	分类
实物证据		√	√		√	√			
书面证据	√	√	√	√	√	√	√	√	√
口头证据	√	√	√	√	√	√		√	√
环境证据	√								

2. 按证据支持审计结论程度分类

根据获取的证据对审计结论的支持程度，可以将审计证据分为：直接证据和间接证据。

（1）直接证据。直接证据是指与被证实项目及具体审计项目直接有关的证据，例如，通过函证的方式验证应收账款余额是否正确，所获取的证据可以直接说明报表项目中应收账款余额是否正确，该证据就属于直接证据。

（2）间接证据。间接证据是指与被证实项目及具体审计项目无直接关系的证据。例如，上述环境证据就是间接证据，无法直接说明某一报表项目是否正确。各种原始凭证和记账凭证也属于间接证据，它们也无法直接说明某一报表项目是否正确。

尽管间接证据不能直接说明被证实项目或具体审计目标，但是它可以减少需要获取的直接证据的数量和规模，从而达到降低审计成本，提高审计效率。

3. 按照证据的来源分类

按照证据的来源进行分类，就是要考虑：证据是谁产生的，产生后是由谁处理的，以及谁有权接触该证据。按此标准可以划分为来自审计客户内部的证据、来自审计客户外部的证据。

（1）内部证据。内部证据是由被审计单位内部机构或职员编制和提供的证据。它包括被审计单位的会计记录、被审计单位管理层声明书，以及其他各种由被审计单位编制和提供的有关书面文件。

按照证据的处理过程，可以将内部证据再进一步地划分为：只在审计客户内部流转的证据，以及由审计客户产生，但在审计客户外部流转，并获其他单位或个人承认的内部证据。

一般而言，内部证据不如外部证据可靠。但如果内部证据在外部流转，并获得其他单位或个人的承认（如销货发票、付款支票等），则具有较强的可靠性。即使只在被审计单位内部流转的书面证据，其可靠程度也因被审计单位内部控制的好坏而异。若内部证据（如收料单与发料单）经过被审计单位不同部门的审核、签章，且所有凭证预先都有连续编号并按序号依次处理，则这些内部证据也具有较强的可靠性；相反，若被审计单位的内部控制不健全，注册会计师就不能过分地信赖其内部自制的书面证据。

（2）外部证据。由审计客户以外的组织机构或人士所编制和处理的证据。例如，采购时的购置发票、函证回函等，一般具有较强的证明力。

按照证据的处理过程，外部证据又包括由被审计单位以外的机构或人士编制，并由其直接递交注册会计师的外部证据，以及由被审计单位以外的机构或人士编制，但为被审计单位持有并提交注册会计师的书面证据两种。前者如应收账款函证回函，被审计单位律师与其他独立的专家关于被审计单位资产所有权和或有负债等的证明函件，保险公司、寄售企业、证券经纪人的证明等，此类证据不仅由完全独立于被审计单位的外界机构或人员提供，而且未经被审计单位有关职员之手，从而排除了伪造、更改凭证或业务记录的可能性，因而其证明力最强；后者如银行对账单、购货发票、应收票据、顾客订购单、有关的契约、合同等，由于此类证据已经过被审计单位职员之手，在评价其可靠性时，注册会计师应考虑被涂改或伪造的难易程度及其已被涂改的可能性。当获取的书面证据有被涂改或伪造的痕迹时，注册会计师应予以高度警觉。尽管如此，在一般情况下，外部证据仍是较被审计单位的内部证据更具证明力的一种书面证据。

（3）亲历证据。亲历证据是指由注册会计师为证明某个事项而自己动手编制的各种计算表、分析表或自行进行观察。这类证据的可信程度取决于注册会计师观察误差的风险大小。在通常情况下，我们认为注册会计师具有专业胜任能力，因此，其亲历获得的证据也具有较强的可靠性。

内部证据、外部证据和亲历证据三者不仅在可靠性上可有所不同，在获取成本与及时性上也存在不同，其区别如表8-2所示。

表8-2 不同来源证据的比较

各种来源证据的举例		证据的来源		
		亲历证据	外部证据	内部证据
		观察、计算	来自第三方的证实或文件，如发票	审计客户的会计系统、管理层声明书
证据的特点	可靠性	高度可靠	中高度可靠	不太可靠
	可获得性	容易获得	不太容易获得	容易获得
	及时性	可及时获得	不一定能及时获得	可及时获得
	成本	高	较高	低

4. 按照证据的逻辑分类

根据证据所提供的逻辑证明，可将其划分为正面证据和反面证据。

（1）正面证据。正面证据是直接证明审计客户某项陈述的证据，例如，采用询证方法，要求审计客户的债权人就审计客户报表在某一特定时点所列示的债权余额是否正确做出回函，这种回函证据就是正面证据。正面证据的可靠程度高，因此，注册会计师应主要收集正面证据。

（2）反面证据。反面证据是指经过合理查找后，未发现与审计客户的陈述相矛盾的证据，例如，当采用询证方法，要求审计客户的债权人就审计客户报表在某一特定时点所列示的债权余额正确时予以回函，如果未收到回函，即意味着审计客户报表的该项认定是正确的，这就从反面来证明了此项认定。当然，反面证据的可靠程度低于正面证据，因为可能有其他原因使注册会计师未发现与审计客户陈述相矛盾的证据。但是反面证据对实现具体审计目标中的完整性目标有重要意义，且获取这类证据的成本有时会低于证明同一类别的正面证据。

5. 按照证据的证明力分类

注册会计师决定是否需要对现有的证据进行完善，或者在综合和评价审计证据时，需要考虑证据的证明力的大小。按照证据的证明力可以划分为充分证明力、部分证明力和无证明力三种类型。

（1）充分证明力。假如某一证据无须其他佐证证据就足以支持审计结论，那么可以说该证据具有充分证明力。有充分证明力的证据必须是客观、充足而有力的，例如，监盘获得的实物证据就对证明实物资产的数量具有充分证明力。

（2）部分证明力。假如某一证据需要附有其他佐证证据，才足以支持审计结论，那么该证据具有部分证明力。大多数的审计证据都属于这种类型，例如，询问获得的证据，还需要经过验证或测试予以证实；对大量的内部证据，或外部证据（经过审计客户经营管理系统的证据）的产生、处理和保存过程，注册会计师需要测试其中是否存在有效控制，进而决定是否采用该类证据。

（3）无证明力。某些证据尽管有助于引导注册会计师获取更可靠的消息，但其本身没有证明力。例如，管理层就其认定做出的声明，在没有得到证实前，因其内在的固有局限性而几乎不具有任何证明力。不过，尽管这类证据具有其局限性，但是由于管理层对所要审计的经营活动和报表相当了解，因此，这类证据也不失为良好的辅助证据。

8.3 审计证据的说服力

审计证据说服力包含审计证据的充分性和适当性两个方面的要求，充分性和适当性是审计证据的两个基本特征。

《中国注册会计师审计准则第 1301 号——审计证据》第九条规定："注册会计师的目标是，通过恰当的方式设计和实施审计程序，获取充分、适当的审计证据，以得出合理的审计结论，作为形成审计意见的基础。"第十一条规定："注册会计师应当考虑用作审计证据的信息的相关性和可靠性。"

8.3.1　审计证据的适当性

审计证据的适当性是对审计证据质量的衡量，即审计证据在支持各类交易、账户余额、列报（包括披露，下同）的相关认定，或发现其中存在错报方面具有相关性和可靠性。前者是指审计证据应与审计目标相关联；后者是指审计证据应能如实地反映客观事实。

1. 审计证据的相关性

注册会计师只能利用与审计目的相关联的审计证据来证实被审计单位所认定的事项。例如，存货监盘结果只能证明存货是否存在，是否有毁损及短缺，而不能证明存货的计价和所有权的情况。此外，用作审计证据的信息的相关性可能受到控制测试和细节测试方向的影响。

在确定审计证据的相关性时，注册会计师应当考虑：

（1）特定的审计程序可能只为某些认定提供相关的审计证据，而与其他认定无关。例如，检查期后应收账款收回的记录和文件可以提供有关存在和计价的审计证据，但是不一定与期末截止是否适当相关。

（2）针对同一项认定可以从不同来源获取审计证据或获取不同性质的审计证据。例如，注册会计师可以分析应收账款的账龄和应收账款的期后收款情况，以获取与坏账准备计价有关的审计证据。

（3）只与特定认定相关的审计证据并不能替代与其他认定相关的审计证据。例如，有关存货实物存在的审计证据并不能够替代与存货计价相关的审计证据。

2. 审计证据的可靠性

审计证据的可靠性受其来源、性质的影响，并取决于获取审计证据的具体环境。

（1）影响审计证据可靠性的因素。审计证据的可靠性表明了审计证据具有对应证事项的证明能力，因此，这种能力也被称为证据力。注册会计师获取了一定数量的相关审计证据后，审计证据的可靠性大小就成为能否做出合理的审计判断、出具审计报告的关键。判断审计证据证据力的大小是审计的一项重要工作，也是考验注册会计师判断能力的重要环节。

下列因素影响着审计证据的证据力强弱：

① 疏远度。疏远度有两层含义：一是时间上的疏远度，即证据离经济交易发生的时间越近，越具有可靠性；二是指证据与经济交易在空间上的疏远度，证据的证明力随着空间上的疏远程度的增加而下降，例如，对验证财务报表余额而言，账簿、记账凭证、原始凭证的疏远度逐步地增加，其对报表余额

的证明力也在下降。再如，因为发现正确的事项比发现错误的事项在空间上更与被验证事项接近，因此，正面证据的可靠程度高于反面证据。

② 来源。证据的取得来源不同，影响着其可靠性。一般而言，证据的可靠性和证据力与审计客户对证据的支配力呈反向变动，而与证据提供人的独立性呈同向变化。提供者越独立，其提供证据的可靠程度越高。因此，外部证据的可靠程度高于内部证据，直接交给注册会计师的外部证据的可靠程度高于经过审计客户经营管理系统的外部证据；流转在外部的内部证据的可靠程度高于只在单位内部流转的证据。注册会计师通过实地盘点、直接观察和亲自复核获取的审计证据比其他证据可靠。

③ 客观程度。一般来说，证据的主观性低，客观性强，其可靠性则高；反之，则可靠程度低。由于口头证据带有更多的主观性，因此其可靠程度低于书面证据。同理，应收账款函证、存货实地盘点等证据的可靠程度高于应收账款坏账损失的估计、存货报废损失估计等含有较多主观判断的证据。

④ 证据提供者的素质。证据的可靠程度与证据力与证据提供者的素质呈同向变化。有时，尽管证据提供者独立程度高，证据本身也比较客观，但若证据提供者不具备鉴证事项的相关知识，则获取的证据可靠程度也值得怀疑。因此，在审计实务工作中，注册会计师往往向有关专家，如律师、质量专家等专业人士咨询，以获取适当的审计证据。

⑤ 相互印证。由具有不同潜在动机的群体控制的证据比单一来源的证据更可靠，当不同类型的审计证据组合在一起支持某项命题时，审计证据的说服力就增强。这种相互不一致的不同证据所代表的证据也称为重叠证据，重叠证据的可靠程度高于单个证据。

⑥ 风险水平。审计过程中的风险要素，即固有风险、控制风险和检查风险与审计证据的可靠程度呈反向变化。因此，审计客户内部控制健全、有效情况下，审计风险水平就相对较低，审计证据的可靠性和证据力就会相应得到提高。

需要说明的是，上述规律只能说明一般情况，事实上存在着与此相悖的情况。注册会计师在评价审计证据时，应计量选出更为可靠的审计证据，以支持审计结论。

（2）不同来源审计证据可靠程度的判断标准。不同来源的审计证据的可靠程度通常可用下述标准来判断：

① 从外部独立来源获取的审计证据比从其他来源获取的审计证据更可靠。从外部独立来源获取的审计证据由完全独立于被审计单位以外的机构或人士编制并提供，未经被审计单位有关职员之手，从而减少了伪造、更改凭证或业务

记录的可能性，因而其证明力最强。此类证据如银行询证函回函、应收账款询证函回函、保险公司等机构出具的证明等。相反，从其他来源获取的审计证据，由于证据提供者与被审计单位存在经济或行政关系等原因，其可靠性应受到质疑。此类证据如被审计单位内部的会计记录、会议记录等。

② 内部控制有效时内部生成的审计证据比内部控制薄弱时内部生成的审计证据更可靠。如果被审计单位有着健全的内部控制且在日常管理中得到一贯地执行，会计记录的可信赖程度将会增加。如果被审计单位的内部控制薄弱，甚至不存在任何内部控制，被审计单位内部凭证记录的可靠性就大为降低。例如，如果与销售业务相关的内部控制有效，注册会计师就能从销售发票和发货单中取得比内部控制不健全时更加可靠的审计证据。

③ 直接获取的审计证据比间接获取或推论得出的审计证据更可靠。例如，注册会计师观察某项控制的运行得到的证据比询问被审计单位某项内部控制的运行得到的证据更可靠。间接获取的证据有被涂改及伪造的可能性，降低了可信赖程度。推论得出的审计证据，其主观性较强，人为因素较多，可信赖程度也受到影响。

④ 以文件、记录形式（无论是纸质、电子或其他介质）存在的审计证据比口头形式的审计证据更可靠。例如，会议的同步书面记录比对讨论事项事后的口头表述更可靠。口头证据本身并不足以证明事实的真相，仅仅提供一些重要线索，为进一步调查确认所用。如注册会计师在对应收账款进行账龄分析后，可以向应收账款负责人询问逾期应收账款收回的可能性。如果该负责人的意见与注册会计师自行估计的坏账损失基本一致，则这一口头证据就可成为证实注册会计师对有关坏账损失的判断的重要证据。但在一般情况下，口头证据往往需要得到其他相应证据的支持。

⑤ 从原件获取的审计证据比从传真或复印件获取的审计证据更可靠。注册会计师可审查原件是否有被涂改或伪造的迹象，排除伪证，提高证据的可信赖程度。而传真件或复印件容易是编造或伪造的结果，可靠性较低。

8.3.2 审计证据的充分性

审计证据的充分性是对审计证据数量的衡量，是指审计证据的数量能足以支持注册会计师的审计意见。因此，它是注册会计师为形成审计意见所需审计证据的最低数量要求。

审计证据的充分性主要与注册会计师确定的样本量有关。例如，对某个审计项目实施某一选定的审计程序，从200个样本中获得的证据要比从100个样本中获得的证据更充分。

客观公正的审计意见必须建立在有足够数量的审计证据的基础之上，但是这并不是说审计证据的数量越多越好。为了使注册会计师进行有效率、有效益的审计，注册会计师通常把需要足够数量审计证据的范围降低到最低限度。因此，每一审计项目对审计证据的需要量，以及取得这些证据的途径和方法，应当根据该项目的具体情况来定。在某些情况下，由于时间、空间或成本的限制，注册会计师不能获取最为理想的审计证据时，可考虑通过其他的途径或用其他的审计证据来替代。注册会计师只有通过不同的渠道和方法取得他认为足够的审计证据时，才能据以发表审计意见。

注册会计师判断审计证据是否充分、适当，应当考虑下列主要因素：（1）审计风险；（2）具体审计项目的重要性；（3）注册会计师及其业务助理人员的审计经验；（4）审计过程中是否发现错误或舞弊；（5）审计证据的质量。

1. 审计风险

审计风险由重大错报风险和检查风险两部分组成。注册会计师需要获取的审计证据的数量受重大错报风险的影响。错报风险越大，需要的审计证据可能越多。具体来说，在可接受的审计风险水平一定的情况下，重大错报风险越大，注册会计师就应实施越多的测试工作，将检查风险降至可接受水平，以便使审计风险控制在可接受的低水平范围内。

重大错报风险具体又受以下因素的影响：

（1）项目的性质。如果所审计的项目具有投机冒险的性质，则注册会计师的审计就要冒很大的风险。由于这类情况多发生在新创立的被审计单位，因此注册会计师在对新创立的被审计单位进行审计时，应做好有关的调查工作，在第一次进行审计时要有意识地提高审计证据的质量，增加审计证据的数量。

（2）内部控制的性质和强弱。一般而言，内部控制越健全，其审计的相对风险就越小；反之，被审计单位的内部控制越薄弱，其审计的相对风险就越大。因此，当发现被审计单位的内部控制出现重要弱点乃至失控时，注册会计师必须加倍注意，获取充分、适当的审计证据，以降低其因内部控制存在缺陷所带来的审计风险。

（3）业务经营性质。被审计单位的经济业务越复杂，审计的相对风险就越大。有时注册会计师虽然能收集到很多也很有力的审计证据，但仍难以证明经济业务的实质，在这种情况下，注册会计师往往需冒很大的审计风险。因此，承接审计业务时，注册会计师应充分估计这一风险，采取相应的措施以防患于未然；在审计过程中如发现这种情况，也要及时采取必要的措施进行相应处理。

（4）管理层的可信赖程度。当被审计单位管理层的可信赖程度较差甚至根本不可信赖时，最容易发生重大案件，因此注册会计师应格外注意这一方面的迹象。例如，当股东对被审计单位管理部门不满或怀疑管理人员有舞弊行为时，均有可能是管理部门不可信赖所致。注册会计师在审计过程中如遇到这种情况，则应注意提高警惕。

（5）财务状况。当被审计单位的财务状况不佳时，有时可能会采用不正当的手段来加以掩饰。例如，当被审计单位经营亏损或资金周转困难时，可能会延期注销坏账损失和废旧存货，或故意漏列负债等。在这种情况下，注册会计师必须注意提高审计证据的质量或适当增加审计证据的数量。

（6）时常更换会计师事务所。若被审计单位经常无正当理由更换会计师事务所及其注册会计师时，大多数是因为其对审计报告不满。在这种情况下，接任的会计师事务所及其注册会计师就要冒很大的审计风险。此时，接任的注册会计师往往需提高审计证据的质量或相对增加审计证据的数量。

2. 具体审计项目的重要性

越是重要的审计项目，注册会计师就越需获取充分的审计证据以支持其审计结论或意见；否则一旦出现判断错误，就会影响注册会计师对审计整体的判断，从而导致注册会计师的整体判断失误。相对而言，对于不太重要的审计项目，即使注册会计师出现判断上的偏差，也不至于引发注册会计师的整体判断失误，故此时注册会计师可减少审计证据的数量。

3. 注册会计师及其业务助理人员的审计经验

丰富的审计经验，可使注册会计师及其助理人员从较少的审计证据中判断出被审事项是否存在错误或舞弊行为。相对来说，此时就可减少对审计证据数量的依赖程度；相反，当注册会计师及其助理人员缺乏审计经验时，少量的审计证据就不一定能使其发现被审事项是否存在错误或舞弊行为，因而应增加审计证据的需要量。

4. 审计过程中是否发现错误或舞弊

一旦审计过程中发现了被审事项存在错误或舞弊的行为，则被审计单位整体财务报表存在问题的可能性就会增加，因此注册会计师需增加审计证据的数量，以确保能做出合理的审计结论，形成恰当的审计意见。

5. 审计证据的质量

注册会计师需要获取的审计证据的数量也受审计证据质量的影响。审计证据质量越高，需要的审计证据可能越少。一般而言，如果大多数审计证据都是从独立于被审计单位的第三者所获取的，而且这些证据本身不易伪造，则审计证据的质量就较高。相对而言，注册会计师所需获取的审计证据的数量就可减少；反之，审计证据的数量就应增加。审计证据质量越高，需要的审计证据可能越少。

应当指出的是，尽管审计证据的充分性和适当性相关，但如果审计证据的质量存在缺陷，注册会计师仅靠获取更多的审计证据可能无法弥补其质量上的缺陷。此外，注册会计师判断证据充分性还应考虑：

（1）成本因素。注册会计师获取审计证据时，可以考虑成本—效益原则。在获取充分、适当的审计证据的前提下，实现成本最小化也是会计师事务所增强竞争能力和获利能力所必需的。因此，获取充分、适当的审计证据与控制成本需要注册会计师恰当运用成本—效益原则。需要指出的是，注册会计师可以考虑获取审计证据的成本与所获信息的有用性之间的关系，但不应以获取审计证据的困难和成本为由减少不可替代的审计程序。

（2）总体规模与特征。在现代审计中，对很多财务报表项目都采用抽样的方法来收集证据。审计证据的充分性是对审计证据数量的衡量，主要与注册会计师确定的样本量有关。通常，抽样总体规模越大，所需证据的数量就越多。这里的总体规模是指包括在总体中的项目数量，比如赊销交易数、应收账款明细账数量及账户余额的金额数量等。总体的特征是指总体中各组成项目的同质性或变异性。注册会计师对不同质的总体可能比对同质的总体需要较大的样本量和更多的佐证信息。注册会计师可以用统计基础和非统计基础来完成抽样。

对于证据的说服力，注册会计师只有在综合考虑了适当性与充分性以及对其发生影响的各种因素的实际影响后，才能对证据的说服力做出评价。一组由独立第三方提供的数量充足的证据，如果与所考察的审计目标不相关，则不具有说服力。一组数量众多的证据，如果相关但不客观，同样不具有说服力。

同时，在选取最佳的某种类型或某些类型的证据之前，必须考虑各种方案的证据说服力与其成本的比较。注册会计师的目标是，以尽可能低的总成本，获取充分数量的适当证据。但是，成本永远不能成为放弃一项必要程序或放弃一组充足样本规模的理由。

8.3.3　审计证据的充分性和适当性的关系

审计证据的充分性和适当性密切相关。审计证据的适当性会影响其充分性。一般而言，审计证据的相关与可靠程度高，则所需审计证据的数量就可减少；反之，审计证据的数量就要增加。如果审计证据的质量存在缺陷，那么注册会计师仅靠获取更多的审计证据可能无法弥补其质量方面的缺陷。同样地，如果注册会计师的证据不可靠，那么证据数量再多也难以起到证明的作用。

8.3.4 评价审计证据充分性和适当性时需要特殊考虑的因素

1. 对文件记录可靠性的考虑

（1）审计工作通常不涉及鉴定文件记录的真伪，注册会计师也不是鉴定文件记录真伪的专家，但应当考虑用作审计证据的信息的可靠性，并考虑与这些信息生成和维护相关内部控制的有效性；

（2）如果在审计过程中识别出的情况使其认为文件记录可能是伪造的，或文件记录中的某些条款已发生变动，注册会计师应当做出进一步调查，包括直接向第三方函证，或考虑利用专家的工作以评价文件记录的真伪。

2. 使用被设计单位生成信息时的考虑

（1）注册会计师为获取可靠的审计证据，实施审计程序时使用的被审计单位生成的信息需要足够完整和准确；

（2）如果针对被设计单位生成信息的完整性和准确性获取审计证据是所实施审计程序本身不可分割的组成部分，可以与对这些信息实施的审计程序同时进行；

（3）在某些情况下，注册会计师可能打算将被审计单位生成的信息用于其他审计目的。在这种情况下，获取的审计证据的适当性受到该信息对于审计目的而言是否足够精确和详细的影响。

3. 证据相互矛盾时的考虑

（1）如果针对某项认定从不同来源获取的审计证据或获取的不同性质的审计证据能够相互印证，与该项认定相关的审计证据则具有更强的说服力；

（2）如果从不同来源获取的审计证据或获取的不同性质的审计证据，表明某项审计证据可能不可靠，注册会计师应当追加必要的审计程序。

4. 获取审计证据时对成本的考虑

（1）注册会计师可以考虑获取审计证据的成本与所获取信息的有用性之间的关系，但不应以获取审计证据的困难和成本为由减少不可替代的审计程序；

（2）为了保证得出的审计结论、形成的审计意见是恰当的，注册会计师不应将获取审计证据的成本高低和难易程度作为减少不可替代的审计程序的理由。

8.4 获取审计证据的审计程序

在实施风险评估程序、控制测试或实质性程序时，注册会计师可根据需要单独或综合运用上述程序，以获取充分、适当的审计证据。具体包括：检查、观察、询问、函证、重新计算、重新执行和分析程序七种审计程序。

8.4.1 检查记录或文件

检查记录或文件是指注册会计师对被审计单位内部或外部生成的，以纸质、电子或其他介质形式存在的记录或文件进行审查。

检查记录或文件的目的是对财务报表所包含或应包含的信息进行验证。例如，被审计单位通常对每一笔销售交易都保留一份顾客订单、一张发货单和一份销售发票副本。这些凭证对于注册会计师验证被审计单位记录的销售交易的正确性是有用的证据。

检查记录或文件可提供可靠程度不同的审计证据，审计证据的可靠性取决于记录或文件的来源和性质。外部记录或文件通常被认为比内部记录或文件可靠，因为外部凭证经被审计单位的客户出具，又经被审计单位认可，表明交易双方对凭证上记录的信息和条款达成一致意见。另外，某些外部凭证编制过程非常谨慎，通常由律师或其他有资格的专家进行复核，因而具有较高的可靠性，如土地使用权证、保险单、契约和合同等文件。

注册会计师在审阅会计记录和其他书面文件时，应注意其是否真实、合法，具体来讲：

（1）审阅原始凭证时，应注意其有无涂改或伪造现象；记载的经济业务是否合理合法；是否有业务负责人的签字等。

（2）审阅会计账簿时，应注意是否符合国家颁布的《企业会计准则》和相关会计制度的规定，包括审阅被审计单位据以入账的原始凭证是否整齐完备；账簿有关内容与原始凭证的记载是否一致；会计分录的编制或账户的运用是否恰当；货币收支的金额有无不正常现象；成本核算是否符合国家有关财务会计制度的规定；审计目标要求的其他内容。

（3）在审阅财务报表时，应注意财务报表的编制是否符合国家颁布的《企业会计准则》和相关会计制度的规定；财务报表的附注是否对应予揭示的重大问题作了充分的披露。

注册会计师在复核会计记录及其他书面文件时，应注意检查各种书面文件是否一致，具体包括：原始凭证上记载的数量、单价、金额及其合计数是否正确；日记账上的记录是否与相应的原始凭证记录一致；日记账与会计凭证上的记录是否与总分类账及有关的明细分类账相符；总分类账的账户余额是否与所属明细分类账的账户余额合计数相符；总分类账各账户的借方余额合计与贷方余额合计是否相等；总分类账各账户的余额或发生额合计是否与财务报表上相应项目的金额相等；财务报表上各有关项目的数字计算是否正确，各报表之间的有关数字是否一致。如果涉及前期的数字，是否与前期财务报表上的有关数字相符；外来账单与本单位有关账目的记录是否相符。

8.4.2　检查有形资产

检查有形资产是指注册会计师对资产实物进行审查。检查有形资产程序大多数情况下适用于对现金和存货的审计，也适用于有价证券、应收票据和有形固定资产的验证。区分有形资产检查与记录或文件的检查，对具体审计目标来说非常重要。如果被检查的对象销售发票，其本身没有价值，则这种证据就是文件检查证据。例如，支票在签发以前是文件，签发以后变成了资产，核销以后，又变成了文件。严格来讲，只有在支票是一项资产时，才能对其进行有形资产检查。

检查有形资产可为其存在性提供可靠的审计证据，但不一定能够为权利和义务或计价认定提供可靠的审计证据。检查有形资产是验证资产确实存在的直接手段，被认为是最可靠、有用的审计证据，是认定资产数量和规格的一种客观手段。在某些情况下，它还是评价资产状况和质量的一种有用方法。但是要验证存在的资产确实为被审计单位所有，在财务报表中的列报金额估价准确，检查有形资产获取的证据本身并不充分，还需要其他的审计程序以获得充分适当的证据。

8.4.3　观察

观察是指注册会计师察看相关人员正在从事的活动或执行的程序。例如，对客户执行的存货盘点或控制活动进行观察。

观察提供的审计证据仅限于观察发生的时点，并且可能影响对相关人员从事活动或执行程序的真实情况的了解。观察时点的情况并不能证明一贯的情况，另一方面被观察人员对观察的反应也对观察所得证据的客观性产生影响，因此注册会计师在使用观察程序获取证据的时候，要注意其本身固有的局限性。

8.4.4　询问

询问是指注册会计师以书面或口头方式，向被审计单位内部或外部的知情人员获取财务信息和非财务信息，并对答复进行评价的过程。

知情人员对询问的答复可能为注册会计师提供尚未获悉的信息或佐证证据，也可能提供与已获悉信息存在重大差异的信息，注册会计师应当根据询问结果考虑修改审计程序或实施追加的审计程序。尽管通过询问可以从客户处获得大量的证据，但通常不能作为结论性证据，因为它不是来自于独立的来源，并且可能偏向顾客的意愿。询问通常不足以发现认定层次存在的重大错报，也不足以测试内部控制运行的有效性，注册会计师还应当实施其他审计程序获取充分、适当的审计证据。

8.4.5 函证

函证是指注册会计师为了获取影响财务报表或相关披露认定的项目的信息，通过直接来自第三方的对有关信息和现存状况的声明，获取和评价审计证据的过程。例如，对应收账款余额或银行存款的函证。

由于函证来自于独立于被审计单位的第三方，因而是受到高度重视和经常使用的证据获取程序。但是函证的成本相对较高，并且有可能给提供者带来不便。函证常用于对银行存款、应收账款、应收票据等项目的审计过程中。

注册会计师应当对银行存款、借款（包括零余额账户和在本期内注销的账户）及与金融机构往来的其他重要信息实施函证。

注册会计师应当对应收账款实施函证，除非有充分证据表明应收账款对财务报表不重要，或函证很可能无效。

函证的内容通常还涉及下列账户余额或其他信息：①短期投资；②应收票据；③其他应收款；④预付账款；⑤由其他单位代为保管、加工或销售的存货；⑥长期投资；⑦委托贷款；⑧应付账款；⑨预收账款；⑩保证、抵押或质押；⑪或有事项；⑫重大或异常的交易。

注册会计师可采用积极的或消极的函证方式实施函证，也可将两种方式结合使用。如果采用积极的函证方式，注册会计师应当要求被询证者在所有情况下必须回函，确认询证函所列示信息是否正确，或填列询证函要求的信息。如果采用消极的函证方式，注册会计师只要求被询证者仅在不同意询证函列示信息的情况下才予以回函。

积极的函证方式通常比消极的函证方式提供的审计证据可靠。当同时存在下列情况时，注册会计师可考虑采用消极的函证方式：①重大错报风险评估为低水平；②涉及大量余额较小的账户；③预期不存在大量的错误；④没有理由相信被询证者不认真对待函证。

8.4.6 重新计算

重新计算是指注册会计师以人工方式或使用计算机辅助审计技术，对记录或文件中的数据计算的准确性进行核对。重新计算通常包括计算销售发票和存货的总金额，加总日记账和明细账，检查折旧费用和预付费用的计算，检查应纳税额的计算等。

注册会计师在进行审计时，往往需对被审计单位的凭证、账簿和报表中的数字进行计算，以验证其是否正确。注册会计师的计算并不一定按照被审计单位原先的计算形式和顺序进行。在计算过程中，注册会计师不仅要注意计算结果是否正确，而且还要对某些其他可能的差错（如计算结果的过账和转账有误等）予以关注。

一般而言，计算不仅包括对被审计单位的凭证、账簿和报表中有关数字的验算，而且还包括对会计资料中有关项目的加总或其他运算。其中，加总又分为横向加总（即横向数字的加总）和纵向加总（即纵向数字的加总）。在财务报表审计中，注册会计师往往需要大量地运用加总技术来获取必要的审计证据。

8.4.7 重新执行

重新执行是指注册会计师以人工方式或使用计算机辅助审计技术，重新独立执行作为被审计单位内部控制组成部分的程序或控制。例如，注册会计师利用被审计单位的银行存款日记账和银行对账单，重新编制银行存款余额调节表，并与被审计单位编制的银行存款余额调节表进行比较。

8.4.8 分析程序

分析程序是指注册会计师通过研究不同财务数据之间，以及财务数据与非财务数据之间的内在关系，对财务信息做出评价。例如，注册会计师可以对被审计单位的财务报表和其他会计资料中的重要比率及其变动趋势进行分析性复核，以发现其异常变动项目。对于异常变动项目，注册会计师应重新考虑其所采用的审计方法是否合适；必要时，应追加适当的审计程序，以获取相应的审计证据。

分析程序还包括调查与其他相关信息不一致或与预期数据严重偏离的波动和关系。

一般而言，在整个审计过程中，注册会计师都将运用分析程序。

注册会计师实施分析程序时可以使用不同的方法，包括从简单的比较到使用高级统计技术的复杂分析。在实务中，可使用的方法主要有下列几种。

1. 趋势分析法

趋势分析法主要是通过对比两期或连续数期的财务或非财务数据，确定其增减变动的方向、数额或幅度，以掌握有关数据的变动趋势或发现异常的变动。典型的趋势分析是将本期数据与上期数据进行比较，更为复杂的趋势分析则涉及多个会计期间的比较。用于趋势分析的数据既可以是绝对值，也可以是以比率表示的相对值。

趋势分析的运用形式主要包括：①若干期资产负债表项目的变动趋势分析；②若干期利润表项目的变动趋势分析；③若干期资产负债表或利润表项目结构比例的变动趋势分析；④若干期财务比率的变动趋势分析；⑤特定项目若干期数据的变动趋势分析。

当被审计单位位于稳定经营环境下时，趋势分析法最适用。当被审计单位业务经营变化较大或会计政策变更较大，趋势分析法就不再适用。趋势分析法中涉及的会计期间的期数，有赖于被审计单位经营环境的稳定性。经营环境越稳定，数据关系的可预测性越强，进行多个会计期间的数据比较越为适用。

2. 比率分析法

比率分析法主要是结合其他有关信息，将同一报表内部或不同报表间的相关项目联系起来，通过计算比率，反映数据之间的关系，用以评价被审计单位的财务信息。例如，应收账款周转率反映赊销销售收入与应收账款平均余额之间的比率，这一比率变小可能说明应收账款回收速度放慢，需要计提更多的坏账准备，也可能说明本期赊销销售收入与期末应收账款余额存在错报。

当财务报表项目之间的关系稳定并可直接预测时，比率分析法最为适用。

比率分析所涉及的内容通常可以分为五个方面：①流动性；②资产管理比率；③负债比率；④盈利能力比率；⑤生产能力比率。

3. 合理性测试法

合理性测试法通过彼此相关联的项目或造成某种变化的各种变量，测试某项目金额是否合理。简单合理性测试包括三个基本步骤：①识别能够引起和影响被测试项目金额变化的各种变量；②确定变量与被测试项目间的恰当关系；③将变量结合在一起对被测试项目做出评价。例如，注册会计师对制造企业的营业收入进行分析时，可以考虑产品销售量与被审计单位可供销售产品数量（仓储能力、生产能力）的关系，并考虑被审计单位生产能力的利用情况等因素，将营业收入与运费、电费、水费、办公经费、销售人员工资等联系起来作配比分析。

4. 回归分析法

回归分析法是在掌握大量观察数据的基础上，利用统计方法建立因变量与自变量之间回归关系的函数表达式（即回归方程式），并利用回归方程式进行分析。例如，产品销售收入与广告费用之间通常存在正相关关系，注册会计师可以建立两者之间的回归模型，并根据模型估计某一年度产品销售收入的预期值。

回归分析法理论上能考虑所有因素的影响，如相关经营数据、经营情况、经济环境的变化等，其预测精度较高，适用于中、短期预测。回归分析法的一个突出优点在于以可计量的风险和准确性水平，量化注册会计师的预期值。但注册会计师在选择适当关系时将耗费大量时间，审计成本较高。

注册会计师可以针对合并财务报表、组成部分的财务报表以及财务信息的要素，实施分析程序。一般而言，分析程序所能发现的潜在问题见表 8 – 3。

表 8 – 3　　　　　　　　　　分析程序所能发现的潜在问题

分 析 程 序	潜 在 问 题
比较当年与以前年度的存货水平	存货错报或陈旧过时
比较当年与以前年度应收账款周转率	销售收入错报或坏账准备不足
比较公司毛利率与同业平均水平	销售收入与应收账款错报或销售成本与存货错报
比较生产数量与销售数量	销售收入与存货错报
比较利息费用与债务金额	债务与利息费用错报
比较费用与盈利水平	费用与利润错报

应当说明的是，审计程序的性质和时间可能受会计数据和其他相关信息的生成和储存方式的影响，注册会计师应当提请被审计单位保存某些信息以供查阅，或在可获得该信息的期间执行审计程序。

某些会计数据和其他信息只能以电子形式存在，或只能在某一时点或某一期间得到，注册会计师应当考虑这些特点对审计程序的性质和时间的影响。当信息以电子形式存在时，注册会计师可以通过使用计算机辅助审计技术实施某些审计程序。

8.5　信息技术下的审计证据

20 世纪 50 年代以来，随着信息技术的发展，由计算机处理的业务范围不断扩大，通信技术使世界变小，不仅信息处理速度加快，几乎所有的信息使用者要求获得实时的、可靠的信息，以便适应这个日新月异的社会环境。在这种情况下，作为产生伊始就以"提高信息可靠性"为使命的审计职业来说，面临着更大的社会需求。审计的范围和内容从传统的财务报表或其他管理方面的"有形"信息扩大到了信息处理系统的安全性、完整性及其内部控制等"无形"的技术领域，近年来开始的信息系统审计就是审计业务范围和内容发生改变的重要标志。

传统的审计证据是有形的，是看得见摸得着的，即使是储存在磁盘上的信息也至少是"可读"的。而信息技术条件下，许多审计证据都是以数字形式通过计算机或网络进行存储和传输，可能是某一瞬间计算机或网络产生的操作记忆，是由特别的符号和代码组成的记录，这些电子数据不仅对一般审计人员"不可读"，而且需要专门的计算机取证技术进行分析才能取得。由于电子证据的特殊性，其获取、存储、传输和分析都需要特殊的技术手段和严格的程序，否则，难以保证数据的客观性、关联性、合法性。

在网络环境下，公司交易系统的应用程序完全集中在服务器上，大量数据存储在数据服务器中，通过浏览器可以执行程序、传递数据。网上数据来源的广泛性，使得传统的岗位责任分散；网上数据的集中性，使得传统组织控制弱化；网上数据的共享性，使得企业内部控制的重点转向系统的安全性控制。尽管网上公司普遍采用防火墙、身份认证、信用认证、加密钥等程序化控制技术和手段，但网络经营风险仍然存在。因此，如何鉴别、评价系统安全性的控制风险成为现代审计的重要任务。

8.6　审计工作底稿的定义及形式

审计工作底稿是审计证据的载体，是指注册会计师对制订的审计计划、实施的审计程序、获取的相关审计证据，以及得出的审计结论做出的记录。其内容包括注册会计师在制订和实施审计计划时直接编制的、用以反映其审计思路和审计过程的工作记录，从被审计单位或其他有关部门取得的、用作审计证据的各种原始资料，以及注册会计师接受并审阅他人代为编制的审计记录。

8.6.1　审计工作底稿的存在形式

审计工作底稿可以以纸质、电子或其他介质形式存在。随着信息技术的广泛运用，审计工作底稿的形式从传统的纸质形式扩展到电子或其他介质形式。

在实务中，为便于复核，注册会计师可以将以电子或其他介质形式存在的审计工作底稿通过打印等方式，转换成纸质形式的审计工作底稿，并与其他纸质形式的审计工作底稿一并归档，同时，单独保存这些以电子或其他介质形式存在的审计工作底稿。

8.6.2　审计工作底稿的控制程序

无论审计工作底稿存在于哪种介质，会计师事务所都应当针对审计工作底稿设计和实施适当的控制，以实现下列目的：

（1）使审计工作底稿清晰地显示其生成、修改及复核的时间和人员；

（2）在审计业务的所有阶段，尤其是在项目组成员共享信息或通过互联网将信息传递给其他人员时，保护信息的完整性；

（3）防止未经授权改动审计工作底稿；

（4）允许项目组和其他经授权的人员为适当履行职责而接触审计工作底稿；

（5）便于对审计工作底稿的使用和检索；

（6）按照规定的期限保存审计工作底稿。

8.6.3　编制审计工作底稿使用的文字

《中国注册会计师审计准则第 1131 号——审计工作底稿》第十六条规定，编制审计工作底稿的文字应当使用中文。少数民族自治地区可以同时使用少数民族文字。中国境内的中外合作会计师事务所、国际会计公司成员和所联系者可以同时使用某种外国文字。会计师事务所执行涉外业务时可以同时使用某种外国文字。

8.7　编制审计工作底稿的目的

审计工作底稿是注册会计师审计业务中普遍使用的专业工具。编制或取得审计工作底稿是注册会计师审计中的一项重要工作。注册会计师应当及时编制审计工作底稿以实现下述主要目的：

1. 提供充分、适当的记录，作为审计报告的基础

审计项目小组一般由多人组成，项目小组内要进行合理的分工，不同的审计程序、不同会计账项的审计往往由不同人员执行。而最终形成审计结论和发表审计意见时，则主要针对被审计单位的财务报表进行。因此，必须把不同人员的审计工作有机地联结起来，以便对整体财务报表发表意见，而这种联结必须借助于审计工作底稿。

审计结论和审计意见是根据注册会计师获取的各种审计证据，以及注册会计师一系列的专业判断形成的。而注册会计师所收集到的审计证据和所做出的专业判断，都完整地记载于审计工作底稿中。因此，审计工作底稿理当成为审计结论与审计意见的直接依据。

审计业务有一定的连续性，同一被审计单位前后年度的审计业务具有众多联系或共同点。因此，当年度的审计工作底稿对以后年度审计业务具有很大的参考或备查作用。

2．提供证据，证明执业的注册会计师按照审计准则的规定执行了审计工作

注册会计师依照独立审计准则实施了必要的审计程序，方可解脱或减轻其审计责任。注册会计师专业能力的大小、工作业绩的好坏，主要体现在对审计程序的选择、执行和有关的专业判断上，而注册会计师是否实施了必要的审计程序，审计程序的选择是否合理，专业判断是否准确，是否保持了应有的职业怀疑态度，都必须通过审计工作底稿来体现和衡量。

会计师事务所进行审计质量控制，主要是指导和监督注册会计师选择实施审计程序，编制审计工作底稿，并对审计工作底稿进行严格复核。注册会计师协会或其他有关单位依法进行审计质量检查，也主要是对审计工作底稿的检查。因此，没有审计工作底稿，审计质量的控制与检查就无法落到实处。

3．其他目的

（1）有助于项目组计划和执行审计工作；

（2）有助于负责督导的项目组成员按照审计准则的规定，履行指导、监督与复核审计工作的责任。

（3）便于项目组说明其执行审计工作的情况；

（4）保留对未来审计工作持续产生重大影响的事项的记录；

（5）便于会计师事务所按照质量控制准则的规定实施质量控制复核与检查；

（6）便于监管机构和注册会计师协会根据相关的法律法规或其他相关要求，对会计师事务所实施执业质量检查。

8.8　审计工作底稿的总体要求、要素和格式

8.8.1　总体要求

注册会计师应该编制全面详细的工作底稿，以便其他人员对审计工作的了解和把握。注册会计师编制的审计工作底稿，应当使得未曾接触该项审计工作的有经验的专业人士清楚了解：

（1）按照审计准则的规定实施的审计程序的性质、时间和范围；

（2）实施审计程序的结果和获取的审计证据；

（3）就重大事项得出的结论。

依据《中国注册会计师审计准则第 1131 号——审计工作底稿》，有经验的专业人士是指对下列方面有合理了解的人士：审计过程、相关法律法规和审计准则的规定、被审计单位所处的经营环境、与被审计单位所处行业相关的会计

和审计问题。

8.8.2　确定审计工作底稿的格式、内容和范围时应考虑的因素

审计工作底稿通常包括总体审计策略、具体审计计划、分析表、问题备忘录、重大事项概要、询证函回函、书面声明、核对表、有关重大事项的往来函件（包括电子邮件），以及对被审计单位文件记录的摘要或复印件等。

此外，审计工作底稿通常还包括业务约定书、管理建议书、项目组内部、项目组或与被审计单位举行的会议记录、与其他人士（如其他注册会计师、律师、专家等）的沟通文件及错报汇总等。

一般情况下，分析表主要是指对被审计单位财务信息执行分析程序的记录。例如，记录对被审计单位本年各月收入与上一年度的同期数据进行比较的情况，记录对差异的分析等。

问题备忘录一般是指对某一事项或问题的概要的汇总记录。在问题备忘录中，注册会计师通常记录该事项或问题的基本情况、执行的审计程序或具体审计步骤，以及得出的审计结论。例如，有关存货监盘审计程序或审计过程中发现问题的备忘录。

核对表一般是指会计师事务所内部使用的、为便于核对某些特定审计工作或程序的完成情况的表格。例如，特定项目（如财务报表列报）审计程序核对表、审计工作完成核对表等。它通常以列举的方式列出审计过程中注册会计师应当进行的审计工作或程序以及特别需要提醒注意的问题，并在适当情况下索引至其他审计工作底稿，便于注册会计师核对是否已按照审计准则的规定进行审计。

在实务中，会计师事务所通常采取以下方法从整体上提高工作（包括复核工作）效率及工作质量，并帮助会计师事务所进行统一质量管理：

（1）会计师事务所基于审计准则及在实务中的经验等，统一制定某些格式、索引及涵盖内容等方面相对固定的审计工作底稿模板、范例等，如核对表、审计计划及业务约定书范例等，某些重要的或不可删减的工作会在这些模板或范例等中予以特别标识。

（2）在此基础上，注册会计师再根据各具体业务的特点加以必要的修改，制定适用于具体项目的审计工作底稿。

审计工作底稿通常不包括已被取代的审计工作底稿的草稿或财务报表的草稿、对不全面或初步思考的记录、存在印刷错误或其他错误而作废的文本，以及重复的文件记录等。由于这些草稿、错误的文本或重复的文件记录不直接构成审计结论和审计意见的支持性证据，因此，注册会计师通常无须保留这些

记录。

在确定审计工作底稿的格式、内容和范围时，注册会计师应当考虑下列因素。

（1）实施审计程序的性质。通常，不同的审计程序会使得注册会计师获取不同性质的审计证据，由此注册会计师可能会编制不同格式、内容和范围的审计工作底稿。例如，注册会计师编制的有关函证程序的审计工作底稿（包括询证函及回函、有关不符事项的分析等）和存货监盘程序的审计工作底稿（包括盘点表、注册会计师对存货的测试记录等）在内容、格式及范围方面是不同的。

（2）已识别的重大错报风险。识别和评估的重大风险水平的不同可能导致注册会计师执行的审计程序和获取的审计证据不尽相同。例如，如果注册会计师识别出应收账款余额存在较高的重大错报风险，而其他应收款的重大错报风险较低，则注册会计师可能对应收账款执行较多的审计程序并获取较多的审计证据，因而对测试应收账款的记录会比针对测试其他应收款的记录的内容多且范围广。

（3）在执行审计工作和评价审计结果时需要做出判断的范围。审计程序的选择和执行及审计结果的评价通常需要不同程度的职业判断。例如，运用非统计抽样的方法选取样本进行应收账款函证程序时，注册会计师可能基于应收账款账龄、以前的审计经验及是否为关联方欠款等因素，考虑哪些应收账款存在较高的重大错报风险，并运用职业判断在总体中选取样本，并对做出职业判断时的考虑事项进行适当的记录。因此，在做出职业判断时所考虑的因素及范围可能使注册会计师做出不同的内容和范围的记录。

（4）已获取审计证据的重要程度。注册会计师通过执行多项审计程序可能会获取不同的审计证据，有些审计证据的相关性和可靠性较高，有些质量则较差，注册会计师可能区分不同的审计证据进行有选择性的记录，因此，审计证据的重要程度也会影响审计工作底稿的格式、内容和范围。

（5）已识别的例外事项的性质和范围。有时注册会计师在执行审计程序时会发现例外事项，由此可能导致审计工作底稿在格式、内容和范围方面的不同。例如，某个函证的回函表明存在不符事项，但是注册会计师如果在实施恰当的追查后发现该例外事项并未构成错报，则注册会计师可能只在审计工作底稿中解释发生该例外事项的原因及影响。反之，如果该例外事项构成错报，则注册会计师可能需要执行额外的审计程序并获取更多的审计证据，由此编制的审计工作底稿在内容及范围方面可能有很大不同。

（6）当从已执行审计工作或获取审计证据的记录中不易确定结论或结论

的基础时，记录结论或结论的基础的必要性。在某些情况下，特别是在涉及复杂的事项时，注册会计师仅将已执行的审计工作或获取的审计证据记录下来，并不容易使其他有经验的注册会计师通过合理的分析，得出审计结论或结论的基础。此时注册会计师应当考虑是否需要进一步说明并记录得出结论的基础（即得出结论的过程）及该事项的结论。

（7）使用的审计方法和工具。使用的审计方法和工具可能影响审计工作底稿的格式、内容和范围。例如，如果使用计算机辅助审计技术对应收账款的账龄进行重新计算时，通常可以针对总体进行测试，而采用人工方式重新计算时，则可能会针对样本进行测试，由此形成的审计工作底稿会在格式、内容和范围方面有所不同。

考虑以上因素有助于注册会计师确定审计工作底稿的格式、内容和范围是否恰当。注册会计师在考虑以上因素时需注意，根据不同情况确定审计工作底稿的格式、内容和范围均是为达到本准则第四条所述的编制审计工作底稿的目的，特别是提供证据的目的。例如，细节测试和实质性分析程序的审计工作底稿所记录的审计程序有所不同，但两类审计工作底稿都应当充分、适当地反映注册会计师执行的审计程序。

8.8.3　审计工作底稿的要素

通常，审计工作底稿包括下列全部或部分要素：

（1）被审计单位名称。即财务报表的编制单位。若财务报表编制单位为某一集团的下属公司，则应同时写明下属公司的名称。被审计单位名称可以简称。

（2）审计项目名称。即某一财务报表项目名称或某一审计程序及实施对象的名称，如具体审计某一分类项目时，则应同时写明该分类会计科目。

（3）审计项目时点或期间。即某一资产负债类项目的报告时点或某一损益类项目的报告期间。

（4）实施的审计程序的性质、时间和范围。通过这种记录，可以记载注册会计师所实施的审计测试的性质、范围和样本选样等内容。

（5）实施审计程序的结果和获取的审计证据。

（6）就重大事项得出的结论。其目的在于记录注册会计师的专业判断，为支持审计意见提供依据。

（7）特定项目或事项的识别特征。此内容项目的存在有利于检查和审阅工作底稿。

（8）索引号及页次。索引号是指注册会计师为了便于审计工作底稿的分类、归类和引用，对某一审计事项的审计工作底稿以固定的标记和编码加以表示所产生的一种特定符号，其主要作用是方便审计工作底稿的分类检索和引用，并使分散的、活页式的审计工作底稿构成有机联系的审计档案。页次是在同一索引号下不同的审计工作底稿的顺序编号。

（9）审计工作的执行人员及完成该项审计工作的日期。

（10）审计工作的复核人员及复核的日期和范围。

（11）其他应说明事项。即注册会计师根据其他专业判断，以为应在审计工作底稿中予以记录的其他相关事项。表8-4举例说明了工作底稿的基本格式。

表 8-4　　　　　　　　　抽查盘点存货的工作底稿

产成品抽查盘点表

客户：ABC 公司　　　　　　页次：73W/P　索引：F—2
　　　　　　　　　　　　　编制人：张三　日期：2012.12.31
B/S 日：2012.12.31　　　　复核人：李四　日期：2013.1.5

盘点标签号码	存货表号码	存货		盘点结果		差异
		号码	内容	客户	注册会计师	
90	3	1～25	a	200√	250	50 件
180	20	1～90	b	1 350√	1 350	
270	25	2～30	c	2 000√	2 000	
360	31	3～20	d	1 200√	1 500	300 件
450	60	4～5	e	160√	160	
540	71	6～23	f	1 100√	1 100	
630	80	6～26	g	230√	230	
720	88	7～15	h	70√	70	

注：以上差异已由客户纠正，纠正差异后使被审计单位存货账户增加 500 元，抽查盘点的存货总价值为 150 000 元，占全部存货价值的 20%。经追查存货汇总表，没有发现其他例外。我们认为错误并不重要。已追查至被审计单位存货汇总表（F—5），并已纠正所有差异。

8.8.4 审计过程记录

1. 记录测试的特定项目或事项的识别特征

注册会计师在审计过程中记录实施的审计程序的性质、时间和范围时，注册会计师应当记录测试的特定项目或事项的识别特征。

识别特征是指被测试的项目或事项表现出的征象或标志。识别特征因审计程序的性质和所测试的项目或事项不同而不同。

对某一个具体项目或事项而言，其识别特征通常具有唯一性，这种特性可以使其他人员根据识别特征在总体中识别该项目或事项并重新执行该测试。以下列举部分审计程序中所测试的样本的识别特征：

（1）对被审计单位生成的订购单进行细节测试时，注册会计师可以将订购单的日期或编号作为识别特征。需要注意的是，注册会计师也需要同时考虑被审计单位对订购单编号的方式。例如，若被审计单位按年对订购单依次编号，则识别特征是××年××号；若被审计单位仅以序列号进行编号，则可以直接将该号码作为识别特征。

（2）对于一项需要选取或复核既定总体内一定金额以上的所有项目的审计程序，注册会计师可能会以实施审计程序的范围作为识别特征，例如，总账中一定金额以上的所有会计分录。

（3）对于一项需要系统化抽样的审计程序，注册会计师可能会通过记录样本的来源、抽样的起点及抽样间隔来识别已选取的样本。例如，若被审计单位对发运单顺序编号，测试的发运单的识别特征可以是，对 4 月 1 日至 9 月 30 日的发运台账，从第 12345 号发运单开始每隔 125 号系统抽取发运单。

（4）对于一项需要询问被审计单位中特定人员的审计程序，注册会计师可能会以记录询问的时间、被询问人的姓名及职位作为识别特征。

（5）对于观察这一审计程序，注册会计师可能会以观察的对象或观察过程、观察的地点和时间作为识别特征。

2．记录重大事项

重大事项的记录不同于一般事项，重大事项对整个审计工作、审计结论都会产生重要的影响，在编制审计工作底稿过程中要引起重视，要严格地按照有关的规范执行。注册会计师应当根据具体情况判断某一事项是否属于重大事项。重大事项通常包括：

（1）引起特别风险的事项，比如说被审计单位所在行业出现罕见的大萧条，被审计单位实行与市场业绩挂钩的激励机制，则可以认为行业的不景气是引起特别风险的事项。

（2）实施审计程序的结果，该结果表明财务信息可能存在重大错报，或需要修正以前对重大错报的评估和针对这些风险拟采取的应对措施。

（3）导致注册会计师难以实施必要审计程序的情形，例如，在审计过程中无法实施函证，相应的科目又是重要的，没有满意的替代程序。

（4）导致出具非标准审计报告的情形等。

注册会计师应当考虑编制重大事项概要，将其作为审计工作底稿的组成部分，以有效地复核和检查审计工作底稿，并评价重大事项的影响。重大事项概要包括审计过程中识别的重大事项及其如何得到解决，或对其他支持性审计工作底稿的交叉索引。注册会计师应当及时记录与管理层、治理层和其他人员对重大事项的讨论，包括讨论的内容、时间、地点和参加人员。

在审计过程中，如果识别出的信息与针对重大事项得出的最终结论相矛盾或不一致，注册会计师应当记录形成最终结论时如何处理该矛盾或不一致的情况。

3. 审计结论

注册会计师恰当地记录审计结论非常重要，注册会计师需要根据所执行审计程序及获取的审计证据得出结论，并以此作为对财务报表形成审计意见的基础。在记录审计结论时需注意，在审计工作底稿中记录的审计程序和审计证据是否足以支持所得出并记录的审计结论。

4. 审计标识及其说明

审计工作底稿中可使用各种审计标识，但应说明其含义，并保持前后一致。以下是注册会计师在审计工作底稿中列明标识并说明其含义的例子，供参考。在实务中，注册会计师也可以依据实际情况运用更多的审计标识。

∧ 为纵加核对；

< 为横加核对；

B 为与上年结转数核对一致；

T 为与原始凭证核对一致；

G 为与总分类账核对一致；

S 为与明细账核对一致；

T/B 为与试算平衡表核对一致；

C 为已发询证函；

C\ 为已收回询证函。

5. 索引号及编号

通常，审计工作底稿需要注明索引号及顺序编号，相关审计工作底稿之间需要保持清晰的钩稽关系。在实务中，注册会计师可以按照所记录的审计工作的内容层次进行编号。例如，固定资产汇总表的编号为 C1，按类别列示的固定资产明细表的编号为 C1-1，以及列示单个固定资产原值及累计折旧的明细表编号，包括房屋建筑物（编号为 C1-1-1）、机器设备（编号为 C1-1-2）、运输工具（编号为 C1-1-3）及其他设备（编号为 C1-1-4）。相互引用时，需要在审计工作底稿中交叉注明索引号。

以下是不同审计工作底稿之间相互索引的例子，供参考。

例如，固定资产的原值、累计折旧及净值的总额应分别与固定资产明细表的数据互相钩稽。以下是从固定资产汇总表工作底稿（见表 8-5）及固定资产明细表工作底稿（见表 8-6）中节选的部分，以作相互索引的示范。

表 8 - 5　　　　固定资产汇总表（工作底稿索引号：C1）（节选）

工作底稿索引号	固定资产	20 ×2 年 12 月 31 日	20 ×1 年 12 月 31 日
C1-1	原值	××× G	×××
C1-1	累计折旧	××× G	×××
	净值	××× T/B ∧	××× B ∧

表 8 - 6　　　　固定资产明细表（工作底稿索引号：C1-1）（节选）

工作底稿索引号	固定资产	期初余额	本期增加	本期减少	期末余额
	原值				
C1-1-1	1. 房屋建筑物	×××		×××	××× S
C1-1-2	2. 机器设备	×××	×××		××× S
C1-1-3	3. 运输工具	×××			××× S
C1-1-4	4. 其他设备	×××			××× S
	小计	×××B ∧	××× ∧	××× ∧	××× <C1 ∧
C1-1-1	累计折旧				
C1-1-2	1. 房屋建筑物	×××			××× S
C1-1-3	2. 机器设备	×××	×××		××× S
C1-1-4	3. 运输工具	×××			××× S
	4. 其他设备	×××			××× S
	小计	××× B ∧	××× ∧	××× ∧	××× <C1 ∧
	净值	××× B ∧			××× C1 ∧

6. 编制者姓名及编制日期和复核者姓名及复核日期

在记录实施审计程序的性质、时间和范围时，注册会计师应当记录：

（1）审计工作的执行人员及完成该项审计工作的日期；

（2）审计工作的复核人员及复核的日期和范围。

在需要项目质量控制复核的情况下，还需要注明项目质量控制复核人员及日期。

通常，需要在每一张审计工作底稿上注明执行审计工作的人员和复核人员、完成该项审计工作的日期以及完成复核的日期。

在实务中，如果若干页的审计工作底稿记录了同一性质的具体审计程序或事项，并且编制在同一个索引号中，此时可以仅在审计工作底稿的第一页上记录审计工作的执行人员和复核人员并注明日期。例如，应收账款函证核对表的索引号为 L3-1-1/21，相对应的确认函共有 20 份，每一份应收账款确认函索引号以 L3-1-2/21、L3-1-3/21……L3-1-21/21 表示，对于这种情况，就可以仅在应收账款函证核对表上记录审计工作的执行人员和复核人员并注明日期。

8.9　审计工作底稿的归档与保存

8.9.1　审计工作底稿的归档期限

注册会计师应当按照会计师事务所质量控制政策和程序的规定，及时将审计工作底稿归整为最终审计档案。审计工作底稿的归档期限为审计报告日后60 天内。如果注册会计师未能完成审计业务，审计工作底稿的归档期限为审计业务中止后的 60 天内。

如果针对客户的同一财务信息执行不同的委托业务，出具两个或多个不同的报告，会计师事务所应当将其视为不同的业务，根据制定的政策和程序，在规定的归档期限内分别将审计工作底稿归整为最终审计档案。

8.9.2　审计工作底稿的归档工作的内容

在出具审计报告前，注册会计师应完成所有必要的审计程序，取得充分、适当的审计证据并得出适当的审计结论。在审计报告日后将审计工作底稿归整为最终审计档案是一项事务性的工作，不涉及实施新的审计程序或得出新的结论。

在归档期间对审计工作底稿进行的事务性的变动主要包括：

（1）删除或废弃被取代的审计工作底稿；

（2）对审计工作底稿进行分类、整理和交叉索引；

（3）对审计档案归整工作的完成核对表签字认可；

（4）记录在审计报告日前获取的、与审计项目组相关成员进行讨论并取得一致意见的审计证据。

8.9.3　审计工作底稿归档后的变动

1. 修改或增加审计工作底稿时的记录要求

在完成最终审计档案的归整工作后，如果发现有必要修改现有审计工作底稿或增加新的审计工作底稿，无论修改或增加的性质如何，注册会计师均应当记录下列事项：

（1）修改或增加审计工作底稿的时间和人员，以及复核的时间和人员；

（2）修改或增加审计工作底稿的具体理由；

（3）修改或增加审计工作底稿对审计结论产生的影响。

这里所说的修改现有审计工作底稿主要是指在保持原审计工作底稿中所记录的信息，即对原记录信息不予删除（包括涂改、覆盖等方式）的前提下，采用增加新信息的方式予以修改。例如，原审计工作底稿中列明存货余额为 1 000 万元，现改为 1 100 万元，注册会计师可以采用在原工作底稿中增加新的注释的方式予以修改。

一般情况下，在审计报告归档之后不需要对审计工作底稿进行修改或增加。注册会计师发现有必要修改现有审计工作底稿或增加新的审计工作底稿的情形主要有以下两种：

（1）注册会计师已实施了必要的审计程序，取得了充分、适当的审计证据并得出了恰当的审计结论，但审计工作底稿的记录不够充分；

（2）审计报告日后，发现例外情况要求注册会计师实施新的或追加审计程序，或导致注册会计师得出新的结论。有关详细内容，参见第 5 章。

2. 不得在规定的保存期届满前删除或废弃审计工作底稿

在完成最终审计档案的归整工作后，注册会计师不得在规定的保存期届满前删除或废弃审计工作底稿。

删除审计工作底稿主要是指删除整张原审计工作底稿，或以涂改、覆盖等方式删减原审计工作底稿中的全部或部分记录内容。

废弃审计工作底稿主要是指将原审计工作底稿从审计档案中抽取出来，使审计档案中不再包含原来的底稿。

8.9.4 审计工作底稿的保存期限

《中国注册会计师审计准则第 1131 号——审计工作底稿》第十九条规定，会计师事务所应当自审计报告日起，对审计工作底稿至少保存十年。如果注册会计师未能完成审计业务，会计师事务所应当自审计业务中止日起，对审计工作底稿至少保存十年。

值得注意的是，对于连续审计的情况，当期归整的永久性档案虽然包括以前年度获得的资料（有可能是十年以前），但由于其作为本期档案的一部分，并作为支持审计结论的基础，因此，注册会计师对于这些对当期有效的档案，应视为当期取得并保存十年。如果这些资料在某一个审计期间被替换，被替换资料可以从被替换的年度起至少保存十年。

对审计工作底稿的保管、归档工作，注册会计师除遵守本准则的规定外，还应按照《质量控制准则第 5101 号——会计师事务所对执行财务报表审计和审阅、其他鉴证和相关服务业务实施的质量控制》的规定实施适当的控制程序。

8.10 审计工作底稿的变动

在审计报告日后，如果发现例外情况要求注册会计师实施新的或追加的审计程序，或导致注册会计师得出新的结论，注册会计师应当记录：

（1）遇到的例外情况；

（2）实施的新的或追加的审计程序，获取的审计证据以及得出的结论；

（3）对审计工作底稿做出变动及其复核的时间和人员。

例外情况主要是指审计报告日后发现与已审计财务信息相关，且在审计报告日已经存在的事实，该事实如果被注册会计师在审计报告日前获知，可能影响审计报告。例如，注册会计师在审计报告日后才获知法院在审计报告日前已对被审计单位的诉讼、索赔事项做出最终判决结果。

例外情况一般在财务报表报出日后被发现，注册会计师应当按照《中国注册会计师审计准则第 1332 号——期后事项》第四章"财务报表报出后发现的事实"的规定，对例外事项实施新的或追加的审计程序。

本 章 小 结

1. 审计证据是指注册会计师为了得出审计结论、形成审计意见而使用的所有信息，包括财务报表依据的会计记录中含有的信息和其他信息。注册会计师应当获取充分、适当的审计证据，以得出合理的审计结论，作为形成审计意见的基础。审计证据内容包括财务报表依据的会计记录中含有的信息和其他信息。

2. 根据审计证据外在的具体形态，可以将其划分为：实物证据、书面证据、口头证据、环境证据。

3. 根据获取的证据对审计结论的支持程度，可以将审计证据分为：直接证据和间接证据。

4. 按照证据的来源进行分类，审计证据可以划分为来自审计客户内部的证据、来自审计客户外部的证据。

5. 根据证据所提供的逻辑证明，可将审计证据划分为正面证据和反面证据。

6. 按照证据的证明力可以划分为充分证明力、部分证明力和无证明力三种类型。

7. 审计证据的适当性是对审计证据质量的衡量，即审计证据在支持各类交易、账户余额、列报（包括披露，下同）的相关认定，或发现其中存在错报方面具有相关性和可靠性。

8. 审计证据的充分性是对审计证据数量的衡量，是指审计证据的数量能足以支持注册会计师的审计意见。因此，它是注册会计师为形成审计意见所需审计证据的最低数量要求。

9. 获取审计证据的审计程序包括检查记录或文件、检查有形资产、观察、询问、函证、重新计算、重新执行和分析程序等具体审计程序来获取审计证据。

10. 审计工作底稿是审计证据的载体，是指注册会计师对制定的审计计划、实施的审计程序、获取的相关审计证据，以及得出的审计结论做出的记录。其内容包括注册会计师在制定和实施审计计划时直接编制的、用以反映其审计思路和审计过程的工作记录，注册会计师从被审计单位或其他有关部门取得的、用作审计证据的各种原始资料，以及注册会计师接受并审阅他人代为编制的审计记录。

思　考　题

1. 如何理解审计证据的意义和重要性？

2. 如何对审计证据进行分类？

3. 如何理解审计证据的证明力？证明力较强的审计证据类型有哪些？

4. 如何理解审计证据的相关性和可靠性？

5. 如何理解审计证据的充分性？

6. 注册会计师判断审计证据是否充分、适当，应当考虑哪些主要因素？

7. 获取审计证据的审计程序有哪些？

8. 注册会计师应该如何运用分析程序？

9. 审计工作底稿通常包括哪些内容？

10. 如何编制审计工作底稿？

第9章　接受客户委托和审计计划

学习目标

　　了解注册会计师接受客户委托时应注意的问题；掌握审计业务约定书的内容构成；掌握注册会计师与客户续约时应注意的问题；了解注册会计师利用其他注册会计师的工作时应注意的问题、注册会计师利用专家工作、注册会计师考虑内部审计工作；掌握总体审计策略的制订、具体审计计划的制订；了解与客户的治理层和管理层的沟通。

关键名词

　　审计业务约定书　　连续审计　　总体审计策略　　具体审计计划

9.1　接受客户委托

　　尽管注册会计师行业竞争激烈，取得和保持客户并不容易，但会计师事务所在决定接受客户时必须谨慎。注册会计师和会计师事务所的法律责任和职业责任重大，如果与不诚实的客户合作，审计风险会急剧上升。即使会计师事务所按照审计准则并签发了恰当的审计报告，依然面临审计风险或法律诉讼的可能性，例如以下情况。

　　（1）被起诉。如果会计师事务所因客户破产、存在舞弊或违法行为而被起诉，那么即使会计师事务所能够胜诉也会遭受经济损失。会计师事务所在因诉讼而花费的成本超过其审计收入所得。

　　（2）职业名誉的损失。如果会计师事务所与一家声名狼藉的客户合作，那么事务所很可能会失去一些潜在的优良客户。因为优良客户可能会认为与声名狼藉的客户有联系的事务所很可能存在违背职业道德甚至不法行为。

　　（3）缺乏盈利性。在审计业务完成后，会计师事务所可能发现该笔审计业务的收入不足以抵销其成本支出。

　　注册会计师在确定接受客户的委托、签订业务约定书前，应先对客户的基本情况进行调查和相关评估，确定是否可以接受该项委托。注册会计师只有在已考虑了客户的诚信且没有信息表明客户缺乏诚信、注册会计师自身具有执行业务所必要的素质、专业胜任能力、时间和资源以及能够遵守职业道德规范的条件下才能接受或保持客户关系和审计业务。而且，注册会计师应当在审计业务开始前，与被审计单位就审计业务约定条款达成一致意见，并签订审计业务约定书，以避免双方对审计业务的理解产生分歧。

9.1.1　了解被审计单位及其所在行业和经济环境的情况

会计师事务所一方面要努力扩大业务范围，广泛吸收客户；另一方面要审慎地对潜在的客户进行调查研究，掌握被审计单位的情况。注册会计师通过对被审计单位基本情况的了解，一方面可以确定是否接受委托人的委托；另一方面可以进一步规划审计工作。注册会计师应了解的被审计单位的基本情况包括：

（1）委托人的业务性质、经营规模和组织结构；

（2）经营状况和经营风险；

（3）以前年度接受审计的情况；

（4）财务会计机构及其工作组织；

（5）厂房、设备及办公场所；

（6）其他与签订审计业务约定书有关的事项。例如，被审计单位发展历史、委托人聘用注册会计师的意向等。

由于被审计单位属于市场经济的微观组成部分，因而受到宏观经济环境的影响，所以，注册会计师还应当关注国民经济的整体形势、国家的财政、金融、贸易方面的基本政策、当前资金市场的供求状况与利率水平、通货膨胀水平及币值稳定程度等。被审计单位所在行业的整体状况影响和制约着单个企业的发展，注册会计师应当了解被审计单位所在行业的市场竞争状况与发展趋势、行业经营风险、经营特点与技术变动程度、行业适用的法律法规、会计惯例及问题以及有关环保方面的要求和问题等。

注册会计师可以通过巡视客户的经营场所、复核年度报告、与客户的管理当局和员工进行讨论、利用网络获取公众信息和公共数据库，对新老客户的上述基本情况进行初步审查。如果是老客户，应该复核以前年度的工作底稿。如果是新客户，注册会计师在接受委托前，应当向前任注册会计师询问被审计单位变更会计师事务所的原因，并关注前任注册会计师与被审计单位管理当局在重大会计、审计等问题上可能存在的意见分歧。后任注册会计师应当提请被审计单位书面授权前任注册会计师对其询问做出充分答复。如果被审计单位不同意前任注册会计师做出答复，或限制答复的范围，后任注册会计师应当向被审计单位询问原因，并考虑是否接受委托。

9.1.2　初步业务活动

注册会计师在计划审计工作前，为了达到以下三方面的目的：（1）具备执行业务所需的独立性和能力；（2）不存在因管理层诚信问题而可能影响注册会计师保持该项业务的意愿的事项；（3）与被审计单位之间不存在对业务约定条款的误解。

需要开展初步业务活动，具体内容有：（1）针对保持客户关系和具体审计业务实施相应的质量控制程序；（2）评价遵守相关职业道德要求的情况；（3）就审计业务约定条款达成一致意见。

针对保持客户关系和具体审计业务实施质量控制程序，并且根据实施相应程序的结果做出适当的决策是注册会计师控制审计风险的重要环节。连续审计时，注册会计师通常执行针对保持客户关系和具体审计业务的质量控制程序。

1.　评价被审计单位的诚信和管理当局的品行

注册会计师进行财务报表审计的目的是要对财务报表的合法性和公允性发表意见。财务报表是在管理当局的控制下形成的，因此，只有在被审计单位诚信、管理当局的品行值得信赖、被审计的财务报表具有一定可靠性的前提下，注册会计师才应该接受此项委托。如果被审计单位缺乏诚信、管理当局的品行值得怀疑，那么被审计单位会计处理程序中存在严重差错或舞弊的可能性就很大，相应的财务报表的可信度也就大大降低。对于缺乏诚信的被审计单位，注册会计师应当考虑拒绝接受委托。根据《质量控制准则第 5101 号——会计师事务所对执行财务报表审计和审阅、其他鉴证和相关服务实施的质量控制》，针对被审计单位的诚信，会计师事务所应当考虑下列主要事项：

（1）被审计单位主要股东、关键管理人员、关联方及治理层的身份和商业信誉；

（2）被审计单位的经营性质；

（3）被审计单位主要股东、关键管理人员及治理层对内部控制环境和会计准则等的态度；

（4）被审计单位是否过分考虑将会计师事务所的收费维持在尽可能低的水平；

（5）工作范围受到不适当限制的迹象；

（6）被审计单位可能涉嫌洗钱或其他刑事犯罪行为的迹象；

（7）变更会计师事务所的原因。

会计师事务所可以通过下列途径，获取与客户诚信相关的信息：①与为客户提供专业会计服务的现任或前任人员进行沟通，并与其讨论；②向会计师事务所其他人员、监管机构、金融机构、法律顾问和客户的同行等第三方询问；③从相关数据库中搜索客户的背景信息。

2. 评价会计师事务所与注册会计师的胜任能力

担任财务报表审计的注册会计师应具备专门学识与经验，经过适当的专业训练，并具有足够的分析和判断能力。因此，在接受委托之前，注册会计师应当确定他们是否有能力按照审计准则的要求完成该项审计业务。这个评价过程包括三方面的内容：一是评价执行审计的能力；二是评价独立性；三是评价保持应有谨慎的能力。

在确定是否具有接受新业务所需的必要素质、专业胜任能力、时间和资源时，会计师事务所应当考虑下列事项，以评价新业务的特定要求和所有相关级别的现有人员的基本情况：

（1）会计师事务所人员是否熟悉相关行业或业务对象；

（2）会计师事务所人员是否具有执行类似业务的经验，或是否具备有效获取必要技能和知识的能力；

（3）会计师事务所是否拥有足够的具有必要素质和专业胜任能力的人员；

（4）在需要时，是否能够得到专家的帮助；

（5）如果需要项目质量控制复核，是否具备符合标准和资格要求的项目质量控制复核人员；

（6）会计师事务所是否能够在提交报告的最后期限内完成业务。

在确定是否接受新业务时，会计师事务所还应当考虑接受该业务是否会导致现实或潜在的利益冲突。如果识别出潜在的利益冲突，会计师事务所应当考虑接受该业务是否适当。

9.1.3 评价遵守职业道德规范的情况

评价遵守职业道德规范的情况也是一项非常重要的初步业务活动。职业道德规范要求项目组成员恪守诚信、客观、公正的原则，保持独立性、专业胜任能力和应有的关注，并对审计过程中获知的信息保密。在整个审计过程中，项目负责人应当对项目组成员违反职业道德规范的迹象保持警惕。如果发现项目组成员违反职业道德规范，项目负责人应当与会计师事务所的相关人员商讨，以便采取适当的措施。项目负责人应当记录识别出的违反职业道德规范的问题，以及这些问题是如何得到解决的。在适当情况下，项目组其他成员也应当记录上述内容。

对于保持独立性，质量控制准则要求会计师事务所制定政策和程序，以及项目负责人实施相应措施，以保持独立性。例如，会计师事务所应当每年至少一次向所有受独立性要求约束的人员获取其遵守独立性政策和程序的书面确认函。注册会计师应当确保审计小组中的每位成员以及整个会计师事务所都能达到相应的独立性要求。这需要执行一些程序来检查合伙人、员工等与潜在客户之间的个人财务投资以及商务关系，并复核事务所正在或近来已经为该客户提供的非审计服务。

项目负责人为了就审计业务的独立性要求是否得到遵守形成结论，应当采取下列措施：

（1）从会计师事务所获取相关信息，以识别、评价对独立性造成威胁的情况和关系。

（2）评价已识别的违反会计师事务所独立性政策和程序的情况，以确定是否对审计业务的独立性造成威胁。

（3）采取适当的防护措施以消除对独立性的威胁，或将其降至可接受的水平；对未能解决的事项，项目负责人应当立即向会计师事务所报告，以便会计师事务所采取适当的行动。

（4）记录与独立性有关的结论及讨论情况。

所以，在确定是否接受新业务时，会计师事务所还应当考虑接受该业务是否会导致现实或潜在的利益冲突。如果识别出潜在的利益冲突，会计师事务所应当考虑接受该业务是否适当。在确定是否保持客户关系时，会计师事务所应当考虑在本期或以前业务执行过程中发现的重大事项，及其对保持客户关系可能造成的影响。

此外，注册会计师对针对保持客户关系和具体审计业务实施相应的质量控制程序和评价遵守职业道德规范的情况的考虑应当贯穿审计业务的全过程。例如，在现场审计过程中，如果注册会计师发现财务报表存在舞弊，因而对管理层、治理层的胜任能力或诚信产生了极大疑虑，则注册会计师需要针对这一新情况，考虑并在必要时重新实施相应的质量控制程序，以决定是否继续保持该项业务及其客户关系。但是，虽然保持客户关系及具体审计业务和评价职业道德的工作贯穿审计业务的全过程，但是初始进行这两项活动需要安排在其他重要审计工作之前，以确保注册会计师已具备执行业务所需的独立性和专业胜任能力，且不存在因管理层诚信问题而影响注册会计师保持该项业务意愿等情况。

9.1.4　就审计业务约定书的相关条款达成一致意见

在做出接受或保持客户关系及具体审计业务的决策后，注册会计师应当在审计业务开始前，与被审计单位就审计目标、审计范围、相关责任划分、审计收费、被审计单位应提供的资料和协助等审计业务约定条款达成一致意见，并签订审计业务约定书，以避免双方对审计业务的理解产生分歧。如果被审计单位不是委托人，在签订审计业务约定书前，注册会计师应当与委托人、被审计单位就审计业务约定相关条款进行充分沟通，并达成一致意见。

会计师事务所在和被审计单位签约前，首要的工作是使双方对审计业务的性质和范围取得一致看法。审计业务一般有年度财务报表审计、专项审计、期中审计和资本金验证等。如果注册会计师的审计范围受到限制，例如，被审计单位不能为注册会计师提供审计年度财务报表所需要的全部资料时，注册会计师就无法获取充分适当的审计证据，因而也就无法对被审计单位会计报表的合法性和公允性发表审计意见。

我国目前会计师事务所收费标准一般由注册会计师协会统一规定，审计收费方法可以采用计件收费和计时收费两种方法。从注册会计师业务发展趋势看，计时收费应该成为审计收费的基本方法。由于计时收费的主要因素是完成审计业务所需要的工作时间，因此，会计师事务所应当估计工时，以便与委托人商定收费。

在注册会计师实施外勤审计工作之前，被审计单位应当将所有的会计资料准备齐全；在审计过程中，被审计单位的财会人员应当对注册会计师的询问、审查给予解释和配合，并在适当的时候为注册会计师代编工作底稿。

9.2　审计业务约定书

审计业务约定书，是指会计师事务所与被审计单位签订的，用以记录和确认审计业务的委托与受托关系、审计目标和范围、双方的责任以及拟出具审计报告的预期形式和内容等事项的书面协议。注册会计师应当在审计业务开始前，与被审计单位就审计业务约定条款达成一致意见，并签订审计业务约定书，以避免双方对审计业务的理解产生分歧。

9.2.1　审计业务约定书的作用

签订审计业务约定书的目的是为了明确约定双方的责任与义务，促使双方遵守约定事项并加强合作，以保护会计师事务所与被审计单位的利益。在注册会计师的审计实践中，审计业务约定书可以起到以下几个方面的作用：

第一，审计业务约定书可以增进会计师事务所与委托人之间的了解，避免在审计目的、范围和双方责任等方面产生误解，尤其是可以使被审计单位了解他们的会计责任和注册会计师的审计责任，明确被审计单位应该提供的合作，并以此作为划分责任的依据。

第二，审计业务约定书可以作为被审计单位鉴定审计业务完成情况及会计师事务所检查被审计单位约定义务履行情况的依据，如果被审计单位对注册会计师的服务提出质疑，注册会计师可以根据约定书的有关内容做出辩解。

第三，如果出现法律诉讼，审计业务约定书是据以确定会计师事务所和委托人双方应负法律责任的重要依据。倘若被审计单位对注册会计师提出质疑、责难或控告，注册会计师可以根据审计业务约定书的有关内容做出辩解。当然，对于已载明的审计责任，注册会计师不能推诿。因而可以说，审计业务约定书是保护审计机构和注册会计师的有效措施之一。

审计业务约定书的资料在审计规划过程中之所以显得特别重要，主要是因为，它的某些内容直接影响到审计工作的时间预算和过程安排。例如，如果委托人要求在资产负债表日之后立即提交审计报告，则大部分审计工作就必须安排在会计年度结束之前完成；如果注册会计师同时受托编制纳税申报表或管理建议书，或者被审计单位不能协助注册会计师完成特定的工作，则应采取相应的措施予以替代，这样就必须增加总的工作时间。另外，被审计单位对审计工作的限制，可能影响审计的手续和方法，有时甚至会影响审计意见的种类。

9.2.2　审计业务约定书的内容

审计业务约定书的具体内容可能因被审计单位的不同而存在差异，但应当包括下列主要方面：

（1）财务报表审计的目标。财务报表审计的目标就是注册会计师通过执行审计工作，对财务报表是否按照适用的财务报告编制基础的规定编制，财务报表是否在所有重大方面公允反映被审计单位的财务状况、经营成果和现金流量发表意见。

（2）管理层和注册会计师对财务报表的责任。一般来看，按照适用的财务报告编制基础编制财务报表是管理层的责任，这种责任包括：设计、实施和维护与财务报表编制相关的内部控制，以使财务报表不存在由于舞弊或错误而导致的重大错报；选择和运用恰当的会计政策；做出合理的会计估计、为注册会计师提供必要的工作条件。注册会计师的责任是按照中国注册会计师审计准则的规定实施审计程序，获取充分、适当的审计证据，从而对财务报表发表审计意见。

（3）管理层编制财务报表采用的财务报告编制基础。

（4）审计范围，包括指明在执行财务报表审计业务时遵守的中国注册会计师审计准则。财务报表的审计范围是指为实现财务报表审计目标，注册会计师根据审计准则和职业判断实施的恰当的审计程序的总和。注册会计师执行财务报表审计业务时遵守与财务报表审计相关的各项审计准则。

（5）执行审计工作的安排，包括出具审计报告的时间要求。

（6）审计报告格式和对审计结果的其他沟通形式。

（7）由于测试的性质和审计的其他固有限制，以及内部控制的固有局限性，不可避免地存在着某些重大错报可能仍然未被发现的风险。

（8）管理层为注册会计师提供必要的工作条件和协助。

（9）注册会计师不受限制地接触任何与审计有关的记录、文件和所需要的其他信息。

（10）管理层对其做出的与审计有关的声明予以书面确认。

（11）注册会计师对执业过程中获知的信息保密。

（12）审计收费，包括收费的计算基础和收费安排。审计业务约定书应当明确审计收费的计费依据、计费标准及付费方式与时间。会计师事务所应根据审计业务所确定的工时，依据收费标准计算审计费用。

（13）违约责任。

（14）解决争议的方法。

（15）签约双方法定代表人或其授权代表的签字盖章，以及签约双方加盖的公章。

如果情况需要，注册会计师应当考虑在审计业务约定书中列明下列内容：①在某些方面对利用其他注册会计师和专家工作的安排；②与审计涉及的内部审计人员和被审计单位其他员工工作的协调；③预期向被审计单位提交的其他函件或报告；④与治理层整体直接沟通；⑤在首次接受审计委托时，对与前任注册会计师沟通的安排；⑥注册会计师与被审计单位之间需要达成进一步协议的事项。

如果负责集团财务报表审计的注册会计师同时负责组成部分财务报表的审计，注册会计师应当考虑组成部分注册会计师的委托人、是否对组成部分单独出具审计报告、法律法规的规定、母公司、总公司或总部占组成部分的所有权份额、组成部分管理层的独立程度等因素，以决定是否与各个组成部分单独签订审计业务约定书。

9.2.3　审计业务约定书范例

下面举例说明审计业务约定书的格式和内容。

审计业务约定书

甲方：A 股份有限公司

乙方：B 会计师事务所

兹由甲方委托乙方对 20×6 年度财务报表进行审计，经双方协商，达成以下约定：

一、审计的目标和范围

1. 乙方接受甲方委托，对甲方按照企业会计准则和《××会计制度》编制的 20×6 年 12 月 31 日的资产负债表，20×6 年度的利润表、股东权益变动表和现金流量表以及财务报表附注（以下统称财务报表）进行审计。

2. 乙方通过执行审计工作，对财务报表的下列方面发表审计意见：（1）财务报表是否按照企业会计准则和《××会计制度》的规定编制；（2）财务报表是否在所有重大方面公允反映被审计单位 20×6 年 12 月 31 日的财务状况、20×6 年的经营成果和现金流量。

二、甲方的责任与义务

（一）甲方的责任

1. 根据《中华人民共和国会计法》及《企业财务会计报告条例》，甲方及甲方负责人有责任保证会计资料的真实性和完整性。因此，甲方管理层有责任妥善保存和提供会计记录（包括但不限于会计凭证、会计账簿及其他会计资料），这些记录必须真实、完整地反映甲方的财务状况、经营成果和现金流量。

2. 按照企业会计准则和《××会计制度》的规定编制财务报表是甲方管理层的责任，这种责任包括：（1）按照企业会计准则的规定编制财务报表，并使其实现公允反映；（2）设计、实施和维护与财务报表编制相关的内部控制，以使财务报表不存在由于舞弊或错误而导致的重大错报。

（二）甲方的义务

1. 及时为乙方的审计工作提供其所要求的全部会计资料和其他有关资料（在 20×7 年×月×日之前提供审计所需的全部资料），并保证所提供资料的真实性和完整性。

2. 确保乙方不受限制地接触任何与审计有关的记录、文件和所需的其他信息。

（下段适用于集团财务报表审计业务，使用时需按每位客户/约定项目的特定情况而修改，如果加入此段，应相应修改下面其他条款编号。）

［3. 为乙方对甲方合并财务报表发表审计意见的需要，甲方须确保：乙方和为组成部分执行审计的其他会计师事务所的注册会计师（以下简称其他注册

会计师）之间的沟通不受任何限制。

组成部分是指甲方的子公司、分部、分公司、合营企业、联营企业等。

如果甲方管理层、负责编制组成部分财务信息的管理层（以下简称组成部分管理层）对其他注册会计师的审计范围施加了限制，或客观环境使其他注册会计师的审计范围受到限制，甲方管理层和组成部分管理层应当及时告知乙方。

乙方及时获悉其他注册会计师与组成部分治理层和管理层之间的重要沟通（包括就内部控制重大缺陷进行的沟通）；

乙方及时获悉组成部分治理层和管理层与监管机构就财务信息事项进行的重要沟通。

在乙方认为必要时，允许乙方接触组成部分的信息、组成部分管理层或其他注册会计师（包括其他注册会计师的审计工作底稿），并允许乙方对组成部分的财务信息实施审计程序。]

3. 甲方管理层对其做出的与审计有关的声明予以书面确认。

4. 为乙方派出的有关工作人员提供必要的工作条件和协助，主要事项将由乙方于外勤工作开始前提供清单。

5. 按本约定书的约定及时足额支付审计费用以及乙方人员在审计期间的交通、食宿和其他相关费用。

三、乙方的责任和义务

（一）乙方的责任

1. 乙方的责任是在实施审计工作的基础上对甲方财务报表发表审计意见。乙方按照中国注册会计师审计准则（以下简称审计准则）的规定进行审计。审计准则要求注册会计师遵守职业道德规范，计划和实施审计工作，以对财务报表是否不存在重大错报获取合理保证。

（下段适用于集团财务报表审计业务，使用时需按每位客户/约定项目的特定情况而修改，如果加入此段，应相应修改其他条款编号。）

[2. 乙方并不对非由乙方审计的组成部分的财务信息单独出具审计报告；有关的责任由对该组成部分执行审计的其他注册会计师及其所在的会计师事务所负责。]

2. 审计工作涉及实施审计程序，以获取有关财务报表金额和披露的审计证据。选择的审计程序取决于乙方的判断，包括对由于舞弊或错误导致的财务报表重大错报风险的评估。在进行风险评估时，乙方考虑与财务报表编制相关的内部控制，以设计恰当的审计程序，但目的并非对内部控制的有效性发表意见。审计工作还包括评价管理层选用会计政策的恰当性和做出会计估计的合理性，以及评价财务报表的总体列报。

3. 乙方需要合理计划和实施审计工作，以使乙方能够获取充分、适当的审计证据，为甲方财务报表是否不存在重大错报获取合理保证。

4. 乙方有责任在审计报告中指明所发现的甲方在重大方面没有遵循企业会计准则和《××会计制度》编制财务报表且未按乙方的建议进行调整的事项。

5. 由于测试的性质和审计的其他固有限制，以及内部控制的固有局限性，不可避免地存在着某些重大错报在审计后可能仍然未被乙方发现的风险。

6. 在审计过程中，乙方若发现甲方内部控制存在乙方认为的重要缺陷，应向甲方提交管理建议书。但乙方在管理建议书中提出的各种事项，并不代表已全面说明所有可能存在的缺陷或已提出所有可行的改善建议。甲方在实施乙方提出的改善建议前应全面评估其影响。未经乙方书面许可，甲方不得向任何第三方提供乙方出具的管理建议书。

7. 乙方的审计不能减轻甲方及甲方管理层的责任。

（二）乙方的义务

1. 按照约定时间完成审计工作，出具审计报告。乙方应于20×7年×月×日前出具审计报告。

2. 除下列情况外，乙方应当对执行业务过程中知悉的甲方信息予以保密：(1) 取得甲方的授权；(2) 根据法律法规的规定，为法律诉讼准备文件或提供证据，以及向监管机构报告发现的违反法规行为；(3) 接受行业协会和监管机构依法进行的质量检查；(4) 监管机构对乙方进行行政处罚（包括监管机构处罚前的调查、听证）以及乙方对此提起行政复议。

四、审计收费

1. 本次审计服务的收费是以乙方各级别工作人员在本次工作中所耗费的时间为基础计算的。乙方预计本次审计服务的费用总额为人民币××万元。

2. 甲方应于本约定书签署之日起×日内支付×%的审计费用，剩余款项于审计报告草稿完成日结清。

3. 如果由于无法预见的原因，致使乙方从事本约定书所涉及的审计服务实际时间较本约定书签订时预计的时间有明显的增加或减少时，甲乙双方应通过协商，相应调整本约定书第四条第1项所述的审计费用。

4. 如果由于无法预见的原因，致使乙方人员抵达甲方的工作现场后，本约定书所涉及的审计服务不再进行，甲方不得要求退还预付的审计费用；如上述情况发生于乙方人员完成现场审计工作，并离开甲方的工作现场之后，甲方应另行向乙方支付人民币××元的补偿费，该补偿费应于甲方收到乙方的收款通知之日起×日内支付。

5. 与本次审计有关的其他费用（包括交通费、食宿费等）由甲方承担。

五、审计报告和审计报告的使用

1. 乙方按照《中国注册会计师审计准则第 1501 号——对财务报表形成审计意见和出具审计报告》和《中国注册会计师审计准则第 1502 号——在审计报告中发表非无保留意见》规定的格式和类型出具审计报告。

2. 乙方向甲方出具审计报告一式××份。

3. 甲方在提交或对外公布审计报告时，不得修改或删节乙方出具的审计报告及其后附的已审财务报表。当甲方认为有必要修改会计数据、报表附注和所作的说明时，应当事先通知乙方，乙方将考虑有关的修改对审计报告的影响，必要时，将重新出具审计报告。

六、本约定书的有效期间

本约定书自签署之日起生效，并在双方履行完毕本约定书约定的所有义务后终止。但其中第三（二）2、四、五、八、九、十项并不因本约定书终止而失效。

七、约定事项的变更

如果出现不可预见的情况，影响审计工作如期完成，或需要提前出具审计报告时，甲乙双方均可要求变更约定事项，但应及时通知对方，并由双方协商解决。

八、终止条款

1. 如果根据乙方的职业道德及其他有关专业职责、适用的法律、法规或其他任何法定的要求，乙方认为已不适宜继续为甲方提供本约定书约定的审计服务时，乙方可以采取向甲方提出合理通知的方式终止履行本约定书。

2. 在终止业务约定的情况下，乙方有权就其于本约定书终止之日前对约定的审计服务项目所做的工作收取合理的审计费用。

九、违约责任

甲乙双方按照《中华人民共和国合同法》的规定承担违约责任。

十、适用法律和争议解决

本约定书的所有方面均应适用中华人民共和国法律进行解释并受其约束。本约定书履行地为乙方出具审计报告所在地，因本约定书所引起的或与本约定书有关的任何纠纷或争议（包括关于本约定书条款的存在、效力或终止，或无效之后果），双方选以下择第 1 种解决方式：

（1）向有管辖权的人民法院提起诉讼；

（2）提交××仲裁委员会仲裁。

十一、双方对其他有关事项的约定

本约定书一式两份，甲乙方各执一份，具有同等法律效力。

甲方：A股份有限公司（盖章）　　　乙方：B会计师事务所（盖章）

授权代表：（签名并盖章）　　　　　授权代表：（签名并盖章）

20×7年×月×日　　　　　　　　　20×7年×月×日

9.3　与客户的续约

9.3.1　重新考虑签订审计业务约定书的情形

许多会计师事务所每年都对现有客户进行评价，以确定是否存在不再审计的理由。以前发生的诸如在审计的恰当范围、所出具的意见类型或收费方面的分歧，可能会导致会计师事务所终止与客户的业务关系。注册会计师也可能认为客户缺乏诚信而不再与之续约。如果客户起诉事务所，或者事务所起诉客户，则事务所不可能再为该客户审计。另外，如果一年以前提供的审计服务尚未提供支付费用，会计师事务所也可能不再为该客户提供审计服务。

对于连续审计，注册会计师应当考虑是否需要根据具体情况修改业务约定的条款，以及是否需要提醒被审计单位注意现有的业务约定条款。注册会计师可以与被审计单位签订长期审计业务约定书，但如果出现下列情况，应当考虑重新签订审计业务约定书：①有迹象表明被审计单位误解审计目标和范围；②需要修改约定条款或增加特别条款；③高级管理人员、董事会或所有权结构近期发生变动；④被审计单位业务的性质或规模发生重大变化；⑤法律法规的规定；⑥管理层编制财务报表采用的会计准则和相关会计制度发生变化。

9.3.2　审计业务约定条款的变更

在完成审计业务前，如果被审计单位要求注册会计师将审计业务变更为保证程度较低的鉴证业务或相关服务，注册会计师应当考虑变更业务的适当性。可能导致被审计单位要求变更业务的原因一般包括：情况变化对审计服务的需求产生影响；对原来要求的审计业务的性质存在误解；审计范围存在限制。第一项和第二项原因通常被认为是变更业务的合理理由，但如果有迹象表明该变更要求与错误的、不完整的或者不能令人满意的信息有关，注册会计师不应认为该变更是合理的。

在同意将审计业务变更为其他服务前，注册会计师还应当考虑变更业务对法律责任或业务约定条款的影响。如果变更业务引起业务约定条款的变更，注册会计师应当与被审计单位就新条款达成一致意见。

如果认为变更业务具有合理的理由，并且按照审计准则的规定已实施的审计工作也适用于变更后的业务，注册会计师可以根据修改后的业务约定条款出具报告。为避免引起报告使用者的误解，报告不应提及原审计业务和在原审计业务中已执行的程序。只有将审计业务变更为执行商定程序业务，注册会计师才可在报告中提及已执行的程序。

如果没有合理的理由，注册会计师不应当同意变更业务。如果不同意变更业务，被审计单位又不允许继续执行原审计业务，注册会计师应当解除业务约定，并考虑是否有义务向被审计单位董事会或股东会等方面说明解除业务约定的理由。

情况 ＼ 措施	注册会计师意见	注册会计师采取措施
不存在合理理由	不同意变更	(1) 解除业务约定 (2) 确定是否有义务向治理层、所有者或监管机构等报告事项
存在合理理由	同意变更	与管理层达成一致意见并形成书面记录

9.4　利用其他注册会计师的工作

为了实现其经营战略，许多企业组建了分部、分支机构、分公司、合资公司、子公司和联营公司等。企业这些组成部分的财务信息会包括在总部、总公司或母公司的财务报表中。由于地域的阻隔、时间的限制和成本的约束，被审计单位及其组成部分的财务报表有可能由不同会计师事务所的注册会计师来审计的。这样就会产生主审注册会计师与其他注册会计师的区别，可能出现主审注册会计师利用其他注册会计师工作的情况。所谓主审注册会计师，是指当被审计单位财务报表包含由其他注册会计师审计的一个或多个组成部分的财务信息时，负责对该财务报表出具审计报告的注册会计师。所谓其他注册会计师，是指除主审注册会计师以外的，负责对组成部分财务信息出具审计报告的其他会计师事务所的注册会计师。

当被审计单位财务报表包含由其他注册会计师审计的一个或多个组成部分的财务信息时，其他注册会计师的专业胜任能力、独立性及其工作质量对主审计注册会计师的审计工作有重大影响，因此，当计划利用其他注册会计师的工作时，主审注册会计师应当根据其他注册会计师承担的具体业务考虑其专业胜任能力；获取其他注册会计师的独立性的证据；实施必要的审计程序，获取充分、适当的审计证据，确定其他注册会计师的工作能否满足主审注册会计师审计的需要。除非有充分的证据表明其他注册会计师在执业时遵守了适用的质量控制政策和程序，否则，主审注册会计师应当考虑与其他注册会计师讨论其运用的审计程序，复核其他注册会计师实施的审计程序的书面摘要，或复核其他注册会计师的审计工作底稿。

主审注册会计师应当在审计工作底稿中记录由其他注册会计师审计的组成部分、组成部分对财务报表整体的重要程度、其他注册会计师的名称，以及所得出的组成部分不重要的结论；还应当记录在利用其他注册会计师工作时所实施的审计程序和得出的结论。

在审计中，主审注册会计师与其他注册会计师应相互配合。主审注册会计师应当在审计的初始计划阶段对双方的配合做出充分安排，并将有关重要事项告知其他注册会计师，包括需要特别考虑的审计领域、识别被审计单位与组成部分之间交易的审计程序以及完成审计工作的时间安排等。在知悉主审注册会计师拟利用其工作后，其他注册会计师应当与主审注册会计师配合。如果其他注册会计师无法按照要求完成工作，应当告知主审注册会计师。如果主审注册会计师注意到可能影响其他注册会计师工作的事项，应当告知其他注册会计师。

在出具审计报告时，由于对被审计单位的财务报表审计由主审注册会计师负责，其他注册会计师仅对被审单位组成部分的财务信息的审计负责，因此，主审注册会计师不应当在审计报告中提及其他注册会计师的工作。

如果主审注册会计师认为无法利用其他注册会计师的工作，且无法对由其他注册会计师审计的组成部分财务信息实施充分的追加程序，主审注册会计师应当将其视为审计范围受到限制，出具保留意见或无法表示意见的审计报告。

如果其他注册会计师出具或拟出具非标准审计报告，主审注册会计师应当考虑导致其他注册会计师出具非标准审计报告事项的性质和重要程度，决定是否需要对财务报表出具非标准审计报告。

9.5 利用专家工作

在审计中，限于自身技能、知识和经验，注册会计师可能要利用专家的工作。本准则所称的专家，是指除会计、审计之外的某一特定领域中具有专门技能、知识和经验的个人或组织。专家通常可以是工程师、律师、资产评估师、精算师、环境专家、地质专家、IT 专家以及税务专家，也可以是这些个人所从属的组织，如律师事务所、资产评估公司以及各种咨询公司等。专家可以是被审计单位或会计师事务所的员工，也可以是被审计单位或会计师事务所从外部聘请的个人或组织。

在利用专家的工作时，注册会计师应当获取充分、适当的审计证据，以确信专家的工作可以满足审计的需要。注册会计师应当实施以下程序，以获取专家工作能够满足审计需要的充分、适当的审计证据：（1）在确定是否利用专家工作时，考虑专家工作涉及项目的性质、复杂程度和重大错报风险，是否可获取其他审计证据以支持审计结论，以及项目组成员是否具有相关的知识和经验；（2）在计划利用专家工作时，对专家的专业胜任能力和客观性进行评价，并考虑专家的工作范围是否可以满足审计的需要；（3）在将专家的工作结果作为审计证据时，评价专家工作的适当性。

在了解被审计单位及其环境以及针对评估的风险实施进一步审计程序时，注册会计师可能需要会同被审计单位或独立获取专家的报告、意见、估价和说明等形式的审计证据。注册会计师利用专家工作的领域主要包括：（1）对特定资产的估价；（2）对资产的数量和实物状况的测定；（3）需用特殊技术或方法的金额测算；（4）未完成合同中已完成和未完成工作的计量；（5）涉及法律法规和合同的法律意见。

在确定是否需要利用专家的工作时，注册会计师应当考虑下列因素：（1）项目组成员对所涉及事项具有的知识和经验；（2）根据所涉及事项的性质、复杂程度和重要性确定的重大错报风险；（3）预期获取的其他审计证据的数量和质量。

在计划利用专家的工作时，注册会计师应当评价专家的专业胜任能力，包括考虑：（1）专家是否具有相关职业团体授予的专业资格或执业许可证，或是相关职业团体的会员；（2）在注册会计师寻求审计证据的领域中，专家的经验和声望。当利用会计师事务所内部专家的工作时，注册会计师可以依赖会计师事务所的招聘和培训系统确定专家的专业胜任能力，而不必就每一项审计业务对专家的工作进行评价。但注册会计师需要关注专家的知识更新程度，特别是对于变化非常快的专业领域，如信息技术领域。

由于专家的胜任能力与客观性对注册会计师所获取的审计证据有重大影响，所以，在计划利用专家的工作时，注册会计师应当评价专家的专业胜任能力和客观性。如果对专家的专业胜任能力或客观性存有疑虑，注册会计师应当与管理层交换意见，并考虑能否通过专家的工作获取充分、适当的审计证据。必要时，注册会计师应当考虑实施追加的审计程序，或利用其他专家获取审计证据。

在将专家工作结果作为审计证据时，注册会计师应当评价专家工作的适当性，包括评价专家工作结果是否在财务报表中得到适当的反映或支持相关认定，以及考虑专家使用的原始数据；专家使用的假设和方法，及其与以前期间的一致性；专家工作的结果与注册会计师对被审计单位的了解和实施其他审计程序的结果是否相符。

如果专家工作结果未能提供充分、适当的审计证据，或专家工作结果与其他审计证据不一致，注册会计师应当考虑采取下列措施：（1）与被审计单位和专家讨论；（2）实施追加的审计程序，包括聘请其他专家；（3）出具非无保留意见的审计报告。

当出具无保留意见的审计报告时，注册会计师不应在审计报告中提及专家的工作。如果专家工作结果致使注册会计师出具非无保留意见的审计报告，注册会计师应当考虑在审计报告中提及或描述专家的工作，包括专家的身份和专家的参与程度等。在这种情况下，注册会计师应当征得专家的同意。如果专家不同意而注册会计师认为有必要提及，注册会计师应当征询法律意见。

9.6 考虑内部审计工作

内部审计和注册会计师审计用以实现各自目标的某些手段通常是相似的，注册会计师应当考虑内部审计工作的某些方面是否有助于确定审计程序的性质、时间和范围。

注册会计师应当充分了解内部审计工作，以识别和评估财务报表重大错报风险，并设计和实施进一步审计程序。有效的内部审计通常有助于注册会计师修改审计程序的性质和时间，并缩小实施审计程序的范围，但不能完全取代注册会计师应当实施的审计程序。在某些情况下，考虑内部审计活动后，注册会计师可能认为内部审计对其实施的审计程序没有任何作用。

当内部审计与注册会计师的风险评估相关时，注册会计师应当对内部审计的职能进行评估。注册会计师应当根据对内部审计职能的评估结果，确定在实施风险评估以及修改进一步审计程序的性质、时间和范围时是否利用内部审计。在下列情况下，注册会计师可能认为内部审计对其实施的审计程序没有作用，不会利用内部审计：（1）内部审计活动与注册会计师审计无关；（2）内部审计活动与注册会计师审计有关，但注册会计师认为进一步评估内部审计不符合成本效益原则；（3）注册会计师对内部审计的专业胜任能力、客观性和工作质量存有疑虑。

在了解内部审计并对其进行评估时，注册会计师应当考虑下列重要因素：（1）内部审计的组织地位及其对客观性的影响；（2）内部审计的职责范围；（3）内部注册会计师的专业胜任能力；（4）内部注册会计师应有的职业关注。

当计划利用内部审计工作时，注册会计师应当考虑内部审计的工作计划，并尽早与内部注册会计师进行讨论。如果内部审计工作是注册会计师确定审计程序性质、时间和范围时考虑的一项因素，注册会计师应当预先就下列事项与内部注册会计师协调：（1）审计工作的时间；（2）审计覆盖的范围；（3）重要性水平；（4）拟确定的选取样本的方法；（5）对已实施工作的记录。

如果拟利用内部审计的特定工作，注册会计师应当评价内部审计的特定工作并实施审计程序，以确定是否能够满足注册会计师审计的需要。在评价内部审计的特定工作时，注册会计师应当从下列方面考虑内部审计工作范围和相关方案的适当性，以及对内部审计的评估是否仍然适当：（1）内部审计工作是否由经过充分技术培训且精通业务的人员担任，助理人员的工作是否得到适当的监督、复核和记录；（2）内部审计是否能够获取充分、适当的审计证据，以得出合理的审计结论；（3）内部审计结论是否恰当，内部审计报告是否与内部审计工作的结果一致；（4）内部审计发现的例外或异常事项是否得以适当解决。

对内部审计的特定工作实施审计程序的性质、时间和范围取决于注册会计师对下列因素的判断：（1）相关领域的重大错报风险；（2）对内部审计工作的评估；（3）对内部审计的特定工作的评价。

注册会计师对内部审计的特定工作实施的审计程序主要包括：（1）检查内部注册会计师已检查的项目；（2）检查其他类似项目；（3）观察内部审计程序的实施情况。

注册会计师应当将下列事项记录于审计工作底稿：（1）对内部审计的特定工作的评价；（2）对内部审计工作所实施的审计程序。

9.7　总体审计策略

注册会计师应当为审计工作制定总体审计策略。总体审计策略用以确定审计范围、时间和方向，并指导制订具体审计计划。

9.7.1　总体审计策略的制定

在制定总体审计策略时，注册会计师应当：（1）确定审计业务的特征，以界定审计范围；（2）明确审计业务的报告目标，以计划审计的时间安排和所需沟通的性质；（3）根据职业判断，考虑用以指导项目组工作方向的重要因素；（4）考虑初步业务活动的结果，并考虑项目合伙人对被审计单位执行其他业务时获得的经验是否与审计业务相关（如适用）；（5）确定执行业务所需资源的性质、时间安排和范围。

1. 明确审计范围

在确定审计范围时，注册会计师一般需要考虑以下事项：（1）财务报表编制基础；（2）特定行业的报告要求，如某些行业的监管部门要求提交的报告；（3）预期的审计工作涵盖范围，包括需审计的集团内组成部分的数量及所在地点；（4）母公司和集团内其他组成部分之间存在的控制关系的性质，以确定如何编制合并财务报表；（5）其他注册会计师参与组成部分审计的范围；（6）需审计的业务分部性质，包括是否需要具备专门知识；（7）外币业务的核算方法及外币财务报表折算和合并方法；（8）除对合并财务报表审计之外，是否需要对组成部分的财务报表单独进行法定审计；（9）内部审计工作的可利用性及对内部审计工作的拟依赖程度；（10）被审计单位使用服务机构的情况，及注册会计师如何取得有关服务机构内部控制设计、执行和运行有效性的证据；（11）预期利用在以前期间审计工作中获取的审计证据的程度，如获取的与风险评估程序和控制测试相关的审计证据；（12）信息技术对审计程序的影响，包括数据的可获得性和预期使用计算机辅助审计技术的情况；（13）根据中期财务信息审阅及在审阅中所获信息对审计的影响，相应调整审计涵盖范围和时间安排；（14）与为被审计单位提供其他服务的会计师事务所人员讨论可能影响审计的事项；（15）被审计单位的人员和相关数据可利用性。

2. 明确审计业务的报告目标

明确审计业务的报告目标，以计划审计的时间安排和所需沟通的性质，包括提交审计报告的时间要求，预期与管理层和治理层沟通的重要日期等。

在计划报告目标、时间安排和所需沟通时，注册会计师一般需要考虑的事项是：（1）被审计单位的财务报告时间表；（2）与管理层和治理层就审计工作的性质、范围和时间所举行的会议的组织工作；（3）与管理层和治理层讨论预期签发报告和其他沟通文件的类型及提交时间，如审计报告、管理建议书及与治理层的沟通函；（4）就组成部分的报告及其他沟通文件的类型及提交时间与负责组成部分审计的注册会计师沟通；（5）项目组成员之间预期沟通的性质和时间安排，包括项目组会议的性质和时间安排及复核工作的时间安排；（6）是否需要跟第三方沟通，包括与审计相关的法律法规规定和业务约定书约定的报告责任。

3. 影响审计业务的重要因素

考虑影响审计业务的重要因素，以确定项目组工作方向，包括确定适当的重要性水平，初步识别可能存在较高的重大错报风险的领域，初步识别重要的组成部分和账户余额，评价是否需要针对内部控制的有效性获取审计证据，识别被审计单位、所处行业、财务报告要求及其他相关方面最近发生的重大变化等。

在确定审计方向时，注册会计师一般需要考虑下列事项：

（1）重要性方面。主要包括：在制订审计计划时确定的重要性水平；为组成部分确定重要性且与组成部分的注册会计师沟通；在审计过程中重新考虑重要性水平；识别重要的组成部分和账户余额。

（2）重大错报风险较高的审计领域。

（3）评估的财务报表层次的重大错报风险对指导、监督及复核的影响。

（4）项目组人员的选择（在必要时包括项目质量控制复核人员）和工作分工，包括向重大错报风险较高的审计领域分派具备适当经验的人员。

（5）项目预算，包括考虑为重大错报风险可能较高的审计领域分配适当的工作时间。

（6）向项目组成员强调在收集和评价审计证据过程中保持职业怀疑必要性的方式。

（7）以往审计中对内部控制运行有效性评价的结果，包括所识别的控制缺陷的性质及应对措施。

（8）管理层重视设计和实施健全的内部控制的相关证据，包括这些内部控制得以适当记录的证据。

（9）业务交易量规模，以基于审计效率的考虑确定是否依赖内部控制。

（10）管理层对内部控制重要性的重视程度。

（11）影响被审计单位经营的重大发展变化，包括信息技术和业务流程的变化，关键管理人员变化，以及收购、兼并和分立。

（12）重大的行业发展情况，如行业法规变化和新的报告规定。

（13）会计准则及会计制度的变化。

（14）其他重大变化，如影响被审计单位的法律环境的变化。

此外，在制定总体审计策略时，注册会计师还应考虑初步业务活动的结果，以及为被审计单位提供其他服务时所获得的经验。

9.7.2　总体审计策略的内容

注册会计师应当在总体审计策略中清楚地说明下列内容：

（1）向具体审计领域调配的资源，包括向高风险领域分派有适当经验的项目组成员，就复杂的问题利用专家工作等；

（2）向具体审计领域分配资源的数量，包括安排到重要存货存放地观察存货盘点的项目组成员的数量，对其他注册会计师工作的复核范围，对高风险领域安排的审计时间预算等；

（3）何时调配这些资源，包括是在期中审计阶段还是在关键的截止日期调配资源等；

（4）如何管理、指导、监督这些资源的利用，包括预期何时召开项目组预备会和总结会，预期项目负责人和经理如何进行复核，是否需要实施项目质量控制复核等。

注册会计师应当根据实施风险评估程序的结果对上述内容予以调整。而且，总体审计策略的详略程度应当随被审计单位的规模及该项审计业务的复杂程度的不同而变化。在小型被审计单位审计中，全部审计工作可能由一个很小的审计项目组执行，项目组成员间容易沟通和协调，总体审计策略可以相对简单。

总体审计策略一经制定，注册会计师应当针对总体审计策略中所识别的不同事项，制订具体审计计划，并考虑通过有效利用审计资源以实现审计目标。

9.7.3　总体审计策略的示例

1. 审计工作范围

总体审计策略

报 告 要 求	备 注
适用的财务报告准则	
适用的审计准则	
与财务报告相关的行业特别规定	[如监管机构发布的有关信息披露法规、特定行业主管部门发布的与财务报告相关的法规等]
需审计的集团内组成部分的数量及所在地点	
需要阅读的含有已审计财务报表的文件中的其他信息	[上市公司年报]
制定审计策略需考虑的其他事项	[如单独出具报告的子公司范围等]

2. 重要性

重 要 性	确 定 方 法
［按照《中国注册会计师审计准则第 1221 号——计划和执行审计工作的重要性》确定］	

3. 报告目标、时间安排及所需沟通

计划的报告报送及审计工作时间安排。

对 外 报 告	时 间

执行审计时间安排	时 间
［期中审计，包括：	
——制定总体审计策略及具体审计计划	
——……］	
［期末审计，包括：	
——监盘	
——……］	

所 需 沟 通	时 间
［与管理层及治理层的会议］	
［项目组会议（包括预备会和总结会）］	
［与专家或有关人士的沟通］	
［与其他注册会计师沟通］	
［与前任注册会计师沟通］	
［……］	

4. 人员安排

（1）项目组主要成员的责任。主要项目组成员的职位、姓名及其主要职责。［在分配职责时可以根据被审计单位的不同情况按会计科目划分，或按交易类别划分］

职 位	姓 名	主 要 职 责

（2）与项目质量控制复核人员的沟通（如适用）。项目质量复核人员复核的范围、沟通内容及相关时间。

复核的范围：_____

沟通内容	负责沟通的项目组成员	计划沟通时间
［风险评估、对审计计划的讨论］ ［对财务报表的复核］ ［……］		

5. 对专家或有关人士工作的利用（如适用）

如项目组计划利用专家或有关人士的工作，则需记录其工作的范围及/或涉及的主要会计科目等。另外，项目组还应按照相关审计准则的要求对专家或有关人士的能力、客观性及其工作等进行考虑及评估。

（1）对内部审计工作的利用。

主要会计科目	拟利用的内部审计工作	工作底稿索引号
［存货］	［内部审计部门对各仓库的存货每半年至少盘点一次。在中期审计时，项目组已经对内部审计部门盘点步骤进行观察，其结果满意，因此项目组将审阅其年底的盘点结果，并缩小存货监盘的范围。］	
［……］		

（2）对其他注册会计师工作的利用。

其他注册会计师名称	利用其工作范围及程度	工作底稿索引号

（3）对专家工作的利用。

主要会计科目	专家名称	主要职责及工作范围	利用专家工作的原因	工作底稿索引号

（4）对被审计单位使用服务机构的考虑。

主要会计科目	服务机构名称	服务机构提供的相关服务及其注册会计师出具的审计报告意见及日期	工作底稿索引号

9.8　具体审计计划

注册会计师应当为审计工作制订具体审计计划。具体审计计划比总体审计策略更加详细，其内容包括为获取充分、适当的审计证据以将审计风险降至可接受的低水平，项目组成员拟实施的审计程序的性质、时间和范围。

9.8.1　具体审计计划的内容

具体审计计划应当包括下列内容：

1. 为了足够识别和评估财务报表重大错报风险，注册会计师计划实施的风险评估程序的性质、时间和范围。

2. 针对评估的认定层次的重大错报风险，注册会计师计划实施的进一步审计程序的性质、时间和范围。

3. 根据中国注册会计师审计准则的规定，注册会计师针对审计业务需要实施的其他审计程序。

计划的其他审计程序可以包括上述进一步程序的计划中没有涵盖的、根据其他审计准则的要求注册会计师应当执行的既定程序。例如，阅读含有已审计财务报表的文件中的其他信息，寻求与被审计单位律师直接沟通等。

9.8.2　具体审计计划的示例

具体审计的实例如下所示：

客 户 名 称	财务报表期间	工作底稿索引号

编制人及复核人员签字：

编制人：	日期：
复核人：	日期：
项目质量控制复核人：	日期：

目　　录

1. 风险评估程序

风险评估程序是指注册会计师为了了解被审计单位及其环境，识别和评估财务报表重大错报风险而实施的审计程序。风险评估程序的内容：（1）询问管理层和被审计单位内部其他人员；（2）实施分析程序；（3）观察和检查。

1.1　一般风险评估程序

1.2　针对特别项目的程序

2. 了解被审计单位及其环境

2.1　行业状况、法律环境与监管环境以及其他外部因素

2.2　被审计单位的性质

2.3　被审计单位对会计政策的选择和运用

2.4　被审计单位的目标、战略及相关经营风险

2.5　被审计单位财务业绩的衡量和评价

3. 了解内部控制

3.1　控制环境

3.2　被审计单位的风险评估过程

3.3　信息系统与沟通

3.4　控制活动

3.5　对控制的监督

4. 对风险评估及审计计划的讨论

5. 评估的重大错报风险

5.1　评估的财务报表层次的重大错报风险

5.2　评估的认定层次的重大错报风险

6. 计划的进一步审计程序

6.1　重要账户或列报的计划总体方案（计划矩阵）

6.2　计算机辅助审计技术的应用

7. 其他程序

9.8.3　总体审计策略和具体审计计划的关系

尽管总体审计策略通常是在具体审计计划之前编制的，但二者是紧密联系在一起的，注册会计师需要根据实施风险评估程序的结果对总体审计策略的内容予以调整。

以下事项的修改会直接导致修改审计计划，也会导致对审计工作做出适时调整：（1）对重要性水平的调整；（2）对某类交易、账户余额和披露的重大错报风险评估的更新和修改。

【案例】A 注册会计师接受 B 公司的委托审计其 2006 年度的财务报表，A 注册会计师实施了初步业务活动，制定了总体审计策略。在了解 B 公司及其环境的过程中，发现 B 公司实现了高度自动化和信息化，主要业务的处理都是由复杂的自动化信息系统来完成，自动化信息系统的可靠性及有效性对经营、管理、决策以及编制可靠的财务报告具有重大影响。因此，A 注册会计师决定在具体审计计划中针对这种情况制定了相应的审计程序，并调整总体审计策略的内容，利用信息风险管理专家的工作。

通常情况下，注册会计师会将总体审计策略和具体审计计划的制订工作结合起来进行，并编制一份完整的审计计划，从而提高审计计划的制订和复核效率。

9.8.4　审计过程中对计划的更改

计划审计工作并非审计业务的一个孤立阶段，而是一个持续的、不断修正的过程，贯穿于整个审计业务的始终。由于未预期事项、条件的变化或在实施审计程序中获取的审计证据等原因，注册会计师应当在审计过程中对总体审计策略和具体审计计划做出必要的更新和修改。

审计过程是一个前后紧密衔接的过程，通常情况下，前面阶段的工作结果是制订后面阶段工作计划的基础和依据，而前面阶段的工作毕竟是在当时了解到情况下完成的，在后面阶段的工作过程中可能就会发现新的情况，这就需要对已制订的相关计划进行相应的更新和修改。这些更新和修改涉及比较重要的事项。例如，对重要性水平的修改，对某类交易、账户余额和列报的重大错报风险的评估和进一步审计程序（包括总体方案和拟实施的具体审计程序）的更新和修改等。

【案例】A 注册会计师接受 B 公司委托审计其 2006 年度的财务报表，A 注册会计师在完成初步业务活动后，开始制定总体审计策略和具体审计计划。A 注册会计师通过对 B 公司存货相关控制的设计和实施的了解和评估，认为存货相关的控制设计合理并得以执行，并将其评价为低风险领域，计划执行控制测试。但在对存货执行控制测试时，发现存货盘点结果与账面数量差别较大，存货盘点人员并没有认真盘点。因此，A 注册会计师决定将存货的风险从低风险调整为高风险，并据以修改具体审计计划，采用控制测试和实质性程序相结合的方法。

9.8.5　监督、指导与复核

注册会计师应当就对项目组成员工作的指导、监督与复核的性质、时间和范围制订计划。对项目组成员工作的指导、监督与复核的性质、时间和范围主要取决于下列因素：

1. 被审计单位的规模和复杂程度；
2. 审计领域；
3. 重大错报风险；
4. 执行审计工作的项目组成员的素质和专业胜任能力。

注册会计师应在评估重大错报风险的基础上，计划对项目组成员工作的指导、监督与复核的性质、时间和范围。当评估的重大错报风险增加时，注册会计师通常会扩大指导与监督的范围，增强指导与监督的及时性，执行更详细的复核工作。在计划复核的性质、时间和范围时，注册会计师还应考虑单个项目组成员的素质和专业胜任能力。

9.8.6　对计划审计工作的记录

注册会计师应当记录总体审计策略和具体审计计划，包括在审计工作过程中做出的任何重大更改。

记录的内容包括：

1．对总体审计策略的记录

注册会计师对总体审计策略的记录，应当包括为恰当计划审计工作和向项目组传达重大事项而做出的关键决策。

2．对具体审计计划的记录

注册会计师对具体审计计划的记录，应当能够反映计划实施的风险评估程序的性质、时间和范围，以及针对评估的重大错报风险计划实施的进一步审计程序的性质、时间和范围。注册会计师可以使用标准的审计程序表或审计工作完成核对表，但应当根据具体审计业务的情况做出适当修改。

3．在审计过程中对总体审计策略或具体审计计划做出的任何重大修改及其理由

注册会计师应当记录对总体审计策略和具体审计计划做出的重大更改及其理由，以及对导致此类更改的事项、条件或审计程序结果采取的应对措施。

由于原来的总体审计策略和具体审计计划已经制定（包括项目负责人的复核），在实务中，如果只是针对某一方面或某几方面更改审计计划，注册会计师可以保留原有的总体审计策略、具体审计计划，以及已经执行的审计程序的记录，并将对审计计划的重大修改情况记录在进一步审计程序表和重大事项概要中。如果对计划的修改涉及整个计划的各个方面，以及多个类别的交易、账户余额和列报，为使整套审计工作底稿内容、脉络更清楚，此时注册会计师可以考虑重新编制总体审计策略和具体审计计划，并保留原有的总体审计策略和具体审计计划。

至于注册会计师对计划审计工作记录的形式和范围，取决于被审计单位的规模和复杂程度、重要性、具体审计业务的情况以及对其他审计工作记录的范围等事项。比如，在小型被审计单位审计中，全部审计工作可能由一个很小的审计项目组执行，项目组成员间容易沟通和协调，总体审计策略和具体审计计划可以相对简单。

9.9　首次接受委托的补充考虑

首次接受审计委托包括接受新客户而建立客户关系和承接现有客户（因对

其提供了其他服务）的审计业务委托两种情况。在这两种情况下，尤其是接受新客户的情况下，注册会计师通常缺乏前期审计经验以评估与客户及业务承接相关的风险，因而可能需要扩展初步业务活动。在首次接受审计委托前，注册会计师应当执行下列程序：

（1）针对建立客户关系和承接具体审计业务实施相应的质量控制程序。

在首次接受审计委托时，注册会计师需要执行针对建立有关客户关系和承接具体审计业务的质量控制程序。项目负责人在确定客户关系和具体审计业务的接受与保持是否适当时，应当考虑：①被审计单位的主要股东、关键管理人员和治理层是否诚信；②项目组是否具有执行审计业务的专业胜任能力以及必要的时间和资源；③会计师事务所和项目组能否遵守职业道德规范。

（2）如果被审计单位变更了会计师事务所，按照职业道德规范和审计准则的规定，与前任注册会计师沟通。

对于首次接受审计委托，在制定总体审计策略和具体审计计划时，注册会计师还应当考虑下列事项：①就与前任注册会计师沟通做出安排，包括查阅前任注册会计师的工作底稿等；②与管理层讨论的有关首次接受审计委托的重大问题，就这些重大问题与治理层沟通的情况，以及这些重大问题是如何影响总体审计策略和具体审计计划的；③针对期初余额获取充分、适当的审计证据而计划实施的审计程序；④针对预见到的特别风险，分派具有相应素质和专业胜任能力的人员；⑤根据会计师事务所关于首次接受审计委托的质量控制制度实施的其他程序。

在实务中，注册会计师获取信息的来源包括以下主要方面：①通过向客户询问和与其沟通获取的财务及其他信息，如年度报告等；②从银行、监管机构等第三方获取的信息；③有关政府部门、有影响力的媒体等公布的信息，如按某些指标进行的企业排名等；④向工商管理部门查询；⑤与前任注册会计师的沟通；⑥基于对被审计单位所在行业的了解，与同行业其他企业所作的比较及评估；⑦利用外部调查机构，特别是针对高风险的行业及客户。

9.10 与客户的治理层和管理层的沟通

注册会计师可以就计划审计工作的基本情况与被审计单位治理层和管理层进行沟通。在审计计划阶段，与治理层和管理层进行沟通，就审计范围和时间以及注册会计师、治理层和管理层各方在财务报表审计和沟通中的责任，取得相互了解，有助于注册会计师协调某些计划的审计程序与被审计单位人员工作之间的关系，从而使审计业务更易于执行和管理，提高审计效率与效果。当就总体审计策略和具体审计计划中的内容与治理层、管理层进行沟通时，注册会计师应当保持职业谨慎，以防止由于具体审计程序易于被管理层或治理层所预见而损害审计工作的有效性。虽然注册会计师可以就总体审计策略和具体审计计划的某些内容与治理层和管理层沟通，但是制定总体审计策略和具体审计计划仍然是注册会计师的责任。

9.10.1　与治理层和管理层沟通

1．与治理层的沟通

治理层，是指对被审计单位战略方向以及管理层履行经营管理责任负有监督责任的人员或组织，治理层的责任包括对财务报告过程的监督。注册会计师应当就与财务报表审计相关且根据职业判断认为与治理层责任相关的重大事项，以适当的方式及时与治理层沟通。

注册会计师与治理层直接沟通的事项有：（1）注册会计师与财务报表审计相关的责任；（2）计划的审计范围和时间安排；（3）审计中发现的重大问题；（4）注册会计师的独立性；（5）补充事项。

2．与管理层的沟通

管理层，是指对被审计单位经营活动的执行负有管理责任的人员或组织。管理层负责编制财务报表，并受到治理层的监督。在财务报表审计中，注册会计师应当就财务报表审计相关事项与管理层讨论，包括讨论其与治理层沟通的相关事项。在与治理层沟通特定事项前，注册会计师通常先与管理层讨论，除非这些事项不适合与管理层讨论。不适合与管理层讨论的事项包括管理层的胜任能力和诚信问题等。

如果被审计单位设有内部审计职能，注册会计师可以在与治理层沟通特定事项前，先与内部审计人员讨论有关事项。如果管理层或内部审计人员的意见及拟采取的措施有助于治理层了解特定事项，注册会计师应当考虑将这些意见和措施包括在与治理层沟通的内容中。

管理层可能会就注册会计师的责任、计划的审计范围和时间等事项与治理层的沟通，但管理层就这些事项与治理层的沟通并不能减轻注册会计师就这些事项与治理层沟通的责任。

9.10.2　沟通的内容

在审计计划阶段，注册会计师应当与治理层直接沟通的事项包括注册会计师的责任和计划的审计范围和时间。

注册会计师应当就其责任直接与治理层沟通。注册会计师应当向治理层说明，注册会计师的责任是对管理层在治理层监督下编制的财务报表发表审计意见，对财务报表的审计并不能减轻管理层和治理层的责任。注册会计师还应当与治理层沟通下列事项：

（1）注册会计师有责任按照审计准则的规定执行审计业务，发表审计意见。审计准则要求沟通的事项包括财务报表审计中发现的且与治理层履行对财务报告过程监督职责相关的重大事项。

（2）审计准则并不要求注册会计师专门为识别与治理层沟通的补充事项设计程序，但如果注册会计师注意到根据其职业判断认为重大且与治理层责任相关的补充事项，并且这些事项没有通过其他渠道与治理层作过有效沟通，注册会计师应当就这些事项与治理层沟通。

（3）如果存在要求和商定沟通的其他事项，注册会计师还有责任就这些事项与治理层沟通。

就这些事项进行的沟通，能够让被审计单位治理层建立合理的沟通期望，避免出现治理层不愿意与注册会计师进行沟通或者要求注册会计师作超出上述范围的沟通等情况。

注册会计师应当就计划的审计范围和时间直接与治理层作简要的沟通，沟通的事项主要包括：

（1）注册会计师拟如何应对由于舞弊或错误导致的重大错报风险。

（2）注册会计师对与审计相关的内部控制采取的方案。

（3）重要性的概念，但不宜涉及重要性的具体底线或金额。

（4）审计业务受到的限制或法律法规对审计业务的特定要求。

（5）注册会计师与治理层商定的沟通事项的性质。

当与治理层沟通计划的审计范围和时间时，注册会计师应当保持职业谨慎，以防止由于具体审计程序易于被治理层，尤其是承担管理责任的治理层所预见等原因而损害审计工作的有效性。

注册会计师可以考虑与治理层讨论下列事项：

（1）当被审计单位设有内部审计职能时，注册会计师拟利用内部审计工作的范围，以及双方如何更好地协调和配合工作。

（2）治理层对内部控制和舞弊的态度、认识和措施。

（3）与拟实施的审计程序相关的事项，这些程序是在法律法规和审计准则的规定之外、应治理层或管理层要求而实施的。

（4）治理层对会计准则和相关会计制度，以及与财务报表相关的法律法规和其他事项等方面的变化做出的反应。

（5）治理层对以前的沟通如何做出反应。

注册会计师还可以考虑就治理层对下列事项的看法与其进行讨论：

（1）与治理结构中的哪些适当人员沟通。

（2）治理层和管理层责任的划分。

（3）被审计单位的目标、战略以及可能导致财务报表发生重大错报的相关经营风险。

（4）治理层认为审计中应特别注意的事项，以及需要采取额外程序的领域。

（5）与监管机构沟通的重大事项。

（6）治理层认为可能会影响财务报表审计的事项。

与治理层的沟通有助于注册会计师计划的审计范围和时间，但并不改变注册会计师独自承担制定总体审计策略和具体审计计划的责任。

9.10.3　沟通的过程与形式

注册会计师应当根据被审计单位的规模、治理结构、治理层的运作方式以及对拟沟通事项重要程度的看法等因素，合理确定沟通过程。对注册会计师的责任以及计划实施审计工作的范围和时间进行清楚的沟通，旨在为相互了解奠定基础，以便建立有效的双向沟通。难以取得相互了解，可能表明注册会计师与治理层之间的双向沟通是无效的。

在沟通形式方面，注册会计师对其责任以及计划实施审计工作的范围和时间与治理层进行的沟通既可以采用书面形式，也可以采用口头形式。注册会计师就自身与财务报表审计相关的责任与被审计单位治理层进行的沟通，必须是直接的沟通。但并不要求一定要采取书面沟通的形式。通常情况下，关于注册会计师审计责任方面的内容，应该作为业务约定条款载入审计业务约定书中；而关于注册会计师与治理层沟通责任方面的内容，如果注册会计师认为通过口头形式能够让治理层很好地了解注册会计师的审计责任和沟通责任，完全可以通过口头形式进行沟通。如果以口头形式沟通涉及治理层责任的事项，注册会计师应当确信沟通的事项已记录于讨论纪要或审计工作底稿。注册会计师在确定采用何种沟通形式时，除了考虑特定事项的重要程度外，还应当考虑下列因素：①管理层是否已就该事项与治理层沟通；②被审计单位的规模、经营结构、控制环境和法律结构；③如果执行的是特殊目的财务报表审计，注册会计师是否同时审计该被审计单位的通用目的财务报表；④法律法规的规定；⑤治理层的期望，包括与注册会计师定期会面或沟通的安排；⑥注册会计师与治理层保持联系和对话的数量；⑦治理层的成员是否发生重大变化。

在沟通的时间方面，对于计划事项的沟通，通常在审计业务的早期进行，如系首次接受委托，沟通可以随同对业务约定条款的协商一并进行。可能与沟通时间相关的其他因素包括：①被审计单位的规模、经营结构、控制环境和法律结构；②其他法律法规要求的期限；③治理层的期望，包括对与注册会计师定期会面或沟通的安排；④注册会计师识别出特定事项的时间。

9.10.4 沟通的记录

注册会计师应当将其就注册会计师的责任、计划的审计范围和时间与治理层的沟通进行记录。并不是所有的沟通事项都需要记录，只有那些根据注册会计师的职业判断认为对于表明形成审计报告的合理基础、证明审计工作的执行遵循了审计准则和其他法律法规要求而言很重要的事项，才需要记录。

本 章 小 结

1. 注册会计师在确定接受客户的委托、签订业务约定书前，应先对客户的基本情况进行调查和相关评估，确定是否可以接受该项委托。

2. 审计业务约定书，是指会计师事务所与被审计单位签订的，用以记录和确认审计业务的委托与受托关系、审计目标和范围、双方的责任以及报告的格式等事项的书面协议。

3. 签订审计业务约定书的目的是为了明确约定双方的责任与义务，促使双方遵守约定事项并加强合作，以保护会计师事务所与被审计单位的利益。

4. 对于连续审计，注册会计师应当考虑是否需要根据具体情况修改业务约定的条款，以及是否需要提醒被审计单位注意现有的业务约定条款。注册会计师可以与被审计单位签订长期审计业务约定书，但如果出现一些特殊情况，应当考虑重新签订审计业务约定书。

5. 由于地域的阻隔、时间的限制和成本的约束，被审计单位及其组成部分的财务报表有可能由不同会计师事务所的注册会计师来审计的。这样就会产生主审注册会计师与其他注册会计师的区别，可能出现主审注册会计师利用其他注册会计师工作的情况。

6. 在审计中，限于自身技能、知识和经验，注册会计师可能要利用专家的工作。在利用专家的工作时，注册会计师应当获取充分、适当的审计证据，以确信专家的工作可以满足审计的需要。

7. 注册会计师应当考虑内部审计工作的某些方面是否有助于确定审计程序的性质、时间和范围。

8. 注册会计师应当为审计工作制定总体审计策略。总体审计策略用以确定审计范围、时间和方向，并指导制订具体审计计划。

9. 具体审计计划应当包括下列内容：为了足够识别和评估财务报表重大错报风险，注册会计师计划实施的风险评估程序的性质、时间和范围；针对评估的认定层次的重大错报风险，注册会计师计划实施的进一步审计程序的性质、时间和范围；根据中国注册会计师审计准则的规定，注册会计师针对审计业务需要实施的其他审计程序。

10. 注册会计师可以就计划审计工作的基本情况与被审计单位治理层和管理层进行沟通。

思 考 题

1. 接受客户委托时需要做哪些工作？
2. 初步业务活动的具体内容有哪些？
3. 审计业务约定书的内容如何？
4. 审计业务约定书的作用如何？
5. 重新考虑签订审计业务约定书的情形有哪些？
6. 利用其他注册会计师的工作时应该注意哪些问题？
7. 如何利用专家工作？
8. 如何考虑内部审计工作？
9. 总体审计策略与具体审计计划的区别和联系？
10. 接受客户委托时与客户的治理层和管理层的沟通的意义何在？

第 10 章　客户的战略风险及其评估

学习目标

　　了解分析客户战略风险的内容；行业市场构成；经济周期与行业分析的关系；外部因素对客户的影响及审计预期。掌握重要性概念的意义和内容；审计风险模型的意义和内容；审计风险与审计证据之间的关系。

关键名词

　　客户的战略风险　审计重要性　重要性水平　审计风险　重大错报风险　检查风险

10.1　客户的战略与环境

　　企业是一个网络，企业和方方面面都存在着关系。这些方面都为企业提供一定的资源，又都从企业获得一定利益。这些方面我们统称为"利益相关者"。

　　内部环境，指企业内部的各种业务活动。它决定于外部环境的各种因素。

　　如何依据外部利益相关者的状况，来确定企业内部的各种业务活动？如何有效地利用外部因素？在企业内部进行怎样的总体计划和控制？这就是企业的战略管理！可见，战略管理处于企业内部与外部环境的中间地带，是连接企业内部与外部环境的一个纽带。

　　当地环境，指在地缘上与企业相近的利益关联方。如人力资源、顾客、政府、税务部门。但是，近年来，随着网络技术、物流技术的发展，当地环境、国内环境、国际环境的范围模糊起来（见图 10 – 1）。

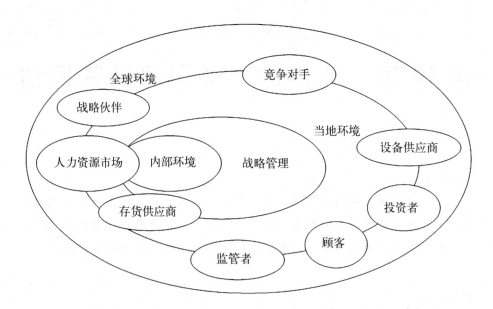

图10－1　客户的战略与其外部环境、内部环境的关系

10.2　客户战略风险分析的内容

战略风险分析，主要是对外部威胁的分析，分为两类，即来自行业的威胁和来自宏观环境的威胁。审计人员的任务，就是确认、评估客户所面临的威胁影响其成功的潜在因素。

行业的因素包括供应商、顾客、竞争对手、产品的替代者和新进入者。

宏观环境的威胁因素包括政治的、技术的、社会的以及经济方面的作用（见图10－2）。

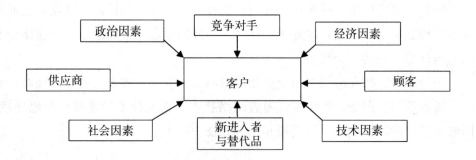

图10－2　客户战略风险分析的主要方面

10.2.1　客户战略风险分析中的宏观因素

1. 政治因素

政治因素是指对企业战略、经营活动具有现存的和潜在的作用与影响的政治力量，同时也包括对企业经营活动加以限制和要求的法律和法规等。

政治因素分析包括国家和企业所在地区的政局稳定状况；执政党所要推行的基本政策以及这些政策的连续性和稳定性。这些基本政策包括产业政策、税收政策、政府订货及补贴政策等。

政治因素的威胁主要有两方面：法律和政府。

法律对企业会产生重大的影响。如何守法对于企业来说很复杂，代价也会很高。但是，企业不守法，代价会更高。

一般来说，政府主要是通过制定一些法律和法规来间接地影响企业的活动。为了促进和指导企业的发展，国家颁布了经济合同法、企业破产法、商标法、质量法、专利法和中外合资企业法等法律。此外，国家还有对工业污染程度的规定、卫生要求、产品安全要求，对某些产品定价的规定等。而这类法律和法规对企业的活动有限制性的影响。

2. 经济因素

经济因素包括：利率变化、信贷政策、能源价格、通货膨胀、汇率变动、失业率等。

在众多的经济因素中，首先要分析的是宏观经济的总体状况。企业所在国家或地区的经济发展形势，是属于高速发展还是属于低速发展，或者处于停滞或倒退状态。

一般的，在宏观经济大发展的情况下，市场扩大，需求增加，企业发展机会就多。如国民经济处于繁荣时期，建筑业、汽车制造、机械制造以及轮船制造业等都会有较大的发展。而上述行业的增长必然带动钢铁业的繁荣，增加对各种钢材的需求量。反之，在宏观经济低速发展或停滞或倒退的情况下，市场需求增长很小甚至不增加，这样企业发展机会也就少。

反映宏观经济总体状况的关键指标是国民生产总值（GNP）增长率。

中央银行或各专业银行的利率水平、劳动力的供给（失业率）、消费者收入水平、价格指数的变化（通货膨胀率）等。这些因素将影响企业的投资决策、定价决策以及人员录用政策等。例如，银行业、房地产和汽车这样的行业，对于利率的小幅变化，都会产生敏感的反应。因为利率的变化会影响到消费者的消费、信贷和储蓄偏好。低失业率使组织更难找到充足的劳动力资源，还可能会带来劳动力价格上涨的压力。

对于从事跨国经营的企业来说，必须考虑的经济因素还包括关税种类及水平、国际贸易的支付方式、东道国政府对利润的控制、税收制度等。外国政府有时限制外方企业从该国提走的利润额，有时还要对外方企业所占有的股份比例加以限制。

3. 社会因素

社会因素包括社会文化、社会习俗、社会道德观念、社会公众的价值观念、职工的工作态度以及人口统计特征等。变化中的社会因素影响社会对企业产品或劳务的需要，也能改变企业的战略选择。

社会文化是人们的价值观、思想、态度、社会行为等的综合体。文化因素强烈地影响着人们的购买决策和企业的经营行为。不同的国家有着不同的主导文化传统，也有着不同的亚文化群、不同的社会习俗和道德观念，从而会影响人们的消费方式和购买偏好，进而影响着企业的经营方式。因此企业必须了解社会行业准则、社会习俗、社会道德观念等文化因素的变化对企业的影响。

大量的文化、习俗、观点、生活方式、社会压力都会对组织产生影响。美国人习惯于平时和周末加班；而在法国，法律规定一周工作不得超过 35 小时；日本人喜欢加班，但德国人从不加班。在许多国家，雇员希望得到更高水平的福利和管理层更多的关心，而这些在美国是闻所未闻。如果一个公司想在另一个国家办厂，那么在制订计划时需要非常仔细地考虑到当地的习惯。

公众的价值观念是随着时代的变迁而变化的，它具体表现在人们对于婚姻、生活方式、工作、道德、性别角色、公正、教育、退休等方面的态度和意见。这些价值观念同人们的工作态度一起对企业的工作安排、作业组织、管理行为以及报酬制度等产生很大的影响。

人口统计特征是社会环境中的另一重要因素，它包括人口数量、人口密度、年龄结构的分布及其增长、地区分布、民族构成、职业构成、宗教信仰构成、家庭规模、家庭寿命周期的构成及发展趋势、收入水平、教育程度等。据统计，由于我国实行计划生育政策，20 世纪末和 21 世纪初，在人口结构上将发生变化。人口结构将趋于老龄化，青壮年劳动力供应则相对紧张，从而影响企业劳动力的补充。但是另一方面，人口结构的老龄化又出现了一个老年人的市场，这就为生产老年人用品和提供老年人服务的企业提供了一个老年人的市场和发展的机会。

4. 技术因素

技术因素不仅指那些引起时代革命性变化的发明，而且还包括与企业生产有关的新技术、新工艺、新材料的出现和发展趋势及应用前景。技术的变革在为企业提供机遇的同时，也对它形成了威胁。

技术力量从两个方面影响企业战略的选择：

一方面，技术革新为企业创造了机遇。表现在：（1）新技术的出现使得社会和新兴行业增加对本行业产品的需求，从而使得企业可以开辟新的市场和新的经营范围；（2）技术进步可能使得企业通过利用新的生产方法、新的生产工艺过程或新材料等各种途径，生产出高质量、高性能的产品，同时也可能会使得产品成本大大降低。例如，贝氏转炉的出现使得炼钢生产效率大大提高，生产成本降低；连铸技术的出现，简化了钢铁加工工艺过程，提高了生产效率，也节约了大量的能源，从而降低了产品成本。

另一方面，新技术的出现也使企业面临着挑战：技术进步会使社会对企业产品和服务的需求发生重大变化。技术进步对某一个产业形成机遇，可能会对另一个产业形成威胁。塑料制品业的发展就在一定程度上对钢铁业形成了威胁，许多塑料制品成为钢铁产品的代用品。此外，竞争对手的技术进步可能使得本企业的产品或服务陈旧过时，也可能使得本企业的产品价格过高，从而失去竞争力。在国际贸易中，某个国家在产品生产中采用先进技术，就会导致另一个国家的同类产品价格偏高。

10.2.2　客户战略风险分析中的行业因素

1. 竞争对手

客户企业面临的最直接的风险，就是竞争对手通过提供更优越的产品、更好的服务或者更优惠的价格，挤占和吞并企业的市场份额。

2. 潜在的进入者

快速增长的行业或高利润的行业通常会迅速吸引新的竞争对手。潜在竞争对手造成的威胁大小主要取决于该行业是否存在进入障碍，比如，生产的经济规模、顾客对已有品牌的忠诚度、转变生产线的成本、机密技术和商业秘密、退出障碍的高低、生产力的过剩或不足。

3. 替代品

决定替代品威胁程度的因素有：替代品的质量、替代品的成本、顾客转向购买替代品所花的成本、购买者对原有产品的忠诚度等。新产品不断产生，老产品不断退出，从而使一些没有革新的企业破产或倒闭。

4. 供应商

决定供应商威胁程度的因素：投入材料所要求的专业化程度、供应商的集中程度和垄断程度、是否存在替代品、供应商之间的合作程度等。来自供应商的威胁不是太明显，但有时也是非常重要甚至致命。这种威胁通常以提高成本或者限制取得原材料的形式表现出来。

5. 顾客

取决于顾客"讨价还价"的能力，以及顾客偏好的变换程度。如果一个客户对于一个公司的边际收入拥有足够大的影响力，那么我们就说他具有实质的这样一个讨价还价的能力。例如，一家制造低成本自行车的厂商与沃尔玛协商时，其讨价还价的能力就要比自行车销售商店讨价还价的能力低得多。

10.3 行业分析

首先，行业是宏观经济的具体化。在国民经济发展的各个阶段，不同产业和行业对经济周期的敏感性各不相同，发展很不平衡。在分析宏观经济形势时，根据 GDP 等指标就可以知道或预测某个时期整个国民经济的总体状况和大致结构，但是整个经济的状况与构成经济总体的各个行业的状况并非完全吻合。当整个经济形势向好时，只能说明大部分行业的形势较好，而不是每个行业都好；反之，当整个经济形势恶化，则可能是大多数行业面临困境，而某些行业的发展仍然较好。因此，只有进行行业分析，才能深入了解具体行业的发展情况，进而认识客户的情况。其次，行业所处生命周期的位置制约着或决定着企业的生存和发展。比如，某个行业已处于衰退期，则属于这个行业中的企业，不管其资产多么雄厚，经营管理能力多么强，都不能摆脱其阴暗的前景。而处于成长期的行业，投资者可以发现非常有发展前景的公司。

10.3.1 行业的市场结构分析

依据该行业中企业数量的多少、进入的难易和产品差别，将行业可分为四类。

1. 完全竞争

竞争不受任何阻碍和干扰的市场结构。其特点是：生产者众多，各种生产资料可以完全流动；产品不论是有形还是无形的，都是同质的、无差别的；没有一个企业能影响产品的价格，企业永远是价格的接受者而不是价格的制定者；企业的盈利基本上由市场对产品的需求来决定；生产者可以自由进入或退出这个市场；市场信息畅通，买卖双方对市场都非常了解。

可见，完全竞争是一个理论上的假设，在现实生活中很少。初级产品（如农产品）的市场类型接近于完全竞争。

2. 垄断竞争

既有垄断又有竞争的市场结构。在垄断竞争型市场中，每个企业都在市场上具有一定的垄断力，但他们之间又存在激烈的竞争。在国民经济行业中，制成品（如纺织、服装等轻工业产品）的市场类型一般属于垄断竞争。

3. 寡头垄断

指相对少量的生产者在某种产品的生产中占据很大市场份额，从而控制了这个行业的供给的市场结构。

该市场得以形成的原因是：初始投入资本较大，阻止了大量中小企业的进入。其产品只有在大规模生产时才能获得好的效益，这就会在竞争中淘汰部分企业。因此，资本密集型和技术密集型产品，如钢铁、汽车等重工业，以及储量集中的石油等企业均属于寡头垄断行业。

4. 完全垄断

指独家企业生产某种产品的情形。一个行业内只有一家企业，其产品没有替代品。分为两种类型：政府完全垄断，如国有铁路、邮电等部门；私人完全垄断，如根据政府授予的特许专营，或根据专利生产的独家经营等。现实中，没有真正的完全垄断型市场。

10.3.2　经济周期与行业分析

1. 增长型行业

增长型行业，主要依赖技术进步、新产品推出及更优质的服务，从而使其经常呈现出增长形态。而与宏观经济周期关系不大。在过去的几十年内，计算机和复印机行业表现出这种态势。这种行业，在经济高涨时，其发展通常高于经济发展水平；在衰退期，其所受影响较小甚至仍能保持一定的增长。

2. 周期性行业

周期型行业，与经济周期紧密相关。当经济处于上升期，这些行业会紧随其扩张；当经济衰退时，这些行业会相应衰落。而且，这些行业收益的变化程度，会大于经济周期的波动程度。例如，消费品业、耐用品制造业及其他需求的收入弹性较高的行业，就是典型的周期型行业。

3. 防守型行业

防守型行业，始终稳定，不受经济周期的影响，需求弹性小。表现为生活必需品或者必要的公共服务行业。

10.3.3　行业生命周期分析

通常，每一个行业都要经历一个由成长到衰退的发展演变过程，这个过程便称为行业的生命周期。行业的生命周期分为四个阶段：

1. 幼稚期

一个行业的产生，最基本条件是人们的需求。社会需求是行业经济活动的最基本动力。其次，资本的支持与资源的稳定供给是行业的基本保证。

行业形成的方式有三种：一是分离。如石化行业是从石油行业中分离出来的。二是衍生，如汽车业衍生出汽车修理业。三是新生长。如生物医药、生物工程、海洋产业。

2. 成长期

也就是行业的扩大再生产。其特征是厂商数量不断增加，投资规模扩大，产品由单一、低值、高价向多样、优质、低价方向发展。市场竞争不断加剧。处于成长期行业的利润率较大，但竞争也很激烈，破产率和兼并率较高。

3. 成熟期

行业成熟，首先表现为技术的成熟；其次是产品成熟的标志；再其次是工艺的成熟；最后是产业组织上的成熟。处于成熟期的行业的盈利比较稳定。

4. 衰退期

衰退是自然规律。由于大量替代品的出现，原行业的市场需求逐渐减小，产品销量开始下降，资金开始流出行业，利润水平停滞不前或不断下降。在现实经济生活中，行业的衰退期往往比行业生命周期的其他阶段总和还要长（见图 10 –3）。

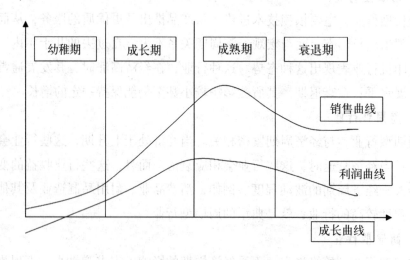

图 10 –3　行业生命周期与销售、利润的关系

10.3.4　影响行业兴衰的主要因素

（1）技术进步。

（2）产业政策。

（3）产业组织创新。

（4）社会习惯的改变。

（5）经济全球化。

10.4　外部因素对客户的影响及审计预期

10.4.1　考虑外部因素对客户影响的注册会计师工作

宏观因素、行业因素，必然要对企业的经营产生影响，并最终影响到财务会计信息及其披露。在企业方面，对外部因素通常需要设计相应的内部流程来应对外部风险。对此，注册会计师要做的工作如图 10 - 4 所示。

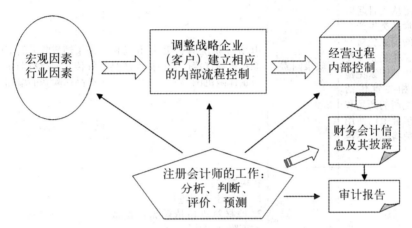

图 10 - 4　考虑外部因素对客户影响的注册会计师工作

10.4.2　外部因素对客户的影响及审计预期

表 10 - 1　　　　　　　**外部因素对客户的影响及审计预期列举**

宏观因素、行业因素的变化	风险来源	（给客户造成的）经营风险	审计预期
所处行业处于衰退期	经济因素	客户的顾客群逐渐缩小	销售收入的下降；应收账款回收率的下降；坏账准备增加
顾客偏好发生变化	社会因素	客户的市场份额会减少；销售部门为保住工作、奖金所带来的压力	销售收入的下降；现有存货也许已经过时，导致其账面价值不能实现
销售模式发生变化（如放弃门店销售方式，采用电话直销）	技术因素	关闭门店销售；重整销售渠道，采纳电话销售方式	现有门店关闭，产生重组成本；电话销售系统的成本的发生
由于生产地区的恶劣天气，导致原材料供应短缺	供应商	减产；停产；高价替代品的使用	销售合同不能履行；违约金的支付；当期销售收入的减少

续表

宏观因素、行业因素的变化	风险来源	（给客户造成的）经营风险	审计预期
竞争对手迅速提高主要技术人员的工资	竞争对手	技术人员流失的可能；提高技术人员的福利待遇	人工成本的增加
新进入者的产品比客户的产品，在技术上更有优势	新进入者	市场份额的减少；产品的积压；销售部门为实现销售目标的压力	存货需要按成本与市价孰低法计价；提取存货跌价准备
国家质检总局2008年9月17日发布公告，决定从当日起取消所有食品类生产企业获得的国家免检产品资格，相关企业要立即停止其国家免检资格的相关宣传活动，其生产的产品和印制在包装上已使用的国家免检标志不再有效	政策因素	市场重新洗牌；丢失市场份额；重新宣传广告；扩大产品质量保险范围	未来销售收入的不确定；宣传广告费用的增加；产品保险费的增加
人民币升值	经济因素	积极影响： 1. 有利于中国进口 2. 原材料进口依赖型厂商成本下降 3. 国内企业对外投资能力增强 4. 在华外商投资企业盈利增加 5. 有利于人才出国学习和培训 负面影响： 1. 给中国的外贸出口造成极大的伤害 2. 人民币汇率升值会降低中国企业的利润率，增大就业压力	出口企业： 进口企业：
2008年11月15日，国家发改委、财政部和中国人民银行表示，将通过扩大赤字、发行国债等积极的财政政策，促进落实4万亿元投资计划	经济因素	扩大正在缩小的市场规模	正面消息
广东从2008年4月1日起调整提高企业最低工资标准平均增幅12.9%	经济因素	人力成本上升；劳动力资源紧缺	产品成本上升；利润率下降

续表

宏观因素、行业因素的变化	风险来源	（给客户造成的）经营风险	审计预期
人力资源和社会保障部于 2008 年 11 月 17 日发出通知，决定暂缓调整企业最低工资标准	政策因素	人力成本持平	产品成本中的人工成本因素不变
2008 年 9 月 9 日，欧洲政策研究中心主任汉斯·马腾斯：欧洲经济进入标准定义的经济衰退	经济因素	出口是中国经济起飞最主要的引擎。如今，出口占 GDP 的比重接近 40%，贸易依存度（进出口之和与 GDP 之比）接近 70%。这两个数字远远高于美国、日本等大国。导致出口型企业的财务利润大幅缩水，经营状况恶化甚至倒闭破产	不利：销售收入降低 有利：原材料成本下降趋势；人工成本下降

有些外部因素的威胁，会给客户的管理层带来巨大压力，可能让管理层采取违规行为的对策。审计人员应该关注这些压力，因为管理层可能会通过操纵会计处理来掩饰经营失败。

10.5　了解被审计单位及其环境

注册会计师在了解被审计单位及其环境时，先要明确应从哪些方面进行了解。按照《中国注册会计师审计准则第 1211 号——通过了解被审计单位及其环境识别和评估重大错报风险》的要求，注册会计师应当了解被审计单位本身及其内部和外部环境，具体包括以下六个方面：①行业状况、法律环境与监管环境以及其他外部因素；②被审计单位的性质；③被审计单位对会计政策的选择和运用；④被审计单位的目标、战略以及相关经营风险；⑤被审计单位财务业绩的衡量和评价；⑥被审计单位的内部控制。

10.5.1　了解环境的具体内容

被审计单位所处的行业状况、法律环境与监管环境以及其他外部因素可能会对被审计单位的经营活动乃至财务报表产生影响，注册会计师应当对这些外部因素进行了解。

1. 行业状况

了解行业状况有助于注册会计师识别与被审计单位所处行业有关的重大错报风险。注册会计师应当了解的行业状况主要包括：

237

（1）所处行业的市场供求与竞争；

（2）生产经营的季节性和周期性；

（3）与被审单位产品相关的生产技术的变化；

（4）能源供应与成本；

（5）行业的关键指标和统计数据。

2. 法律环境及监管环境

由于相关法规或监管要求可能对被审计单位经营活动有重大影响，如不遵守可能导致停业等严重后果，某些法规或监管要求或者规定了被审计单位的责任和义务，或决定了被审计单位需要遵循的行业惯例和核算要求。所以，注册会计师应当了解被审计单位所处的法律环境及监管环境。了解的主要内容包括：

（1）适用的会计准则和行业特定惯例；

（2）受管制行业的法律框架；

（3）对经营活动产生重大影响的法律法规及监管活动；

（4）税收政策；

（5）目前对被审计单位开展经营活动产生影响的政府政策，包括货币政策、财政政策、财政刺激措施、关税和贸易限制等政策；

（6）影响行业和被审计单位经营活动的环保要求。

3. 其他外部因素

除了被审计单位的行业状况、法律环境和监管环境外，其他外部因素也可能对被审计单位的财务报告产生影响。了解其他外部要素，便于我们从被审计单位所在的行业外部识别财务信息的重大错报风险。注册会计师还应当了解影响被审计单位经营活动的其他外部因素，这些因素主要包括：

（1）总体经济情况；

（2）利率；

（3）融资的可获得性；

（4）通货膨胀水平或币值变动。

4. 了解的重点和程度

注册会计师应当考虑被审计单位所处行业的业务性质或监管程度是否可能导致特定的重大错报风险，考虑项目组是否配备了具有相关知识和经验的成员。

10.5.2 对被审计单位环境实施的风险评估程序

针对被审计单位的行业状况、法律环境与监管环境以及其他外部因素，注册会计师可以考虑运用以下风险评估程序获得了解。

1. 查阅以前年度的审计工作底稿

对于连续审计业务，以前年度的工作底稿，包括审计计划备忘录、审计总结备忘录等，有助于注册会计师了解与特定经营活动和行业相关的一些因素。注册会计师应根据本年度发生的变化，在适当时对其予以更新并用于本年度的审计工作中。

2. 询问被审计单位管理层和员工

通过询问被审计单位管理层其权责范围内涉及的重要外部因素及其对被审计单位产生的影响，注册会计师可以对管理层做出的重大决策及采取的行动有进一步的了解。通过询问负责市场和销售的人员所处行业的市场供求和竞争情况，可以增强或更新注册会计师对被审计单位所处环境的了解。

对于连续审计业务，注册会计师询问的重点通常是以前年度了解到的情况是否在本期发生了变化。注册会计师对最新动态的关注应当贯穿于整个审计过程中。

3. 查阅内部与外部的信息资料

内部信息资料主要包括中期财务报告（包括管理层的讨论和分析）、管理报告、其他特殊目的报告，以及股东大会、董事会会议、高级管理层会议的会议记录或纪要。外部信息资料包括外部顾问、代理机构、证券分析师等编制的关于被审计单位及其所处行业的报告，政府部门或民间行业组织发布的行业报告、宏观经济统计数据、行业统计数据，以及贸易和商业杂志等信息资料。

4. 与项目组成员或熟悉被审计单位所处行业的其他人员讨论

与项目组成员特别是经验较多的人员进行讨论，有助于注册会计师获知和利用他人积累的有关被审计单位经营活动以及行业状况的经验与知识。与会计师事务所内熟悉被审计单位所处行业的其他人员讨论，也有助于注册会计师深入、快捷地了解当前行业面临的外部因素与重大事项及其对被审计单位的影响。

5. 分析程序

分析程序是注册会计师在了解被审计单位及其环境时运用的重要程序之一。在许多情况下，运用分析程序可以帮助注册会计师评价被审计单位在行业中的经营状况和竞争环境。例如：（1）将被审计单位的关键业绩指标与同行业平均数据或同行业中规模相近的其他单位的数据相比较，可以了解被审计单位在市场中的相对表现，并识别存在重大错报风险的迹象；（2）利用从外部获取的市场份额变化趋势信息，可以识别被审计单位竞争能力的重大变化；（3）按业务分部或地区分部分类计算的销售和毛利变动趋势，可以揭示经营业绩随时间推移而发生的变化，将这一业绩与以前年度比较，可以获得对经营业绩趋势的了解。

10.5.3　了解被审计单位的性质

了解被审计单位的性质有助于注册会计师理解预期在财务报表中反映的各类交易、账户余额和列报。注册会计师应当主要从下列方面了解被审计单位的性质：（1）所有权结构；（2）治理结构；（3）组织结构；（4）经营活动；（5）投资活动；（6）筹资活动；（7）财务报告。

注册会计师应该了解以下具体内容。

1. 所有权结构

注册会计师应当了解所有权结构以及所有者与其他人员或单位之间的关系，考虑关联方关系是否已经得到识别，以及关联方交易是否得到恰当核算。

2. 治理结构

良好的治理结构可以对被审计单位的经营和财务运作实施有效的监督，从而降低财务报表发生重大错报的风险。注册会计师应当了解被审计单位的治理结构，考虑治理层是否能够在独立于管理层的情况下对被审计单位事务（包括财务报告）做出客观判断。

3. 组织结构

注册会计师应当了解被审计单位的组织结构，考虑复杂组织结构可能导致的重大错报风险，包括财务报表合并、商誉摊销和减值、长期股权投资核算以及特殊目的实体核算等问题。

4. 经营活动

了解被审计单位经营活动有助于注册会计师识别预期将在财务报表中反映的主要交易类别、重要账户余额和列报。注册会计师应当从以下方面了解被审计单位的经营活动：

（1）主营业务的性质；

（2）与生产产品或提供劳务相关的市场信息；

（3）业务的开展情况；

（4）联盟、合营与外包情况；

（5）从事电子商务的情况；

（6）地区与行业分布；

（7）生产设施、仓库的地理位置及办公地点；

（8）关键客户；

（9）重要供应商；

（10）劳动用工情况；

（11）研究与开发活动及其支出；

（12）关联方交易。

5．投资活动

了解被审计单位投资活动有助于注册会计师关注被审计单位在经营策略和方向上的重大变化。注册会计师应当了解的被审计单位的投资活动主要包括：

（1）近期拟实施或已实施的并购活动与资产处置情况；

（2）证券投资、委托贷款的发生与处置；

（3）资本性投资活动，包括固定资产和无形资产投资，近期发生或计划发生的变动，以及重大的资本承诺等；

（4）不纳入合并范围的投资。

6．筹资活动

了解被审计单位筹资活动有助于注册会计师评估被审计单位在融资方面的压力，并进一步考虑被审计单位在可预见未来的持续经营能力。注册会计师应当了解的被审计单位的筹资活动主要包括：

（1）债务结构和相关条款，包括担保情况及表外融资；

（2）固定资产的融资租赁；

（3）关联方融资；

（4）实际受益股东；

（5）衍生金融工具的运用。

7．财务报告

可能需要考虑的内容有：会计政策和行业特定惯例、收入确认惯例、公允价值会计核算、外币资产负债的核算、异常或复杂交易等。

10.5.4　对被审计单位实施的风险评估程序

在了解被审计单位的性质时，除查阅以前年度的审计工作底稿、与项目组成员或其他有经验的人员和行业专家讨论、利用业务承接和续约过程中获取的信息外，注册会计师运用的风险评估程序还包括下列方面。

1．询问被审计单位管理层和内部其他相关人员

注册会计师可以就被审计单位性质询问管理层、治理层及被审计单位担任不同职责的人员，以全面了解被审计单位的情况。

2．查阅文件和报告

注册会计师可以查阅被审计单位的组织结构图、关联方清单、公司章程、对外签订的主要销售、采购、投资、债务合同等，以及被审计单位内部的管理报告、财务报告、生产经营情况分析、会议记录或纪要等，了解被审计单位的性质。

3. 实地察看被审计单位的主要生产经营场所

实地察看被审计单位的主要生产经营场所能增强注册会计师对被审计单位性质的了解。实地察看主要经营场所对于了解新承接的审计项目、收购了新业务的被审计单位和跨地区经营的被审计单位尤其重要。通过实地察看被审计单位的厂房和办公场所，可以使注册会计师对被审计单位的布局、生产流程以及固定资产和存货的状况获得一定的了解。

4. 分析程序

注册会计师可以通过分析程序对财务数据之间以及财务数据与非财务数据之间的内在关系进行研究和评价。例如，将被审计单位的财务信息与以前期间的可比数据、被审计单位的预算或注册会计师的预期数据进行比较，对重要财务比率进行分析，以了解被审计单位在经营活动、投资活动、筹资活动等各方面的情况及其重大变化。

10.5.5　了解被审计单位对会计政策的选择和运用

注册会计师应当了解被审计单位对会计政策的选择和运用，是否符合适用的会计准则和相关会计制度，是否符合被审计单位的具体情况。

在了解被审计单位对会计政策的选择和运用是否适当时，注册会计师应当关注下列事项。

（1）重大和异常交易的会计处理方法；

（2）在缺乏权威性标准或共识，有争议的或新兴领域采用重要的会计政策产生的影响；

（3）会计政策的变更；

（4）新颁布的财务报告会计准则、法律法规，以及被审计单位何时采用、如何采用这些规定等。

如果被审计单位变更了重要的会计政策，注册会计师应当考虑会计政策变更的原因及其适当性，并确定：①会计政策的变更是否符合法律、行政法规或者适用的会计准则和相关会计制度的规定；②会计政策的变更能否提供更可靠、更相关的会计信息；③会计政策的变更是否得到了恰当的披露。

此外，注册会计师应当考虑，被审计单位的会计政策是否适合其经营活动，并与适用的财务报告编制基础、相关行业使用的会计政策保持一致。

在了解被审计单位对会计政策的选择和运用时，注册会计师实施的风险评估程序包括：查阅以前年度的审计工作底稿、询问被审计单位管理层和员工、

查阅被审计单位的财务资料和内部报告（如会计手册和操作指引）等。注册
会计师还可结合对被审计单位及其环境其他方面的了解，考虑被审计单位选用
的会计政策是否符合其具体情况。

注册会计师应当重点关注被审计单位本期会计政策的选择和运用与前期相
比发生的重大变化，包括对本期新发生的交易或事项选用的会计政策，对前期
不重大而本期重大的交易或事项选用的会计政策，重要会计政策的变更以及新
会计准则发布施行的影响等。

10.5.6 了解被审计单位的目标、战略以及相关经营风险

注册会计师应当了解被审计单位的目标和战略，以及可能导致财务报表重
大错报的相关经营风险。了解的具体内容包括：

1. 目标、战略与经营风险

目标是企业经营活动的指针。企业管理层或治理层一般会根据企业经营面
临的外部环境和内部各种因素，制定合理可行的经营目标。战略是企业管理层
为实现经营目标采用的总体层面的策略和方法。为了实现某一既定的经营目
标，企业可能有多个可行战略。随着外部环境的变化，企业会对目标和战略做
出相应的调整。经营风险源于对被审计单位实现目标和战略产生不利影响的重
大情况、事项、环境和行动，或源于不恰当的目标和战略。不同的企业可能面
临不同的经营风险，这取决于企业经营的性质、所处行业、外部监管环境、企
业的规模和复杂程度。

注册会计师应当了解被审计单位是否存在与下列方面有关的目标和战略，
并考虑相应的经营风险：

（1）行业发展，及其可能导致的被审计单位不具备足以应对行业变化的
人力资源和业务专长等风险；

（2）开发新产品或提供新服务，及其可能导致的被审计单位产品责任增加等
风险；

（3）业务扩张，及其可能导致的被审计单位对市场需求的估计不准确等
风险；

（4）新颁布的会计法规，及其可能导致的被审计单位执行法规不当或不
完整，或会计处理成本增加等风险；

（5）监管要求，及其可能导致的被审计单位法律责任增加等风险；

（6）本期及未来的融资条件，及其可能导致的被审计单位由于无法满足
融资条件而失去融资机会等风险；

（7）信息技术的运用，及其可能导致的被审计单位信息系统与业务流程

难以融合等风险。

（8）实施战略的影响，特别是由此产生的需要运用新的会计要求的影响，可能使被审计单位面临执行新要求不当或不完整等风险。

多数经营风险最终都会产生财务后果，从而影响财务报表；并非所有经营风险都会导致重大错报风险；经营风险可能对各类交易、账户余额和披露的认定层次或财务报表层次重大错报风险产生直接影响，这就要求注册会计师应当根据被审计单位的具体情况，考虑经营风险是否可能导致财务报表发生重大错报。

2. 被审计单位的风险评估过程

管理层通常会制定识别和应对经营风险的策略，注册会计师应当了解被审计单位的风险评估过程，这类风险评估过程是被审计单位内部控制的组成部分。

此外，小型被审计单位通常没有正式的计划和程序来确定其目标、战略并管理经营风险。注册会计师应当询问管理层或观察小型被审计单位如何应对这些事项，以获取了解，并评估重大错报风险。

在了解被审计单位的目标、战略以及相关经营风险的基础上，实施风险评估程序。注册会计师可通过与管理层沟通，以及查阅其经营规划和其他文件，获取对被审计单位目标和战略的了解。注册会计师还可以考虑通过询问不同的管理层成员，进一步了解被审计单位目标和战略、政策和程序，以及管理层的需求、期望和关注的事项。注册会计师还可利用对被审计单位所处外部环境、行业状况以及被审计单位性质的了解，考虑被审计单位的战略是否与目标相适应，即考虑战略是否可以实现该目标以及它们之间的差距或不一致之处。注册会计师还应当考虑被审计单位的目标和战略是否与其各项内部和外部因素相适应。

10.5.7　对被审计单位财务业绩的衡量和评价

被审计单位内部或外部对财务业绩的衡量和评价可能对被审计单位管理层产生压力，促使其采取行动改善财务业绩或歪曲财务报表。因此，注册会计师应当了解被审计单位财务业绩的衡量和评价情况，考虑这种压力是否可能导致管理层采取行动，以至于增加财务报表发生重大错报的风险。

在了解被审计单位财务业绩衡量和评价情况时，注册会计师应当关注下列信息：

（1）关键业绩指标、关键比率、趋势和经营统计数据；

（2）同期财务业绩比较分析；

（3）预测、预算、差异分析分部信息与分部、部门或其他不同层次的业绩报告；

（4）管理层和员工业绩考核与激励性报酬政策；

（5）被审计单位与竞争对手的业绩比较。

在了解这些信息中，注册会计师应当关注被审计单位内部财务业绩衡量所显示的未预期到的结果或趋势、管理层的调查结果和纠正措施，以及相关信息是否显示财务报表可能存在重大错报。如果拟利用被审计单位内部信息系统生成的财务业绩衡量指标，注册会计师应当考虑相关信息是否可靠，以及利用这些信息是否足以实现审计目标。

对于小型被审计单位来说，由于通常没有正式的财务业绩衡量和评价程序，管理层往往依据某些关键指标，作为评价财务业绩和采取适当行动的基础，注册会计师应当了解管理层使用的关键指标。

注册会计师通常通过询问被审计单位管理层，查阅被审计单位的内部报告和外部报告，以及实施分析程序，获得对被审计单位财务业绩的衡量和评价的了解。注册会计师还可以从管理层那里了解哪些业绩指标是其他关键利益方关注的重点，以及管理层的内部业绩衡量标准如何受这些外部因素的影响。注册会计师应当考虑管理层的业绩指标是否与关键利益拥有者的预期相一致，并考虑不一致的情况或管理层应对外部压力的结果，及其对重大错报风险的影响。

10.6　审计重要性的含义

根据《中国注册会计师审计准则第 1221 号——计划和执行审计工作时的重要性》第三条，重要性的概念可从下列方面进行理解：

（1）如果合理预期错报（包括漏报）单独或汇总起来可能影响财务报表使用者依据财务报表做出的经济政策，则通常认为错报是重大的；

（2）对重要性的判断是依据具体环境做出的，并受错报的金额或性质的影响，或受两者共同作用的影响；

（3）判断某事项对财务报表使用者是否重大，是在考虑财务报表使用者整体共同的财务信息需求的基础上做出的。由于不同财务报表使用者对财务信息的需求可能差异很大，因此不考虑错报对个别财务报表使用者可能产生的影响。

重要性水平可视为财务报表中的错报、漏报能否影响财务报表使用者决策的"临界点"，超过该"临界点"，就会影响使用者的判断和决策，这种错报和漏报就应被看做"重要的"。

美国财务会计准则委员会第 2 号公告将重要性定义为：会计信息漏报或错报的严重程度，在特定环境下足以改变或影响任何一位理性决策者依赖这些信息所做出的判断。在国际会计师联合会的词语中，重要性被定义为：如果漏报或错报可能影响财务报表使用者的经济决策，那么信息就是重要的。重要性取决于发生漏报或错报的特定环境下所判断的项目或错误的大小。因此，重要性提供的是一个开端或截至点，而不是在它有用时信息必须具备的基本质量特征。

重要性概念是基于成本效益原则的要求而产生的。由于现代企业经济活动日趋复杂，注册会计师审计所面对的会计信息量也日益庞大，注册会计师既无必要也无可能去审查全部的会计资料，只能在对内部控制和风险评估的基础上采用抽查的方法来确认会计报表的合法性和公允性。因此，在审计过程中，注册会计师在确定审计程序的性质、时间和范围以及评价错报的影响时，应当考虑重要性。

理解和应用重要性概念时，需要注意把握以下几点。

1. 判断重要性是从财务报表使用者决策的角度出发

判断一项错报重要与否，应视其对财务报表使用者依据财务报表做出经济决策的影响程度而定。如果财务报表中的某项错报足以改变或影响财务报表使用者的相关决策，则该项错报就是重要的，否则就不重要。在财务报表的审计中，注册会计师对重要性的判断是基于将财务报表使用者作为具有一定的理解能力并能理性地做出相关决策的一个集体来考虑的。注册会计师难以考虑错报对具体的单个使用者可能产生的影响，因为他们的需求千差万别。因此，在审计这样的企业时，投资者作为一个集体的信息需求是确定重要性的合适的参考依据。审计师应当了解客户的报表可能有哪些使用者，以及这些使用者将要做出什么决策。如果注册会计师对特殊目的审计业务出具审计报告，在确定重要性时需要考虑特定使用者的信息需求，以实现特殊审计目标。

2. 重要性的判断与具体环境相关

不同的审计对象面临不同的环境。在不同的环境下，被审计单位的规模、性质、报表使用者对信息的需求都不尽相同，因此，注册会计师确定的重要性也不相同。从被审计单位的规模来看，某一金额的错报对一个规模较小的被审计单位的财务报表来说可能重要，而对另一个规模较大的被审计单位的财务报表来说可能就是不重要的。

3. 重要性的判断既要考虑错报的金额也要考虑错报的性质

数额的大小无疑是判断重要性的一个重要因素。同样类型的错报或漏报，金额大的错报比金额小的错报更重要。在考虑数额大小的时候，还要注意多项小额错报的累计影响，一项错报单独看来并不重要，但如果多次出现，积少成多，就可能变得重要了。仅从数量角度考虑，重要性水平只是提供了一个门槛或临界点，在该门槛或临界点之上的错报就是重要的，反之，该错报则不重要。在有些情况下，某些金额的错报从数量上看并不重要，但从性质上考虑，则可能是重要的。从性质上考虑错报的重要性要注意以下几点：第一，错报是属于错误还是舞弊，如果属于舞弊，则性质相对严重。第二，错报是否会引起履行合同义务，如果错报致使履行了合同义务，则相对重要。第三，错报是否会影响收益趋势，如果改变了收益的趋势，则相对重要。

4. 判断重要性时要考虑错报或漏报对会计报表的影响范围

在判断重要性时，既要考虑错报或漏报金额的绝对值，又要考虑这一误报金额对财务报表的影响范围。具体来说，错报或漏报的金额在财务报表中的波及面越广越重要，反之就越不重要。

5. 对重要性的评估需要运用职业判断

重要性的判断是一个复杂的过程，离不开特定的环境。影响重要性的因素很多，不同的审计对象的重要性不同，同一审计对象的重要性在不同时期可能不同。注册会计师不能机械地套用，只能根据被审计单位面临的环境，并综合考虑其他因素，充分发挥其主观能动性进行专业判断，合理确定重要性水平。不同的注册会计师在确定同一被审计单位财务报表层次和认定层次的重要性水平时，得出的结果也可能不同，这主要是因为对影响重要性的各因素的判断存在差异。

10.7　审计重要性的确定

10.7.1　确定计划的重要性水平应考虑的因素

注册会计师应当运用职业判断确定重要性。在计划审计工作时，注册会计师应当确定一个可接受的重要性水平，以发现在金额上重大的错报。此外，注册会计师应当考虑较小金额错报的累计结果可能对财务报表产生重大影响。

总体来说，注册会计师在确定计划的重要性水平时，需要考虑以下主要因素：

1. 审计单位及其环境的基本情况

被审计单位的行业状况、法律环境与监管环境等其他外部因素，以及被审计单位经营规模的大小和业务性质、对会计政策的选择和应用、被审计单位的目标、战略及相关的经营风险、被审计单位内部控制的可信赖程度等因素，都将影响注册会计师对重要性水平的判断。

2. 审计的目标，包括特定报告要求

信息使用者的要求等因素影响注册会计师对重要性水平的确定。例如，对特定报表项目进行审计的业务，其重要性水平可能需要以该项目金额，而不是以财务报表的一些汇总性财务数据为基础加以确定。

3. 财务报表各项目的性质及其相互关系

财务报表项目的重要程度是存在差别的，因为财务报表使用者对不同的报表项目的关心程度不同。一般而言，财务报表使用者十分关心流动性较高的项目，注册会计师应当对此从严制定重要性水平。由于财务报表各项目之间是相互联系的，注册会计师在确定重要性水平时，需要考虑这种相互联系。

4. 财务报表项目的金额及其波动幅度

财务报表项目的金额及其波动幅度可能促使财务报表使用者做出不同的反应。因此，注册会计师在确定重要性水平时，应当深入研究这些项目的金额及其波动幅度。

因为重要性是从报表使用人决策的角度来考虑的，所以，只要影响预期财务报表使用者决策的因素，都可能对重要性水平产生影响。注册会计师应当在计划阶段充分考虑这些因素，并采用合理的方法，确定重要性水平。

10.7.2 重要性的定量考虑和定性考虑

注册会计师应当从数量和性质两个方面考虑重要性。重要性水平是一个经验值，注册会计师只能通过职业判断确定重要性水平。

1. 重要性的定量考虑

重要性的数量即重要性水平，是针对错报的金额大小而言。确定多大错报会影响到财务报表使用者所作决策，是注册会计师运用职业判断的结果。很多注册会计师根据所在会计师事务所的惯例及自己的经验，考虑重要性水平。注册会计师通常先选择一个恰当的基准，再选用适当的百分比乘以该基准，从而得出财务报表层次的重要性水平。在实务中，有许多汇总性财务数据可以用作确定财务报表层次重要性水平的基准，例如，总资产、净资产、流动资产、流动负债、销售收入、费用总额、毛利、净利润等。在选择适当的基准时，注册会计师应当考虑以下因素：

（1）财务报表的要素（例如，资产、负债、所有者权益、收入和费用等）、适用的会计准则和相关会计制度所定义的财务报表指标（例如，财务状况、经营成果和现金流量），以及适用的会计准则和相关会计制度提出的其他具体要求；

（2）对某被审计单位而言，是否存在财务报表使用者特别关注的报表项目（例如，特别关注与评价经营成果相关的信息）；

（3）被审计单位的性质及所在行业；

（4）被审计单位的规模、所有权性质以及融资方式。

注册会计师通常会根据上述因素选择一个相对稳定、可预测且能够反映被审计单位正常规模的基准。由于销售收入和总资产具有相对稳定性，注册会计师经常将其用作确定计划重要性水平的基准。在确定恰当的基准后，注册会计师通常运用职业判断合理选择百分比，据以确定重要性水平。实务中通常使用的一些经验参考数值包括：

（1）对于以盈利为目的的企业，来自经常性业务的税前利润或税后净利润的 5%，或总收入的 0.5%；

（2）对于非营利组织，费用总额或总收入的 0.5%；

（3）对于共同基金公司，净资产的 0.5%。

这些百分比只是一般的经验数值，为了更加有效地实现审计目标，注册会计师执行具体审计业务时，可以根据被审计单位的具体情况做出职业判断，调高或调低上述百分比。另外，根据不同的基准可能会计算出不同的重要性水平，此时，注册会计师应当本着有效实现审计目标的原则根据实际情况确定要采用的基准和计算方法，从而确定重要性水平。

此外，注册会计师在确定重要性时，通常要考虑以前期间的经营成果和财务状况、本期的经营成果和财务状况、本期的预算和预测结果、被审计单位情况的重大变化（如重大的企业购并）以及宏观经济环境和所在行业环境发生的相关变化。例如，注册会计师在将净利润作为确定某单位重要性水平的基准时，因情况变化使该单位本年度净利润出现意外的增加或减少，注册会计师可能认为选择近几年的平均净利润作为重要性水平的基准更加合适。

注册会计师在确定重要性水平时，无须考虑与具体项目计量相关的固有不确定性。例如，财务报表含有高度不确定性的大额估计，注册会计师并不会因此而确定一个比不含有该估计的财务报表的重要性更高或更低的重要性水平。

2. 重要性的定性考虑

对于重要性的确定，除了考虑错报的数额外，还要考虑错报的性质以及错报发生的具体环境。特别是在有些情况下，金额不重要的错报从性质上看有可能是重要的。注册会计师在判断错报的性质是否重要时一般应当考虑以下方面的情况：

（1）错报对遵守法律法规要求的影响程度。

（2）错报对遵守债务契约或其他合同要求的影响程度。

（3）错报掩盖收益或其他趋势变化的程度（尤其在联系宏观经济背景和行业状况进行考虑时）。

（4）错报对用于评价被审计单位财务状况、经营成果或现金流量的有关比率的影响程度。

（5）错报对财务报表中列报的分部信息的影响程度。例如，错报事项对分部或被审计单位其他经营部分的重要程度，而这些分部或经营部分对被审计单位的经营或盈利有重大影响。

（6）错报对增加管理层报酬的影响程度。例如，管理层通过错报来达到有关奖金或其他激励政策规定的要求，从而增加其报酬。

（7）错报对某些账户余额之间错误分类的影响程度，这些错误分类影响到财务报表中应单独披露的项目。例如，经营收益和非经营收益之间的错误分类，非营利单位受到限制资源和非限制资源的错误分类。

（8）相对于注册会计师所了解的以前向报表使用者传达的信息（例如，盈利预测）而言，错报的重大程度。

（9）错报是否与涉及特定方的项目相关。例如，与被审计单位发生交易的外部单位是否与被审计单位管理层的成员有关联。

（10）错报对信息漏报的影响程度。在有些情况下，适用的会计准则和相关会计制度并未对该信息做出具体要求，但是注册会计师运用职业判断，认为该信息对财务报表使用者了解被审计单位的财务状况、经营成果或现金流量很重要。

（11）错报对与已审计财务报表一同披露的其他信息的影响程度，该影响程度能被合理预期将对财务报表使用者做出经济决策产生影响。

10.7.3 计划审计工作时确定重要性和实际执行的重要性

在制定总体审计策略时，注册会计师应当确定财务报表整体的重要性。根据被审计单位的特定情况，如果存在一个或多个特定类别的交易、账户余额或披露，其发生的错报金额虽然低于财务报表整体的重要性，但合理预期可能影响财务报表使用者依据财务报表做出的经济决策，注册会计师还应当确定适用于这些交易、账户余额或披露的一个或多个重要性水平。

注册会计师应当确定实际执行的重要性，以评估重大错报风险并确定进一步审计程序的性质、时间安排和范围。所谓实际执行的重要性，是指注册会计师确定的低于财务报表整体的重要性的一个或多个金额，旨在将未更正和未发现错报的汇总数超过财务报表整体的重要性的可能性降至适当的低水平。如果适用，实际执行的重要性还指注册会计师确定的低于特定类别的交易、账户余额或披露的重要性水平的一个或多个金额。

10.7.4　财务报表层次和各类交易、账户余额、列报认定层次的重要性水平

从重要性的数量方面，注册会计师应当考虑财务报表层次和各类交易、账户余额、列报认定层次的重要性。

1. 财务报表层次的重要性水平

由于财务报表审计的目标是注册会计师通过执行审计工作对财务报表发表审计意见，因此，注册会计师应当考虑财务报表层次的重要性。只有这样，才能得出财务报表是否公允反映的结论。注册会计师在制定总体审计策略时，应当确定财务报表层次的重要性水平。财务报表层次的重要性水平主要是采用定量的方法来确定，即选择一个基准和相应的百分比来计算财务报表层次的重要性水平。

2. 各类交易、账户余额、列报认定层次的重要性水平

由于财务报表提供的信息由各类交易、账户余额、列报认定层次的信息汇集加工而成，注册会计师只有通过对各类交易、账户余额、列报认定层次实施审计，才能得出财务报表是否公允反映的结论。因此，注册会计师还应当考虑各类交易、账户余额、列报认定层次的重要性。各类交易、账户余额、列报认定层次的重要性水平称为"可容忍错报"。可容忍错报的确定是以注册会计师对财务报表层次重要性水平的初步评估为基础。它是在不导致财务报表存在重大错报的情况下，注册会计师对各类交易、账户余额、列报确定的可接受的最大错报。

注册会计师在财务报表层次重要性水平的基础上，确定各类交易、账户余额、列报认定层次的重要性水平时，应当考虑以下主要因素：（1）各类交易、账户余额、列报的性质及错报的可能性；（2）各类交易、账户余额、列报的重要性水平与财务报表层次重要性水平的关系；（3）审计费用的高低。不同账户的审查难度不同，有些账户审查起来难度大、手续复杂、耗费的时间长，审计费用高；而有的账户的审查就相对容易些。在保证审计证据的适当性和充分性的前提下，可以考虑对那些审查容易的项目少分配一些重要性金额，而对那些余额大、审查难度的账户，适当多分配一些重要性额度。由于为各类交易、账户余额、列报确定的重要性水平即可容忍错报，对审计证据数量有直接的影响，因此，注册会计师应当合理确定可容忍错报。在确定各类交易、账户余额、列报的重要性水平时，要注意各类交易、账户余额、列报的重要性水平的总和不能超过财务报表层次的重要性水平。

此外，在制定总体审计策略时，注册会计师应当对那些金额本身就低于所确定的财务报表层次重要性水平的特定项目作特别的考虑。注册会计师应当根

据被审计单位的具体情况，运用职业判断，考虑是否能够合理地预计这些项目的错报将影响使用者依据财务报表做出的经济决策（如有这种情况的话）。注册会计师在做出这一判断时，应当考虑的因素包括：

（1）会计准则、法律法规是否影响财务报表使用者对特定项目计量和披露的预期（如关联方交易、管理层及治理层的报酬）；

（2）与被审计单位所处行业及其环境相关的关键性披露（例如，制药业的研究与开发成本）；

（3）财务报表使用者是否特别关注财务报表中单独披露的特定业务分部（如新近购买的业务）的财务业绩。

了解治理层和管理层对上述问题的看法和预期，可能有助于注册会计师根据被审计单位的具体情况做出这一判断。

10.8　审计风险

10.8.1　风险基础审计主要流程

在风险基础审计模式下，为了确定审计风险，审计人员应该采用自上而下、逐层分析的方法。一般分为三个阶段：集中对外部因素进行风险分析；集中对内部因素进行风险分析；把经营风险同审计目标联系起来进行重大错报风险分析。

重大错报风险代表公司最有可能产生问题的地方，也是审计实施过程中最有可能出现问题的地方。所以，也就是审计人员在审计中需要集中注意力的情况。如果客户是一家存在大量重大错报风险的组织，那么，审计风险也就增大，审计失败发生的可能性也就越大（见图 10－5）。

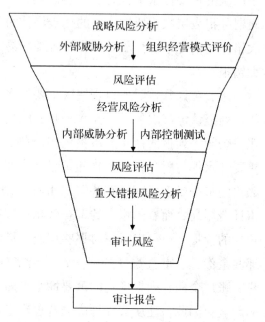

图 10－5　风险基础审计主要流程

10.8.2 审计风险定义

根据《中国注册会计师审计准则第 1101 号——注册会计师的总体目标和审计工作的基本要求》，历史财务信息审计中，要求注册会计师将审计风险降至可接受的低水平，对审计后的历史财务信息提供合理保证，在审计报告中对历史财务信息采用积极方式提出结论。合理保证意味着审计风险始终存在，注册会计师应当通过计划和实施审计工作，获取充分、适当的审计证据，将审计风险降至可接受的低水平。

审计风险是指财务报表存在重大错报而注册会计师发表不恰当审计意见的可能性。审计风险并不包含下面这种情况，即财务报表不含有重大错报，而注册会计师错误地发表了财务报表含有重大错报的审计意见的风险。可见，合理保证与审计风险互为补数，即合理保证与审计风险之和等于100%。如果注册会计师将审计风险降至可接受的低水平，则对财务报表不存在重大错报获取了合理保证。

审计风险不同于企业的经营风险，但二者具有很密切的联系。经营风险源于对被审计单位实现目标和战略产生不利影响的重大情况、事项、环境和行动，或源于不恰当的目标和战略。不同的企业可能面临不同的经营风险，这取决于企业经营的性质、所处行业、外部监管环境、企业的规模和复杂程度。管理层有责任识别和应对这些风险。审计风险与经营风险之所以具有很密切的联系，是因为经营风险与财务报表发生重大错报的风险密切相关。许多经营风险最终都会有财务后果，因而影响到财务报表，进而对财务报表审计产生影响。例如，宏观经济形势不景气可能对商业银行贷款损失准备产生重大影响；化工企业面临的环境风险可能意味着需要确认预计负债；技术升级风险可能导致企业原有的生产设备和存货发生减值，甚至影响持续经营假设的适当性。更为严重的是，在经营风险引起经营失败时，可能促使被审计单位管理层通过财务报表舞弊对此加以掩盖。尽管被审计单位在实施战略以实现其目标的过程中可能面临各种经营风险，但并非所有经营风险都与财务报表相关，注册会计师应当重点关注可能影响财务报表的经营风险。

10.8.3 审计风险模型

审计风险取决于重大错报风险和检查风险。注册会计师应当实施审计程序，评估重大错报风险，并根据评估结果设计和实施进一步审计程序，以控制检查风险。

1. 重大错报风险

重大错报风险是指财务报表在审计前存在重大错报的可能性。在设计审计程序以确定财务报表整体是否存在重大错报时，注册会计师应当从财务报表层次和各类交易、账户余额、列报认定层次考虑重大错报风险。

财务报表层次重大错报风险与财务报表整体存在广泛联系，它可能影响多项认定。此类风险通常与控制环境有关，如管理层缺乏诚信、治理层形同虚设而不能对管理层进行有效监督等；但也可能与其他因素有关，如经济萧条、企业所在行业处于衰退期。此类风险难以被界定于某类交易、账户余额、列报的具体认定，相反，此类风险增大了一个或多个不同认定发生重大错报的可能性，与由舞弊引起的风险特别相关。

注册会计师应当评估认定层次的重大错报风险，并根据既定的审计风险水平和评估的认定层次重大错报风险确定可接受的检查风险水平。某些类别的交易、账户余额、列报及其认定重大错报风险较高。例如，技术进步可能导致某项产品陈旧，进而导致存货易于发生高估错报（计价认定）；对高价值的、易转移的存货缺乏实物安全控制，可能导致存货的存在性认定出错；会计计量过程受重大计量不确定性影响，可能导致相关项目的准确性认定出错。注册会计师应当考虑各类交易、账户余额、列报认定层次的重大错报风险，以便于针对认定层次计划和实施进一步审计程序。财务报表层次和认定层次的重大错报风险的评估将在第9章详细阐述。

识别和评估重大错报风险实施的审计程序：（1）在了解被审计单位及其环境（包括与风险相关的控制）的整个过程中，结合对财务报表各类交易、账户余额和披露的考虑，识别风险；（2）评估识别出的风险，并评价是否更广泛地与财务报表整体相关，进而潜在地影响多项认定；（3）结合对拟测试的相关控制的考虑，将识别出的风险与认定层次可能发生错报的领域相联系；（4）考虑发生错报的可能性（包括发生多项错报）以及潜在错报的重大程度是否足以导致重大错报。同时，注册会计师应当根据职业判断，确定识别出的风险是否为特别风险。在进行判断时，注册会计师不应考虑识别出的控制对相关风险的抵销效果。

2. 检查风险

检查风险是指某一认定存在错报，该错报单独或连同其他错报是重大的，但注册会计师为将审计风险降低至可接受的水平而实施程序后未能发现这种错报的可能性。检查风险与预先设定的审计风险水平和重大错报风险相关，根据评估的重大错报风险，注册会计师应当合理设计进一步审计程序的性质、时间安排和范围，并有效执行进一步审计程序，以控制检查风险。

3. 审计风险各要素之间的关系

审计风险、重大错报风险和检查风险之间的关系用模型表示为：

审计风险 = 重大错报风险 × 检查风险

在既定的审计风险水平下，可接受的检查风险水平与认定层次重大错报风险的评估结果呈反向关系。一般而言，评估的重大错报风险越高，可接受的检查风险越低；评估的重大错报风险越低，可接受的检查风险越高。

同样，在既定的重大错报风险水平下，注册会计师可以接受的审计风险与可以接受的检查风险呈正向关系。一般而言，注册会计师可以接受的审计风险越高，可以接受的检查风险的水平就越高；反之，注册会计师可以接受的审计风险越低，可以接受的检查风险的水平就越低。

10.9　审计风险与相关概念的关系

10.9.1　审计风险与重要性的关系及影响

重要性与审计风险之间存在反向关系。重要性水平越高，审计风险越低；重要性水平越低，审计风险越高。注册会计师在确定审计程序的性质、时间和范围时应当考虑这种反向关系。

重要性水平与审计证据的数量之间也存在反向的关系。一般而言，重要性水平越低，所需收集的审计证据越多，重要性水平越高，所需收集的审计证据越少。

注册会计师对重要性及其与审计风险的关系的考虑贯穿于注册会计师审计工作的全过程。在不同的审计阶段，注册会计师都要应用重要性及其与审计风险的关系，从而对审计程序产生影响。

1. 审计计划阶段

在审计计划阶段，注册会计师在确定审计程序的性质、时间和范围时，需要考虑计划的重要性水平。在计划审计工作时，注册会计师应当考虑导致财务报表发生重大错报的原因，并应当在了解被审计单位及其环境的基础上，确定一个可接受的重要性水平，即首先为财务报表层次确定重要性水平，以发现在金额上重大的错报。同时，注册会计师还应当评估各类交易、账户余额及列报认定层次的重要性，以便确定进一步审计程序的性质、时间和范围，将审计风险降至可接受的低水平。

2. 审计执行阶段

在审计执行阶段，随着审计过程的推进，注册会计师应当及时评价计划阶段确定的重要性水平是否仍然合理，并根据具体环境的变化或在审计执行过程中进一步获取的信息，修正计划的重要性水平，进而修改进一步审计程序的性质、时间和范围。

在确定审计程序后，如果注册会计师决定接受更低的重要性水平，审计风险将增加。注册会计师应当选用下列方法将审计风险降至可接受的低水平：

（1）如有可能，通过扩大控制测试范围或实施追加的控制测试，降低评估的重大错报风险，并支持降低后的重大错报风险水平。

（2）通过修改计划实施的实质性程序的性质、时间和范围，降低检查风险。

3. 评价审计程序结果

在评价审计程序结果时，注册会计师确定的重要性和审计风险，可能与计划审计工作时评估的重要性和审计风险存在差异。在这种情况下，注册会计师应当重新确定重要性和审计风险，并考虑实施的审计程序是否充分。

理解审计风险与重要性之间的关系要注意以下几点：

第一，重要性水平是注册会计师从财务报表使用者的角度进行判断的结果。重要性与审计风险之间的这种关系也是建立在这个基础之上。

第二，重要性与审计风险之间的这种关系是从定量的角度来说的。重要性水平的高低指的是金额的大小，没有涉及定性的考虑。

第三，重要性与审计风险之间的这种关系只有在假定同一被审计单位的情况下才成立。对于不同的审计单位的不同重要性水平，无法据此直接判断审计风险的相对大小。

第四，重要性与审计风险之间的这种关系只有在客观、准确地确定重要性水平的前提下和假定审计师付出同样努力的假设下才会成立。

在上述背景下，10 000 元的重要性水平要高于 5 000 元的重要性水平，相应的10 000元重要性水平下的审计风险要小于 5 000 元重要性水平下的审计风险。因为，如果重要性水平是 10 000 元，则意味着低于 10 000 元的错报不会影响到财务报表使用者的决策，此时注册会计师需要通过执行有关审计程序合理保证能发现高于 4 000 元的错报；如果重要性水平是 5 000 元，则金额在 5 000元以上的错报就会影响财务报表使用者的决策；面对同一个被审计单位，如果重要性水平是 5 000 元而不是10 000 元，相对于重要性为 10 000 元的情况来说，就意味着注册会计师不但要通过执行有关审计程序合理保证能发现金额在 10 000 元以上的错报，还要通过执行有关审计程序合理保证能发现金额在 5 000 ~ 10 000 元的错报。很显然，如果审计师付出同样的努力，重要性水平为 5 000 元时审计不出这样的重大错报的可能性即审计风险，要比重要性水平为 10 000 元时的审计风险高。因此，重要性水平越低，则审计风险越高，就越要求注册会计师收集更多更有效的审计证据，以将审计风险降至可接受的低水平。所以，重要性水平和审计证据之间存在反向变动关系。

由于重要性与审计风险的这种关系只有在客观、准确地确定重要性的前提下才会成立，所以，注册会计师不能通过不合理的人为调高重要性水平来降低审计风险。因为重要性是依据重要性概念中所述的判断标准客观确定的，而不是由主观期望的审计风险水平决定。由于重要性和审计风险存在上述反向关系，而且这种关系对注册会计师将要执行的审计程序的性质、时间和范围有直接的影响，因此，注册会计师应当综合考虑各种因素，合理确定重要性水平。

注册会计师应当关注财务报表的重大错报，但没有责任发现对财务报表整体不产生重大影响的错报。注册会计师应当考虑已识别但未更正的单个或累计的错报是否对财务报表整体产生重大影响。

10.9.2　审计风险与审计证据之间的关系

评估的审计风险与所需收集的审计证据的数量存在正向关系。一般而言，评估的审计风险越高，需要收集的审计证据就越多，评估的审计风险越低，所需收集的审计证据越少。

此外，评估的审计风险与注册会计师可以接受的审计风险不同，注册会计师可以接受的审计风险与审计证据之间存在的是反向关系。一般而言，对于同一个审计客户，注册会计师可以接受的审计风险越高，所需收集的审计证据越少；注册会计师可以接受的审计风险越低，所需收集的审计证据越多。因此，为了获取合理保证，注册会计师应当获取充分、适当的审计证据，以将检查风险降至可接受的低水平，从而能够得出合理的结论，作为形成审计意见的基础。

10.9.3　审计风险的防范

注册会计师应当通过计划和实施审计工作，获取充分、适当的审计证据，将审计风险降至可接受的低水平。这是控制审计风险的总要求。在审计风险模型中，重大错报风险是企业的风险，不受注册会计师的控制，注册会计师只能通过实施风险评估程序来正确评估重大错报风险，并根据评估的两个层次的重大错报风险分别采取应对措施。

注册会计师应当评估财务报表层次的重大错报风险，并根据评估结果确定下列总体应对措施。这些应对措施包括：

（1）向项目组强调在收集和评价审计证据过程中保持职业怀疑态度的必

要性；

（2）分派更有经验或具有特殊技能的审计人员，或利用专家的工作；

（3）提供更多的督导；

（4）在选择进一步审计程序时，应当注意使某些程序不被管理层预见或事先了解；

（5）对拟实施审计程序的性质、时间和范围做出总体修改。

注册会计师应当获取认定层次充分、适当的审计证据，以便能够在审计工作完成时，以可接受的低审计风险对财务报表整体发表审计意见。对于各类交易、账户余额、列报认定层次的重大错报风险，注册会计师可以通过控制检查风险将审计风险降至可接受的低水平。

检查风险取决于审计程序设计的合理性和执行的有效性。注册会计师通常无法将检查风险降低为零，其原因：一是注册会计师通常并不对所有的交易、账户余额和列报进行检查；二是注册会计师可能选择了不恰当的审计程序，或是审计程序执行不当，或是错误解读了审计结论。对于第二方面的问题可以通过适当计划、在项目组成员之间进行恰当的职责分配、保持职业怀疑态度以及监督、指导和复核助理人员所执行的审计工作得以解决。

本 章 小 结

1. 战略是企业管理层为实现经营目标采用的总体层面的策略和方法。为了实现某一既定的经营目标，企业可能有多个可行战略。随着外部环境的变化，企业会对目标和战略做出相应的调整。

2. 注册会计师应当从以下六方面了解被审计单位本身及其内部与外部环境：（1）行业状况、法律环境以及其他外部环境；（2）被审计单位的性质；（3）对会计政策的选择和运用；（4）目标、战略以及相关经营风险；（5）被审计单位财务业绩的衡量和评价；（6）被审计单位的内部控制。

3. 在执行审计业务时，注册会计师应当考虑重要性及其与审计风险的关系。重要性取决于在具体环境下对错报金额和性质的判断。在财务报表审计中，如果一项错报单独或连同其他错报可能影响财务报表使用者依据财务报表做出的经济决策，则该项错报是重大的。

4. 在风险基础审计模式下，为了确定审计风险，审计人员应该采用自上而下、逐层分析的方法。一般分为三个阶段：集中对外部因素进行风险分析；集中对内部因素进行风险分析；把经营风险同审计目标联系起来进行重大错报风险分析。

5. 审计风险是指财务报表存在重大错报而注册会计师发表不恰当审计意见的可能性。

6. 审计风险模型：审计风险＝重大错报风险×检查风险。

思 考 题

1. 如何理解客户的战略与环境之间的关系？

2. 如何进行客户战略风险分析？

3. 如何分析客户战略风险中的行业风险因素？

4. 如何考虑外部因素对客户的影响及审计预期？

5. 如何了解被审计单位及其环境？

6. 如何理解和应用审计重要性？

7. 如何确定重要性水平？

8. 如何理解风险基础审计的主要流程？

9. 如何理解审计风险及审计风险模型？

第11章 客户的经营风险及其内部控制

学习目标

了解企业经营风险的主要内容。掌握内部控制的基本原理。识别和评估重大错报风险的方法。

关键名词

经营风险　内部控制　控制环境　风险评估过程　信息系统与沟通
控制活动　对控制的监督　重大错报风险

11.1 客户的经营风险

经营流程是企业从事经营活动的方式和体系的总称，而经营风险是企业外部环境与内部环境对企业目标的实现产生不利影响的可能性。多数经营风险最终都会产生财务后果，经营风险正是沿着企业风险管理路径影响财务报表的。

为了应对经营风险，企业应实施风险管理。企业风险管理循环实际上反映了战略风险、经营流程、流程风险、内部控制、控制风险、经营计量及财务报表认定之间的关系。企业经营风险主要包括以下五个方面。

1. 营运风险

营运风险不易控制，因为它更多地涉及人为因素，不确定性较大。比如，客户满意度问题，一旦客户服务做得不到位，就容易造成营业额下降；产品开发问题，若新产品无法被市场接受，对企业营运将产生很大影响等。营运风险还包括企业效率、运作水平、业务中断、商品定价合理性等其他方面，涉及企业内外部多种因素。

2. 财务风险

财务风险是指资金运动过程中的风险，如货币汇率波动、利率波动都会影响企业的业绩，变现能力差、资金回笼速度慢都可能使企业陷入财务危机。企业资金在国际市场上运作，很可能由于不同市场的结算时间不同而给企业的现金流量带来影响，一项高投资项目结束后是否还能获得相同回报的投资机会以及客户信用，都会对企业业务流程的顺利运作产生影响。

3. 授权风险

授权风险涉及管理职权的分配，如管理职权的范围及限制，也涉及管理者能力的展现，包括其领导能力、对工作的热情度以及与员工的内部合作关系等。

4. 信息技术风险

信息技术风险是流程中运用信息技术所引起的风险。企业相关信息的使用权限设置得不够合理，会造成机密泄露。企业中多个实体使用的系统不同，又会造成企业的数据不具整合性，给管理带来困难。

5. 道德风险

道德风险是现实企业中越来越突出的问题，包括四个方面的内容：①管理欺诈，指管理层在财务报表中作假蒙骗企业领导和投资者；②雇员欺诈，指雇员私自挪用企业资产造成企业重大损失；③非法行为，指管理人员或员工擅自以企业名义做出违法行为使企业蒙受损失；④无授权使用，即员工未经授权，为其他目的使用企业资产。

美国 COSO 报告指出：一个有效的内部控制体系是企业风险管理质量的基本保证，应将内部控制纳入风险管理，作为风险管理的一部分，而内部控制体系应以企业风险管理为导向制定。健全有效的内部控制体系能够合理地防范流程风险。

11.2　内部控制的基本理论

11.2.1　内部控制的意义

内部控制是被审计单位为了合理保证财务报告的可靠性、经营的效率和效果以及对法律法规的遵守，由治理层、管理层和其他人员设计和执行的政策和程序。从目标和内容来看，内部控制是风险管理的组成部分。从责任主体来看，设计和实施内部控制的责任主体是治理层、管理层和其他人员，也就是说，组织中的每一个人都对内部控制负有责任。从保证的程度来看，由于固有的局限性，内部控制为三类目标提供的是合理保证，而不是绝对保证。从内部控制目标的实现来看，实现内部控制目标的手段是设计和执行控制政策和程序。

11. 2. 2　内部控制的要素

内部控制主要包括控制环境、风险评估过程、与财务报告相关的信息系统与沟通、控制活动、对控制的监督五个要素。实行内部控制目标的手段是设计和执行控制政策及程序。

1. 控制环境

控制环境是指对建立、加强或削弱特定政策、程序及其效率产生影响的各种因素，包括治理职能和管理职能，以及治理层和管理层对内部控制及其重要性的态度、认识和措施。控制环境设定了被审计单位的内部控制基调，影响员工对内部控制的认识和态度。良好的控制环境是实施有效内部控制的基础。控制环境主要包括以下要素。

（1）对诚信和道德价值观念的沟通与落实。诚信和道德价值观念是控制环境的重要组成部分，影响到重要业务流程的设计和运行。内部控制的有效性直接依赖于负责创建、管理和监控内部控制的人员的诚信和道德价值观念。被审计单位是否存在道德行为准则，以及这些准则如何在被审计单位内部沟通和得到落实，决定了是否能产生诚信和道德的行为。对诚信和道德价值观念的沟通与落实既包括管理层如何处理不诚实、非法或不道德行为，也包括在被审计单位内部，通过行为规范以及高层管理人员的身体力行，对诚信和道德价值观念的营造和保持。

（2）对胜任能力的重视。胜任能力是指具备完成某一职位的工作所应有的知识和能力。管理层对胜任能力的重视包括对于特定工作所需的胜任能力水平的设定，以及对达到该水平所必需的知识和能力的要求。注册会计师应当考虑主要管理人员和其他相关人员是否能够胜任承担的工作和职责，例如，财会人员是否对编报财务报表所适用的会计准则和相关会计制度有足够的了解并能正确运用。

（3）治理层的参与程度。被审计单位的控制环境在很大程度上受治理层的影响。治理层的职责应在被审计单位的章程和政策中予以规定。董事会通常通过其自身的活动，并在审计委员会或类似机构的支持下，监督被审计单位的财务报告政策和程序。因此，董事会、审计委员会或类似机构应关注被审计单位的财务报告，并监督被审计单位的会计政策以及内部、外部的审计工作和结果。治理层的职责还包括监督用于复核内部控制有效性的政策和程序设计是否合理，执行是否有效。

治理层对控制环境影响的要素有：治理层相对于管理层的独立性、成员的经验和品德、对被审计单位业务活动的参与程度、治理层行为的适当性、治理层所获得的信息、管理层对治理层所提出问题的追踪程度，以及治理层与内部注册会计师和注册会计师的联系程度。例如，如果注册会计师与审计委员会有定期的联系，则管理层会更愿意定期向审计委员会和董事会汇报情况，因此，审计委员会和董事会可以对被审计单位的重大情况有更多的知情权。

（4）管理层的理念和经营风格。管理层负责企业运作的管理以及经营策略和程序的制定、执行与监督。控制环境的每个方面在很大程度上都受管理层采取的措施和做出决策的影响，或在某些情况下受管理层不采取某些措施或不做出某种决策的影响。在有效的控制环境中，管理层的理念和经营风格可以创造一个积极的氛围，促进业务流程和内部控制的有效运行，同时创造一个减少错报发生可能性的环境。在管理层以一个或少数几个人为主时，管理层的理念和经营风格对内部控制的影响尤为突出。管理层的理念包括管理层对内部控制的理念。管理层对内部控制的理念是指管理层对内部控制以及对具体控制实施环境的重视程度。管理层对内部控制的重视，将有助于控制的有效执行，并减少特定控制被忽视或规避的可能性。控制理念反映在管理层制定的政策、程序及所采取的措施中，而不是反映在形式上。因此，要使控制理念成为控制环境的一个重要特质，管理层必须告知员工内部控制的重要性。同时，只有建立适当的管理层控制机制，控制理念才能产生预期的效果。衡量管理层对内部控制重视程度的重要标准，是管理层收到有关内部控制弱点及违规事件的报告时做出何种反应。管理层及时地下达纠弊措施，表明他们对内部控制的重视，也有利于加强企业内部的控制意识。

（5）组织结构。被审计单位的组织结构为计划、运作、控制及监督经营活动提供了一个整体框架，它明确规定一个组织内部各部门和工作人员的权限和责任。建立合理的组织结构，有助于建立良好的内部控制环境。通过集权或分权决策，可在不同部门间进行适当的职责划分、建立适当层次的报告体系。企业的组织结构包括：确定组织单位的性质和形式，包括确认相关的管理职能和报告关系；为每个组织单位制定内部划分责任权限的办法。被审计单位组织结构的合理性在一定程度上取决于被审计单位的规模和经营活动的性质。

（6）职权与责任的分配。责任授权和划分的方法影响到责任如何被传达、如何被理解以及员工在执行业务时责任感的强弱。它包括指派进行经营活动的权利与责任以及建立沟通渠道和设立授权的方式等。它关系到个人和团队遇到问题时解决问题的主动性，也关系到各个员工行使权利的上限、企业的某些政策和关键员工需要具备的知识和经验，以及企业应配置给员工的资源等。如果管理层明确地建立了授权和分配责任方法并使其深入人心，就可大大增强整个组织的控制意识。比如，企业应当就业务操作，各种利益矛盾，有关人员的行为规范等方面下发书面的文件，在书面文件里还应明确特定的责任、报告关系和有关限制。

（7）人力资源政策与实务。人力资源政策与实务涉及招聘、培训、考核、晋升和薪酬等方面。政策与程序（包括内部控制）的有效性，通常取决于执行人。因此，被审计单位员工的能力与诚信是控制环境中不可缺少的因素。反过来，被审计单位是否有能力招聘并保留一定数量既有能力又有责任心的员工在很大程度上也取决于其人事政策与实务。例如，如果招聘录用标准要求录用最合适的员工，同时强调员工的学历、经验、诚信和道德，这表明被审计单位希望录用有能力并值得信赖的人员。有关培训方面的政策显示员工应达到的工作表现和业绩水准。通过定期考核的晋升政策表明被审计单位希望具备相应资格的人员承担更多的职责。

2. 风险评估过程

风险评估是企业确认和分析与其目标实现相关风险的过程，它形成了如何管理风险的基础。风险评估要对与按照公认会计原则编制的财务报表有关的风险进行确认、分析和管理，要考虑可能发生的外部和内部事件及对管理层在财务报表中的认定有影响的记录处理、汇总、报告的环境。导致风险发生和变化的环境一般包括招收新的员工、高速增长、新技术、新产品或新作业、信息系统的变化和公司重组。企业也必须设立可辨认、分析和管理相关风险的机制，以了解自身所面临的风险，并适时加以处理。现代社会是一个充满激烈竞争的社会，每一个企业都面临着成功的挑战和失败的风险，对风险的管理成为现代企业管理的主要内容之一。风险影响着每个企业的生存和发展，也影响其在行业中的竞争力以及在市场上的声誉和形象。管理人必须密切注意各层次的风险，并采取必要的管理措施。对财务报表审计来说，主要关注的风险评估过程包括识别与财务报告相关的经营风险，以及针对这些风险采取的措施。

3. 与财务报表相关的信息系统与沟通

一个良好的信息和沟通系统可以使企业及时掌握营运状况和组织中发生的各种情况，可以为企业的员工及时地提供履行职责所需的各种信息，从而使企业的经营和管理流畅地进行下去。企业在一定的时间内要以一定的形式确定、收集和交换信息，从而使员工能够行使责任。一个组织的信息系统是指为了确认、汇总、分析、分类、记录以及报告公司交易和相关事件与情况，并保持对相关资产和负债的受托责任而建立的方法和记录。信息与沟通系统围绕在控制活动的周围，这些系统使企业内部的员工能取得他们在执行、管理和控制企业经营过程中所需的信息，并交换这些信息。

一个良好的信息系统应能生成包括经营情况、财务和法规遵循情况的信息，这些信息对企业的经营与管理是十分有帮助的。这些信息不仅仅是内部信息，也包括外部事件、活动，同时这些信息还必须在企业内部进行由上至下、由下至上的广泛地传递。首先，所有员工必须从高层主管那里获得清楚的信息，使他们清楚自己在内部控制体系中扮演的角色，同时也清楚自己与其他员工之间的关系。其次，员工必须将他们在实践工作中获得的信息汇报给高层主管，这样也就形成一个自下而上的信息传递流程。由于高层主管不直接参加一线工作，所以他们乐于获取员工关于工作实践的信息，他们将这些信息综合起来，及时加以解决。企业当中自上而下、自下而上的信息传递系统能够使企业及时发现内部控制系统中的薄弱环节，并及时进行改进。

4. 控制活动

控制活动是指为了保证管理指令得到实施而制定并执行的控制政策和程序。企业必须制定控制的政策和程序，并予以执行，以帮助管理阶层保证其控制目标的实现。控制活动存在于整个公司内，并出现于各管理阶层及功能组织中。控制活动包括与授权、业绩评价、信息处理、实物控制和职责分离等相关的活动。

（1）授权。注册会计师应当了解与授权有关的控制活动，包括一般授权和特别授权。授权的目的在于保证交易在管理层授权范围内进行。一般授权是指管理层制定的要求组织内部遵守的普遍适用于某类交易或活动的政策。特别授权是指管理层针对特定类别的交易或活动逐一设置的授权，如重大资本支出和股票发行等。特别授权也可能用于超过一般授权限制的常规交易。例如，同意因某些特别原因，对某个不符合一般信用条件的客户赊购商品。

（2）业绩评价。注册会计师应当了解与业绩评价有关的控制活动，主要包括被审计单位分析评价实际业绩与预算（或预测、前期业绩）的差异，综合分析财务数据与经营数据的内在关系，将内部数据与外部信息来源相比较，评价职能部门、分支机构或项目活动的业绩（如银行客户信贷经理复核各分行、地区和各种贷款类型的审批和收回），以及对发现的异常差异或关系采取必要的调查与纠正措施。

通过调查非预期的结果和非正常的趋势，管理层可以识别可能影响经营目标实现的情形。管理层对业绩信息的使用（如将这些信息用于经营决策，还是同时用于对财务报告系统的非预期结果进行追踪），决定了业绩指标的分析是只用于经营目的，还是同时用于财务报告目的。

（3）信息处理。注册会计师应当了解与信息处理有关的控制活动，包括信息技术的一般控制和应用控制。

被审计单位通常执行各种措施，检查各种类型信息处理环境下的交易的准确性、完整性和授权。信息处理控制可以是人工的、自动化的，或是基于自动流程的人工控制。信息处理控制分为两类，即信息技术的一般控制和应用控制。

信息技术一般控制是指与多个应用系统有关的政策和程序，有助于保证信息系统持续恰当地运行（包括信息的完整性和数据的安全性），支持应用控制作用的有效发挥，通常包括数据中心和网络运行控制，系统软件的购置、修改及维护控制，接触或访问权限控制，应用系统的购置、开发及维护控制。例如，程序改变的控制、限制接触程序和数据的控制、与新版应用软件包实施有关的控制等都属于信息系统一般控制。

信息技术应用控制是指主要在业务流程层次运行的人工或自动化程序，与用于生成、记录、处理、报告交易或其他财务数据的程序相关，通常包括检查数据计算的准确性，审核账户和试算平衡表，设置对输入数据和数字序号的自动检查，以及对例外报告进行人工干预。

（4）实物控制。注册会计师应当了解实物控制，主要包括对资产和记录采取适当的安全保护措施，对访问计算机程序和数据文件设置授权，以及定期盘点并将盘点记录与会计记录相核对。例如，现金、有价证券和存货的定期盘点控制。实物控制的效果影响资产的安全，从而对财务报表的可靠性及审计产生影响。

（5）职责分离。注册会计师应当了解职责分离，主要包括了解被审计单位如何将交易授权、交易记录以及资产保管等职责分配给不同员工，以防范同一员工在履行多项职责时可能发生的舞弊或错误。当信息技术在信息系统中运用时，职责分离可以通过设置安全控制来实现。

5. 对控制的监督

对控制的监督是指被审计单位评价内部控制在一段时间内运行有效性的过程，该过程包括及时评价控制的设计和运行，以及根据情况的变化采取必要的纠正措施。例如，管理层对是否定期编制银行存款余额调节表进行复核，内部注册会计师评价销售人员是否遵守公司关于销售合同条款的政策，法律部门定期监控公司的道德规范和商务行为准则是否得以遵循等。监督对控制的持续有效运行十分重要。假如没有对银行存款余额调节表是否得到及时和准确的编制进行监督，该项控制可能无法得到持续的执行。

对控制的监督主要包括两个方面：

一是管理控制方法。管理层通常运用预算和其他财务报告来监督工作的进行，由于管理层对工作比较熟悉，所以这种管理控制方法是内部控制的一个重要因素。管理层可以在预算、标准成本、历史情况的基础上定期将记录的交易和余额同预期的结果相比较来提高控制水平。

二是内部审计。内部审计是企业自我独立评价的一种活动，是管理层用来监督会计系统和相关控制程序的手段，内部审计可通过协助管理层监管其他控制政策和程序的有效性，来促成好的控制环境的建立。内部审计师可以对管理层的指令进行专门的询问或经常复核经营业务以促进效率的提高。此外，内部审计还能为改进内部控制提供建设性的意见。内部审计的有效性与其权限、人员的资格以及可使用的资源密切相关。内部注册会计师必须独立于被审计部门，并且必须直接向董事会或审计委员会报告。

在了解和评价内部控制时，采用的具体分析框架及控制要素的分类可能并不唯一，重要的是控制能否实现控制目标。注册会计师可以使用不同的框架和词语描述内部控制的不同方面，但必须涵盖上述内部控制五个要素所涉及的各个方面。无论对内部控制要素如何进行分类，注册会计师都应当重点考虑被审计单位的某项控制，是否能够以及如何防止或发现并纠正各类交易、账户余额、列报存在的重大错报。小型被审计单位通常采用非正式和简单的内部控制实现其目标，参与日常经营管理的业主可能承担多项职能，内部控制要素没有得到清晰区分，注册会计师应当综合考虑小型被审计单位的内部控制要素才能实现其目标。

11.2.3　了解内部控制的有效性

内部控制的目标既包括财务报告的可靠性，也包括经营的效率和效果以及对法律法规的遵守，但注册会计师审计的目标是对财务报表是否存在重大错报发表审计意见，所以，注册会计师考虑的并非是被审计单位整体的内部控制，而只是与财务报表审计相关的内部控制，即与审计相关的控制。与审计相关的控制，包括被审计单位为实现财务报告可靠性目标设计和实施的控制。注册会计师应当运用职业判断，考虑一项控制单独或连同其他控制是否与评估重大错报风险以及针对评估的风险设计和实施进一步审计程序有关。在运用职业判断时，注册会计师应当考虑下列因素：

1. 注册会计师确定的重要性水平；
2. 被审计单位的性质；
3. 被审计单位的规模；
4. 被审计单位经营的多样性和复杂性；
5. 法律法规和监管要求；
6. 作为内部控制组成部分的系统的性质和复杂性。

此外，如果在设计和实施进一步审计程序时拟利用被审计单位内部生成的信息，注册会计师应当考虑用以保证该信息完整性和准确性的控制可能与审计相关。

如果用以保证经营效率、效果的控制以及对法律法规遵守的控制与实施审计程序时评价或使用的数据相关，注册会计师应当考虑这些控制可能与审计相关。

用以保护资产的内部控制可能包括与实现财务报告可靠性和经营效率、效果目标相关的控制。注册会计师在了解保护资产的内部控制各项要素时，可仅考虑其中与财务报告可靠性目标相关的控制。

在确定了解内部控制的有效性时，注册会计师应当综合运用询问被审计单位的内部人员和其他程序，以评价这些控制的设计，并确定其是否得到执行。评价控制的设计涉及考虑该控制单独或连同其他控制，是否足够有效防止或发现并纠正重大错报；控制是否得到执行是观察某项控制是否存在且被审计单位正在使用。

11.2.4　内部控制的固有局限性

内部控制无论如何有效，都只能为被审计单位实现财务报告目标提供合理保证，这是因为内部控制实现目标的可能性受其固有限制的影响。其中内部控制局限性表现在以下方面：

（1）在决策时人为判断可能出现错误和因人为失误而导致内部控制失效。内部控制作为企业管理的一部分，它理所当然地要按照管理层的意图运行，企业的战略决策起决定作用，战略决策出了问题，贯彻决策人意图的内部控制也就失去了应有的控制效能。

（2）企业内部行使控制职能的人员素质不适应岗位要求也会影响内部控制功能的正常发挥。内部控制是由人建立的，也要由人来行使，如果企业内部行使控制职能的人员在心理上、技能上和行为方式上未达到实施内部控制的基本要求，对内部控制的程序或措施经常误解、误判，那么再好的内部控制也很难充分发挥作用。

（3）控制可能由于两个或更多的人员串通或管理层不当的凌驾于内部控制之上而被规避。如果企业内部行使控制职能的管理人员滥用职权、蓄意营私舞弊，即使具有设计良好的内部控制，也不会发挥其应有的效能。另外，企业内部不相容职务的人员相互串通作弊，与此相关的内部控制就会失去作用。

（4）被审计单位实施内部控制的成本效益问题也会影响其效能。控制环节越多，控制措施越复杂，相应的控制成本就越高，同时也会影响企业经营活动的效率。因此，在设计和实施内部控制时，企业必然要考虑控制成本与控制效果之比。

（5）内部控制一般都是针对经常或重复发生的业务而设置的，如果出现不经常发生或预计到的业务，原有控制就可能不适用。内部控制一般都是针对经常而重复发生的业务而设置的，而且一旦设置就具有相对稳定性。但是，随着时间的推移，经营活动可能不断发生变化，原来完善的控制措施可能会逐渐失效。

由于内部控制自身存在局限性，所以无论内部控制设计和执行的再好，它也只能为控制经营风险提供合理的保证，而不能提供绝对的保证。

11.3　了解控制环境

注册会计师应当了解控制环境。控制环境包括治理职能和管理职能，以及治理层和管理层对内部控制及其重要性的态度、认识和措施。在评价控制环境的设计和实施情况时，注册会计师应当了解管理层在治理层的监督下，是否营造并保持了诚实守信和合乎道德的文化，以及是否建立了防止或发现并纠正舞弊和错误的恰当控制。

11.3.1　了解的具体内容

在评价控制环境的设计时，注册会计师应当考虑构成控制环境的以下各要素，以及这些要素如何被纳入被审计单位的业务流程。

1. 对诚信和道德价值观念的沟通与落实

注册会计师在了解和评估被审计单位诚信和道德价值观念的沟通与落实时，考虑的主要因素一般包括：

（1）被审计单位是否有书面的行为规范并向所有员工传达；

（2）被审计单位的企业文化是否强调诚信和道德价值观念的重要性，如果违反，是否会受到惩罚；

（3）管理层是否身体力行，高级管理人员是否起表率作用；

（4）对违反有关政策和行为规范的情况，管理层是否采取适当的行动。

2. 对胜任能力的重视

注册会计师在就被审计单位对胜任能力的重视情况进行了解和评估时，考虑的主要因素一般包括：

（1）财会人员以及信息管理人员是否具备与被审计单位业务性质和复杂程度相称的足够的胜任能力和培训，在发生错误时，是否通过调整人员或系统来加以处理；

（2）管理层是否配备足够的财会人员以适应业务发展和有关方面的需要；

（3）财会人员是否具备理解和运用会计准则所需的技能。

3. 治理层的参与程度

注册会计师在对被审计单位治理层的参与程度进行了解和评估时，考虑的主要因素一般包括：

（1）董事会是否建立了审计委员会或类似机构；

（2）董事会、审计委员会或类似机构是否与内部注册会计师以及注册会计师有联系和沟通，联系和沟通的性质以及频率是否与被审计单位的规模和业务复杂程度相匹配；

（3）董事会、审计委员会或类似机构的成员是否具备适当的经验和资历；

（4）董事会、审计委员会或类似机构是否独立于管理层；

（5）审计委员会或类似机构会议的数量和时间是否与被审计单位的规模和业务复杂程度相匹配；

（6）董事会、审计委员会或类似机构是否充分地参与了财务报告的过程；

（7）董事会、审计委员会或类似机构是否对经营风险的监控有足够的关注，进而影响被审计单位和管理层的风险评估进程（包括舞弊风险）；

（8）董事会成员是否有很高的流动性。

4. 管理层的理念和经营风格

注册会计师在了解和评估被审计单位管理层的理念和经营风格时，考虑的主要因素通常包括：

（1）管理层是否对内部控制，包括信息技术的控制，给予了适当的关注；

（2）管理层是否由一个或几个人所控制，而董事会、审计委员会或类似机构对其是否实施有效监督；

（3）管理层在承担和监控经营风险方面是风险偏好者还是风险规避者；

（4）管理层在选择会计政策和做出会计估计时是倾向于激进还是保守；

（5）管理层对于信息流程以及会计职能部门和人员是否给予了适当关注；

（6）对于重大的内部控制和会计事项，管理层是否征询注册会计师的意见，或者经常在这些方面与注册会计师存在不同意见。

5. 组织结构与职权和责任的分配

注册会计师在对被审计单位组织结构和职权与责任的分配进行了解和评估时，考虑的主要因素一般包括：

（1）在被审计单位内部是否有明确的职责划分，是否将业务授权、业务记录、资产保管和维护，以及业务执行的责任尽可能地分离；

（2）是否有适当的结构来划分数据的所有权；

（3）是否已针对授权交易建立适当的政策和程序。

6. 人力资源政策与实务

注册会计师在对被审计单位人力资源政策与实务进行了解和评估时，考虑的主要因素一般包括：

（1）被审计单位是否在招聘、培训、考核、晋升、薪酬、调动和辞退员工方面都有适当的政策和程序（特别是在会计、财务和信息系统方面）；

（2）是否有书面的员工岗位职责手册，或者在没有书面文件的情况下，对于工作职责和期望是否作了适当的沟通和交流；

（3）人力资源政策与程序是否清晰，并且定期发布和更新；

（4）是否设定适当的程序对分散在各地区和海外的经营人员建立和沟通人力资源政策与程序。

11.3.2　控制环境的评估

在评价控制环境各个要素时，注册会计师应当考虑控制环境各个要素是否得到执行。被审计单位可能建立了合理的内部控制，但却未有效执行。在确定构成控制环境的要素是否得到执行时，注册会计师应当考虑将询问与观察和检查等风险评估程序结合运用以获取审计证据。通过询问管理层和员工，注册会计师可能了解管理层如何就业务规程和道德价值观念与员工进行沟通；通过观察和检查，可以了解管理层是否建立了正式的行为守则，在日常工作中行为守则是否得到遵守，以及管理层如何处理违反行为守则的情况。

控制环境对重大错报风险的评估具有广泛影响，注册会计师应当考虑控制环境的总体优势是否为内部控制的其他要素提供了适当的基础，并且未被控制环境中存在的缺陷所削弱。因为控制环境本身并不能防止或发现并纠正各类交易、账户余额、列报认定层次的重大错报，所以注册会计师在评估重大错报风险时应当将控制环境连同其他内部控制要素产生的影响一并考虑。注册会计师应当考虑控制环境对评估的财务报表层次重大错报风险的影响，这是由于财务报表层次的重大错报风险很可能源于薄弱的控制环境；同时薄弱的控制环境带来的风险可能对财务报表整体产生广泛影响，难以局限于某类交易、账户余额和披露，注册会计师要采取总体应对措施。

此外，在小型被审计单位，可能无法获取以文件形式存在的有关控制环境要素的审计证据，注册会计师应当重点了解管理层对内部控制设计的态度、认识和措施。

11.4　了解风险评估过程

风险评估过程的作用是识别、评估和管理影响其经营目标实现能力的各种风险。被审计单位的风险评估过程包括识别与财务报告相关的经营风险，以及针对这些风险采取的措施。注册会计师应当了解被审计单位的风险评估过程。如果管理层对风险进行了有效的评估和应对，那么，注册会计师就可以因为控制风险较低而减少收集审计证据的数量。

11.4.1　风险的来源

公司的风险可能来自内部因素，也可能来自外部因素。从外部而言，技术发展会影响研究与开发的性质及时间，或导致采购方式的改变。顾客需求的变化会影响产品的开发、价格、保证及服务。新的法律法规会强迫经营者改变政策及战略。经济环境的改变会影响到财务、资本支出及扩张的决策。内部的风险因素包括：信息处理程序的崩溃、员工的素质及培训、管理层职责的改变、由于公司活动的性质及员工对资产接触而产生的不当机会或无效的审计委员会。

此外，某些情况会增加风险，这些情况包括：监管及经营环境的变化、新员工的加入、采用新信息系统或对原系统进行升级、业务快速发展、新技术、新生产型号、产品和业务活动、企业重组、发展海外经营、新的会计准则等。

11.4.2　识别经营风险

识别常规经营风险的方法有很多。该过程的重点是识别高风险的活动，并对其进行排序。比如采取以下步骤：（1）识别企业必需的资源，并确定哪种风险最大；（2）识别可能引起的负债；（3）考虑以前有过的风险；（4）考虑由于新的目标或新的外部因素引起的额外风险；（5）在持续经营的基础上考虑挑战和机会，从而预测变化。

11.4.3　评价风险评估过程的设计与执行

在评价被审计单位风险评估过程的设计和执行时，注册会计师应当确定管理层如何识别与财务报告相关的经营风险，如何评估该风险的重要性，如何评估风险发生的可能性，以及如何采取措施管理这些风险。

注册会计师在对被审计单位整体层面的风险评估过程进行了解和评估时，考虑的主要因素可能包括：

（1）被审计单位是否已建立并沟通其整体目标，并辅以具体策略和业务流程层面的计划；

（2）被审计单位是否已建立风险评估过程，包括识别风险、估计风险的重大性、评估风险发生的可能性以及确定需要采取的应对措施；

（3）被审计单位是否已建立某种机制，识别和应对可能对被审计单位产生重大且影响广泛的变化，例如，在金融机构中建立资产负债管理委员会，在制造型企业中建立期货交易风险管理组；

（4）会计部门是否建立了某种流程，以识别会计准则的重大变化；

（5）当被审计单位业务操作发生变化并影响交易记录的流程时，是否存在沟通渠道以通知会计部门；

（6）风险管理部门是否建立了某种流程，以识别经营环境包括监管环境发生的重大变化。

注册会计师应当询问管理层识别出的经营风险，并考虑这些风险是否可能导致重大错报。在审计过程中，如果识别出管理层未能识别的重大错报风险，注册会计师应当考虑被审计单位的风险评估过程为何没有识别出这些风险，以及评估过程是否适合于具体环境。

此外，在小型被审计单位，管理层可能没有正式的风险评估过程，注册会计师应当与管理层讨论其如何识别经营风险以及如何应对这些风险。

11.5　了解信息系统与沟通

信息系统与沟通是收集与交换被审计单位执行、管理和控制业务活动所需信息的过程，包括收集和提供信息（特别是为履行内部控制岗位职责所需的信息）给适当人员，使之能够履行职责。信息系统与沟通的质量直接影响到管理层对经营活动做出正确决策和编制可靠的财务报告的能力。注册会计师应当了解信息系统与沟通。

11.5.1　了解与财务报告相关的信息系统

1. 与财务报告相关的信息系统及其职能

与财务报告相关的信息系统，包括用以生成、记录、处理和报告交易、事项和情况，对相关资产、负债和所有者权益履行经营管理责任的程序和记录。交易可能通过人工或自动化程序生成。记录包括识别和收集与交易、事项有关的信息。处理包括编辑、核对、计量、估价、汇总和调节活动，可能由人工或自动化程序来执行。报告是指用电子或书面形式编制财务报告和其他信息，供被审计单位和其他信息使用者用于衡量和考核财务及其他方面的业绩。

与财务报告相关的信息系统应当与业务流程相适应。业务流程是指被审计单位开发、采购、生产、销售、发送产品和提供服务、保证遵守法律法规、记录信息等一系列活动。

与财务报告相关的信息系统所生成信息的质量，对管理层能否做出恰当的经营管理决策以及编制可靠的财务报告具有重大影响。与财务报告相关的信息系统通常包括下列职能：

（1）识别与记录所有的有效交易；

（2）及时、详细地描述交易，以便在财务报告中对交易做出恰当分类；

（3）恰当计量交易，以便在财务报告中对交易的金额做出准确记录；

（4）恰当确定交易生成的会计期限；

（5）在财务报表中恰当列报交易。

2．了解与财务报告相关的信息系统

注册会计师应当从下列方面了解与财务报告相关的信息系统：

（1）在被审计单位经营过程中，对财务报表具有重大影响的各类交易；

（2）在信息技术和人工系统中，对交易生成、记录、处理和报告的程序；

（3）与交易生成、记录、处理和报告有关的会计记录、支持性信息和财务报表中的特定项目；

（4）信息系统如何获取除各类交易之外的对财务报表具有重大影响的事项和情况的信息；

（5）被审计单位编制财务报告的过程，包括做出的重大会计估计和披露。

注册会计师在对与财务报告相关的信息系统进行了解和评估时，考虑的主要问题通常包括：

（1）信息系统是否能够向管理层提供有关被审计单位业绩的报告，包括相关的外部和内部信息；

（2）向适当人员提供的信息是否充分、具体和及时，使之能够有效地履行职责；

（3）信息系统的开发及变更在多大程度上与被审计单位的战略计划相适应以及如何与被审计单位整体层面和业务流程层面的目标相适应；

（4）管理层是否提供适当的人力和财力以开发必需的信息系统；

（5）管理层是如何监督程序开发、变更和测试工作的；

（6）对于主要的数据中心，是否建立了重大灾难数据恢复计划。

在了解与财务报告相关的信息系统时，注册会计师应当特别关注由于管理层凌驾于账户记录控制之上，或规避控制行为而产生的重大错报风险，并考虑

被审计单位如何纠正不正确的交易处理。自动化程序和控制可能降低了发生无意错误的风险，但是并没有消除个人凌驾于控制之上的风险。

11.5.2　与财务报告相关的沟通

与财务报告相关的沟通包括使员工了解各自在与财务报告有关的内部控制方面的角色和职责、员工之间的工作联系，以及向适当级别的管理层报告例外事项的方式。

从了解的内容来看，注册会计师应当了解被审计单位内部如何对财务报告的岗位职责，以及与财务报告相关的重大事项进行沟通。注册会计师还应当了解管理层与治理层（特别是审计委员会）之间的沟通，以及被审计单位与外部（包括与监管部门）的沟通。

注册会计师在对沟通进行了解和评估时，考虑的主要问题一般包括：

（1）管理层对于员工的职责和控制责任是否进行了有效沟通；

（2）对于可疑的不恰当事项和行为是否建立了沟通渠道；

（3）组织内部沟通的充分性是否能够使人员有效地履行职责；

（4）对于与客户、供应商、监管者和其他外部人士的沟通，管理层是否及时采取适当的进一步行动；

（5）被审计单位是否受到某些监管机构发布的监管要求的约束；

（6）外部人士，如客户和供应商在多大程度上了解被审计单位的行为守则。

11.5.3　对小型被审计单位的考虑

在小型被审计单位，与财务报告相关的信息系统和沟通可能不如大型被审计单位正式和复杂。管理层可能会更多地参与日常经营管理活动和财务报告活动，不需要很多书面的政策和程序指引，也没有复杂的信息系统和会计流程。由于小型被审计单位的规模较小、报告层次较少，因此，小型被审计单位可能比大型被审计单位更容易实现有效的沟通。注册会计师应当考虑这种特征对评估重大错报风险的影响。

11.6　了解控制活动

控制活动是指有助于确保管理层的指令得以执行的政策和程序，包括与授权、业绩评价、信息处理、实物控制和职责分离等相关的活动。注册会计师应当了解控制活动，以适当评估认定层次的重大错报风险和针对评估的风险设计进一步审计程序。

此外，注册会计师应当考虑控制活动对评估财务报表层次重大错报风险的影响。在评估重大错报风险时，注册会计师应当将所了解的控制与特定认定相联系；同时控制可能与某一认定直接相关，也可能与某一认定间接相关。关系越直接，控制在防止或发现并纠正认定中错报的作用越小。

11.6.1　了解与授权有关的控制活动

注册会计师应当了解与授权有关的控制活动，包括一般授权和特别授权。

一般授权是指管理层制定的要求组织内部遵守的普遍适用于某类交易或活动的政策。

特别授权是指管理层针对特定类别的交易或活动逐一设置的授权，如重大资本支出和股票发行等。

11.6.2　了解与业绩评价有关的控制活动

注册会计师应当了解与业绩评价有关的控制活动，主要包括被审计单位分析评价实际业绩与预算（或预测、前期业绩）的差异，综合分析财务数据与经营数据的内在关系，将内部数据与外部信息相比较，评价职能部门、分支机构或项目活动的业绩（如银行客户信贷经理复核各分行、地区和各种贷款类型的审批和收回），以及对发现的异常差异或关系采取必要的调查与纠正措施。

11.6.3　了解与信息处理有关的控制活动

在信息技术环境下，注册会计师应当了解、识别和评估由于被审计单位对自动控制的依赖带来的财务报告重大错报风险，主要包括：

（1）信息系统或相关系统程序可能会对数据进行错误处理，也可能会去处理那些本身就错误的数据。

（2）自动信息系统、数据库及操作系统的相关安全控制如果无效，会增加对数据信息非授权访问的风险。

（3）数据丢失风险或数据无法访问风险，如系统瘫痪。

不适当的人工干预，或人为绕过自动控制。因而注册会计师应当了解与信息处理有关的控制活动，包括信息技术的一般控制和应用控制。

信息技术一般控制是指与多个应用系统有关的政策和程序，有助于保证信息系统持续恰当地运行（包括信息的完整性和数据的安全性），支持应用控制作用的有效发挥，通常包括数据中心和网络运行控制，系统软件的购置、修改及维护控制，接触或访问权限控制，应用系统的购置、开发及维护控制。

信息技术应用控制是指主要在业务流程层次运行的人工或自动化程序,与用于生成、记录、处理、报告交易或其他财务数据的程序相关,通常包括检查数据计算的准确性,审核账户和试算平衡表,设置对输入数据和数字序号的自动检查,以及对例外报告进行人工干预。

11.6.4　了解实物控制

注册会计师应当了解实物控制,主要包括了解对资产和记录采取适当的安全保护措施,对访问计算机程序和数据文件设置授权,以及定期盘点并将盘点记录与会计记录相核对。

实物控制的效果将影响资产的安全,从而对财务报表的可靠性及审计产生影响。

11.6.5　了解职责分离

注册会计师应当了解职责分离,主要包括了解被审计单位如何将交易授权、交易记录以及资产保管等职责分配给不同员工,以防范同一员工在履行多项职责时可能发生的错误或舞弊。当信息技术运用于信息系统时,职责分离可以通过设置安全控制来实现。

在了解控制活动时,注册会计师应当重点考虑一项控制活动单独或连同其他控制活动,是否能够以及如何防止或发现并纠正各类交易、账户余额、列报存在的重大错报。注册会计师的工作主要是识别和了解针对重大错报可能发生领域的控制活动,了解与每类重大交易、账户余额和披露及其认定相关的所有控制活动。所以,如果多项控制活动能够实现同一目标,注册会计师不必了解与该目标相关的每项控制活动。

在了解其他内部控制要素时,如果获取了控制活动是否存在的信息,注册会计师应当确定是否有必要进一步了解这些控制活动。

小型被审计单位通常难以实施适当的职责分离,注册会计师应当考虑小型被审计单位采取的控制活动能否有效实现控制目标。

11.6.6　了解和评估控制活动应考虑的主要问题

注册会计师对被审计单位整体层面控制活动进行的了解和评估,主要是针对被审计单位的一般控制活动,特别是信息技术的一般控制。在了解和评估控制活动时考虑的主要问题一般包括:

(1) 被审计单位的主要经营活动是否都有必要的控制政策和程序;

(2) 管理层对预算、利润和其他财务与经营业绩方面是否都有清晰的目标，被审计单位内部是否对这些目标加以清晰的记录和沟通，并且积极地对其进行监控；

（3）是否存在计划和报告系统以识别与目标业绩的差异，并向适当层次的管理层报告产生的差异；

（4）是否由适当层次的管理层对差异进行调查，并及时采取适当的纠正措施；

（5）不同人员的职责应在何种程度上相分离，以降低舞弊和不当行为发生的风险；

（6）会计系统中的数据是否与实物资产定期核对；

（7）是否建立了适当的保护措施，以防止未经授权接触文件、记录和资产；

（8）是否控制对数据和程序的接触；

（9）是否存在信息安全职能部门负责建立和实施监控信息安全的政策和程序。

11.7　了解对控制的监督

对控制的监督是指被审计单位评价内部控制在一段时间内运行有效性的过程，该过程包括及时评价控制的设计和运行，以及根据情况的变化采取必要的纠正措施。注册会计师应当了解被审计单位对与财务报告相关的内部控制的监督活动，并了解其如何采取纠正措施。

11.7.1　了解对控制的持续监督和专门评价活动

注册会计师应当了解被审计单位对控制的持续监督活动和专门的评价活动。通常情况下，被审计单位会通过持续的监督活动和专门的评价活动或两者相结合，来实现对控制的监督。

持续的监督活动通常贯穿于被审计单位的日常经营活动与常规管理工作中。被审计单位可能使用内部注册会计师或具有类似职能的人员对内部控制的设计和执行进行专门的评价，以找出内部控制的优点和不足，并提出改进建议。被审计单位也可能利用与外部有关各方沟通或交流所获取的信息监督相关的控制活动。

11.7.2　了解对控制的持续监督和专门评价活动的主要问题

注册会计师在对被审计单位整体层面的监督进行了解和评估时，主要考虑的问题一般包括：

（1）被审计单位是否定期评价内部控制；

（2）被审计单位人员在履行正常职责时，能够在多大程度上获得内部控制是否有效运行的证据；

（3）与外部的沟通能够在多大程度上证实内部产生的信息或者指出存在的问题；

（4）管理层是否会采纳内部注册会计师和注册会计师有关内部控制的建议；

（5）管理层及时纠正控制运行偏差情况的方法；

（6）管理层处理监管机构的报告及建议的方法；

（7）是否存在协助管理层监督内部控制的职能部门。

11.7.3　了解与监督活动相关的信息来源

用于监督活动的很多信息都由被审计单位的信息系统产生，这些信息可能会存在错报，从而导致管理层从监督活动中得出错误的结论。所以，注册会计师应当了解与被审计单位监督活动相关的信息来源，以及管理层认为信息具有可靠性的依据。如果拟利用被审计单位监督活动使用的信息（包括内部审计报告），注册会计师应当考虑该信息是否具有可靠的基础，是否足以实现审计目标。

此外，小型被审计单位通常没有正式的持续监督活动，也难以明确区分持续的监督活动和日常管理工作，业主往往通过其对经营活动的密切参与来识别财务数据中的重大差异和错报，并对控制活动采取纠正措施，注册会计师应当考虑业主对经营活动的密切参与能否有效实现其对控制的监督目标。

11.8　在整体层面和业务流程层面了解内部控制

11.8.1　对整体层面内部控制了解的人员和了解重点

对整体层面内部控制的了解由项目组中对被审计单位情况比较了解且较有经验的成员负责，同时需要项目组其他成员的参与和配合。

对于连续审计，注册会计师可以重点关注整体层面内部控制的变化情况，包括由于被审计单位及其环境的变化而导致内部控制发生的变化以及采取的措施。

注册会计师还需要特别考虑因舞弊而导致重大错报的可能性及其影响。

11.8.2　对整体层面内部控制实施的审计程序

（1）询问被审计单位人员；

（2）观察特定控制的应用；

（3）检查文件和报告；

（4）执行穿行测试。

11.8.3　在业务流程层面了解内部控制的步骤

（1）确定被审计单位的重要业务流程和重要交易类别；

（2）了解重要交易流程，并记录获得的了解；

（3）确定可能发生错报的环节；

（4）识别和了解相关控制；

（5）执行穿行测试，证实对交易流程和相关控制的了解；

（6）进行初步评价和风险评估。

11.9　评估重大错报风险

了解被审计单位及其环境的目的之一就是评估重大错报风险。注册会计师应当识别和评估财务报表层次以及各类交易、账户余额、列报认定层次的重大错报风险。

11.9.1　识别和评估重大错报风险的审计程序

在识别和评估重大错报风险时，注册会计师应当实施下列审计程序。

1. 在了解被审计单位及其环境的整个过程中，结合对财务报表中各类交易、账户余额和披露的考虑，识别风险

注册会计师应当在了解被审计单位及其环境的整个过程中识别风险，并将识别的风险与各类交易、账户余额和列报联系起来。例如，被审计单位因相关环境法规的实施需要更新设备，将导致对原有设备提取减值准备；宏观经济的低迷可能预示应收账款的回收存在问题；竞争者开发的新产品上市，可能导致被审计单位的主要产品在短期内过时，预示将出现存货跌价和长期资产（如固定资产等）的减值。

2. 结合对拟测试的相关控制的考虑，将识别的风险与认定层次可能发生错报的领域相联系

注册会计师应当将识别的风险与认定层次可能发生错报的领域联系起来。

例如，销售困难使产品的市场价格下降，可能导致年末存货成本高于其可变现净值而需要计提存货跌价准备，这表明存货的计价认定可能发生错报。

3. 评估识别出的风险，并评价是否更广泛地与财务报表整体相关，进而潜在的影响多项认定

风险是否重大是指风险造成后果的严重程度。例如，在由于销售困难使产品的市场价格下降的情况下，除考虑产品市场价格下降因素外，注册会计师还应当考虑产品市场价格下降的幅度、该产品在被审计单位产品中的比重等，以确定识别的风险对财务报表的影响是否重大。假如产品市场价格大幅下降，导致产品销售收入不能抵偿成本，毛利率为负，那么年末存货跌价问题严重，存货计价认定发生错报的风险重大；假如价格下降的产品在被审计单位销售收入中所占比例很小，被审计单位其他产品销售毛利率很高，尽管该产品的毛利率为负，但可能不会使年末存货发生重大跌价问题。

4. 考虑发生错报的可能性（包括发生多项错报的可能性），以及潜在错报的重大程度是否足以导致重大错报

注册会计师还需要考虑上述识别的风险是否会导致财务报表发生重大错报。例如，考虑存货的账面余额是否重大，是否已适当计提了存货跌价准备等。在某些情况下，尽管识别的风险重大，但仍不至于导致财务报表发生重大错报风险。如期末财务报表中存货的余额较低，尽管识别的风险重大，但不至于导致存货的计价认定发生重大错报风险。又如，被审计单位对于存货跌价准备的计提实施了比较有效的内部控制，管理层已根据存货的可变现净值，计提了相应的跌价准备。在这种情况下，财务报表发生重大错报的可能性将相应降低。

注册会计师应当利用实施风险评估程序获取的信息，包括在评价控制设计和确定其是否得到执行时获取的审计证据，作为支持风险评估结果的审计证据。

注册会计师应当根据风险评估结果，确定实施进一步审计程序的性质、时间和范围。

11.9.2　可能表明被审计单位存在重大错报风险的事项和情况

注册会计师应当关注下列可能表明被审计单位存在重大错报风险的事项和情况：

（1）在经济不稳定的国家或地区开展业务；

（2）在高度波动的市场开展业务；

（3）在严厉、复杂的监管环境中开展业务；

（4）持续经营和资产流动性出现问题，包括重要客户流失；

（5）融资能力受到限制；

（6）行业环境发生变化；

（7）供应链发生变化；

（8）开发新产品或提供新服务，或进入新的业务领域；

（9）开辟新的经营场所；

（10）发生重大收购、重组或其他非经常性事项；

（11）拟出售分支机构或业务分部；

（12）复杂的联营或合资；

（13）运用表外融资、特殊目的实体以及其他复杂的融资协议；

（14）重大的关联方交易；

（15）缺乏具备胜任能力的会计人员；

（16）关键人员变动；

（17）内部控制薄弱；

（18）信息技术战略与经营战略不协调；

（19）信息技术环境发生变化；

（20）安装新的与财务报告有关的重大信息技术系统；

（21）经营活动或财务报告受到监管机构的调查；

（22）以往存在重大错报或本期期末出现重大会计调整；

（23）发生重大的非常规交易；

（24）按照管理层特定意图记录的交易；

（25）应用新颁布的会计准则或相关会计制度；

（26）会计计量过程复杂；

（27）事项或交易在计量时存在重大不确定性；

（28）存在未决诉讼和或有负债。

注册会计师应当充分关注可能表明被审计单位存在重大错报风险的上述事项和情况，并考虑由于上述事项和情况导致的风险是否重大，以及该风险导致财务报表发生重大错报的可能性。

11.9.3　重大错报风险的层次

在对重大错报风险进行识别和评估后，注册会计师应当确定，识别的重大错报风险是与特定的某类交易、账户余额、列报的认定相关，还是与财务报表整体广泛相关，进而影响多项认定。

某些重大错报风险可能与特定的各类交易、账户余额、列报的认定相关。

例如，被审计单位存在复杂的联营或合资，这一事项表明长期股权投资账户的认定可能存在重大错报风险。又如，被审计单位存在重大的关联方交易，该事项表明关联方及关联方交易的披露认定可能存在重大错报风险。

某些重大错报风险可能与财务报表整体广泛相关，进而影响多项认定。例如，在经济不稳定的国家和地区开展业务、资产的流动性出现问题、重要客户流失、融资能力受到限制等，可能导致注册会计师对被审计单位的持续经营能力产生重大疑虑。又如，管理层缺乏诚信或承受异常的压力可能引发舞弊风险，这些风险与财务报表整体相关。

财务报表层次的重大错报风险很可能源于薄弱的控制环境。薄弱的控制环境带来的风险可能对财务报表产生广泛影响，而不仅限于某类交易、账户余额、列报，注册会计师应当采取总体应对措施。

在评估重大错报风险时，注册会计师应当将所了解的控制与特定认定联系起来，因为控制有助于防止或发现并纠正认定层次的重大错报。在评估重大错报发生的可能性时，除了考虑可能的风险外，还要考虑控制对风险的抵消和遏制作用。有效的控制会减少错报发生的可能性，而控制不当或缺乏控制，错报就会由潜在变成现实。控制可能与某一认定直接相关，也可能与某一认定间接相关，关系越间接，控制对防止或发现并纠正认定错报的效果越小。

注册会计师可能识别出有助于防止或发现并纠正特定认定发生重大错报的控制。在确定这些控制是否能够实现上述目标时，注册会计师应当将控制活动和其他要素综合考虑。如将销售和收款的控制置身于其所在的流程和系统中考虑，以确定其能否实现控制目标。

注册会计师应当采取适当方式对识别的各类交易、账户余额和列报认定层次的重大错报风险予以汇总和评估，这样更便于确定进一步审计程序的性质、时间和范围。使用评估认定层次的重大错报风险汇总表即可达到这个目的（见表 11 - 1）。

表 11 - 1　　　　　　　　评估认定层次的重大错报风险汇总表

重大账户	认定	识别的重大错报风险	风险评估结果
列示重大账户。例如，应收账款	列示相关的认定。例如，存在、完整、计价或分摊等	汇总实施审计程序识别出的与该重大账户的某项认定相关的重大错报风险	评估该项认定的重大错报风险水平（应考虑控制设计是否合理，是否得到执行）

注：注册会计师也可以在该表中记录针对评估认定层次的重大错报风险相应制订的审计方案。

11.9.4 内部控制对财务报表可审计性的影响

如果通过对内部控制的了解发现下列情况，并对财务报表局部或整体的可审计性产生疑问，注册会计师应当考虑出具保留意见或无法表示意见的审计报告：

（1）被审计单位会计记录的状况和可靠性存在重大问题，不能获取充分、适当的审计证据以发表无保留意见；

（2）对管理层的诚信存在严重疑虑。必要时，注册会计师应当考虑解除业务约定。

11.10 需要考虑的特别风险

特别风险是指注册会计师识别和评估的、根据判断认为需要特别考虑的重大错报风险。作为风险评估的一部分，注册会计师应当运用职业判断，确定识别的风险哪些是需要特别考虑的重大错报风险（简称特别风险）。

11.10.1 特别风险的判定

在确定哪些风险是特别风险时，注册会计师应当在考虑识别出的控制对相关风险的抵消效果前，根据风险的性质、潜在错报的重要程度（该风险是否可能导致多项错报）和发生的可能性，判断风险是否属于特别风险。在确定风险的性质时，注册会计师应当考虑下列事项：

（1）风险是否属于舞弊风险；

（2）风险是否与近期经济环境、会计处理方法和其他方面的重大变化有关；

（3）交易的复杂程度；

（4）风险是否涉及重大的关联方交易；

（5）财务信息计量的主观程度，特别是计量结果是否具有高度不确定性；

（6）风险是否涉及异常或超出正常经营过程的重大交易。

11.10.2 导致特别风险的事项

特别风险通常与重大的非常规交易和判断事项有关，而日常的、简单的、常规处理的交易不大可能产生特别风险。非常规交易是指由于金额或性质异常而不经常发生的交易。判断事项通常是指做出的会计估计。

与重大非常规交易相关的特别风险可能导致更高的重大错报风险，这是因为在非常规交易中,管理层会更多地干预会计处理,数据收集和处理进行更多的人工干预,业务处理将涉及复杂的计算或会计处理方法,而且非常规交易的性质可能使被审计单位难以对由此产生的特别风险实施有效控制。

同样,对重大判断事项来说,一方面,对涉及会计估计、收入确认等方面的会计原则存在不同的理解;另一方面,所要求的判断可能是主观和复杂的,或需要对未来事项做出假设,所以,与重大判断事项相关的特别风险也可能导致更高的重大错报风险。

11.10.3 特别风险的处理

了解与特别风险相关的控制,有助于注册会计师制定有效的审计方案予以应对。由于与重大非常规交易或判断事项相关的风险很少受到日常控制的约束,所以,被审计单位应当针对特别风险设计和实施控制。注册会计师应当了解和评价被审计单位针对特别风险控制的设计情况,并确定其是否已经得到执行。

如果管理层没有实施控制以恰当应对特别风险,注册会计师应当认为内部控制存在重大缺陷,并考虑其对风险评估的影响。在此情况下,注册会计师应当考虑就此类事项与治理层沟通。

11.11 仅通过实质性程序无法应对的重大错报风险

作为风险评估的一部分,如果认为仅通过实质性程序获取的审计证据无法将认定层次的重大错报风险降至可接受的低水平,注册会计师应当评价被审计单位针对这些风险设计的控制,并确定其执行情况。

在被审计单位对日常交易采用高度自动化处理的情况下,审计证据可能仅以电子形式存在,其充分性和适当性通常取决于自动化信息系统相关控制的有效性,注册会计师应当考虑仅通过实施实质性程序不能获取充分、适当审计证据的可能性。例如,某企业通过高度自动化的系统确定采购品种和数量,生成采购订单,并通过系统中设定的收货确认和付款条件进行付款。除了系统中的相关信息以外,该企业没有其他有关订单和收货的记录。在这种情况下,如果认为仅通过实质性程序不能获取充分、适当的审计证据,注册会计师应当考虑依赖的相关控制的有效性,并对其进行了解、评估和测试。

注册会计师可以编制表格来汇总识别的重大错报风险,判定它们的性质(见表11 - 2)。

表 11 - 2　　　　　　　　　识别的重大错报风险汇总表

步骤	认定	重大账户	评估内容	识别风险	风险评估结果
识别的重大错报风险	对财务报表的影响	相关的交易类别、账户余额和列报认定	是否与财务报表整体广泛相关	是否属于特别风险	是否属于仅通过实质性程序无法应对的重大错报风险
记录识别的重大错报风险	描述对财务报表的影响和导致财务报表发生重大错报的可能性	列示相关的各类交易、账户余额、列报及其认定	考虑是否属于财务报表层次的重大错报风险	考虑是否属于特别风险	考虑是否属于仅通过实质性程序无法应对的重大错报风险

11.12　对风险评估的修正

　　注册会计师对认定层次重大错报风险的评估应以获取的审计证据为基础，并可能随着不断获取审计证据而做出相应的变化。例如，注册会计师对重大错报风险的评估可能基于预期控制运行有效这一判断，即相关控制可以防止或发现并纠正认定层次的重大错报。但在测试控制运行的有效性时，注册会计师获取的证据可能表明相关控制在被审计期间并未有效运行。同样，在实施实质性程序后，注册会计师可能发现错报的金额和频率比在风险评估时预计的金额和频率要高。

　　如果通过实施进一步审计程序获取的审计证据与初始评估重大错报风险时获取的审计证据相矛盾，注册会计师应当修正风险评估结果，并相应修改原计划实施的进一步审计程序。因此，评估重大错报风险与了解被审计单位及其环境一样，也是一个连续和动态地收集、更新与分析信息的过程，贯穿于整个审计过程的始终。根据审计风险 = 重大错报风险 × 检查风险，在既定的审计风险水平下，如果重大错报风险被修正，则表明检查风险需要被调整，那么此前计划的审计程序的性质、时间安排或范围也需要调整。

11.13　与被审计单位的沟通

　　注册会计师应当及时将注意到的内部控制设计或执行方面的重大缺陷告知适当层次的管理层或治理层。内部控制的重大缺陷是指内部控制设计或执行存在的严重不足，使被审计单位管理层或员工无法在正常行使职能的过程中，及时发现和纠正由错误或舞弊引起的财务报表重大错报。被审计单位管理层有责任在治理层的监督下，建立、执行和维护有效的内部控制，以合理保证企业经营目标的实现。注册会计师在了解和测试内部控制的过程中可能会注意到内部控制存在的重大缺陷，将其告知适当层次的管理层或治理层，有助于管理层和治理层履行其在内部控制方面的职责。

在了解和测试内部控制的过程中发现的偏差是否构成重大缺陷，取决于偏差的性质、频率和后果。在做出内部控制缺陷是否重大的职业判断时，注册会计师通常应考虑以下问题：

（1）偏差的性质和原因是什么？

（2）偏差数量和控制执行频率的比例是多少？

（3）涉及的账户、披露和认定的性质是怎样的？

（4）缺陷可能影响到哪些财务报表金额或交易事项？

（5）相关资产或负债是否容易遭受损失或产生舞弊？

（6）控制的目的是什么？

（7）该控制对数据可靠性的影响程度如何？

（8）控制的影响是否具有广泛性（例如，该控制属于内部控制五个要素中的哪一项，影响力如何）？

（9）所测试的信息处理目标的重要程度？

（10）控制是预防性的还是检查性的？

（11）控制设计或控制运行的文件记录是否足够？

（12）是否存在行业性或法规所要求的控制实施标准？

（13）是否存在针对同一风险或认定的补偿性的控制或程序？

（14）谁来完成控制程序？

（15）偏差是否导致财务报表的重大错报？

（16）如果存在因错误或舞弊导致的重大错报，是否可能尚未得到更正？

下列情况通常表明内部控制存在重大缺陷：

（1）注册会计师在审计工作中发现了重大错报，而被审计单位的内部控制没有发现这些重大错报；

（2）控制环境薄弱；

（3）存在高层管理人员舞弊迹象（无论涉及金额大小）。

如果识别出被审计单位未加控制或控制不当的重大错报风险，或认为被审计单位的风险评估过程存在重大缺陷，注册会计师应当就此类内部控制缺陷与治理层沟通。

本 章 小 结

1. 经营风险是企业外部环境与内部环境对企业目标的实现产生不利影响的可能性，主要包括营运风险、财务风险、授权风险、信息技术风险、道德风险。

2. 内部控制主要包括控制环境、风险评估过程、与财务报告相关的信息系统与沟通、控制活动、对控制的监督五个要素。实行内部控制目标的手段是设计和执行控制政策及程序。

3. 了解被审计单位及其环境的目的之一就是评估重大错报风险。注册会计师应当识别和评估财务报表层次以及各类交易、账户余额、列报认定层次的重大错报风险。

4. 在确定哪些风险是特别风险时，注册会计师应当在考虑识别出的控制对相关风险的抵消效果前，根据风险的性质、潜在错报的重要程度（该风险是否可能导致多项错报）和发生的可能性，判断风险是否属于特别风险。

5. 如果认为仅通过实质性程序获取的审计证据无法将认定层次的重大错报风险降至可接受的低水平，注册会计师应当评价被审计单位针对这些风险设计的控制，并确定其执行情况。

思 考 题

1. 客户的经营风险有哪些？
2. 内部控制的要素有哪些？
3. 如何评估重大错报风险？
4. 重大错报风险的层次如何？
5. 需要特别考虑的重大错报风险的主要内容？
6. 仅通过实质性程序无法应对的重大错报风险的主要内容？

第 12 章　控制测试与实质性程序

学习目标

　　掌握财务报表层次重大错报风险的控制；控制测试的内涵、性质、要求与范围。了解注册会计师在控制测试中如何获取审计证据；《企业内部控制基本规范》的内容。掌握实质性程序的内涵、要求、性质与范围。

关键名词

　　财务报表层次重大错报风险　　总体应对措施　　进一步审计程序　　控制测试

12.1　财务报表层次重大错报风险的控制

　　所谓财务报表层次重大错报风险，是指识别与财务报表整体相关、涉及多项认定从而具有广泛影响性的重大错报风险。在评估重大错报风险时，注册会计师应当确定，识别的重大错报风险是与特定的某类交易、账户余额、列报的认定相关，还是与财务报表整体广泛相关，进而影响多项认定。如果重大错报风险是与财务报表整体相关，则属于财务报表层次的重大错报风险。

　　注册会计师在采用风险评估程序了解了被审计单位及其环境，充分识别和评估了财务报表的重大错报风险之后，便要考虑如何应对评估的重大错报风险问题，包括确定针对评估的财务报表层次重大错报风险的总体应对措施，以及针对评估的认定层次重大错报风险设计和实施进一步审计程序，以将审计风险降至可接受的低水平。《中国注册会计师审计准则第 1231 号——针对评估的重大错报风险采取的应对措施》，为注册会计师针对已评估的财务报表层次重大错报风险确定总体应对措施和针对已评估的认定层次重大错报风险设计和实施进一步审计程序提供了规范性的指导。

12.1.1　总体应对措施

　　在确定针对财务报表层次重大错报风险的总体应对措施时，注册会计师要运用职业判断。一般说来，针对评估的财务报表层次重大错报风险的总体应对措施包括以下方面：

1. 向项目组强调在收集和评价审计证据过程中保持职业怀疑态度的必要性

2. 分派更有经验或具有特殊技能的注册会计师，或利用专家的工作

来自不同行业的审计客户，在经营业务、经营风险、财务报告、法规和监管要求等方面可能各具特点，注册会计师的选派必须针对客户的特殊性，项目组成员中应有一定比例的人员曾经参与过被审计单位以前年度审计，或具有被审计单位所处行业的相关审计经验，必要时，还应考虑利用专家的工作。

3. 提供更多的督导

对财务报表层次重大错报风险较高的被审计单位，项目组的高级注册会计师应强化对一般注册会计师的督导，严格复核一般注册会计师的工作。

4. 在选择拟实施的进一步审计程序时，融入更多不可预见的因素

这种考虑可以避免被审计单位管理层采取规避手段掩盖重大错报。例如，对某些未测试过的、低于设定的重要性水平或风险水平的账户余额和认定实施实质性程序；调整实施审计程序的时间；采取与前期审计不同的审计抽样方法以改变测试样本；不预先告知或选取不同的审计程序实施地点等，都可以降低审计程序被管理层预见的可能性。

5. 对拟实施审计程序的性质、时间和范围做出总体修改

根据风险评估结果对拟实施审计程序的性质、时间和范围做适当的调整。

12.1.2 控制环境的缺陷导致对拟实施的审计程序的总体修改

财务报表层次的重大错报风险很可能源于薄弱的控制环境。薄弱的控制环境带来的风险可能对财务报表产生广泛影响，而不仅限于某类交易、账户余额和列报。注册会计师对控制环境的了解影响其对财务报表层次重大错报风险的评估。有效的控制环境可以使注册会计师增强对内部控制和被审计单位内部产生的证据的信赖程度。如果控制环境存在缺陷，注册会计师在对拟实施审计程序的性质、时间和范围做出总体修改时应当考虑以下方面：

1. 在期末而非期中实施更多的审计程序

控制环境的缺陷通常会削弱期中获得的审计证据的可信赖程度。

2. 主要依赖实质性程序获取审计证据

良好的控制环境是其他控制要素发挥作用的基础。控制环境存在缺陷通常会削弱其他控制要素的作用，导致注册会计师可能无法信赖内部控制，而主要依赖实施实质性程序获取审计证据。

3. 增加拟纳入审计范围的经营地点的数量

例如，扩大样本规模，或采用更详细的数据实施分析程序。

12.1.3　增加审计程序不可预见性的方法

（1）对某些以前未测试的低于设定的重要性水平或风险较小的账户余额和认定实施实质性程序，如对以前由于低于设定的重要性水平而未曾测试过的采购项目，进行细节测试，以确认应付账款的记录是否正确。

（2）调整实施审计程序的时间，使其超出被审计单位的预期；如改变函证日期，即把所函证账户的截止日期提前或者推迟，以查看应收账款的记录是否及时。

（3）采取不同的审计抽样方法，使当年抽取的测试样本与以前有所不同，如对有大量银行账户的公司，改变抽样方法，改变现金和银行账款的样本。

（4）选取不同的地点实施审计程序，或预先不告知被审计单位所选定的测试地点。如针对存货项目，在事先不告知被审计单位的情况下，选择一些未曾到过的盘点地点进行存货监盘。

12.1.4　总体审计方案的调整

财务报表层次重大错报风险难以限于某类交易、账户余额、列报的特点，意味着此类风险可能对财务报表的多项认定产生广泛影响，并相应增加注册会计师对认定层次重大错报风险的评估难度。因此，注册会计师评估的财务报表层次重大错报风险以及采取的总体应对措施，对拟实施进一步审计程序的总体方案具有重大影响。进一步审计程序包括控制测试和实质性程序，而实质性程序又包括细节测试和实质性分析程序。

注册会计师针对认定层次重大错报风险拟实施的进一步审计程序的总体方案包括实质性方案和综合性方案。实质性方案是指注册会计师实施的进一步审计程序以实质性程序为主；综合性方案是指注册会计师在实施进一步审计程序时，将控制测试与实质性程序结合使用。当评估的财务报表层次重大错报风险属于高风险水平（并相应采取更强调审计程序不可预见性、重视调整审计程序的性质、时间和范围等总体应对措施）时，拟实施进一步审计程序的总体方案往往更倾向于实质性方案。反之，则采用综合性方案。

12.1.5 进一步审计程序的内涵和要求

1. 进一步审计程序的内涵

进一步审计程序是相对风险评估程序而言，是指注册会计师针对评估的各类交易、账户余额、列报认定层次重大错报风险实施的审计程序，包括控制测试和实质性程序。实质性程序包括对各类交易、账户余额、列报的细节测试和实质性分析程序。进一步审计程序是获取审计证据的重要手段，注册会计师应当考虑进一步审计程序的性质、时间和范围，有效地获取充分、适当的审计证据。

2. 进一步审计程序的设计

注册会计师设计和实施的进一步审计程序的性质、时间和范围，应当与评估的认定层次重大错报风险具有明确的对应关系，使审计程序更具有目的性和针对性，有的放矢地配置审计资源，提高审计效率和效果。在设计和实施进一步审计程序的性质、时间和范围时，保证审计程序的性质对风险具有高度针对性是最重要的，这是因为，评估的重大错报风险越高，一般来说实施进一步审计程序的范围也越大，但只有首先确保进一步审计程序的性质与特定风险相关时，扩大审计程序的范围才是有效的。

在设计进一步审计程序时，注册会计师应当考虑下列因素：

（1）风险的重要性。风险的重要性是指风险可能造成后果的严重程度。风险的后果越严重，就越需要注册会计师关注和重视，越需要精心设计有针对性的进一步审计程序。比如虚构收入的舞弊风险属于特别风险，要引起注册会计师的足够重视。

（2）重大错报发生的可能性。重大错报发生的可能性越大，同样越需要注册会计师精心设计进一步审计程序。

（3）涉及的各类交易、账户余额和列报的特征。不同的交易、账户余额和列报，产生的认定层次的重大错报风险也会存在差异，适用的审计程序也有差别，需要注册会计师区别对待，并设计有针对性的进一步审计程序予以应对。如存货未计提应当计提的存货跌价准备，需要注册会计师给予重视。

（4）被审计单位采用的特定控制的性质。不同性质的控制（尤其是人工控制还是自动化控制）对注册会计师设计进一步的审计程序具有重要影响，如针对出纳员挪用现金的舞弊风险所设计的所有销货款进行银行账户结算等。

（5）注册会计师是否拟获取审计证据，以确定内部控制在防止或发现并纠正重大错报方面的有效性。如果注册会计师拟在风险评估时预期内部控制运行有效，随后拟实施的进一步审计程序必须包括控制测试，且实质性程序自然会受到之前控制测试结果的影响，但若是管理层串通舞弊时内部控制已经失效，控制测试的结果就不再可靠，需要更多的依赖实质性程序。

3. 进一步审计程序总体方案的选择

注册会计师对认定层次重大错报风险的评估为确定进一步审计程序的总体方案奠定了基础。注册会计师应当根据对认定层次重大错报风险的评估结果，恰当选用实质性方案或综合性方案。通常情况下，注册会计师出于成本效益的考虑可以采用综合性方案设计进一步审计程序，即将控制运行的有效性测试与实质性程序结合使用。但在某些情况下，如仅通过实质性程序无法应对的重大错报风险，则注册会计师必须通过实施控制测试，才可能有效应对评估的某一认定的重大错报风险；在另一些情况下，注册会计师可能认为仅实施实质性程序是适当的。例如，注册会计师的风险评估程序未能识别出与认定相关的任何控制，或注册会计师认为控制测试很可能不符合成本效益原则。

无论选择何种方案，注册会计师都应当对所有重大的各类交易、账户余额、披露设计和实施实质性程序。

此外，小型被审计单位可能不存在能够被注册会计师识别的控制活动，注册会计师实施的进一步审计程序可能主要是实质性程序。在缺乏控制的情况下，注册会计师应当考虑仅通过实施实质性程序是否能够获取充分、适当的审计证据。

12.1.6 进一步审计程序的性质

1. 进一步审计程序的性质的含义

进一步审计程序的性质是指进一步审计程序的目的和类型。进一步审计程序的目的包括通过实施控制测试以确定内部控制运行的有效性，通过实施实质性程序以发现认定层次的重大错报。进一步审计程序的类型包括检查、观察、询问、函证、重新计算、重新执行和分析程序。

不同的审计程序应对特定认定错报风险的效力不同。例如，对于与收入完整性认定相关的重大错报风险，控制测试通常更能有效应对；对于与收入发生认定相关的重大错报风险，实质性程序通常更能有效应对。所以，在应对评估的风险时，合理确定审计程序的性质是非常重要的。

2. 进一步审计程序的性质的选择

注册会计师应当根据认定层次重大错报风险的评估结果选择审计程序。评估的认定层次重大错报风险越高，对通过实质性程序获取的审计证据的相关性和可靠性的要求越高，从而可能影响进一步审计程序的类型及其综合运用。例如，当注册会计师判断某类交易协议的完整性存在更高的重大错报风险时，除了检查文件以外，注册会计师还可能决定向第三方询问或函证协议条款的完整性。

在确定拟实施的审计程序时，注册会计师应当考虑评估的认定层次重大错报风险产生的原因，包括考虑各类交易、账户余额、列报的具体特征以及内部控制。例如，注册会计师可能判断某特定类别的交易在不存在相关控制的情况下发生重大错报的风险较低，此时注册会计师可以认为仅实施实质性程序就可以获取充分、适当的审计证据。

如果在实施进一步审计程序时拟利用被审计单位信息系统生成的信息，注册会计师应当就信息的准确性和完整性获取审计证据。例如，注册会计师在执行实质性分析程序时，使用了被审计单位生成的非财务信息或预算数据，注册会计师应当获取关于这些信息的准确性和完整性的审计证据。

12.1.7 进一步审计程序的时间

1. 进一步审计程序的时间的含义

进一步审计程序的时间是指注册会计师何时实施进一步审计程序，或审计证据适用的期限或时点。进一步审计程序的时间，在某些情况下指的是审计程序的实施时间，在另一些情况下是指需要获取的审计证据适用的期限或时点。

2. 进一步审计程序的时间的选择

从理论上讲，注册会计师可以选择在期中或期末实施控制测试或实质性程序。当重大错报风险较高时，注册会计师应当考虑在期末或接近期末实施实质性程序；或采用不通知的方式，或在管理层不能预见的时间实施审计程序。

虽然在期末实施审计程序在很多情况下非常必要，但注册会计师在期中实施审计程序也可以发挥积极的作用。在期中实施进一步审计程序，可能有助于注册会计师在审计工作初期识别重大事项，并在管理层的协助下及时解决这些事项；或针对这些事项制订有效的实质性方案或综合性方案。但是，注册会计师在期中实施进一步审计程序往往难以仅凭在期中实施的进一步审计程序获取有关期中以前的充分、适当的审计证据。而且，即使注册会计师在期中实施的进一步审计程序能够获取有关期中以前的充分、适当的审计证据，但从期中到期末这段剩余期间还往往会发生对所审计期间的财务报表认定产生重大影响的交易或事项。此外，被审计单位管理层也完全有可能在注册会计师于期中实施了进一步审计程序之后对期中以前的相关会计记录加以调整甚至篡改，这些都会导致注册会计师在期中实施进一步审计程序所获取的审计证据已经发生了变化。因此，如果在期中实施了进一步审计程序，注册会计师还应当针对剩余期间获取审计证据。

在确定何时实施审计程序时，注册会计师应当考虑下列因素：

（1）控制环境。良好的控制环境可以抵消在期中实施进一步审计程序的局限性，使注册会计师在确定实施进一步审计程序的时间时有更大的灵活度。

（2）何时能得到相关信息。例如，某些控制活动可能仅在期中（或期中以前）发生，而之后可能难以再被观察到。注册会计师如果希望获取相关信息，则需要考虑能够获取相关信息的时间。

（3）错报风险的性质。例如，被审计单位可能为了保证盈利目标的实现而在会计期末以后伪造销售合同以虚增收入，此时注册会计师需要考虑在期末（即资产负债表日）这个特定时点获取被审计单位截至期末所能提供的所有销售合同及相关资料，以防范被审计单位在资产负债表日后伪造销售合同虚增收入的做法。

（4）审计证据适用的期间或时点。注册会计师应当根据需要获取的特定审计证据确定何时实施进一步审计程序。

虽然注册会计师在很多情况下可以根据具体情况选择实施进一步审计程序的时间，但也存在着一些限制选择的情况。某些审计程序只能在期末或期末以后实施，包括将财务报表与会计记录相核对，检查财务报表编制过程中所作的会计调整等。另外，如果被审计单位在期末或接近期末发生了重大交易，或重大交易在期末尚未完成，注册会计师应当考虑交易的发生或截止等认定可能存在的重大错报风险，并在期末或期末以后检查此类交易。

12.1.8　进一步审计程序的范围

进一步审计程序的范围是指实施进一步审计程序的数量，包括抽取的样本量，对某项控制活动的观察次数等。

在确定审计程序的范围时，注册会计师应当考虑下列因素：

（1）确定的重要性水平。确定的重要性水平越低，注册会计师实施进一步审计程序的范围越广。

（2）评估的重大错报风险。评估的重大错报风险越高，对拟获取审计证据的相关性、可靠性的要求越高，因此注册会计师实施的进一步审计程序的范围也越广。

（3）计划获取的保证程度。计划获取的保证程度越高，对测试结果可靠性要求越高。计划获取的保证程度越高，注册会计师实施的进一步审计程序的范围越广。

如前所述，随着重大错报风险的增加，注册会计师应当考虑扩大审计程序的范围。但是，只有当审计程序本身与特定风险相关时，扩大审计程序的范围才是有效的。

在考虑确定进一步审计程序的范围时，为了提高进一步审计程序的效率，注册会计师可以使用计算机辅助审计技术对电子化的交易和账户文档进行更广泛的测试，包括从主要电子文档中选取交易样本，或按照某一特征对交易进行分类，或对总体而非样本进行测试。

通常情况下，注册会计师使用恰当的抽样方法可以得出有效结论，但注册会计师依据样本得出的结论可能与对总体实施同样的审计程序得出的结论不同，出现不可接受的风险，其情形如下：（1）从总体中选择的样本量过小；（2）选择的抽样方法对实现特定目标不适当；（3）未对发现的例外事项进行恰当的追查。因此，注册会计师需要慎重考虑抽样过程对审计程序范围的影响是否能够有效实现审计目标。

此外，注册会计师在综合运用不同审计程序时，除了面临各类审计程序的性质选择问题，还面临如何权衡各类程序的范围问题。因此，注册会计师在综合运用不同审计程序时，不仅应当考虑各类审计程序的性质，还应当考虑测试的范围是否适当。

12.2 控制测试

12.2.1 控制测试的内涵

控制测试是指用于评价内部控制在防止或发现并纠正认定层次重大错报方面的运行有效性的审计程序。测试控制运行的有效性与确定控制是否得到执行所需获取的审计证据是不同的。在实施风险评估程序以获取控制是否得到执行的审计证据时，注册会计师应当确定某项控制是否存在，被审计单位是否正在使用。在测试控制运行的有效性时，注册会计师应当从以下方面获取关于控制是否有效运行的审计证据：（1）控制在所审计期间的不同时点是如何运行的；（2）控制是否得到一贯执行；（3）控制由谁执行；（4）控制以何种方式运行。如果被审计单位在所审计期间内的不同时期使用了不同的控制，注册会计师应当考虑不同时期控制运行的有效性。

在设计和实施控制测试时，注册会计师应当：（1）将询问与其他审计程序结合使用，以获取有关控制运行有效性的审计证据；（2）确定拟测试的控制是否依赖其他控制（间接控制）。如果依赖其他控制，确定是否有必要获取支持这些间接控制有效运行的审计证据。控制运行有效性强调的是控制能够在各个不同时点按照既定设计得以一贯执行。因此，在了解控制是否得以执行时，注册会计师只需抽取少量的交易进行检查或观察某几个时点。但在测试控制运行的有效性时，注册会计师需要抽取足够数量的交易进行检查或对多个不同时点进行观察。

12.2.2　控制测试和了解内部控制的区别和联系

1. 区别

（1）目的不同。控制测试的目的是为了获取审计证据证明已经设计并正在运行的某认定相关的内部控制运行是否有效，即是否防止或发现并纠正了认定层次重大错报。而了解内部控制的目的是为了获取审计证据证明针对某认定是否设计了相关内部控制，如果已经设计相关内部控制，这些控制是否得到执行。

（2）对自动化控制考虑。对于一项自动化控制，除非存在某些可以使控制得到一贯运行的自动化控制，否则注册会计师对控制的了解并不足以测试控制运行的有效性。

2. 联系

（1）所使用审计程序的类型相同。和控制测试的程序包括询问、观察、检查和重新执行，与了解内部控制的审计程序相同，同时二者都不采用分析程序。

（2）测试控制运行的有效性与确定控制是否得到执行所需获取的审计证据之间存在联系。为评价控制设计和确定控制是否得到执行而实施的某些风险评估程序尽管并非专为控制测试而设计，但可能提供有关控制运行有效性的审计证据，注册会计师可以考虑在评价控制设计和获取其得到执行的审计证据的同时测试控制运行的有效性，以提高审计效率；同时注册会计师应当考虑这些审计证据是否足以实现控制测试的目的。

12.2.3　控制测试的要求

控制测试并非在任何情况下都需要实施。当存在下列情形之一时，注册会计师应当实施控制测试：

1. 在评估认定层次重大错报风险时，预期控制的运行是有效的

如果在评估认定层次重大错报风险时预期控制的运行是有效的，注册会计师应当实施控制测试，就控制在相关期间或时点的运行有效性获取充分、适当的审计证据。注册会计师通过实施风险评估程序，可能发现某项控制的设计是合理的，同时得到了执行。在这种情况下，出于成本效益的考虑，注册会计师

可能预期，如果相关控制在不同时点都得到了一贯执行，与该项控制有关的财务报表认定发生重大错报的可能性就不会很大，也就可以考虑通过实施控制测试而减少实施实质性程序。为此，注册会计师可能会认为值得对相关控制在不同时点是否得到了一贯执行进行测试，即实施控制测试。这种测试主要是出于成本效益的考虑，其前提是注册会计师在了解内部控制以后，认为某项控制存在着被信赖和利用的可能。也就是说，只有认为控制设计合理、能够防止或发现和纠正认定层次的重大错报，注册会计师才有必要对控制运行的有效性实施测试。

2. 仅实施实质性程序不足以提供认定层次充分、适当的审计证据

如果认为仅实施实质性程序获取的审计证据无法将认定层次重大错报风险降至可接受的低水平，注册会计师应当实施相关的控制测试，以获取控制运行有效性的审计证据。

12.2.4　控制测试的性质

控制测试的性质是指控制测试所使用的审计程序的类型及其组合。注册会计师应当选择适当类型的审计程序，以获取有关控制运行的有效保证。计划从控制测试中获取的保证水平是决定控制测试性质的主要因素之一。计划的保证水平越高，对有关控制运行的有效审计证据的可靠性要求越高。当拟实施的进一步审计程序主要以控制测试为主，尤其是仅实施实质性程序获取的审计证据无法将认定层次重大错报风险降至可接受的低水平时，注册会计师应当获取有关控制运行的更高有效性的保证水平。

虽然控制测试与了解内部控制的目的不同，但两者采用审计程序的类型通常相同，包括询问、观察、检查和穿行测试。此外，控制测试的程序还包括重新执行。

询问本身并不足以测试控制运行的有效性，注册会计师应当将询问与其他审计程序结合使用，以获取有关控制运行的有效审计证据。观察程序提供的证据仅限于证明观察发生时点的情况，本身也不足以测试控制运行的有效性；将询问与检查或重新执行结合使用，通常能够比仅实施询问和观察程序获取更高的保证。例如，被审计单位针对处理收到的邮政汇款单设计和执行了相关的内部控制，注册会计师通过询问和观察程序往往不足以测试此类控制的运行有效性，还需要检查能够证明此类控制在所审计期间的其他时段有效运行的文件和凭证，以获取充分、适当的审计证据。

注册会计师选择控制测试的性质通常会考虑以下因素：

1. 考虑特定控制的性质

注册会计师应当根据特定控制的性质选择所需实施审计程序的类型。某些控制可能存在反映控制运行有效性的文件记录，在这种情况下，注册会计师应当考虑检查这些文件记录，以获取控制运行有效性的审计证据；某些控制可能不存在文件记录，或文件记录与证实控制运行的有效性不相关，在这种情况下，注册会计师应当考虑实施检查以外的其他审计程序，以获取有关控制运行有效性的审计证据。

2. 考虑测试与认定直接相关和间接相关的控制

在设计控制测试时，注册会计师不仅应当考虑与认定直接相关的控制，还应当考虑这些控制所依赖的与认定间接相关的控制，以获取支持控制运行的有效性审计证据。例如，被审计单位可能针对超出信用额度的例外赊销交易设置报告和审核制度（与认定直接相关的控制）；在测试该项制度的运行有效性时，注册会计师不仅应当考虑审核的有效性，还应当考虑与例外赊销报告中信息准确性有关的控制（与认定间接相关的控制）是否有效运行。

3. 如何对一项自动化的应用控制实施控制测试

对于一项自动化的应用控制，由于信息技术处理过程的内在一贯性，注册会计师可以利用该项控制得以执行的审计证据和信息技术一般控制（特别是对系统变动的控制）运行的有效性审计证据，作为支持该项控制在相关期间运行的重要的有效审计证据。

4. 控制测试的双重目的

控制测试的目的是评价控制是否有效运行；细节测试的目的是发现认定层次的重大错报。尽管两者目的不同，但注册会计师可以考虑针对同一交易同时实施控制测试和细节测试，以实现双重目的。例如，注册会计师通过检查某笔交易的发票可以确定其是否经过适当的授权，也可以获取关于该交易的金额、发生时间等细节证据。如果拟实施双重目的的测试，注册会计师应当仔细设计和评价测试程序。

5. 实施实质性程序对控制测试结果的影响

如果通过实施实质性程序未发现某项认定存在错报，这本身并不能说明与该认定有关的控制是运行有效的；但如果通过实施实质性程序发现某项认定存在错报，注册会计师应当在评价相关控制的运行有效性时予以考虑，如降低对相关控制的信赖程度、调整实质性程序的性质、扩大实质性程序的范围等。如果实施实质性程序发现被审计单位没有识别出的重大错报，通常表明内部控制存在重大缺陷，注册会计师应当就这些缺陷与管理层和治理层进行沟通。

12.2.5　控制测试的时间

控制测试的时间直接关系到通过控制测试获取的审计证据的时间问题。通过控制测试获取的审计证据的时间涉及两个问题：一个问题是，证据什么时候获得和它可能被运用到审计期间的哪一部分；另一个问题是，在本审计期间对以前期间控制设计和运行有效证据的依赖程度。所以，注册会计师应当根据控制测试的目的确定控制测试的时间，并确定拟信赖的相关控制的时点或期间。如果仅需要测试控制在特定时点的运行有效性，注册会计师只需要获取该时点的审计证据。如果需要获取控制在某一期间有效运行的审计证据，仅获取与时点相关的审计证据是不充分的，注册会计师应当辅以其他控制测试，包括测试被审计单位对控制的监督。

12.2.6　控制测试中对审计证据的考虑

注册会计师可能在期中实施进一步审计程序。对于控制测试，注册会计师在期中实施此类程序具有更积极的作用。但即使注册会计师已获取了有关控制在期中运行有效性的审计证据，仍然需要考虑如何能够将控制在期中运行有效性的审计证据合理延伸至期末。因此，如果已获取有关控制在期中运行的有效审计证据，并拟利用该证据，注册会计师应当实施下列审计程序：

1. 获取控制在剩余期间变化情况的审计证据

针对期中已获取过审计证据的控制，考察这些控制在剩余期间的变化情况：如果这些控制在剩余期间没有发生变化，注册会计师可能决定信赖期中获取的审计证据；如果这些控制在剩余期间发生了变化，注册会计师需要了解并测试控制的变化对期中审计证据的影响。

2. 确定针对剩余期间还需获取的补充审计证据

针对期中证据以外的、剩余期间的补充证据，注册会计师应当考虑下列因素：

（1）评估的认定层次重大错报风险的重大程度。评估的重大错报风险对财务报表的影响越大，注册会计师需要获取的剩余期间的补充证据越多。

（2）在期中测试的特定控制以及自其中测试后发生的重大变动。例如，对自动化运行的控制，注册会计师更可能测试信息系统一般控制的运行有效性，以获取控制在剩余期间运行有效性的审计证据。

（3）在期中对有关控制运行有效性获取的审计证据的程度。如果注册会计师在期中对有关控制运行有效性获取的审计证据比较充分，可以考虑适当减少需要获取的剩余期间的补充证据。

（4）剩余期间的长度。剩余期间越长，注册会计师需要获取的剩余期间的补充证据越多。

（5）在信赖控制的基础上拟缩小实质性程序的范围。注册会计师对相关控制的信赖程度越高，通常在信赖控制的基础上拟缩小实质性程序的范围就越大。在这种情况下，注册会计师需要获取的剩余期间的补充证据越多。

（6）控制环境。在注册会计师总体上拟信赖控制的前提下，控制环境越薄弱（或把握程度越低），注册会计师需要获取的剩余期间的补充证据越多。

被审计单位对控制的监督起到的是一种检验相关控制在所有相关时点是否都有效运行的作用，因此，除了上述的测试剩余期间控制的运行有效性，通过测试剩余期间控制的运行有效性或测试被审计单位对控制的监督，注册会计师可以获取补充审计证据，以便更有把握地将控制在期中运行有效性的审计证据延伸至期末。

被审计单位内部控制中的一些要素往往是相对稳定的（相对于具体的交易、账户余额和列报），注册会计师在本期审计时可以适当考虑利用以前审计获取的有关控制运行有效性的审计证据。但是，如果拟信赖以前审计获取的有关控制运行有效性的审计证据，注册会计师应当通过实施询问并结合观察或检查程序，获取这些控制是否已经发生变化的审计证据。如果这些控制在本期发生变化，注册会计师应当考虑以前审计获取的有关控制运行有效性的审计证据是否与本期审计相关。

如果拟信赖的控制自上次测试后已发生变化，注册会计师应当在本期审计中测试这些控制的运行有效性。如果拟信赖的控制自上次测试后未发生变化，且不属于旨在减轻特别风险的控制，注册会计师应当运用职业判断确定是否在本期审计中测试其运行有效性，以及本次测试与上次测试的时间间隔，但两次测试的时间间隔不得超过两年。

在确定利用以前审计获取的有关控制运行有效性的审计证据是否适当以及再次测试控制的时间间隔时，注册会计师应当考虑的因素或情况包括：

（1）内部控制其他要素的有效性，包括控制环境、对控制的监督以及被审计单位的风险评估过程。

（2）控制特征（人工控制还是自动化控制）产生的风险。

（3）信息技术一般控制的有效性。

（4）控制设计及其运行的有效性，包括在以前审计中测试控制运行有效性时发现的控制运行偏差的性质和程度。

（5）由于环境发生变化而特定控制缺乏相应变化导致的风险。

（6）重大错报风险和对控制的拟信赖程度。

当出现下列情况时，注册会计师应当缩短再次测试控制的时间间隔或完全不信赖以前审计获取的审计证据：

（1）控制环境薄弱。如果被审计单位控制环境薄弱或对控制的监督薄弱，注册会计师应当缩短再次测试控制的时间间隔或完全不信赖以前审计获取的审计证据。

（2）对控制的监督薄弱。

（3）相关控制中人工控制的成分较大。如果相关控制中人工控制的成分较大，考虑到人工控制一般稳定性较差，注册会计师可能决定在本期审计中继续测试该控制的运行有效性。

（4）信息技术一般控制薄弱。如果信息技术一般控制薄弱，注册会计师可能更少地依赖以前审计获取的审计证据。

（5）对控制运行产生重大影响的人事变动。如果所审计期间发生了对控制运行产生重大影响的人事变动，注册会计师可能决定在本期审计中不依赖以前审计获取的审计证据。

（6）环境的变化表明需要对控制做出相应的变动。如果环境的变化表明需要对控制做出相应的变动，但被审计单位却没有做出相应变动，注册会计师应当充分意识到控制不再有效，从而导致本期财务报表发生重大错报的可能性，此时不应再依赖以前审计获取的有关控制运行有效性的审计证据。

（7）重大错报风险较大或对控制的拟信赖程度较高。如果重大错报风险较大或对控制的拟信赖程度较高，注册会计师应当缩短再次测试控制的时间间隔或完全不信赖以前审计获取的审计证据。

如果拟信赖以前审计获取的某些控制运行有效性的审计证据，注册会计师应当在每次审计时从中选取足够数量的控制，测试其运行有效性；不应将所有拟信赖控制的测试集中于某一次审计，而在之后的两次审计中不进行任何测试。

如果确定评估的认定层次重大错报风险是特别风险，并拟信赖旨在减轻特别风险的控制，不论该控制在本期是否发生变化，注册会计师不应依赖以前审计获取的审计证据，而应在本期审计中测试这些控制的运行有效性。也就是说，如果注册会计师拟信赖针对特别风险的控制，那么所有关于该控制运行有效性的审计证据必须来自当年的控制测试，注册会计师应当在每次审计中都测试这类控制。

注册会计师是否需要在本期测试某项控制的决策过程如图12-1所示：

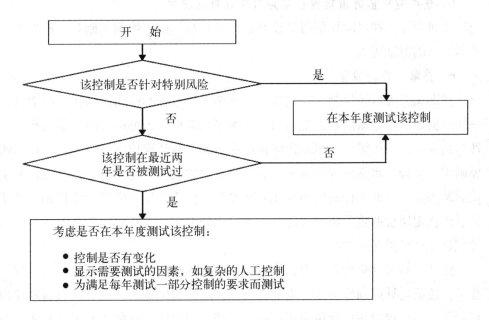

图 12 – 1 本审计期间测试某项控制的决策

12.2.7 控制测试的范围

控制测试的范围主要是指某项控制活动的测试次数。注册会计师应当设计控制测试，以获取控制在整个拟信赖的期间有效运行的充分、适当的审计证据。

在确定某项控制的测试范围时，注册会计师通常考虑下列因素：

1. 执行控制的频率

指在整个拟信赖的期间，被审计单位执行控制的频率。控制执行的频率越高，控制测试的范围越大。

2. 在所审计期间，注册会计师拟信赖控制运行有效性的时间长度

拟信赖控制运行有效性的时间长度不同，在该时间长度内发生的控制活动次数也不同。注册会计师需要根据拟信赖控制的时间长度确定控制测试的范围。拟信赖期间越长，控制测试的范围越大。

3. 拟获取的有关认定层次控制运行有效性的审计证据的相关性和可靠性

指为证实控制能够防止或发现并纠正认定层次重大错报，所需获取审计证据的相关性和可靠性。对审计证据的相关性和可靠性要求越高，控制测试的范围越大。

4. 通过测试与认定相关的其他控制获取的审计证据的范围

针对同一认定，可能存在不同的控制。当针对其他控制获取审计证据的充分性和适当性较高时，测试该控制的范围可适当缩小。

5. 在风险评估时拟信赖控制运行有效性的程度

注册会计师在风险评估时对控制运行有效性的拟信赖程度越高，需要实施控制测试的范围越大。

6. 控制的预期偏差

预期偏差可以用控制未得到执行的预期次数占控制应当得到执行次数的比率加以衡量。考虑该因素，是因为在考虑测试结果是否可以得出控制运行有效性的结论时，不可能只要出现任何控制执行偏差就认定控制运行无效，所以需要确定一个合理水平的预期偏差率。控制的预期偏差率越高，需要实施控制测试的范围越大。如果控制的预期偏差率过高，注册会计师应当考虑控制可能不足以将认定层次的重大错报风险降至可接受的低水平，从而针对某一认定实施的控制测试可能是无效的。

此外，对自动化控制来说，信息技术处理具有内在一贯性，除非系统发生变动，注册会计师通常不需要增加自动化控制的测试范围。对于一项自动化应用控制，一旦确定被审计单位正在执行该控制，注册会计师通常无须扩大控制测试的范围，但需要考虑执行下列测试以确定该控制持续有效运行。（1）测试与该应用控制有关的一般控制的运行有效性；（2）确定系统是否发生更改，如果发生更改，是否存在适当的系统更改控制；（3）确定对交易的处理是否使用授权批准的软件版本，以确定该项控制是否持续有效运行。

12.2.8 《企业内部控制基本规范》

控制测试的基本标准是《企业内部控制基本规范》。

2008 年 6 月 28 日，财政部、证监会、审计署、银监会、保监会联合发布了《企业内部控制基本规范》（以下简称基本规范）。基本规范自 2009 年 7 月 1 日起先在上市公司范围内施行，鼓励非上市的其他大中型企业执行。执行基本规范的上市公司，应当对本公司内部控制的有效性进行自我评价，披露年度自我评价报告，并可聘请具有证券、期货业务资格的中介机构对内部控制的有效性进行审计。

基本规范共七章五十条，各章分别是：总则、内部环境、风险评估、控制活动、信息与沟通、内部监督和附则。基本规范坚持立足我国国情、借鉴国际惯例，确立了我国企业建立和实施内部控制的基础框架，并取得了重大突破。一是科学界定内部控制的内涵，强调内部控制是由企业董事会、监事会、经理层和全体员工实施的、旨在实现控制目标的过程，有利于树立全面、全员、全过程控制的理念。二是准确定位内部控制的目标，要求企业在保证经营管理合法合规、资产安全、财务报告及相关信息真实完整、提高经营效率和效果的基础上，着力促进企业实现发展战略。三是合理确定内部控制的原则，要求企业在建立和实施内部控制全过程中贯彻全面性原则、重要性原则、制衡性原则、适应性原则和成本效益原则。四是统筹构建内部控制的要素，有机融合世界主要经济体加强内部控制的做法经验，构建了以内部环境为重要基础、以风险评估为重要环节、以控制活动为重要手段、以信息与沟通为重要条件、以内部监督为重要保证，相互联系、相互促进的五要素内部控制框架。五是开创性地建立了以企业为主体、以政府监管为促进、以中介机构审计为重要组成部分的内部控制实施机制，要求企业实行内部控制自我评价制度，并将各责任单位和全体员工实施内部控制的情况纳入绩效考评体系；国务院有关监管部门有权对企业建立并实施内部控制的情况进行监督检查；明确企业可以依法委托会计师事务所对本企业内部控制的有效性进行审计，出具审计报告。

2010 年 4 月 26 日，财政部会同证监会、审计署、国资委、银监会、保监会等部门在北京召开联合发布会，隆重发布了《企业内部控制配套指引》（下称 "配套指引"）。该配套指引连同 2008 年 5 月发布的《企业内部控制基本规范》，共同构建了中国企业内部控制规范体系，自 2011 年 1 月 1 日起首先在境内外同时上市的公司施行，自 2012 年 1 月 1 日起扩大到在上海证券交易所、深圳证券交易所主板上市的公司施行；在此基础上，择机在中小板和创业板上市公司施行。同时，鼓励非上市大中型企业提前施行。施行企业内部控制规范体系的企业，必须对本企业内部控制的有效性进行自我评价，披露年度自我评价报告，同时聘请会计师事务所对其财务报告内部控制的有效性进行审计，出具审计报告。政府监管部门将对相关企业施行内部控制规范体系的情况进行监督检查。这是全面提升上市公司和非上市大中型企业经营管理水平的重要举措，也是我国应对国际金融危机的重要制度安排。

配套指引由 21 项应用指引（此次发布 18 项，涉及银行、证券和保险等业务的 3 项指引暂未发布）、《企业内部控制评价指引》和《企业内部控制审计指引》组成。其中，应用指引是对企业按照内控原则和内控 "五要素" 建立健全本企业内部控制所提供的指引，在配套指引乃至整个内部控制规范体系中占据主体地位；企业内部控制评价指引是为企业管理层对本企业内部控制有效性进行自我评价提供的指引；企业内部控制审计指引是为注册会计师和会计师事务所执行内部控制审计业务的执业准则。三者之间既相互独立，又相互联系，形成一个有机整体。

12.3 实质性程序

12.3.1 实质性程序的内涵和要求

实质性程序是指注册会计师针对评估的重大错报风险实施的直接用以发现认定层次重大错报的审计程序。实质性程序包括对各类交易、账户余额、列报的细节测试以及实质性分析程序。注册会计师应当针对评估的重大错报风险设计和实施实质性程序，以发现认定层次的重大错报。

由于注册会计师对重大错报风险的评估是一种判断，可能无法充分识别所有的重大错报风险，加之内部控制存在固有局限性，所以无论评估的重大错报风险结果如何，注册会计师都应当针对所有重大的各类交易、账户余额、披露实施实质性程序。

注册会计师实施的实质性程序应当包括下列与财务报表编制完成阶段相关的审计程序：

（1）将财务报表与其所依据的会计记录相核对。

（2）检查财务报表编制过程中做出的重大会计分录和其他会计调整。注册会计师对会计分录和其他会计调整检查的性质和范围，取决于被审计单位财务报告过程的性质和复杂程度以及由此产生的重大错报风险。

如果认为评估的认定层次重大错报风险是特别风险，注册会计师应当专门针对该风险实施实质性程序。例如，如果认为管理层面临实现盈利指标的压力而可能提前确认收入，注册会计师在设计询证函时不仅应当考虑函证应收账款的账户余额，还应当考虑询证销售协议的细节条款（如交货、结算及退货条款）；注册会计师还可考虑在实施函证的基础上针对销售协议及其变动情况询问被审计单位的非财务人员。

如果针对特别风险仅实施实质性程序，注册会计师应当使用细节测试，或将细节测试和实质性分析程序结合使用，以获取充分、适当的审计证据。

12.3.2 实质性程序的性质

实质性程序的性质，是指实质性程序的类型及其组合。实质性程序的两种基本类型包括细节测试和实质性分析程序。细节测试是对各类交易、账户余额、列报的具体细节进行测试，目的在于直接识别财务报表认定是否存在错报。实质性分析程序从技术特征上仍然是分析程序，主要是通过研究数据间的关系评价信息，只是将该技术方法用作实质性程序，即用以识别各类交易、账户余额、列报及相关认定是否存在错报。

　　注册会计师应当根据各类交易、账户余额、列报的性质选择实质性程序的类型。细节测试和实质性分析程序的目的和技术手段存在一定差异，细节测试适用于对各类交易、账户余额、列报认定的测试，尤其是对存在或发生、计价认定的测试；对在一段时期内存在可预期关系的大量交易，注册会计师可以考虑实施实质性分析程序。

　　对于细节测试，注册会计师应当针对评估的风险设计细节测试，获取充分、适当的审计证据，以达到认定层次所计划的保证水平。注册会计师需要根据不同的认定层次的重大错报风险设计有针对性的细节测试。在针对存在或发生认定设计细节测试时，注册会计师应当选择包含在财务报表金额中的项目，并获取相关审计证据（相当于"逆查"）。在针对完整性认定设计细节测试时，注册会计师应当选择有证据表明应包含在财务报表金额中的项目，并调查这些项目是否确实包括在内（相当于"顺查"）。

　　在设计实质性分析程序时，注册会计师应当考虑下列因素：

　　（1）对特定认定使用实质性分析程序的适当性；

　　（2）对已记录的金额或比率做出预期时，所依据的内部或外部数据的可靠性；

　　（3）做出预期的准确程度是否足以在计划的保证水平上识别重大错报；

　　（4）已记录金额与预期值之间可接受的差异额。

　　此外，当实施实质性分析程序时，如果使用被审计单位编制的信息，注册会计师应当考虑测试与信息编制相关的控制，以及这些信息是否在本期或前期经过审计。

12.3.3　实质性程序的时间

1. 对期中实施实质性程序的考虑

　　如果在期中实施了实质性程序，注册会计师应当针对剩余期间实施进一步的实质性程序，或将实质性程序和控制测试结合使用，以将期中测试得出的结论合理延伸至期末。所以，在期中实施实质性程序，一方面消耗了审计资源，另一方面期中实施实质性程序获取的审计证据，又不能直接作为期末财务报表认定的审计证据，注册会计师仍然需要消耗更多的审计资源使期中审计证据能够合理延伸至期末。因此，注册会计师需要权衡这两部分审计资源的总和是否能够显著小于完全在期末实施实质性程序所需消耗的审计资源。

　　在审计资源既定的情况下，注册会计师在期中实施实质性程序，可能减少期末实施实质性程序的数量，因而可能增加期末存在错报而未被发现的风险，并且该风险将随着剩余期间的延长而增加。所以，在考虑是否在期中实施实质性程序时，注册会计师应当考虑下列因素：

（1）控制环境和其他相关的控制。控制环境和其他相关的控制越薄弱，注册会计师越不宜依赖期中实施的实质性程序。

（2）实施审计程序所需信息在期中之后的可获得性。如果实施实质性程序所需信息在期中之后可能难以获取，注册会计师应考虑在期中实施实质性程序；但如果实施实质性程序所需信息在期中之后的可获得性并不存在明显困难，该因素不应成为注册会计师在期中实施实质性程序的重要影响因素。

（3）实质性程序的目的。如果针对某项认定实施实质性程序的目标就包括获取该认定的期中审计证据，注册会计师应在期中实施实质性程序。

（4）评估的重大错报风险。注册会计师评估的某项认定的重大错报风险越高，针对该认定所需获取的审计证据的相关性和可靠性要求也就越高，注册会计师越应当考虑将实质性程序集中于期末（或接近期末）实施。

（5）特定类别交易或账户余额以及相关认定的性质。例如，某些交易或账户余额以及相关认定的特殊性质（如收入截止认定、未决诉讼）决定了注册会计师必须在期末（或接近期末）实施实质性程序。

（6）针对剩余期间，能否通过实施实质性程序或将实质性程序与控制测试相结合，降低期末存在错报而未被发现的风险。

如果针对剩余期间注册会计师可以通过实施实质性程序或将实质性程序与控制测试相结合，较有把握地降低期末存在错报而未被发现的风险，注册会计师可以考虑在期中实施实质性程序；但如果针对剩余期间注册会计师认为还需要消耗大量审计资源才有可能降低期末存在错报而未被发现的风险，甚至没有把握通过适当的进一步审计程序降低期末存在错报而未被发现的风险，注册会计师就不宜在期中实施实质性程序。

2. 对期中审计证据的考虑

如果拟将期中测试得出的结论延伸至期末，注册会计师应当考虑针对剩余期间仅实施实质性程序是否足够。如果认为实施实质性程序本身不充分，注册会计师还应测试剩余期间相关控制运行的有效性或针对期末实施实质性程序。

对于舞弊导致的重大错报风险（作为一类重要的特别风险），被审计单位存在故意错报或操纵的可能性，那么注册会计师更应慎重考虑能否将期中测试得出的结论延伸至期末。因此，如果已识别出由于舞弊导致的重大错报风险，为将期中得出的结论延伸至期末而实施的审计程序通常是无效的，注册会计师应当考虑在期末或者接近期末实施实质性程序。

如果已在期中实施了实质性程序，注册会计师应当针对剩余期间实施进一步的实质性程序，或将实质性程序和控制测试结合使用，以将期中测试得出的结论合理延伸至期末。

在确定针对剩余期间拟实施的实质性程序时，注册会计师应当考虑是否已在期中实施控制测试，并考虑与财务报告相关的信息系统能否充分提供与期末账户余额及剩余期间交易有关的信息。

在针对剩余期间实施实质性程序时，注册会计师应当重点关注并调查重大的异常交易或分录、重大波动以及各类交易或账户余额在构成上的重大或异常变动。

如果拟针对剩余期间实施实质性分析程序，注册会计师应当考虑某类交易的期末累计发生额或账户期末余额在金额、相对重要性及构成方面能否被合理预期。

如果在期中检查出某类交易或账户余额存在错报，注册会计师应当考虑修改与该类交易或账户余额相关的风险评估以及针对剩余期间拟实施实质性程序的性质、时间和范围，或考虑在期末扩大实质性程序的范围或重新实施实质性程序。

3. 对以前审计获取的审计证据的考虑

在以前审计中实施实质性程序获取的审计证据，通常对本期只有很弱的证据效力或没有证据效力，不足以应对本期的重大错报风险。只有当以前获取的审计证据及其相关事项未发生重大变动时（例如以前审计通过实质性程序测试过的某项诉讼在本期没有任何实质性进展），以前获取的审计证据才可能用作本期的有效审计证据。但是，如果拟利用以前审计中实施实质性程序获取的审计证据，注册会计师应当在本期实施审计程序，以确定这些审计证据是否具有持续相关性。

12.3.4　实质性程序的范围

在确定实质性程序的范围时，注册会计师应当考虑评估的认定层次的重大错报风险和实施控制测试的结果。注册会计师评估的认定层次的重大错报风险越高，需要实施实质性程序的范围越广。如果对控制测试结果不满意，注册会计师应当考虑扩大实质性程序的范围。

在设计细节测试时，注册会计师除了从样本量的角度考虑测试范围外，还要考虑选样方法的有效性等因素。例如，从总体中选取大额或异常项目，而不是进行代表性抽样或分层抽样。

在设计实质性分析程序时，注册会计师应当确定已记录金额与预期值之间可接受的差异额。在确定该差异额时，注册会计师应当主要考虑各类交易、账户余额、列报及相关认定的重要性和计划的保证水平。实施分析程序可能发现偏差，但并非所有的偏差都值得展开进一步调查。可容忍或可接受的偏差（即预期偏差）越大，作为实质性分析程序一部分的进一步调查的范围就越小。

12.4　审计证据的总体评价

12.4.1　完成审计工作前对审计证据的评价

在完成审计工作前对进一步审计程序所获取审计证据的评价，主要是根据发现的错报或控制执行偏差考虑修正重大错报风险的评估结果。

通过实施进一步审计程序，注册会计师首先需要考虑其证据是否支持此前对认定层次的重大错报风险的评估结果。因此，注册会计师应当根据实施的审计程序和获取的审计证据，评价对认定层次重大错报风险的评估是否仍然适当。

财务报表审计是一个累积和不断修正的过程。随着计划的审计程序的实施，如果获取的信息与风险评估时依据的信息有重大差异，注册会计师应当考虑修正风险评估结果，并据以修改原计划的其他审计程序的性质、时间和范围。

注册会计师应当考虑控制测试中发现的控制执行偏差对审计工作的影响。在实施控制测试时，如果发现被审计单位控制运行出现偏差，注册会计师应当了解这些偏差及其潜在后果，并确定已实施的控制测试是否为信赖控制提供了充分、适当的审计证据，是否需要实施进一步的控制测试或实质性程序以应对潜在的错报风险。

注册会计师不应将审计中发现的舞弊或错误视为孤立发生的事项，而应当考虑其对评估的重大错报风险的影响。

在完成审计工作前，注册会计师应当评价是否已将审计风险降至可接受的低水平，是否需要重新考虑已实施审计程序的性质、时间和范围。

12.4.2　形成审计意见时对审计证据的综合评价

在形成审计意见时，注册会计师应当从总体上评价是否已经获取充分、适当的审计证据，以将审计风险降至可接受的低水平。注册会计师应当考虑所有相关的审计证据，包括能够印证财务报表认定的审计证据和与之相矛盾的审计证据。

在评价审计证据的充分性和适当性时，注册会计师应当运用职业判断，考虑下列因素的影响：

（1）认定发生潜在错报的重要程度，以及潜在错报单独或连同其他潜在错报对财务报表产生重大影响的可能性；

（2）管理层应对和控制风险的有效性；

（3）在以前审计中获取的关于类似潜在错报的经验；

（4）实施审计程序的结果，包括审计程序是否识别出舞弊或错误的具体情形；

（5）可获得信息的来源和可靠性；

（6）审计证据的说服力；

（7）对被审计单位及其环境的了解。

如果对重大的财务报表认定没有获取充分、适当的审计证据，注册会计师应当尽可能获取进一步的审计证据。如果不能获取充分、适当的审计证据，注册会计师应当出具保留意见或无法表示意见的审计报告。

本 章 小 结

1. 在评估重大错报风险时，注册会计师应当确定，识别的重大错报风险是与特定的某类交易、账户余额、列报的认定相关，还是与财务报表整体广泛相关，进而影响多项认定。如果重大错报风险是与财务报表整体相关，则属于财务报表层次的重大错报风险。

2. 为了将审计风险降至可接受的低水平，注册会计师应当确定针对评估的财务报表层次重大错报风险的总体应对措施，以及针对评估的认定层次重大错报风险设计和实施进一步审计程序。

3. 控制测试是指用于评价内部控制在防止或发现并纠正认定层次重大错报方面的运行有效性的审计程序。在设计和实施控制测试时，注册会计师应当：（1）将询问与其他审计程序结合使用，以获取有关控制运行有效性的审计证据；（2）确定拟测试的控制是否依赖其他控制（间接控制）。

4. 实质性程序是指注册会计师针对评估的重大错报风险实施的直接用以发现认定层次重大错报的审计程序，包括对各类交易、账户余额、列报的细节测试以及实质性分析程序。

5. 细节测试是对各类交易、账户余额、列报的具体细节进行测试，目的在于直接识别财务报表认定是否存在错报。

6. 实质性分析程序从技术特征上仍然是分析程序，主要是通过研究数据间关系评价信息，只是将该技术方法用作实质性程序，即用以识别各类交易、账户余额、列报及相关认定是否存在错报。

思 考 题

1. 何谓财务报表层次的重大错报风险？如何控制？
2. 进一步审计程序的内涵、时间、要求与性质？
3. 如何进行控制测试？
4. 如何实施实质性程序？
5. 实施控制测试和实质性程序有何区别联系？
6. 如何进行细节测试？
7. 如何对审计证据进行总体评价？

第13章　审计抽样

学习目标

　　掌握审计抽样的概念和特征；了解审计抽样的种类；抽样风险、非抽样风险的概念、类型及其方法。掌握注册会计师审计准则体系和内容；注册会计师审阅准则及其他鉴证业务准则；会计师事务所质量控制准则体系和内容。

关键名词

　　审计抽样　统计抽样　非统计抽样　属性抽样　变量抽样　抽样风险　非抽样风险　误差　预期总体误差　随机数表　审计对象总体和分层　可容忍误差　固定样本量抽样　停—走抽样　发现抽样　比率估计抽样　差额估计抽样

13.1　审计抽样的意义

13.1.1　审计抽样的概念、作用和适用范围

　　所谓审计抽样，是指注册会计师对某类交易或账户余额中低于百分之百的项目实施审计程序，使所有抽样单元都有被选取的机会，为注册会计师针对整个总体得出结论提供合理基础。审计抽样可使注册会计师获取和评价与被选取项目的某些特征有关的审计证据，以形成或帮助形成对从中抽取样本的总体结论。在这里，抽样单元是指构成总体的个体项目，总体是指注册会计师从中选取样本并据此得出结论的整套数据。总体可分为多个层次或子总体。

　　审计抽样具有三个特征：

　　（1）对某类交易或账户余额中低于百分之百的项目实施审计程序；

　　（2）所有抽样单元都有被选取的机会；

　　（3）审计测试的目的是为了评价该账户余额或交易类型的某一特征。

我们不能简单地把审计抽样等同于一般意义的抽查。一般的抽查作为一种技术，可以用来了解情况，确定审计重点，取得审计证据，在使用中并无严格要求。审计抽样作为一种方法，需要运用抽查技术，但更重要的是要根据审计目的及具体环境的要求做出科学的抽样决策。审计抽样工作要严格按照规定的程序和方法去完成。审计抽样的基本目标是在有限审计资源条件限制下，收集充分、适当的审计证据，以形成和支持审计结论。在对需要测试的账户余额或交易事项缺乏一定的了解，或总体中包含的项目数量太大而无法逐一审查，或虽然可对总体所有项目逐一审查但成本太高的情况下，注册会计师可以考虑使用审计抽样。

审计抽样作用是；能够使注册会计师获取和评价有关所获取项目（某一认定）某一特征的审计证据，以形成或有助于形成有关总体的结论。

审计抽样的适用范围：（1）当控制的运行留下轨迹时，注册会计师可以考虑使用审计抽样实施控制测试；（2）在实施细节测试时，注册会计师可以使用审计抽样获取审计证据。

13.1.2 审计抽样的种类

审计抽样的种类很多，通常按抽样决策的依据不同，可以将审计抽样划分为统计抽样和非统计抽样；按审计抽样所了解的总体特征不同可以将审计抽样划分为属性抽样和变量抽样。

1. 统计抽样和非统计抽样

所谓统计抽样，是指同时具备以下两个特征的抽样方法：（1）随机选取样本；（2）运用概率论评价样本结果，包括计量抽样风险。统计抽样的优点在于能够客观地选取样本，科学地计量抽样风险，并通过调整样本规模有效地控制抽样风险，定量地评价样本结果。

不同时具备上述两个特征的抽样方法属于非统计抽样。非统计抽样又有任意抽样和判断抽样之分。在任意抽样法下，从总体中抽取多少样本、抽取哪些样本都是主观随意的，没有客观的依据和标准。显然，任意抽样的样本往往代表性较差，很难保证它能够反映总体的真实情况，根据对这种样本的审查结果来推断总体，审计结论的可靠性难以保证。判断抽样是基于注册会计师对审计对象的了解和个人的职业判断，有目的、有重点地选取一定量的样本进行审查。判断抽样是在任意抽样的基础上融入了个人的经验和判断，所以其结果在很大程度上取决于注册会计师的经验水平和判断能力的高低，但他们都不能科学地确定抽样方法和样本规模，不能用数学评估的方法测定和控制抽样风险。

注册会计师应当根据具体情况并运用职业判断，确定使用统计抽样或非统计抽样,以最有效率地获取审计证据。两种技术只要运用得当,都可以提供审计所要求的充分、适当的证据,并且都存在某种程度的抽样风险和非抽样风险。非统计抽样离不开职业判断,统计抽样也不排除职业判断,事实上,在运用统计抽样的全过程中都需要使用职业判断。例如,确定审计对象总体,定义总体特征,决定所采用的选样方法,对抽样结果进行质量和数量上的评价等,都需要职业判断。注册会计师在统计抽样和非统计抽样之间进行选择时,成本效益是要考虑的一个主要问题。一般情况下,非统计抽样可能比统计抽样的成本低,但统计抽样的效果则可能比非统计抽样更可靠。在某些情况下,使用统计抽样也需要较高的成本,比如,为了使注册会计师掌握使用统计抽样所需要的特殊专业技能,可能需要增加培训费用。非统计抽样只要设计得当,也能够获得与统计抽样相同的结果。在实际工作中,把统计抽样和非统计抽样结合起来使用,往往能收到较好的审计效果。

统计抽样和非统计抽样的关系如图 13−1 所示。

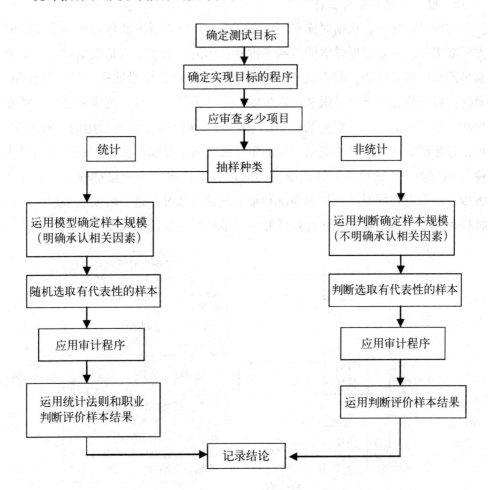

图13−1 统计抽样和非统计抽样的关系

2. 统计抽样和非统计抽样的比较

统计抽样优点：能够客观地和计量和精确地控制抽样风险；高效设计样本；衡量已获得的审计证据的充分性；定量的评价样本的结果。缺点：需要特殊的专业技能，增加培训注册会计师的成本；同时单个样本项目要符合统计要求，增加了额外的费用。

非统计抽样优点：操作简单，使用成本低；适合做定性分析。缺点：无法量化抽样风险。

统计抽样和非统计抽样的相同点：

（1）在设计、实施和评价样本时都离不开职业判断；

（2）都是通过样本中发现的错报或偏差率推断总体特征；

（3）运用得当都可以获取充分。适当的审计证据；

（4）都能通过扩大样本量来降低抽样风险。

3. 属性抽样与变量抽样

在审计抽样中，根据对样本的审查结果对总体进行推断可以从两个不同的方面来进行，一是根据样本的差错率推断总体的差错率；二是根据样本的差错额推断总体的差错额。前者就是属性抽样，后者就是变量抽样。可以这样说，属性抽样是指在精确度界限和可靠程度一定的条件下，旨在测定总体特征的发生频率所采用的方法，变量抽样是用来估计总体错误金额而采用的一种方法。根据控制测试的目的和特点所采用的审计抽样通常是属性抽样；根据实质性程序（细节测试）的目的和特点所采用的审计抽样通常为变量抽样。在审计实务中，经常存在同时进行控制测试和细节测试的情况，这个时候所采取的审计抽样称为双重目的抽样。属性抽样和变量抽样的主要区别如图 13-2 所示。

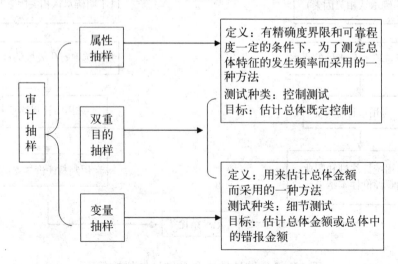

图 13 - 2　属性抽样和变量抽样

13.2　审计抽样方法的选择

注册会计师在获取审计证据时，通常需要实施风险评估程序、控制测试程序（必要或决定测试时）和实质性程序。在设计审计程序时，注册会计师应当确定选取测试项目的适当方法。选取测试项目旨在确定实施审计程序的范围，即实施审计程序的数量。可以使用的方法包括选取全部项目、选取特定项目和审计抽样。

注册会计师拟实施的审计程序将对运用审计程序产生重要影响，有些审计程序可以使用审计抽样，有些审计程序则不宜使用审计抽样，此时便需要采用其他选取测试项目的方法，注册会计师可以根据具体情况，单独或综合使用选取测试项目的方法。总的要求是，使用的方法应当能够有效提供充分、适当的审计证据，以实现审计程序的目标。

风险评估程序通常不需要考虑审计抽样和其他选取测试项目的方法。注册会计师在实施风险评估程序以便了解被审计单位及其环境时，一般都会采用询问、分析程序、检查和观察，目的是识别和评估重大错报风险，而不是要对包含全部抽样单元的总体得出结论。另外，风险评估程序实施的范围比较广泛，获取的信息具有较强的主观性，这些都决定了实施风险评估程序不宜使用审计抽样。但是，如果注册会计师在了解控制的设计和确定其是否得到执行的同时，一并计划和实施控制测试，即执行双重目的测试，则可以考虑使用审计抽样，但此时的审计抽样是针对控制测试进行的。

13.2.1　实施控制测试时对审计抽样的考虑

在被审计单位的控制留下了运行的轨迹的情况下，注册会计师可以考虑使用审计抽样和其他选取测试项目的方法实施控制测试。在了解了被审计单位的内部控制之后，注册会计师应当识别可表明控制有效运行的特征，同时识别控制没有得到有效执行时可能出现的异常情况，然后就可以对所识别的特征是否存在进行测试。

如果表明控制有效运行的特征留下了书面证据，注册会计师就可以在控制测试中使用审计抽样。注册会计师应当根据特定控制的性质选择所需实施的审计程序。比如，被审计单位规定，信用部门负责人需在销售合同上签名批准赊销，带有该负责人签字的销售合同即为该项控制的书面轨迹，此时注册会计师可以使用审计抽样来抽取部分销售合同实施检查，以确定被审计单位的该项信用控制是否有效运行。

某些控制的运行可能没有书面记录，或文件记录与证实控制运行有效性不相关，即属于没有留下运行轨迹的控制，对这类控制实施测试不涉及审计抽样，注册会计师通常应考虑实施询问、观察等程序来获取相关控制运行有效性的审计证据。例如，在对被审计单位的存货盘点过程实施控制测试时，注册会计师只能通过对存货移动控制、盘点程序、被审计单位用以控制存货盘点的其他活动的观察来进行，实施观察程序不需要审计抽样。

13.2.2　实施实质性程序时对审计抽样的考虑

实质性程序包括对各类交易、账户余额、列报的细节测试和实质性分析程序。注册会计师只是在实施细节测试程序时，才需要考虑审计抽样和其他选取测试项目的方法问题。在实施细节测试时，注册会计师可以使用审计抽样和其他选取测试项目的方法获取审计证据，以验证有关财务报表金额的一项或多项认定，或对某些金额做出独立的估计。在实施实质性分析程序时不需要使用审计抽样和其他选取测试项目的方法。

13.2.3　对其他选取测试项目方法的考虑

1. 选取全部项目

在确定适当的选取测试项目方法时，注册会计师应当考虑与所测试认定有关的重大错报风险和审计效率。在存在下列情形之一时，注册会计师可以考虑选取全部项目进行测试：

（1）总体由少量的大额项目构成。如果某类交易或账户余额中的所有项目的金额都较大，注册会计师可以考虑选取全部项目进行测试。

（2）存在特别风险且其他方法未提供充分、适当的审计证据。某类交易或账户余额中的所有项目的单个金额可能不大，但却存在特别风险，注册会计师也可能需要测试全部项目。

存在特别风险的项目主要包括：①管理层高度参与的，或错报可能性较大的交易事项或账户余额；②非常规的交易事项或账户余额，特别是与关联方有关的交易或余额；③长期不变的账户余额，如滞销的存货余额或账龄较长的应收账款余额；④可疑的非正常项目，或明显的不规范项目；⑤以前发生过错误的项目；⑥期末人为调整的项目；⑦其他存在特别风险的项目。

（3）符合成本效益原则。由于信息系统自动执行的计算或其他程序具有重复性，对全部项目进行检查符合成本效益原则，注册会计师可以运用计算机辅助审计技术对全部项目进行测试。

对全部项目进行审查，通常更适用于细节测试。例如，在截止性测试中，注册会计师通常对截止日前后一段时期发生的全部交易进行测试。

2. 选取特定项目

根据对被审计单位的了解、评估的重大错报风险以及所测试总体的特征等，注册会计师可以确定从总体中选取特定项目进行测试。选取的特定项目可能包括：

（1）大额或关键项目。关键项目本身就具有重要性。选择大额项目进行测试，可以保证较少的测试项目的金额在总体金额占有较高的比例，以便对总体的推断有较高的可靠性。

（2）超过某一金额的全部项目。抽取超过某一设定金额的全部项目进行测试，可以保证某类交易或账户的大部分金额得到验证。

（3）被用于获取某些信息的项目。如果注册会计师选择某些项目进行测试的目的，是为了获取与被审计单位的性质、交易的性质以及内部控制等事项有关的信息，那么对这些项目的测试实际上属于风险评估程序。

（4）被用于测试控制活动的项目。同样，如果对某些项目进行测试的目的是为了确定某项控制是否得到有效执行，该种测试也属于风险评估程序。

此外，可疑的项目、异常的项目、以前发生过错误的项目，均属于具有高风险特征的项目，也应作为特定项目进行测试。

从上述描述中我们可以看出，注册会计师在使用选取特定项目进行测试的方法时必然融入个人的主观判断成分，所以易产生非抽样风险，对此应采取一定的应对措施。

需要特别注意的是，虽然选取特定项目进行测试，也是对某类交易或账户余额中低于百分之百的项目实施审计程序，但不属于审计抽样，因为在这种方法下总体中所有抽样单元并非都有机会被选中，因此，不能根据所测试项目的结果推断总体误差。事实上，如果总体中剩余部分（即未测试项目）较大，注册会计师应当考虑是否需要针对剩余部分实施必要的程序，获取充分、适当的审计证据。注册会计师需要运用职业判断确定剩余部分是否重要。

13.3　抽样风险和非抽样风险

审计风险由重大错报风险和检查风险构成，抽样风险和非抽样风险可能影响注册会计师对重大错报风险的评估和检查风险的确定。

13.3.1　抽样风险的概念

抽样风险是指注册会计师根据样本得出的结论，可能不同于如果对整个总体实施与样本相同的审计程序得出的结论的风险。

抽样风险可分为两种类型：

1. 影响审计效果的抽样风险

在实施控制测试时，注册会计师推断的控制有效性高于其实际有效性的风险，也就是抽样结果使注册会计师对内部控制信赖过度的可能性；或在实施细节测试时，注册会计师推断某一重大错报不存在而实际上却又存在的风险，也就是误受风险。此类风险影响审计的效果，并可能导致注册会计师发表不恰当的审计意见。这是因为，如果注册会计师对内部控制过度信赖，就会导致他们对重大错报风险的评估偏低，注册会计师可能不适当地减少审计程序和审计证据，最终导致不恰当的审计意见的形成。同样，如果账面金额存在重大错报而注册会计师认为其不存在，他就会停止对账面金额的测试，并根据样本测试结果得出不存在重大错报的错误结论。所以，对注册会计师而言，这种风险更值得关注。

2. 影响审计效率的抽样风险

在实施控制测试时，注册会计师推断的控制有效性低于其实际有效性的风险，也就是抽样结果使注册会计师对内部控制信赖不足的可能性；或在实施细节测试时，注册会计师推断某一重大错报存在而实际上不存在的风险，也就是误拒风险。此类风险影响审计的效率，但一般不会导致注册会计师发表不恰当的审计意见。这是因为，对内部控制信赖不足将引起对重大错报风险的评估偏高，注册会计师可能因此增加不必要的审计程序，从而降低审计效率。同样，如果注册会计师推断某一重大错报存在而实际上不存在，注册会计师很可能扩大细节测试的范围，或取得其他审计证据，得出的审计结论可能是恰当的，但审计效率无疑会降低。

抽样风险对审计工作的影响如表 13 - 1 所示。

表 13 - 1   抽样、非抽样风险对审计工作的影响

审计测试	抽样风险种类	对审计工作的影响
控制测试	①信赖过度风险	效　果
控制测试	②信赖不足风险	效　率
细节测试	①误受风险	效　果
细节测试	②误拒风险	效　率

3. 降低抽样风险的对策

无论是控制测试还是细节测试，注册会计师都可以通过扩大样本规模降低抽样风险。

13.3.2　非抽样风险的概念

非抽样风险是指注册会计师由于任何与抽样风险无关的原因而得出错误结论的风险。非抽样风险包括审计风险中不是由抽样导致的所有风险。注册会计师即使对某类交易或账户余额的全部项目实施了必要的审计程序，仍有可能未发现重大错报或控制无效。产生非抽样风险的主要原因是使用了不适当的审计程序，或误解了审计证据而没有发现误差。具体说来包括以下情况：（1）选择的总体不适合测试目标，如应收账款的漏记（完整性认定存在错报）却把应收账款明细账作为总体。（2）未能适当地定义控制偏差或不恰当地定义控制偏差或错报，可能使注册会计师未发现样本中存在的控制偏差或错报。如在测试现金支付授权控制的有效性时，未将签字人未得到适当授权的情况界定为控制偏差。（3）选择了不适于实现特定目标的审计程序。注册会计师选择的审计程序如果不适合某个审计目标的实现，也可能导致错误的结论。如通过实地查看固定资产来证实所有权。例如，注册会计师使用函证程序来揭示未入账的应收账款是不适当的。（4）未能适当地评价审计发现的情况。例如，注册会计师对发现的误差的重要性做出了不当的判断，从而忽略性质本来重要的误差，导致得出不恰当的结论。对审计证据的错误解读也可以导致未发现误差。

无论是控制测试还是细节测试，非抽样风险对审计工作的效率和效果都有一定的影响。非抽样风险无法量化，但是，注册会计师应当通过适当的计划、指导和监督审计工作，坚持质量控制标准，有效地降低审计风险。

非抽样风险是由人为的因素造成的，虽然不能量化，但通过采取适当的质量控制政策和程序，加强对业务的指导、监督和复核，改进注册会计师实务，可以将非抽样风险降至可接受的水平。

13.4　样本设计

样本设计是指注册会计师根据测试的目标和抽样总体，制订选取样本的计划。在计划样本时，注册会计师应当对审计程序的目标、抽样总体的属性、抽样单元、误差的构成条件等进行综合考虑。

13.4.1　审计程序测试目标

注册会计师在设计样本时，首先应当考虑审计程序将要达到的测试目标。概括起来，控制测试的目标是评价控制是否有效运行，以支持评估的重大错报风险水平。例如，在对企业的购货过程进行控制测试时，要达到的一个目的就是确定发票是否经过有关人员的审核和授权人员的批准。细节测试的目标是，确定某类交易或账户余额的金额是否正确，以获取与存在的错报有关的证据。例如，通过在账户余额中选取项目进行测试，可以确定其中是否存在虚构的项目、分类错误的项目或计价错误的项目。

13.4.2 审计对象总体和分层

在实施抽样之前，注册会计师需要准确定义总体属性，确定抽样总体的范围。注册会计师所定义的总体需具备两个特征，即适当性和完整性。适当性是指确定总体必须与审计目标相关，审计目标不同，总体也就不同。例如，如果审计目标在于审查应收账款是否被多计，测试总体应为应收账款明细账；如果审计目标在于审查应付账款是否被少计，则测试总体不仅应包括应付账款明细账，还应包括期后付款、未付发票及能够提供应付账款少计证据的其他项目。完整性是指测试总体必须包括被审计经济业务或资料的全部项目。例如，如果注册会计师要对某一控制活动在财务报告期间是否有效运行做出结论，测试总体应包括来自整个报告期间的所有相关项目。

在实务中，注册会计师通常是从代表总体的实物中选取样本项目，例如，如果注册会计师将总体定义为特定日期的应收账款余额，代表总体的实物就是该日期的客户应收账款余额明细表；如果总体是某一期间的销售收入，代表总体的实物就可能是销售日记账或销售发票。

在定义总体时，如果总体项目存在重大的变异性，注册会计师应当考虑分层。分层是指将一个总体划分为多个子总体的过程，每个子总体由具有相同特征（通常为货币金额）的抽样单元组成。分层可以降低每一层中项目的变异性，从而在抽样风险没有成比例提高的前提下减小样本的规模。分层时必须仔细界定子总体，使每一抽样单元只能属于一个层。分层可以按照不同的特征来进行，可以是业务的类型、账户余额的大小、项目的重要程度以及内部控制的强弱等。可见，分层除了能提高抽样效率外，也可使注册会计师能够按项目的重要性、变化频率或其他特征而选取不同的样本数，且可对不同层次使用不同的审计程序。通常，注册会计师应对包含最重要项目的层次实施全部审查。例如，为函证应收账款，可以将应收账款账户按金额的重要性分为三层，即账户金额在10 000元以上的，在5 000～10 000元的和在5 000元以下的。对应收账款金额在10 000元以上的账户可进行全部函证。

在对总体进行分层的情况下要注意，对某一层中的样本实施审计程序的结果，只能用于推断该子总体，要想推断总体，注册会计师应当考虑与构成总体其他层有关的重大错报风险。

13.4.3　抽样单元

抽样单元是指构成总体的个体项目。注册会计师在定义总体时通常都指明了抽样单元。定义的抽样单元应与测试目标相适应。在控制测试中，抽样单元通常是能够提供控制运行证据的一份文件资料或一个记录等，注册会计师应根据被测试的控制定义抽样单元。例如，如果控制测试目标是确定付款是否得到授权，且设定的控制要求付款之前授权人在付款单据上签字，抽样单元可以被定义为每一张付款单据。在细节测试中，注册会计师是根据审计目标和拟实施的审计程序的性质定义抽样单元，抽样单元可能是一个账户余额，一笔交易或交易中的一项记录，甚至是每一个货币单位。特别是在测试高估时，将构成某类交易或账户余额的每一货币单位作为抽样单元一般效率会很高，注册会计师可以从总体中选取特定货币单位，然后检查包含这些货币单位的特定项目，使大额项目被选取的机会更大，这种方法被称为金额加权选样。

13.4.4　误差构成条件

确定误差构成条件，是为了在测试中识别误差。误差的定义也要符合审计目标。在控制测试中，误差是指控制偏差。注册会计师应根据对内部控制的理解，确定哪些特征能够显示被测试控制的运行情况，据此定义误差构成条件。例如，设定的控制要求每笔付款都要附有发票、收据、验收报告和订货单等书面证据，并加盖"已付"戳记，注册会计师认为加盖了"已付"戳记的发票和验收报告足以证明控制的适当运行，误差就可以被定义为没有"已付"戳记的发票和验收报告等证明文件的付款。

在细节测试中，误差是指错报，注册会计师要确定什么构成错报。例如，在对应收账款存在性的细节测试中（如函证），客户在函证日之前支付、被审计单位在函证日之后不久收到的款项不构成误差。

13.4.5　可容忍误差

可容忍误差是注册会计师认为抽样结果可以达到审计目的而愿意接受的审计对象总体的最大误差。注册会计师应当在审计的计划阶段，根据审计重要性原则，合理确定可容忍误差的界限。可容忍误差越小，需选取的样本量就越大。

对于控制测试来说，可容忍误差是注册会计师在不改变其对内部控制的信赖程度的前提下所愿意接受的最大偏差。在进行细节测试时，可容忍误差是注册会计师认为能够对某一账户余额或某类交易总体特征做出合理评价的情况下所愿意接受的最大错报金额。可容忍误差的数量界限主要取决于被测试的内部控制的重要程度、错报的性质和错报金额的大小。

13.4.6　预期总体误差

注册会计师应根据前期审计所发现的误差、被审计单位的经济业务和经营环境的变化、对内部控制的评价以及分析程序的结果，或根据从总体中抽取少量项目进行检查的结果等，来确定审计对象总体的预期误差。在实施控制测试时，要评估总体的预计误差率，对于细节测试，要评估总体的预计误差额。预期总体误差有助于设计审计样本和确定样本规模，如果存在预期误差，则应当选取较大的样本量。

注册会计师可以使用统计学公式或运用职业判断确定样本规模，确定的样本规模要保证将抽样风险降至可接受的低水平。

13.5　样本选取

选取样本阶段要求注册会计师按照适当的方法从相应的抽样总体中选取所需的样本，并对其实施检查，以确定是否存在误差。

选取样本要遵循的基本原则是保证总体中的所有抽样单元均有被选取的机会，以使样本能够代表总体。只有如此，才能保证根据抽样结果推断得到的总体特征具有合理性和可靠性。如果注册会计师有意识地选择总体中某些具有特殊特征的项目而放弃其他项目，就无法保证所选样本的代表性。

注册会计师可以采用统计抽样或非统计抽样方法选取样本，只要运用得当，均可以取得充分、适当的审计证据。

选取样本的方法有多种，注册会计师可根据审计目标的要求、被审计单位的实际情况、审计资源条件的限制等因素来加以选择，以达到预期的审计质量与效率。常用的样本选取方法有使用随机数表或计算机辅助审计技术选样、系统选样和随意选样等。

13.5.1　使用随机数表或计算机辅助审计技术选样

使用随机数表或计算机辅助审计技术选样也称随机数选样，是指对审计对象总体或子总体的所有项目，按随机规则选取样本。使用随机数选样的前提是总体中的每一项目都有不同的编号。注册会计师可以使用计算机生成的随机数，如电子表格程序、随机数码生成程序、通用审计软件程序等计算机程序生

成随机数，也可以使用随机数表获得所需的随机数。使用随机数表的实例见表
13 - 2。

表 13 - 2 　　　　　　　　　　**随机数表**（部分列示）

序　号	(1)	(2)	(3)	(4)	(5)
1	10 480	15 011	01 536	02 011	81 647
2	22 368	46 573	25 595	85 313	30 995
3	24 130	48 360	22 527	97 265	76 393
4	42 167	93 093	06 243	61 680	07 856
5	37 570	39 975	81 837	16 656	06 121
6	77 921	06 907	11 008	42 751	27 756
7	99 562	72 905	56 420	69 994	98 872
8	96 301	91 977	05 463	07 972	18 876
9	89 579	14 342	63 661	10 281	17 453
10	85 475	36 857	53 342	53 988	53 060
11	28 018	69 578	88 231	33 276	70 997
12	63 553	40 961	48 235	03 427	49 626
13	09 429	93 069	52 636	92 737	88 974
14	10 365	61 129	87 529	85 689	48 237
15	07 119	97 336	71 048	08 178	77 233

　　表中的每一个数都是运用随机方法选出的随机 5 位数，但此表并非是全部
的随机 5 位数。

　　使用随机数表时，首先，应建立表中数字与总体中项目的一一对应关系。
如果总体中的项目为连续编号，这种一一对应关系很容易确定，但有时也需要
重新编号才能做到一一对应。例如，若经济业务事项编号为 A—001，B—001
……时，注册会计师可指定用 1 代替 A，用 2 代替 B 等。其次，应选择一个起
点和一个选号路线，起点和选号路线可任意选择，但一经选定，则应从起点开
始，按照选号路线依次选样。

　　现举例说明如何使用随机数表。假定注册会计师对某公司连续编号为
500 ~ 5 000 的现金支票进行随机选样，希望选取一组样本量为 20 的样本。首
先，注册会计师确定只用随机数表所列数字的前 4 位数来与现金支票号码一一
对应。其次，确定第 5 列第一行为起点，选号路线为第 5 列、第 4 列、第 3
列、第 2 列、第 1 列，依次进行。最后，按照规定的一一对应关系和起点及选
号路线，选出 20 个数码：3 099，785，612，2 775，1 887，1 745，4 962，4
823，1 665，4 275，797，1 028，3 327，817，2 559，2 252，624，1 100，
546，4 823。凡前 4 位数在 500 以下或 5 000 以上的，因为支票号码没有一一

对应关系，均不入选。选出 20 个数码后，按此数码选取号码与其对应的 20 张支票作为选定样本进行审查。

13.5.2　系统选样

系统选样也称等距选样，是指首先计算选样间隔，确定选样起点，然后，再根据间隔，顺序选取样本的一种选样方法。

选样间距 = 总体规模 ÷ 样本规模

例如，注册会计师希望采用系统选样法从 2 000 张凭证中选出 100 张作为样本。首先计算出间隔为 20（2 000÷100）。假定注册会计师确定随机起点为 542，则每隔 20 张凭证选取一张，共选取 100 张凭证作为样本即可。如 542 为头一张，则往下的顺序为 522，502……往上的顺序为 562，582……

系统选样方法使用简便，并可用于无限总体。但使用系统选样方法要求总体必须是随机排列的，否则容易发生较大的偏差。所以，在使用这种方法时，必须先确定总体是否为随机排列，若不是随机排列，则不宜使用。

系统选样可以在非统计抽样中使用，在通体随机分布时也可用于统计抽样。

13.5.3　随意选样

随意选样就是不考虑金额大小、资料取得的难易程度及个人偏好，以随意的方式选出样本。随意选样的缺点在于很难完全无偏见地选取样本项目。随意选样属于非随机基础选样方法，只能在非统计抽样中使用。

13.6　样本结果评价

注册会计师根据对误差的性质和原因的分析，将样本结果推断至总体，形成对总体的结论。注册会计师在对样本实施必要的审计程序后，需要对抽样结果进行评价，其具体程序和内容是：分析样本误差、推断总体误差、重估抽样风险、形成审计结论（见图 13-3）。

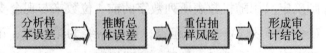

图 13-3　抽样结果的评价程序

13.6.1　样本误差的分析

注册会计师在分析样本误差时，一般应从以下方面着手：

（1）根据预先确定的构成误差的条件，确定有疑问的项目是否为一项误差。例如，在审查应收账款余额时，注册会计师发现被审计单位将某客户应收账款错记在另一客户应收账款明细账中，但这种差错并不影响应收账款的余额，因此，在评价抽样结果时，不能认为这是一项误差。

（2）当注册会计师按照既定的审计程序，无法就样本取得审计证据时，应当实施替代审计程序，以获取相应的审计证据。例如，在发出的应收账款肯定式询证函没有收到回函时，注册会计师必须审查后期收款情况，以证实应收账款的余额。如果注册会计师无法或没有执行其他审计程序，在评价抽样结果时，则应将该项目视为一项误差。

（3）如果某些样本误差项目具有共同的特征，如相同的经济业务类型、场所和时间，则应将这些具有共同特征的项目作为一个整体，实施相应的审计程序，并根据审计结果，进行单独的评价。

（4）在对抽样中所发现的误差进行分析时，还应考虑误差的质的因素，包括误差的性质、原因及其对其他相关审计工作的影响。例如，在控制测试中，对样本误差可做如下的定性分析：①误差是否超过审计范畴？是关键的还是非关键的？②分析每一个关键误差的性质和原因，是故意还是非故意造成的？是系统的还是偶然发生的？是频繁的还是偶尔出现的？如何影响到货币金额等？③确定这些误差对其他控制测试以及细节测试的影响。

在对样本误差进行分析后，注册会计师应根据抽样中发现的误差，采用适当的方法，推断审计对象的总体误差。当总体划分为几个层次时，应先对每一层次做个别的推断，然后将推断结果加以汇总。由于存在多种抽样方法，注册会计师根据样本误差推断总体误差的方法应与所选用的抽样方法一致。

注册会计师在推断总体误差后，应将总体误差与可容忍误差进行比较，将抽样结果与从其他有关审计程序中所获得的证据相比较。如果推断的总体误差超过了可容忍误差，经重估后的抽样风险不能被接受，则应增加样本量或执行替代审计程序。如果推断的总体误差接近可容忍误差，应考虑是否增加样本量或执行替代审计程序。

在进行控制测试时，如果注册会计师认为抽样结果无法达到其对所测试的内部控制制度的预期信赖程度，应考虑增加样本量或修改证实测试程序。

注册会计师在评价抽样结果的基础上，应根据所取得的证据，确定审计证据是否足以证实某一审计对象的总体特征，从而得出审计结论。

13.6.2　控制测试中对样本结果进行评价

（1）如果注册会计师采用的是统计抽样，则评价的标准是"总体偏差率的上限与可容忍偏差率的关系"，具体来说二者的关系可能是：

二者关系比较	对结果的评价和考虑
总体偏差率上限＜可容忍偏差率	总体可以接受
总体偏差率上限≥可容忍偏差率	总体不能接受
总体偏差率上限低于但接近可容忍偏差率	考虑其他审计程序及是否扩大测试范围

（2）如果注册会计师采用的是非统计抽样，则评价的标准是"样本偏差率与可容忍偏差率的关系"，注册会计师根据经验和职业判断采用更加谨慎的态度评价抽样结果，具体来说二者的关系可能是：

二者关系比较	对结果的评价和考虑
样本偏差率＞可容忍偏差率	总体不能接受
样本偏差率低于但接近可容忍偏差率	总体不能接受
样本偏差率大大低于可容忍偏差率	总体可以接受
样本偏差率与可容忍偏差率差额不大不小	考虑是否扩大样本规模

13.6.3　细节测试中对样本结果的评价

在细节测试中，注册会计师首先必须根据样本中发现的实际错报要求被审计单位调整账面记录金额。将被审计单位已更正的错报从推断的总体错报中减掉后，注册会计师应当将调整后的推断总体错报与该类交易、账户余额的可容忍错报相比较，但必须考虑抽样风险。

（1）如果注册会计师采用的是统计抽样，则依据下列原则进行判断：

二者关系比较	对结果的评价
总体错报上限＜可容忍错报	总体可以接受
总体错报上限≥可容忍错报	总体不可以接受

（2）如果注册会计师采用的是非统计抽样，则依据下列原则进行判断

（依据经验和职业判断，要求更加谨慎）：

二者关系比较	结果的评价和进一步考虑
调整后的总体错报 > 可容忍错报	总体不能接受
调整后的总体错报低于但接近可容忍错报	总体不能接受
调整后的总体错报远远小于可容忍错报	总体可以接受
二者之间不大不小	考虑扩大细节测试范围

13.7 抽样技术在控制测试中的应用

对拟信赖的内部控制进行控制测试时，一般采用属性抽样审计方法。所谓属性，是指审计对象总体的质量特征，即被审计的业务活动或被审计单位的内部控制是否遵循了既定的标准以及存在的偏差水平。属性抽样审计就是在一定的精确度和可信赖水平的条件下，通过计算样本差错率来对总体的某种"差错"（属性）的发生频率进行推断的统计抽样审计方法，它是对总体某种属性的"是"或"否"的回答，抽样结果只有两种："对"与"错"或"是"与"否"。总体的特征通常为反映遵循制度规定或要求的相应水平。

13.7.1 相关概念

1. 误差
一般来说，在属性抽样中，误差是指注册会计师认为使控制程序失去效能的所有的控制无效事件。注册会计师应根据实际情况，恰当地定义误差。例如，可将"误差"定义为会计记录中的虚假账户、未进行复核和审批手续不全的经济业务的记录等各类差错。

2. 审计对象总体
运用属性抽样时，注册会计师应保证总体中所有的项目被选取的概率是相同的，也就是说，总体所有项目的特征应是相同的。例如，某公司有国内和国外两个分公司，其国内、国外的销售业务是用两种不同的方式进行的。注册会计师在评价两个公司的会计控制时，则必须把它们分为两个不同的总体，即国内、国外两个总体。

3. 风险与可信赖程度

可信赖程度是指样本特征能够代表总体特征的可靠性程度。风险或称风险度与可信赖程度是互补的，换句话说，1 减去可信赖程度就是风险。例如，注册会计师选择一个95%的可信赖程度，他就有5%的风险去接受抽样结果表示的内部控制是有效的结论，而实际上内部控制制度是无效的。属性抽样中的风险矩阵如表 13 - 3 所示。

表 13 - 3　　　　　　　　　　　属性抽样风险矩阵

内部控制实际状况 抽样结果	实际运行状况达到预期信赖程度	实际运行状况未达到预期信赖程度
肯　定	正确的决定	信赖过度风险
否　定	信赖不足风险	正确的决定

在控制测试中，一般将最小可信赖程度定为90%，如果其属性对于其他项目是重要的，则采用95%的可信赖程度。

4. 可容忍误差

在进行控制测试时，可容忍误差的确定应能确保当总体误差超过可容忍误差时注册会计师将降低对内部控制的可信赖程度。可容忍误差的确定如表 13 - 4 所示。

表 13 - 4　　　　　　　　　　　可容忍误差的确定

可容忍误差（%）	内部控制的可信赖程度
20%（或小于）考虑忽略抽样测试，进行详细测试	可信赖程度差，在信赖内部控制方面的细节测试工作不可有大幅度或中等的减少
10%（或小于）	中等可信赖程度，基于审计结论，在信赖内部控制方面细节测试工作将减少
5%（或小于）	内部控制实际可靠，基于审计结论，在信赖内部控制方面细节测试工作将减少一半到三分之二

13.7.2　传统属性抽样的固定样本量抽样方法

传统属性抽样的方法主要有固定样本量抽样、停—走抽样和发现抽样三种。

固定样本量抽样是一种使用最为广泛的属性抽样，常用于估计审计对象总体中某种误差发生的比例。

一般情况下，固定样本量抽样的基本步骤如下：

（1）确定审计目的。审计的目的决定了"属性"的含义，审查某一个内部控制程序的执行情况与审查某个账户余额的准确性的"属性"含义是不同的。

（2）定义"属性"和"可容忍误差"。以购货付款业务为例，正常的内部控制应当包括核对验收报告与购货发票，然后再核准支付货款，因此，对于每张发票和验收报告，凡属下列情况之一的，均可以定义为误差的属性：①未附验收单的发票；②与验收单所记载的内容不符的发票；③计算有误的发票；④要素不全的发票；⑤涂改、伪造的发票。

如前所述，"可容忍误差"是注册会计师认为抽样结果可以达到审计目的所愿意接受的审计对象总体的最大误差。在运用属性抽样审计进行控制测试时，可容忍误差是指注册会计师不改变对内部控制的可信赖程度而愿意接受的最大误差发生率。其界限主要取决于被测试的内部控制的重要程度、差错的性质、金额和对差错属性的定义。

（3）定义审计对象总体。审计对象总体就是作为抽样对象的全部被审计事项的范围。在确定审计对象总体时，要明确审计目标，审计目标不同，被抽查的总体就不同。其次要明确审计对象总体的时间界限，通常以月度、季度、年度或经济业务活动的周期作为总体的时间范围。

（4）确定抽样的方法。即如何抽取所需样本。抽样方法应能保证样本的代表性，保证抽样审计结果的可靠性。抽样方法包括纯随机抽样、等距抽样、分层抽样、金额单位抽样、重复抽样和不重复抽样等。

（5）确定样本量。属性审计的样本容量决定于抽样推断的精确度、可信度和总体差错率。精确度的确定要考虑差错属性的性质，对重要的差错属性的发生率的推断应要求较高的精确度，在推断次要的差错属性的发生率时，可适当地降低精确度。

可信度的确定主要取决于注册会计师对内部控制的评价，对不好的内部控制下的抽样审计结论应要求较高的可信度，以便减小抽样风险；对有效的内部控制制度，可适当地降低可信度要求。经常采用的可信度是90%和95%。

总体误差率与样本量成正比例关系。因为事先不知道总体误差率，只能使用预计的总体误差率。

在实际工作中通常是利用样本量确定表（见表13-5）直接查得样本量。

表 13 –5   95％的可信赖程度下符合性测试的样本量   单位：%

预期总体误差率	可 容 忍 误 差 率										
	2%	3%	4%	5%	6%	7%	8%	9%	10%	15%	20%
0.00	149(0)	99(0)	74(0)	59(0)	49(0)	42(0)	36(0)	32(0)	29(0)	19(0)	14(0)
0.25	236(1)	157(1)	117(1)	93(1)	78(1)	66(1)	58(1)	51(1)	46(1)	30(1)	22(1)
0.50	*	157(1)	117(1)	93(1)	78(1)	66(1)	58(1)	51(1)	46(1)	30(1)	22(1)
0.75	*	208(1)	117(1)	93(1)	78(1)	66(1)	58(1)	51(1)	46(1)	30(1)	22(1)
1.00	*	*	156(1)	93(1)	78(1)	66(1)	58(1)	51(1)	46(1)	30(1)	22(1)
1.25	*	*	156(1)	124(2)	78(1)	66(1)	58(1)	51(1)	46(1)	30(1)	22(1)
1.50	*	*	192(3)	124(2)	103(2)	88(2)	77(2)	51(1)	46(1)	30(1)	22(1)
1.75	*	*	227(4)	153(3)	103(2)	88(2)	77(2)	51(1)	46(1)	30(1)	22(1)
2.00	*	*	*	181(4)	127(3)	88(2)	77(2)	68(2)	46(1)	30(1)	22(1)
2.25	*	*	*	208(5)	127(3)	88(2)	77(2)	68(2)	61(2)	30(1)	22(1)
2.50	*	*	*	*	150(4)	109(3)	77(2)	68(2)	61(2)	30(1)	22(1)
2.75	*	*	*	*	173(5)	109(3)	95(3)	68(2)	61(2)	30(1)	22(1)
3.00	*	*	*	*	195(6)	129(4)	95(3)	84(3)	61(2)	30(1)	22(1)
3.25	*	*	*	*	*	148(5)	112(4)	84(3)	61(2)	30(1)	22(1)
3.50	*	*	*	*	*	167(6)	112(4)	84(3)	76(3)	30(1)	22(1)
3.75	*	*	*	*	*	185(7)	129(5)	100(4)	76(3)	40(2)	22(1)
4.00	*	*	*	*	*	146(6)	100(4)	89(4)	40(2)	22(1)
5.00	*	*	*	*	*	*	158(8)	116(6)	40(2)	30(2)
6.00	*	*	*	*	*	*	*	179(11)	50(3)	30(2)
7.00	*	*	*	*	*	*	*	*	68(5)	37(3)

注：＊括号内数字为预计误差数。

（6）选取样本并进行审计。按照定义的误差属性对选取的样本进行审查。

（7）评价抽样结果。在对样本进行审计后，应将查出的误差加以汇总，并评价抽样结果。在评价抽样结果时，不仅要考虑误差的次数，而且要考虑差错的性质。

（8）书面说明抽样程序。注册会计师应在其审计工作底稿上，书面说明前述 7 个步骤，作为审计抽样的整体结论的基础。

13.7.3　传统属性抽样的停—走抽样方法

停—走抽样是固定样本量抽样的一种特殊形式，它是从预计总体误差为零开始，边抽样边评价来完成抽样工作的方法。按照这种方法，抽样工作要经过几个步骤，每一步骤完成后，注册会计师都需要决定是停止抽样还是继续下一个步骤。由于这种方法的样本量是不固定的，抽查到哪一步结束，应根据注册会计师对审查结果是否满意而定，故此被称为停—走抽样。

停—走抽样法的基本步骤如下：

（1）确定可容忍误差和风险水平。

（2）确定初始样本量。通常根据所确定的可容忍误差和风险水平查表获得（见表 13－6）。

（3）进行停—走抽样决策。通常是利用停—走抽样决策表进行决策。

例如：假定注册会计师确定的可容忍误差为 5%，风险水平为 2.5%，查停—走抽样初始样本量表 13－6 可得样本量应为 74。

表 13－6　　　　　　　　　停—走抽样初始样本量

可容忍误差 ＼ 风险水平	10%	5%	2.5%
10%	24	30	37
9%	27	34	42
8%	30	38	47
7%	35	43	53
6%	40	50	62
5%	48	60	74
4%	60	75	93
3%	80	100	124
2%	120	150	185
1%	240	300	370

注：预计总体误差为零。

如果注册会计师在 60 个项目中找出一个误差，则总体误差在 5% 风险水平下为 8%（查表 13－5，风险系数除以样本量 4.8÷60），这个结果大于可容忍误差 5%，因此，注册会计师需增加样本 36 个，将样本量扩大到 96 个（风险系数除以可容忍误差 4.8÷0.05）。如果对增加的 36 个样本审计后没有发现误差，则注册会计师可有95%的把握确信总体误差率不超过5%（见表13-7）。

表13-7 停—走抽样样本量扩展及总体误差评估表

项目数 ＼ 风险水平	10%	5%	2.5%
0	2.4	3.0	3.7
1	3.9	4.8	5.6
2	5.4	6.3	7.3
3	6.7	7.8	8.8
4	8.0	9.2	10.3
5	9.3	10.6	11.7
6	10.6	11.9	13.1
7	11.8	13.2	14.5
8	13.0	14.5	15.8
9	14.3	16.0	17.1
10	15.5	17.0	18.4
11	16.7	18.3	19.7
12	18.0	19.5	21.0
13	19.0	21.0	22.3
14	20.2	22.0	23.5
15	21.4	23.4	24.7
16	22.6	24.3	26.0
17	23.8	26.0	27.3
18	25.0	27.0	28.5
19	26.0	28.0	29.6
20	27.1	29.0	31.0

如果首次对60个样本进行审计后发现了两个误差，则总体误差率为10.5%（即6.3÷60），大大超过可容忍误差，因此，注册会计师应决定增加66个样本（即6.3÷0.05-60）。如对增加的66个样本审计后没有找到误差，注册会计师同样可以确定有95%的把握说总体误差不超过5%。如果又发现了一个误差，则总体误差为6.2%（即7.8÷126），这时，需要决定是再扩大样本量到156个（即7.8÷0.05），还是将上述过程得出的结果作为选用固定样本量的预期总体误差而改变抽样方式。一般来讲，样本量不宜扩大到初始样本

量的 3 倍。

应用停—走抽样，注册会计师可以构造一个如表 13 - 8 所示的决策表。

表 13 - 8　　　　　　　　　停—走抽样决策表

步骤	累计样本量	如果累计误差是以下数字就停止	如果累计误差是以下数字则增加样本量	如果累计误差是以下数字则转到第五步
1	60	0	1 ~ 4	4
2	96	1	2 ~ 4	4
3	126	2	3 ~ 4	4
4	156	3	4	4
5	以样本误差作为总体误差采用固定样本量抽样			

13.7.4　传统属性抽样的发现抽样方法

发现抽样又称显示抽样，它是在既定的可信赖程度下，在假定误差以既定的误差率存在于总体之中的情况下，至少查出一个误差的抽样方法。

发现抽样也是属性抽样的一种特殊形式，主要用于查找重大舞弊事项。它的理论依据是：假如总体中存在着一定发生率的舞弊事项，那么，在相当容量的样本中，至少可以发现一个舞弊事项。若对样本的审查结果没有发现舞弊事项，则可以得出结论说，在某一可信度下，总体中舞弊事项的发生率，不超过原先假定的发生率。我们知道，若总体中存在着发生率很低（如 0.1%）的舞弊事项，那么采用抽样审计方法不能确保我们一定能发现这种行为。但发现抽样却能以较高的可信度，保证我们发现总体中存在着的发生率较低的（如1%）的舞弊事项。所以，当怀疑总体中存在着某种舞弊事项时，宜采用发现抽样方法。

发现抽样的步骤与固定样本量抽样方法基本相同，只是需要说明以下几点：

（1）样本容量的确定仍需利用属性抽样时使用的"样本容量确定表"，但应当把总体预计误差率确定为零，这是由发现抽样的特点所决定的。如注册会计师对某企业现金收支凭证进行审查，在可信赖程度为 95%，预计总体误差为零，可容忍误差为 2% 时，查表 10 - 7 可知样本量为 149。

（2）在审查样本的过程中，如果发现了一张假凭证，则注册会计师就达到了发现抽样审计的目的，这时就可以停止抽样程序，对总体进行彻底的检查。如果在全部 149 张凭证中没有发现假凭证，那么注册会计师就可以 95% 的可信度，保证总体中的舞弊事项在 2% 以下。换言之，这时可以 95% 的把握确信总体中不存在假凭证或假凭证的发生率在 2% 以下。

13.8 抽样技术在实质性程序中的应用

属性抽样虽然对控制测试极为有用，但它并不提供被审计项目货币价值量的资料，因此，不适用于变量总体。由于在审计工作中存在大量的变量总体，使变量抽样在实践中得以广泛运用。

变量抽样是对审计对象总体的货币金额进行细节测试时所采用的抽样方法。变量抽样法可用于确定账户金额是多是少，是否存在重大错报等。变量抽样法通常运用于审查应收账款的金额、存货的数量和金额、工资费用、交易活动的有效性等。

在进行细节测试时，一般可采用单位平均估计抽样、比率抽样和差额估计抽样等变量抽样方法，这些方法均可通过分层来实现。一般情况下，变量抽样的步骤与固定样本量抽样的步骤基本相同：确定审计目的；定义审计对象总体；选定抽样方法；确定样本量；确定样本选取方法；选取样本并进行审计；评价抽样结果；书面说明抽样程序。

13.8.1 变量抽样的基本概念

1. 抽样风险

如前所述，在进行细节测试时，注册会计师会碰到误拒风险和误受风险两种抽样风险。表 13 - 9 列示的是细节测试的风险矩阵。

表 13 - 9 变量抽样风险矩阵

抽样结论	交易活动账户金额 实际情况	符合企业会计准则和其他财务会计法规	不符合会计准则和其他财务会计法规，含有重要误差
肯定		正确的决定	误受风险
否定		误拒风险	正确的决定

2. 正态分布

正态分布是指总体中每个项目值的分配均趋向于集中在总体平均数周围。离差的趋势在总体平均值的两侧均等发生。正态分布的图形为一种钟形曲线，如图 13 - 4 所示。

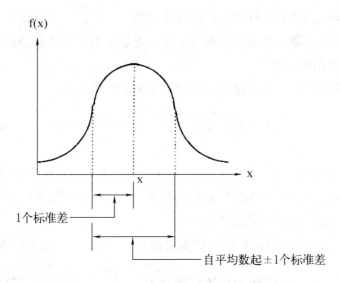

图 13 - 4   正态分布曲线

其中：f（x）为项目数值发生的次数；x 为个别项目的数值；x̄ 为总体平均值。

3. 标准离差

总体的标准离差是用来衡量个别项目值在总体平均值周围的可变异或离散程度，可用下列公式计算：

$$标准离差 = \sqrt{\frac{\sum (x - \bar{x})^2}{N}}$$

其中，x - x̄ 代表每一数值和总体平均值的差，N 代表总体内项目数。

各个项目值之间的差异越小，则标准离差越小；各个项目值之间的差异越大，则标准离差越大。根据正态分布及标准离差的定义，可知：有 68.28% 的项目值落在总体平均值 ±1 个正态标准差之间。这里 68.28% 亦即可信赖程度，正态标准差，常被称为可信赖程度系数，两者之间的关系如表 13 - 10 所示。

表 13 - 10   可信赖程度系数

可信赖程度	可信赖程度系数
80%	1.28
85%	1.44
90%	1.65
95%	1.96
99%	2.58

13.8.2   变量抽样的单位平均估计抽样方法

单位平均估计抽样是通过抽样审查确定样本的平均值，根据样本平均值推断总体的平均值和总值。这种方法的适用范围十分广泛，无论被审计单位提供的数据是否完整可靠，甚至在被审计单位缺乏基本的经济业务账面记录的情况下，均可以使用该方法。

使用这种方法时，样本量可以通过以下公式计算得出：

$$n' = \left(\frac{U_r \times S \times N}{P_a} \right)^2 \qquad n = \frac{n'}{1 + \frac{n'}{N}}$$

式中：U_r 为可信赖程度系数；S 为估计的总体标准离差；N 为总体项目个数；P_a 为计划的抽样误差；n' 为放回抽样的样本量；n 为不放回抽样的样本量（一般说来，审计抽样为不放回抽样）。

抽样时，注册会计师通常需要预先选取一个较小的初始样本量（约 30 个），经检查分析后按估计的总体标准离差 $= \sqrt{\dfrac{\sum (X_i - \overline{X})^2}{n_0}}$ 计算 S，式中 X_i 为各初始样本项目数值，$\overline{X}$ 为初始样本平均值，n_0 为初始样本量。计划的抽样误差可根据可容忍误差与预期总体误差之间的差额进行确定。

运用这种方法进行抽样结果评价时，应该计算实际抽样误差，其计算公式为：

$$P_1 = U_r \times \frac{S_1}{\sqrt{n_1}} \times N \times \sqrt{1 - \frac{n_1}{N}}$$

式中：P_1 为实际抽样误差；S_1 为实际样本的标准离差；n_1 为实际样本量。

评价样本时，若实际抽样误差大于计划抽样误差，应考虑增加样本量以降低实际抽样误差。

下面举例说明单位平均估计抽样的具体步骤：

假定某公司 1998 年 12 月 31 日的应收账款有 2 000 个账户，注册会计师要通过抽样函证来审查应收账款的账面价值。

（1）确定审计目的：确定期末应收账款的账面价值。

（2）定义审计对象总体：公司的 2 000 个应收账款账户。

（3）选定抽样方法：选定平均估计抽样方法。

（4）确定样本量：根据货币金额的重要性，确定计划抽样误差为 ±60 000 元；根据内部控制及抽样风险的可接受水平，注册会计师确定可信赖程度为 95%，则可信赖程度系数为 1.96。根据被审计单位应收账款明细账，注册会计师估计总体的标准离差为 150 元。

样本量的计算如下：

$$n' = \left(\frac{1.96 \times 150 \times 2\,000}{60\,000} \right)^2 \approx 96 \text{（取整数）}$$

$$n = \frac{96}{1 + \dfrac{96}{2\,000}} \approx 92 \text{（取整数）}$$

（5）确定样本选取方法——采用随机选样法，从应收账款明细账中选取92 个账户做样本。

（6）选取样本并进行审计。注册会计师对选出的 92 个账户发函询证，函证结果表明，样本平均值为 4 032.36 元，样本的标准离差为 136 元，实际抽样误差为：

$$P_1 = 1.96 \times \frac{136}{\sqrt{92}} \times 2\,000 \times \sqrt{1 - \frac{92}{2\,000}} = 54\,292 \text{（元）}$$

实际抽样误差小于计划抽样误差，则注册会计师估计的总体金额为8 064 720元（即 4 032.36 × 2 000）。于是，注册会计师可以做出这样的结论：有 95% 的把握保证2 000 个应收账款账户的真实总体金额落在 8 064 720 ± 54 292元之间，即 8 010 428 ~ 8 119 012元。

（7）评价抽样结果。根据以上抽样结果，如被审计单位应收账款的账面价值为 8 020 000 元，处于8 010 428 ~ 8 119 012 元，则其应收账款金额并无重大误差。这时，注册会计师应将估计的总体金额 8 064 720 元和 8 020 000 元之间的差额视为审计差异，在对财务报表发表意见时予以考虑，同时，建议被审计单位予以调整。

如抽样结果表明被审计单位应收账款的账面价值没有落入 8 010 428 ~ 8 119 012元区间内，则注册会计师应要求被审计单位详细检查其应收账款，并加以调整。

13.8.3　变量抽样的比率估计抽样和差额估计抽样方法

1. 比率估计抽样

比率估计抽样是以样本实际价值与账面价值之间的比率关系来估计总体实际价值与账面价值之间的比率关系，然后再以这个比率乘以总体的账面价值，从而求出总体实际价值的估计金额的一种抽样方法。比率估计抽样法的计算公式如下：

$$\text{比率} = \frac{\text{样本实际价值之和}}{\text{样本账面价值之和}}$$

估计的总体价值 = 总体账面价值 × 比率

当误差与账面价值成比例关系时，通常运用比率估计抽样。

2. 差额估计抽样

差额估计抽样是以样本实际价值与账面价值的平均差额来估计总体实际价

值与账面价值的平均差额，然后，再以这个平均差额乘以总体项目个数，从而求出总体的实际价值与账面价值差额的一种抽样方法。差额估计抽样的计算公式如下：

$$平均差额 = \frac{样本实际价值与账面价值的差额}{样本量}$$

估计的总体差额 = 平均差额 × 总体项目个数

当误差与账面价值不成比例时，通常运用差额估计抽样。

下面举例说明比率估计抽样和差额估计抽样。

假设被审计单位的应付账款账面总值为 5 000 000 元，共计 4 000 个账户，注册会计师希望对应付账款总额进行估计，现选出 200 个账户，账面价值为 240 000 元，审计后认定的价值为 247 500 元。

使用比率估计抽样时，注册会计师确定的实际价值与账面价值的比率为 1.03125 元（即 247 500 ÷ 240 000），因此，估计的总体价值为 5 156 250 元（即 5 000 000 × 1.03125）。

使用差额估计抽样时，平均差额为 37.5 元$\left(即\ \dfrac{247\ 500 - 240\ 000}{200}\right)$，估计的总体差额为 150 000 元（即 37.5 × 4 000），因此，估计的总体价值为 5 150 000 元（即 5 000 000 + 150 000）。

注册会计师在使用上述两种方法时，用来确定样本量的方法同单位平均估计抽样基本相同。

13.9 概率比例规模抽样法（PPS 抽样）

13.9.1 PPS 抽样的定义及适用条件

PPS 抽样是属性抽样的一种变形，是用样本错报率来推断总体错报率的进而推断总体错报金额的方法，也称"累计货币金额抽样"或"综合属性变量抽样"。

适用条件：（1）总体的错报率很低（低于 10%），且总体规模在 2 000 以上；（2）总体中任一项目的错报不能超过该项目的账面金额。

13.9.2 PPS 抽样的优点

（1）PPS 抽样一般比传统变量抽样更易于使用；（2）PPS 抽样可以发现极少量的大额错报，原因在于它通过将少量的大额实物单元拆成数量众多、金额很小的货币单位，从而赋予大额项目更大的机会被选入样本；（3）PPS 抽样的样本规模不需考虑被审计金额的预计变异性；（4）PPS 抽样中项目被选取的概率与其货币金额的大小成比例，因而生成的样本自动分层：PPS 抽样中如果项目金额超过选样间距，PPS 系统选择自动识别所有单个重大项目；（5）如果注册会计师预计错报不存在或很小，PPS 抽样的样本规模通常比传统变量抽样方法更小；（6）PPS 抽样的样本更容易设计，且可在能够获得完整的总体之前开始选取样本。

13.9.3 PPS 抽样的缺点

（1）PPS 抽样要求总体每一实物单元的错报金额不能超出其账面价值；（2）在 PPS 抽样中，被低估的实物单元被选取的概率更低；（3）对零余额或负余额的选取需要在设计时特别考虑；（4）当总体中错报数量增加时，PPS 抽样所需的样本规模也会增加；（5）当发现错报时，如果风险一定，PPS 抽样在评价样本时可能高估抽样风险的影响，从而导致注册会计师更可能拒绝一个可接受的总体账面金额；（6）在 PPS 抽样中注册会计师通常需要逐个累积总体金额。

本 章 小 结

1. 审计抽样，是指注册会计师对某类交易或账户余额中低于百分之百的项目实施审计程序，使所有抽样单元都有被选取的机会。审计抽样可使注册会计师获取和评价与被选取项目的某些特征有关的审计证据，以形成或帮助形成对从中抽取样本的总体结论。

2. 按审计抽样所了解的总体特征不同可以将审计抽样划分为属性抽样和变量抽样。

3. 属性抽样是指在精确度界限和可靠程度一定的条件下，旨在测定总体特征的发生频率所采用的方法，变量抽样是用来估计总体错误金额而采用的一种方法。根据控制测试的目的和特点所采用的审计抽样通常是属性抽样；根据实质性程序（细节测试）的目的和特点所采用的审计抽样通常为变量抽样。在审计实务中，经常存在同时进行控制测试和细节测试的情况，这个时候所采取的审计抽样称为双重目的抽样。

4. 抽样风险是指注册会计师根据样本得出的结论，可能不同于对整个总体实施与样本相同的审计程序得出的结论的风险。

5. 非抽样风险是指注册会计师由于任何与抽样风险无关的原因而得出错

误结论的风险。非抽样风险包括审计风险中不是由抽样导致的所有风险。

6. 可容忍误差是注册会计师认为抽样结果可以达到审计目的所愿意接受的审计对象总体的最大误差。在运用属性抽样审计进行控制测试时，可容忍误差是指注册会计师不改变对内部控制的可信赖程度而愿意接受的最大误差发生率。其界限主要取决于被测试的内部控制的重要程度、差错的性质、金额和对差错属性的定义。

7. 常用的样本选取方法有使用随机数表或计算机辅助审计技术选样、系统选样和随意选样。

思 考 题

1. 审计抽样的适用范围是什么？如何选择审计抽样方法？
2. 注册会计师如何进行样本设计？
3. 如何确定审计对象总体和分层？
4. 如何选取样本及在控制测试和细节测试中如何评价样本结果？
5. 如何分析样本误差？
6. 在控制测试中如何应用抽样技术？
7. 如何确定可容忍误差？
8. 固定样本量抽样的基本步骤是什么？
9. 属性抽样的停—走抽样方法的基本步骤是什么？
10. 在实质性程序中如何应用抽样技术？
11. PPS抽样的适用条件是什么？有怎样的优缺点？

第14章 计算机审计

学习目标

了解电子数据处理环境下的内部控制的特点、会计信息系统审计、电子商务审计。

关键名词

电子数据处理环境 使用者控制 电子数据处理（EDP）控制 EDP一般控制 程序控制 文件控制 会计信息系统审计 计算机辅助审计技术 电子商务审计

14.1 电子数据处理环境下的内部控制

14.1.1 电子数据处理的内部控制概述

内部控制制度包括一系列规则、政策及组织实施程序，并对下列事项提供合理保证：（1）财务报告可靠；（2）经营的效率和效果；（3）遵守适用的法律法规的要求。传统上由人来操作业务活动，并进行信息处理，用纸张来记录、存储和传输数据，随着时间的推移，基于这种认识，会计人员和审计人员对风险的控制逐渐形成了一种观点，并用这种观点来指导内部控制制度的设计、实现、维护和评估。

在信息技术飞速发展并得到极大推广的现代社会，从人处理到计算机处理，从纸张数据存储和数据传输转到电子数据存储和数据传输，传统环境下的控制观必然受到很大冲击。如何使传统上集中的、基于符合性的控制结构更加有效，充分考虑信息技术对与业务运行、对规则的符合程度和信息过程相关的风险的影响，不仅是管理人员，也是独立身份的注册会计师要面临的挑战。这就需要建立一种新的控制观念，将信息技术有效地集成到业务和信息过程中。

关于内部控制的一般性知识，本书的其他章节也做了详细的介绍，本章只介绍与信息系统相关的内容。

信息和相关技术控制目标（Control Objectives for Information and Related Technology，COBIT①）报告是 IT 安全与控制普遍采用的框架，主要的使用者为管理者、信息系统审计用户及安全与控制的相关人员。

控制不是目的，是达到目的的手段。控制的最高层次是控制环境，其次为一般控制，最后是应用控制，我们用图 14-1 表示。

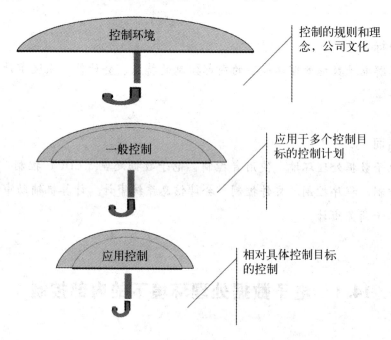

图 14-1　内部控制的层次

电子数据处理环境下的内部控制，根据控制对象可分为两大类：使用者控制和电子数据处理（EDP）控制。使用者控制是指由应用计算机进行处理的部门制定和维护的控制系统。传统的会计功能，像开单、记录应收账款、成本核算等都是使用者部门。同样，会计部门之外的部门，像装运、收货和储存也都是使用者部门。EDP 部门之外的使用者部门对信息的有效性、完整性和准确性负责。这意味着使用者要对所有 EDP 部门之外的原始错误负责。使用者部门还要对为使用计算机对信息进行处理而制定和维护的控制系统负责。例如，工资部门需要在进行数据处理之前先确定工资总额及工资单的数目，并将这些数据与从 EDP 部门收到的计算机输出的数据进行比较。

因此，使用者控制与 EDP 控制的区别就在于控制系统所保存的位置。EDP 控制是指那些保存在计算机中的控制系统。

---

① COBIT 是由 ISACF（Information Systems Audit and Control Foundation）研制开发的，作为信息系统的管理和控制的指南。可以登录 http://www.isaca.org/cobit.htm 得到其详细内容。

EDP 控制通常也分为两大类：一般控制和应用控制。使用者控制通常是应用控制。

　　一般控制是指那些与全部或部分电算化会计应用有关的控制。例如，对应用软件的改进及改变的控制会影响所有的会计应用，并包含在注册会计师对控制环境的考虑之中。应用控制是指单独的电算化会计的应用，如证实客户的账户数额及信用范围。程序编辑控制只影响电算化销售会计的应用，并只在那一领域确定估计的抽样风险时才予以考虑。

　　程序化控制与手工控制 EDP 控制可能是程序化控制程序，也可能是手工控制程序。手工控制程序是由人来执行的，而程序化控制程序是由计算机软件来完成的。当计算机拒绝一项有效的账户编码时，就要用到程序化控制。当数据登记操作员在输入数据前拒绝已获批准而签署的资料或凭证时，就要用到手工控制。当计算机生成异常交易或情况的报告供管理当局审核时，手工控制就要依赖于计算机控制。

14.1.2　EDP 一般控制

　　一般控制是指那些与全部或部分电算化会计应用有关的 EDP 控制。这类控制具有多种形式。一般控制在计划和执行财务报表审计中非常重要，具体表现为以下几个方面：

1. 职责分离

　　在电算化系统中，与 EDP 有关的职责分离有如下几个方面：

　　（1）系统维护、开发与系统使用者的职责分离。

　　（2）EDP 部门内部不兼容的职能分离。

　　数据处理功能从使用者部门职能中分离出来对提高使用者控制很重要。理论上，在批准、执行、记录、确定可记录性这些职能之中，EDP 部门应对记录不可修改性负责。通常，使用者部门应该用计算机输出独立调整手工输入的凭证，如控制总量。同样，错误纠正后再返回到最初的使用者部门，使用者部门应保持对改正的地方和重报的单独记录（印记）。

　　在 EDP 部门中，通常设置如下职位或职能：

　　（1）EDP 管理者。部门中职位较高的管理者，有责任对数据处理职员进行监督。

　　（2）系统分析员。负责设计会计系统、与使用者部门一起制订数据处理方案、制定程序员应用说明书。

　　（3）应用程序员。负责制定、测试新的应用程序，并按系统分析员制定的说明书变更现有的程序。

（4）系统程序员。负责维护、修理运行系统及其他系统软件。

（5）数据登记员。负责从键盘输入信息，将来源于手工的凭证转化为计算机可读的形式。

（6）数据控制员。负责 EDP 部门内部的数据处理与控制，包括将控制总量与手工确定的总量或准备的数据总量进行比较，并校正最初在 EDP 部门产成的错误。

（7）资料管理员。负责维护以及公布已批准使用的、脱机状态下的文件（磁盘或磁带中的），以及设计程序中的手写凭证（源码及相关信息）。

理论上，所有这些功能均应分离。一个大的主计算机装置的 EDP 部门可能有很多职员。除 EDP 管理者外，每个职员都只负责一个功能及其附加功能。例如，安全员负责实物及软件的安全。然而控制系统遵循的是成本—效益原则，每个系统都不可能做到彻底的职责分离。职责分离中关键的是操作与程序运行、维护的分离。这些职能性质不同，而且不能结合是因为，不能允许一个了解会计制度和应用程序的职员去维护计算机，不能允许修改程序的人员在操作时接触数据文件及程序设计。

在一个小的信息系统中，因为人员太少，往往无法实现在 EDP 部门内部或 EDP 部门与使用者部门间的职责分离。这种情况下，通常注册会计师要断定一般控制是否存在重大缺陷，并且不会在 EDP 控制基础上将控制风险估计水平降至最高水平以下。但是，注册会计师可在使用者控制基础上将控制风险估计水平确定在最高水平以下。

2. 程序控制

程序控制被应用于所有会计信息之中。该控制所关注的是最新设计的程序、从软件供应商取得的程序，以及已受到充分控制的现有程序的变更。充分控制是指新的或变更的程序在投入使用（即实际上在处理过程中应用）前已经过批准、测试。

一般来说，对计算机程序的开发、获取及变更的控制程序在理论上与其他控制程序很相似，也会留下文件轨迹，并且可通过对文件的观察来测试其是否经过批准。该控制的重要特点是书面的程序和文件，包括如下步骤：

（1）开始。批准 EDP 部门开发、买入新的程序或变更现有的程序。必须有书面文件，如由相关的使用者部门及 EDP 管理当局正式批准的程序要求表。

（2）测试。正规的测试包括使用者、EDP 管理者、内部审计师。应有经过批准的测试计划、测试数据和结果，还应当保留批准文件。

（3）执行。经使用者或 EDP 管理者正式批准之后，由独立于程序运行的 EDP 人员设计程序，程序员不得接触设计，因此，还要有分离测试程序。程序的设计必须受到保护，未经批准其他人员不得接触。

在许多电算化系统中，由特定的系统软件来保护对程序的接触。例如，用程序资料管理软件来保护应用程序，它存储在微机中。该系统软件能够记录程序的改动以及任何企图非法接触程序的行为。当使用了这类系统软件之后，注册会计师可利用由软件生成的管理报告来确定每个程序最后变更的日期。

3. 文件控制

系统使用者及 EDP 控制中输入、处理上的控制有利于保证数据是经过批准的、有效的、完整的而且是准确的。对数据文件接触的控制所关注的是确保可读文件中所维护的数据是经过批准的、有效的、完整的而且是准确的。

该控制程序有利于确保对数据文件的接触仅限于经过严格批准的使用者，而且程序是实际设备和手工控制程序及程序化控制程序的结合。实物安全措施用来确保只有经过批准的人员才能接触机房。这些措施包括上锁、查验证件或许可证。在联机系统中，查询或登记能力、终端的实物安全措施（比如上锁及其他安全设备）、所在位置的监督等都是很重要的。若在一个系统中，从终端到 CPU 传送的距离较远，则难以达到物理性安全，而且程序化的处理程序更重要。

若数据文件在脱机状态下保存，则从程序运行中分离出来的资料管理职能就变得更为重要。资料管理职能只能在已制定的程序批准使用的范围内公开文件，批准的内容包括文件公布的对象和已批准的时间表。文件标签程序，如前面已论述的，也有助于防止数据文件出错和未经批准非法使用数据文件。

在具有联机功能的系统中，要接触联机文件必须通过终端，而且必须有多种程序化处理程序，特别是由系统软件完成的程序。当终端放置在使用者部门时，对主文件的接触应严格限制在能适当地接触终端。例如，开单部门终端不能接触应收账款主文件。这可通过在联机中存储的每一个使用主文件的。经批准的部门终端标志，以及将要进入的终端标志与所要求的文件设定的经批准的终端标志进行比较来完成。例如，可通过系统软件要求使用者输入 ID 及口令后，才能接触特定的数据文件或程序。

同样，在有联机能力的系统中，应限制对那些包含在程序功能中的数据文件的接触。应用程序员在测试程序时需要使用文件，因此有必要制定规则，以保证在测试中所用到的是文件副本或虚构的文件，而不是真实的数据文件。同样，在绕过既定程序化控制程序时，可以利用系统软件来限制对应用程序中数据文件的接触。因此，应控制系统软件的使用，并监督系统程序员对系统软件的应用。

系统安全软件包，如防火墙（Firewall）等，可用于监督对数据文件的接触和控制未经批准的接触。这类软件可用于预防或查出未经批准而接触数据文件的行为，其效果要依赖于手工检查和对报告的追踪检查。

在联机系统中，对数据文件接触的控制依赖于系统软件。通常，计算机专家的帮助很重要。计算机审计专家协助了解控制所依赖的系统软件，且协助评估其在限定只有经过批准的使用者和程序才能接触数据文件的有效性。

关于限制接触计算机资源我们用图形形象地描述（见图 14 - 2）。

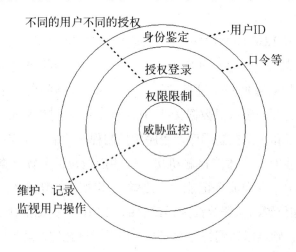

图 14 - 2　限制对计算机程序和数据的接触

4. 其他一般控制

其他一般控制的种类很多，但通常它们不会对注册会计师估计控制风险产生影响。例如，有些一般控制所关注的是当各种问题出现时，能够恢复计算机的运行。这些一般控制有措施保证当计算机装置或特定计算机文件、程序受到损毁时，能够重建硬件、软件、文件及其内容。例如，客户应有预防意外事故的计划，以应付像火灾、水灾等灾害对计算机处理程序造成损毁的情况。

当客户因硬件或软件出错而使当前版本的文件受损时，备份程序可恢复数据文件。例如，带有分批输入和分批处理磁盘文件的保留政策的系统，应当能够重新恢复主文件。通常，所使用的磁盘保留政策称为祖级—父级—子级。如名称所暗示的，它包括保留三层特定主文件及相关的业务文件。主文件的当前版本是子级主件，而两个更早的版本是祖级和父级文件。在联机登记系统中，数据文件的保留要求每天定期将主文件的所有内容输入到磁盘中以生成所处理业务的印记磁盘。一些会计师事务所已将复核这些一般控制作为为客户提供服务的内容之一，尽管这些检查并不会对审计程序的范围有所影响。基于同样的原因，尽管注册会计师并不打算在 EDP 控制基础上确定控制风险的估计水平，但也对一般控制进行审核（见图 14 - 3）。

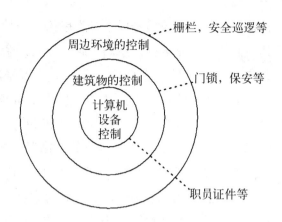

图 14 – 3　限制对计算机设备的物理接触

14.1.3　EDP 应用控制

电子数据处理的模式包含应用控制。需要提醒的是，往往高级模式的控制包含低级模式的控制，这些控制是交叉的。

1. 文本格式的设计

处理系统需要手工准备和处理文档，文档格式的设计直接影响文档的准确和工作的效率。标准化的示范文档格式，有助于提高手工操作的效果和效率。另外，预设部分信息可以减少劳动强度。

2. 输入记录的授权

业务数据在录入之前，必须有相关的授权，如签字或盖章，以确保输入数据的真实和有效。

3. 在数据源地点录入数据

避免数据文件在不同地点的转移，以保证数据录入的完整和准确。

4. 计算机显示的设计

计算机显示的设计类似于文档格式的设计，但其设计要素有所增加。例如，有些表单（form）单元需要强制输入，如果不输入该表单就不能更新不完整数据记录；有些表单单元系统能根据用户的输入自动填充，节省录入时间，提高准确率。

5. 输入在线提示

计算机程序可以提供良好的用户界面，根据用户录入的信息提供必要的"选择"（事先存储在计算机中，用户在回答 yes 或 no 中完成输入）。同样节省录入时间，提高准确率。

6. 编辑的程序校验

程序校验的控制方法很多，我们只介绍以下三种简单的方法：

（1）校验位：增加信息位的冗余，以提高输入的准确率。如奇偶校验是最简单而常用的一种检测码。奇偶校验是以字符为单位的一种校验方法。一个字符由 8 位组成，其中低的七位是数据信息码，高一位是冗余校验位。设信息字符为"1010110"，它有四个"1"。在确定冗余码时，可采用两种办法：一是补入一位代码后，使其"1"的总个数为奇数，称为"奇校验"；二是补入一位代码后，使其"1"的总个数为偶数，称为"偶校验"。这种检测方法只能检出"1"或"0"有奇数个错误，不能发现偶数个错误。如两个"1"变成"0"、两个"0"变成"1"或一个"1"变成"0"加上一个"0"变成"1"，这就鉴别不出来。但这类方法所用冗余码数较少，此为优点。

（2）限定或合理性测试：这类逻辑测试用于确定数额是否在精确确定的限定之内。若金额在限定之外，则还要进行检查。例如，在对每周工资的记录中，若雇员时间记录超过 48 小时或少于 0 小时，将被拒绝或打印出来以便检查。在以现金支付的记录中，所支付金额超过特定限额（如 10 000 美元）的记录都将被打印出来以便检查。这类程序化控制程序有利于弥补计算机处理过程中缺少人工操作的缺点。因为，当数据无意义或超出限定时，人能够注意到，而计算机，除非事先为特殊数据制定了特定的程序，否则不能够做到这一点。

（3）有效码测试：这类逻辑测试是将现场记录的数码与在联机中存储的有效数码表进行比对。例如，若在应收账款处理中采用业务码，则只有该业务才能使用这一特定数码，如赊销或现销。

7. 二次输入

不同的录入人员录入同一个文档资料，只有他们录入的信息完全一致，数据才被确认。在精确性要求很高的数据录入中，采用这种控制方法。如银行大额支票的录入、医药配方的录入等。

8. 拒绝接受

对不完整的数据或可以用的数据，计算机要多次确认或拒绝接受。

9. 数字签名①

在录入或接受电子文档时采用数字签名技术，可以保障信息的可靠性与真实性，必要时其有助于认定责任范围。

10. 总量控制

总量控制是在数据准备时附带计算的，而且要与使用者部门手工计算的总量进行比较。同样，作为数据准备的一部分。总量控制用于数据处理过程中数据完整性和准确性控制。

---

① 数字签名（digital signature）是一种数字加密技术，类似于在纸张介质文件中的签字与盖章。详细内容请查阅有关电子商务资料的数字加密技术。

14.2　会计信息系统审计

与传统手工审计一样，计算机审计过程分为可接受业务和编制审计计划（准备阶段）、实施审计（实施阶段）、报告审计结果（终结阶段）等几个阶段。其中重点是计算机审计实施阶段，包括计算机会计信息系统的内部控制评价和对计算机系统所产生的会计数据（信息）进行测试评价。计算机审计过程可分为：

（1）前期准备阶段；

（2）内部控制的初步审查；

（3）初步审查结果的评价；

（4）内部控制测试；

（5）实质性程序；

（6）全面评价和编制审计报告。

在电算化系统中，财务报表是手工会计与计算机软件操作相结合的结果，系统控制是人员控制与程序控制相结合，文件系统是业务手工数据与计算机可读数据相结合。以下内容可以补充前面几章中对审计计划阶段的论述。

14.2.1　认识系统及其控制环境

在一般计划阶段，注册会计师获取关于客户会计信息系统的情况，并将其作为对控制环境的内容进行考虑。通常，注册会计师可获得以下信息：

（1）系统设备种类及其结构，系统数据处理模式。一般需要系统结构图和系统流程图。

（2）系统软件类型。

（3）系统人员的组织结构，包括 EDP 部门在组织中的位置、人员的数目及内部组织计划。

（4）系统应用范围及复杂性，以及所需的计算机审计专家协助的比重。

14.2.2　了解会计信息系统的使用

注册会计师必须了解业务经过会计系统中手工部分和电算化部分的路径，考虑预期的与计算机相关的控制风险估计水平，确定在最高水平以下的控制，以及凭证和测试控制对控制风险评估的影响。

会计制度的有效测试方法是从结尾处开始，注册会计师应确定将要审计的财务报表中的重大金额。对影响这些金额的交易从财务报表到其来源进行追查。然后，由注册会计师对这一流程的每一个处理环节进行确认。在业务中这些处理是指开始、记录、计算、汇总、报告。通常，每个处理环节都有可能发生错误，因而对这些处理环节设置控制程序也是非常必要的。

注册会计师还可以确定应在每个重要会计领域中的使用程序。在重要的电算化会计应用中，注册会计师应获取如下信息：

（1）应用的目的。包括由计算机应用生成的特定的凭证、报告及更新的主文件和受应用影响的总分类账的账户余额。

（2）输入的来源和形式。尤其包括在特定的业务原始发生的使用者部门，或其他输入数据的产生部门。

（3）处理的方式及频率。

（4）输出的形式及输出的发布。

注册会计师使用这些信息以了解手工部分和电算化部分的关系，并了解计算机介入的性质和程度。以确定系统应用与会计制度的符合性。

14.2.3　了解控制活动

如果会计工作依赖于会计信息系统，则注册会计师必须对一般控制加以了解。为了更好地服务于客户，许多注册会计师即使没有计划将控制风险水平评估在最高水平之下，也应对一般控制进行审核。通常，这一审核是由计算机审计专家来完成的，也可以由注册会计师在会计信息系统中进行附加测试来完成。

该检查可通过以下方法来完成：询问或调查 EDP 部门的职员，检查现存的文件。例如，用户手册、以前年度的工作底稿、其他计算机存储的信息和应用程序。注册会计师的目标就是确定上述事项的存在是否具有合理保证：

（1）EDP 部门内部及 EDP 与使用者之间的职责是否充分分离。

（2）开发的、买入的或变更的程序在执行前是否经过批准和测试。

（3）对数据文件的接触是否只限于经过批准的使用者。

确认上述事项的合理性是很复杂的，绝对保证是不可能的，而且大部分系统都会有缺陷。例如，在联机登记系统中对使用者接触终端和数据文件都有严格的限制，但系统程序员还是有可能绕过这些控制而接触系统软件。注册会计师必须评估审计环境中存在缺陷的严重性。

了解一般控制之后，注册会计师应对一般控制是否有效进行判断。把这些控制作为降低控制风险的估计水平的一部分究竟是否必须，取决于注册会计师对应用控制的认识。若降低控制风险的估计水平离不开一般控制，则必须对控制程序进行测试。

控制程序测试，必须取得计算机审计专家的协助。同样，计算机审计专家可设计各种"敲击系统"测试方法来测试评估控制软件。

14.2.4 交易及余额详细测试的计划

交易类别测试的具体控制目标和余额的直接测试的具体审计目标系统应用的影响。在下例情形中，注册会计师在交易及余额详细测试的计划中，不会把使用 EDP 控制作为降低控制风险水平的依据。

（1）客户未在重要会计领域使用电算化系统。

（2）交易类别的具体控制目标不依赖于计算机处理的结果。

（3）一般控制中存在重大缺陷，且没有补偿性的控制。

若在重大会计领域应用了会计信息系统，而且交易类别的具体控制目标的实现要依赖于计算机处理的结果，则必须在控制风险的评估中考虑 EDP 控制的作用。与这一目标相关的 EDP 控制是应用控制和一般控制。

为测试 EDP 应用控制，注册会计师可在几种测试方法中进行选择。应用软件包括计算和累加数据的程序化会计程序和程序化控制程序。通常，在程序化会计处理中，凭证、清单、文件及报告的轨迹都以计算机打印形式存在。相反，在程序化控制程序中，除非在检查时发现交易被拒绝或存在异常，否则，不会留下文件轨迹。例如，在会计应用的程序化限定测试中，除非输入的业务超过了限定，否则不会将其报告打印出来。

在测试 EDP 应用控制中，注册会计师可在手工测试和计算机辅助测试间进行选择：

（1）手工测试。注册会计师从由会计应用处理的交易类别中选取样本，并应用审计程序证实数据的有效性、完整性和准确性。注册会计师要检查自动生成的关于错误的报告，检查错误的性质及原因，以及客户自身的检查和跟踪的错误，并对应用控制进行手工测试。

（2）计算机辅助测试。注册会计师可利用计算机进行辅助审计，下一主要部分中予以说明。

简而言之，任何一种测试方法都必须能达到审计目标，因为手工测试和计算机辅助测试都属于双重目的测试，针对客户程序的计算机辅助测试应使注册会计师做出程序化会计程序和程序化控制程序的运行是否令人满意的结论。然而，在实务中，未经过对数据的测试，注册会计师不会对会计数据的有效性、完整性和准确性做出结论。基于这一原因，通常还要进行交易类别的手工测试。这一测试方法的优点是注册会计师熟悉这方面的知识，而且无需特定的计算机方面的知识。

无论注册会计师在测试 EDP 应用控制中采用的是手工测试还是计算机辅助测试，都必须对一般控制的有效性进行考虑。

当注册会计师在年末进行余额的直接测试时，通常不必依赖于计算机。若既定的余额的直接测试的范围依赖于与计算机相关的控制程序或在应用期中进行余额的直接测试，则必须对一般控制的有效性进行考虑。当余额的直接测试应用了计算机生成的信息时，注册会计师应对测试方法进行选择。可考虑如下替代方法：

（1）在年末直接测试计算机生成的信息。这一测试方法在控制风险的评估中不必依赖应用控制和一般控制，但可能不是最有效的测试方法。

（2）在期中测试计算机生成的信息和一般控制，而在年末修订对控制的评估。在许多情况下，可通过询问和观察来完成修订工作。

（3）在期中测试计算机生成的信息并采用系统软件自动生成的报告来确定从期中到期末应用程序是否没有变更。当一般控制存在缺陷，而可依赖系统软件时，这一测试方法很有用。

如后面将要讲到，若注册会计师决定在对以计算机可读形式存在的系统文件实施余额的直接测试中使用计算机辅助测试，必须制订附加的计划。

14.3　计算机辅助审计技术

计算机辅助技术是指利用计算机和相关软件，使审计测试工作实现自动化的技术。计算机辅助审计技术的应用：

（1）计算机辅助审计技术最广泛地应用于实质性程序，特别是在与分析程序相关的方面；

（2）计算机辅助审计技术还能被用于细节测试（包括目标测试）以及对审计抽样的辅助；

（3）计算机辅助审计技术也可应用于测试控制的有效性，选择少量的交易，并在系统中进行穿行测试，从而确定是否存在控制失效的情况。

在财务报表审计中使用计算机予以辅助，通常可分为以下几类：

14.3.1　客户程序的测试

客户应用程序包括：会计信息系统处理数据的程序，以及为合理保证数据的有效性、完整性和准确性而设计的控制程序。若注册会计师对客户程序进行测试，则必须对这两方面的程序都进行测试。

在复杂的实时处理系统中需要采用计算机辅助审计技术。注册会计师在针对这样的系统进行工作时，更需要计算机审计专家的协助，并需要更多地使用计算机辅助技术。

1. 数据测试

在这一测试方法的使用中，注册会计师要准备模拟需要的业务数据。注册会计师应采用手工计算程序得出结果，并将其与采用客户应用程序而处理的数据结果进行比较。注册会计师必须保证所测试的程序就是实际的数据处理中所使用的程序，并且保证在控制风险估计水平覆盖的整个期间内使用了相同的程序。通常，必须对一般控制进行了解，并考虑其对上述保证的影响。若注册会计师已经过客户允许使用终端登记业务，则可在具有联机登记能力的系统中使用数据测试方法。例如，计算机舞弊中最简单最常用的手法是篡改输入。数据在输入前或输入后被篡改了，通常表现为：虚构业务数据，将假存款单输入银行的系统中，增加作案者的存款数；修改业务数据；删除业务数据，如从存货系统中删除某个存货数据，消除购货业务凭证。通过对数据作非法改动，导致会计数据的不真实、不可靠、不准确或以此达到某种非法目的，例如，转移单位资金到指定的个人账户等。可能的舞弊者包括：参与业务处理的人员、数据准备人员、源数据提供人员、能够接触计算机但不参与业务处理的人员。可能的证据包括：源文件、业务文件、计算机可读文件、磁盘、磁带、异常报告、错误的运行结果等。

2. 数据处理测试

在数据测试方法中采用了模拟业务。另一些测试客户程序的技术包括使用真实的客户数据以测试处理情况，使用虚拟数据以测试控制情况。由于这些技术相似，注册会计师在某个特定的电算化会计应用中可能只采用这些技术中的一种。

（1）对数据处理的控制：注册会计师对客户的输入数据进行控制，并独立计算主要数据的处理结果，如控制账户的期末余额。审计师应保持对计算机数据处理和数据输出的控制，并将计算机输出的数据与审计师计算的结果进行比较。

（2）对数据再处理的控制：注册会计师要使用测试过的程序版本，对以前曾处理过的结果进行再处理。注册会计师还要将计算机以前处理过的输出数据与再处理后输出的数据进行比较。

（3）平行数据处理：注册会计师将由客户处理程序得出的结果与使用客户的输入数据文件和注册会计师自己的程序而得出的结果进行比较。为达到这一目的，注册会计师可能是专门为顾客设计的程序或通用审计软件。

检查程序码要求具备程序方面的专业知识，而且，注册会计师必须使用其他技术以确保已检查的源码与在整个期间内由程序生成的目标码相一致。对工作会计信息的检查是费时而且困难的，因为信息量很大，而且难以进行说明。可使用特定的软件辅助注册会计师完成这些工作。还有一些软件可用于程序间的比较以确定这些程序是否相同。这些技术和特定软件的使用要求有计算机审计专家予以协助。

14.3.2 客户文件的测试

使用注册会计师软件测试客户主文件是一种主要手段。

1. 通用审计软件

使用最广泛的计算机辅助审计技术是通用审计软件。这一技术包括使用能在计算机可读文件上执行特殊审计任务，如加总和项目比较的软件包。通用程序可用于许多客户，以执行几种常见的审计任务，它比专门为特定客户和任务而设计的程序更有效。然而，通用审计软件包并非为所有目的而设计，也不是对所有使用计算机的客户均适用。这意味着，使用特定运行系统的一系列硬件通常都设计一个特定的软件包。

由于有许多审计软件包而且各不相同，因此，此处对这类软件的一般属性予以说明。当通用软件运行时，需要读取客户文件。这一处理是在复制的客户文件上进行的，不会改变客户的数据。通用审计软件的其他两个方面如下：

（1）文件格式：客户文件的格式具有多种形式。例如，客户应收账款主文件中某些记录的区域数量、种类、大小都不相同。通用审计软件的优点之一就是能够对不同格式的文件进行处理。由注册会计师对文件格式加以限定，以作为输入清单的一部分。有些软件包将数据格式改为标准格式。注册会计师必须确定文件位置、区域及这些数据在文件中的位置。

（2）数据处理指示：通用审计软件是为执行多种处理任务而设计的。软件包必须为注册会计师提供指示软件包执行特定任务的方法。可采用多种测试方法。在许多情况下，注册会计师填写标识码或详细的清单以区分不同的任务。另一个测试方法是由注册会计师写出包含类似于 COBOL 的特殊设计的大的命令语言的简化程序。

2. 通用审计软件包

通用审计软件包一般是为完成以下类型的任务而设计的：

（1）合计——在文件中加入特定的领域。例如，在应收账款中打开一个项目文件的记录累计的发票金额。

（2）计算——进行小计或其他计算。例如，结计存货数量再乘以单位成本或重新计算利息费用。

（3）选取——打印出符合特定标准或采用随机选取方法选出的项目。例如，找出所有余额在 5 000 美元以上的顾客和余额在 5 000 美元以下的顾客的随机样本。

（4）比较——对文件中的区域进行比较。例如，对存货项目的库存数与本期已使用的或销售的数量进行比较，并将超过库存的项目打印出来。

（5）打印表格——例如，用于确证要求或用于会计工作底稿分析的表格。

为使所采用的通用审计软件更有效，注册会计师必须认真进行计划，不论是采用手工还是通用审计软件，具体的审计目标都不改变。在这两种情况下，首要的一点都是根据财务报表认定来提出具体审计目标。然而，在使用通用审计软件时，测试前对目标和标准的确定非常重要。在应用手工程序中，如在注册会计师从会计记录中选取特定项目时，可能会发现其他异常项目。当使用通用审计软件时，除非注册会计师事先规定了具体的选取标准，否则，不能对项目进行选取。

14.3.3　使用微机作为审计工作工具

计算机在审计中的另一类应用是完成与审计相关的任务，以替代手工劳动。计算机是现代审计人员完成审计任务所不可缺少的工具，使用计算机是审计人员提高工作效率的基本手段。审计人员可以利用计算机编制计划、审计工作底稿，进行审计分析，查询有关法规条例，分析审计资料等。

1. 棋盘式对照表

对于注册会计师而言，有各种各样的应用软件包可以使用。注册会计师可使用电子棋盘对照表或专门为注册会计师设计的软件。电子棋盘对照表是电子存储和控制的工作表，带有许多行和列，可在行与列中确定数字间的数学关系。电子棋盘对照表用于为一般的会计或与审计相关的计算生成模板。模板就是特定的组成部分之间的关系的模型。以下是几种带有模板的电子棋盘对照表的应用：

（1）试算表工作底稿。注册会计师从键盘上输入会计科目及金额以准备一张未经调整的试算表。棋盘式对照表将在模板的假定、指导、指示的基础上编制主要明细表和财务报表，并根据所输入的调整分录重新计算结果。

（2）分析程序。另一个模板可利用输入到试算表中的相同的数据计算账户余额间特定的比率或百分比关系。

（3）复合计算。若一项计算的各个组成部分及相互关系能够确定，则模板可用于多种复合计算。例如，某个模板可在税前收益和相关的纳税申报时间表中一系列项目的基础上计算公司的纳税准备，包括递延税款和应付税款分析。

2. 自动生成工作底稿

实际上，微机能够自动生成注册会计师的工作底稿。过去，由于微机所处理的数据是由手工通过键盘输入的，因此，微机没有能够广泛应用于对客户文件的详细测试。然而，现在通过调制解调器下载数据及将客户文件脱机转换到磁盘中可以解决这一问题。在审计中所使用的微机是否有效率，取决于输入数据时所费的时间、购买或开发软件的能力、注册会计师对微机使用的熟练程度。

通常，注册会计师的工作底稿文件包括打印出来的最终试算表工作底稿副本、棋盘式对照表、计算机输出的报告。这些文件及其他工作底稿应该像任何其他工作底稿一样指明编制者和复核者。通常复制在磁盘上的信息或其他计算机可读资料都应保存在文件中。

3. 专家系统

一些会计师事务所使用的专门的微机软件，称为专家系统，也称为"人工智能"，用于设计审计程序以及协助注册会计师分析复合系统的内部控制属性。例如，在一般控制中使用专家系统内部控制调查表，当注册会计师进入这类计算机时，该系统会询问当前所使用的运行系统是什么。然后，该系统还会询问那些与硬件及运行系统相关的问题。随着每一个问题的回答，该系统逐渐将问题缩小到特定的计算机环境上。同样，在审计程序的设计中，注册会计师应提供特定审计范围方面的信息，以及该系统所要求的与审计程序相关的信息。使用这一自动化工具有助于为注册会计师在该领域提供大范围的相关信息，但不能完全用其代替注册会计师的判断。

14.4 《审计之星》审计软件

《审计之星》是上海博科资讯股份有限公司开发的审计软件。《审计之星》软件 V1.0 版于 2000 年问世。2005 年，《审计之星》融入新思路，推出了 4.0 版本。该版本利用计算机网络技术，使审计工作网络化和信息化，跨越了时间和空间的限制，使审计工作上了一个新台阶。该版本利用新的数据接口技术，导入了众多财务软件数据；引入了审计预警和审计管理；建立了新的系统管理；增强了审计底稿系统；推出按行业及审计方法的查证系统等。使审计人员从多角度、多方面地辅助进行审计。

1. 系统功能特色

（1）数据导入方式多样化。《审计之星》4.0 系统采用模板定义接口与专用软件接口相结合的导入方法解决数据采集问题。《审计之星》4.0 系统利用模板定义接口已实现国内外六十余种财务软件及 ERP 管理软件的数据导入，其中包括"用友""金蝶""安易""新中大""金算盘"等占市场份额较大的财务软件；另外，还利用专用软件接口完成了数据量巨大、数据结构复杂的数据导入，包括 SAP、Oracle 等；另外还通过专用软件接口，实现了导入上海地方标准数据及 98001 数据接口行业标准数据，充分扩大了《审计之星》系统的使用范围。

（2）采用符合传统审计的逆向检查方法。会计信息是从证、账、表顺序完成，而传统审计操作则往往采用从表、账、证逆向进行审计。《审计之星》系统实现了传统的审计习惯操作方法，采用先对会计报表与账簿数据进行分析、整理、分类，从中发现疑点进行跟踪查询，直至查到构成这些数据的记账凭证。

（3）智能化的会计准则执行情况检查。会计信息失真在很大程度上是会计人员不遵守会计准则及国家规定的财务会计制度，由此产生的问题也是审计人员的查证重点。《审计之星》系统设置了表、账、证等规范检查，就是将会计准则及制度的规定在系统内进行标准设置，然后通过系统将被审计单位的会计信息与之比对，系统自动检测不符之处，迅速提供可能存在的问题，极大地提高了审计人员的效率与效果。

（4）提供多种方法的记账凭证检查。记账凭证是输入账务软件的基本要素，也是会计信息失真的源头。审计人员一般均比较重视通过抽查记账凭证发现问题，确定审计线索。《审计之星》系统除提供通过报表和账务分析等进行跟踪追查至记账凭证外，另外还提供多种如"大额发生额凭证检查""抽样检查""典型、异常对应凭证检查"等方法。在进行检查时，《审计之星》系统还提供"条件筛选""升降序排列""模糊查询""图形分析"等功能，帮助审计人员对记账凭证进行整理、分类与分析。

（5）留有审计轨迹的底稿记录。利用《审计之星》进行审计时，为使审计人员留下审计轨迹，记录必要的审计疑问，系统提供了"审计疑点摘要栏"。在审计查证的当前界面旁，提供相应的写字板，供审计人员实时记录。这些审计疑点被实时记录后，系统将这些实时记录集中归类至"审计底稿"集中反映，以便将来统一归类落实。

（6）与 Excel 电子表格连接。《审计之星》系统已采集的账务数据，不仅可以在系统内进行审计查询，还可以将数据导出到 Excel 电子表格中，审计人员可根据 Excel 电子表格提供的编辑与查询功能进行各种审计查询。《审计之星》系统这样设计，不仅保证了自身的严谨性，也为具有丰富查账经验的审计人员提供了充分的灵活性，从而使《审计之星》系统具有广泛的适应性。

2. 系统的可拓展功能

《审计之星》目前的开发技术采用的是 COM 的接口技术和 XML 标准，各个模块功能都是实现一定接口的构件。这种构件化的软件体系，具有开放与扩展的技术特点。除了当前版本系统本身功能还有所拓展外，在内部审计人员实际开展的业务方面，该系统与其他拟待开发的审计系统存在关联关系，并处于核心地位。

（1）财务报表预警审计系统。该系统处理的数据对象为大量的单个企业会计报表，经过汇总、整理、归类、分析，从中确定指标异常的单个企业，然后交由《审计之星》系统进行查证落实。预警系统适用于具有大量、同类业务下属企业的大型企业集团。

（2）各类业务子系统审计。在会计信息系统中，销售、供应、工资、固定资产、成本等系统也是内部审计人员的审计重点，这还需要开发专门的审计系统。目前《审计之星》系统所处理的账务系统处于这些子系统的核心地位，其数据互相关联，这对上述子系统的开发与应用将起到指导与帮助的作用。

（3）ERP 系统审计。ERP 系统目前已在我国一些企业推开，对这类系统如何进行审计已经提上议事日程。通过研究与测试，《审计之星》系统已能成功导入 SAP 系统、Oracle 系统以及用友 NC 系统中的账务数据进行审计，这意味着对 ERP 系统的电算化检查已有所突破，不再是审计盲区。当然，ERP 系统具有大型业务量以及大型的数据库，要对其进行全面彻底的审计，还需要进行更深入的研究与开发。

（4）经济效益审计。提高企业经济效益是内审人员的工作重点。《审计之星》系统从财务收支审计出发，在保证财务数据真实、合法、有效的基础，已提供了许多财务分析指标，为企业经济效益审计奠定了初步的分析基础。详细、专业的经济效益审计功能可在此基础上进一步开发与完善。

（5）审计业务管理系统。审计业务管理系统是规范与管理内部审计人员作业程序和办公自动化方面的系统，其中主要包括审计底稿系统、业务管理系统、审计统计报表系统与法规查询系统等。这些系统与《审计之星》系统均有一定的关联，适用的功能模块可相互挂接或数据共享。

《审计之星》也存在一些缺陷，如新的注册会计师执业准则引入了风险导向审计模式，并要求会计师事务所及注册会计师对被审计单位进行风险评估，《审计之星》系统还没有及时就上述新的变化进行有效的更新；另外，系统中有些功能还有待于完善等。上述这些情况可能导致大家在学习使用《审计之星》软件时，同新的注册会计师执业准则的要求在某些方面不一致。

14.5　电子商务审计

近几年，随着现代通信网络（如互联网）的发展，电子商务得以迅速发展，出现了一批专门从事提供电子商务服务的企业，也有越来越多从事传统行业的企业通过互联网平台拓展其业务，发展新的业务模式。

电子商务，是指利用互联网等公共网络从事的商品购买和销售、劳务接受和提供等交易活动。顾名思义，"电子商务"包括电子方式和商务活动两个方面。电子是手段，商务是目的。它通过简单、快捷、低成本的电子通讯方式进行商品和服务的买卖及资金的转账，将信息流、业务流、物资流、资金流完美结合，与传统贸易相比具有高效率、整合性及全球性的特点。从技术范畴看，电子商务是一种多技术的集合体，包括交换数据（如电子数据交换、电子邮件）、获得数据（共享数据库、电子公告牌）以及自动捕获数据（条形码）技术等。

电子商务是现代国民经济的重要组成部分。电子商务的发展不仅对企业的商务运营模式产生很大影响，而且也对企业的会计系统、内部控制以及注册会计师审计产生重要影响。现阶段，电子商务的发展对审计的影响主要体现为因业务环境、业务模式的变化而导致的经营风险以及内部控制各组成要素的变化。这需要注册会计师重视了解电子商务的相关业务、识别其重大风险和针对其实施内部控制测试。

注册会计师在财务报表审计时，应该考虑被审计单位的电子商务情况，明确在电子商务的环境下的审计应对措施。

14.5.1　在财务报表审计中考虑电子商务的总体要求

《中国注册会计师审计准则第 1633 号——电子商务对财务报表审计的影响》适用于注册会计师在执行财务报表审计业务时对电子商务的考虑。

1. 考虑新的风险因素

广泛使用互联网从事电子商务，产生了新的风险因素，需要被审计单位有效应对。电子商务所导致的不同于传统网络应用的新的风险因素主要包括以下几个方面：

（1）数据集中于电子商务系统，可能导致机密的数据拷贝，甚至可能被非法篡改而不留下任何痕迹。

（2）电子商务系统设计考虑不周或不完善，使企业运营可能不合理。

（3）电子商务系统主要信息载体存储的信息是肉眼不可见的，难以实现诸如签字、盖章等这些使信息证据化的操作，必须使用专用的电子签名、电子印鉴等形式才能实现。

（4）电子商务系统处理错误具有重复性、隐蔽性和连续性。

（5）电子商务系统中许多不相容职责相对集中，大部分由程序控制，加大了舞弊的风险。

（6）系统设计时可能没有考虑到审计工作的需要，没有留下充分的审计线索。

（7）计算机病毒和"黑客"的入侵对电子商务系统的故意破坏。

上述因素都可能使财务报表出现重大错报的风险。

2. 考虑电子商务的重要性

注册会计师应当考虑电子商务在被审计单位业务活动中的重要性，以及对重大错报风险评估的影响。注册会计师需要考虑信息技术的运用，在风险评估以及设计和实施进一步审计程序时，应当考虑内部控制的人工和自动化特征及其影响；应当了解与信息处理有关的控制活动，包括信息技术一般控制和应用控制；应当关注信息技术战略与经营战略不协调、信息技术环境发生变化，以及安装新的与财务报告有关的重大信息技术系统等事项或可能出现的被审计单位的重大错报风险。

信息技术的应用情况也是确定控制测试的性质、时间和范围时的重要考虑因素之一。其中，由于信息技术处理过程的内在一贯性，注册会计师可以利用自动化应用控制得以执行的审计证据和信息技术一般控制（特别是对系统变动的控制）运行有效性的审计证据，作为支持该项控制在相关期间运行有效性的重要审计证据。除非系统发生变动，注册会计师通常不需要增加自动化控制的测试范围。信息技术一般控制的有效性也是确定利用以前审计获取的有关控制运行有效性的审计证据是否适当，以及再次测试控制的时间间隔时需要考虑的因素之一。

3. 注册会计师考虑电子商务的目的

注册会计师按照准则的规定对电子商务进行考虑，旨在对财务报表形成审计意见，而非对电子商务系统或活动本身提出鉴证结论或咨询意见。

在财务报表审计中，注册会计师对被审计单位电子商务系统及其相关内部控制的研究和评价仅限于其与财务报表编制和注册会计师所实施的审计工作有关的部分，服务于财务报表审计的总体目标。其目的是确定注册会计师所需实施的财务报表审计程序的性质、时间及范围，而不是对电子商务系统及其内部控制的全面、专门的审核，并不是专为发现电子商务系统及其内部控制的缺陷、欺诈及舞弊而进行的。因此，注册会计师仅根据其在财务报表审计中所获取的关于被审计单位电子商务系统及其相关内部控制的审计证据，通常尚不足以对电子商务系统或活动本身提出鉴证结论或咨询意见。

14.5.2　对注册会计师知识和技能的要求

专业胜任能力是对注册会计师职业道德的一项基本要求。被审计单位开展电子商务以后，由于审计线索、内部控制、审计内容、审计方法与技术等的改变，对注册会计师的知识和技能提出了更高的要求。不懂得信息技术和电子商务知识的注册会计师，可能会因为审计线索的改变而无法跟踪审计，因为不懂得电子商务的特点和风险而不能审查和评价其内部控制，因为不会使用计算机和网络系统而无法对电子商务活动进行审计。因此，要使审计工作顺利开展，注册会计师不仅要精通会计、审计、税务等知识，而且要掌握一定的计算机、网络、通信等电子商务知识与技能。只有全面提高注册会计师的业务素质和工作能力，才能满足被审计单位开展电子商务的环境下审计工作的需要。

由于电子商务的特殊性和复杂性，必要时，注册会计师应当考虑利用专家的工作。电子商务具有特殊性和复杂性的特征，涉及信息技术、法律、税务、贸易和外汇管理等多个领域，其中不少领域是高度专门化的。注册会计师即使按照前述要求掌握了与电子商务相关的一定的知识和技能，但毕竟不是在任何领域都是专家（尤其是在信息技术和法律等方面）。

因此，如果被审计单位的电子商务系统高度复杂，或者存在其他高度专门化的问题，注册会计师应当考虑利用专家的工作。例如，如果注册会计师认为有必要通过试图穿透被审计单位信息技术系统的安全防护层进行控制测试（称为"攻击测试"或"穿透测试"），此时就可能需要利用专家的工作。又如，在评价与电子商务相关的法律问题可能对财务报表产生的影响时，注册会计师可能需要咨询熟悉与电子商务相关的法律事务的律师。

在利用专家的工作时，注册会计师应当根据《中国注册会计师审计准则第1421号——利用专家的工作》的规定，获取充分、适当的审计证据，以确信专家的工作可以满足审计的需要。注册会计师还需要考虑如何将专家的工作与审计项目组内的其他成员所实施的审计工作结合起来，以及针对专家工作所识别出的风险，需要实施哪些程序。

14.5.3　对内部控制的考虑

注册会计师应当按照《中国注册会计师审计准则第1211号——通过了解被审计单位及其环境识别和评估重大错报风险》和《中国注册会计师审计准则第1231号——针对评估的重大错报风险采取的应对措施》的规定，考虑被审计单位在电子商务中运用的与审计相关的内部控制。在电子商务环境下，内部控制的一个重要特点是基于信息技术的自动化控制所占比重较大，很多关键的控制功能是通过内置于支持电子商务的信息系统中的应用控制实现的。同时，网络环境也对内部控制的完备性和可靠性提出了更高的要求，尤其需要通过内部控制保证数据和系统的安全性和交易的完备性。电子商务环境下内部控制的复杂程度与信息技术系统的复杂程度直接相关，电子商务系统与其他信息技术系统的一体化程度越高，控制也就越复杂。

信息技术通常可以在某些方面提高被审计单位内部控制的效率和效果，但是也会使内部控制产生特定风险。因此，注册会计师应当充分考虑电子商务环境下内部控制的特点，关注被审计单位内部控制的设计是否完善（尤其是其中人工成分和自动化成分的划分是否恰当），是否得到一贯执行，以及运行是否稳定、可靠。

当被审计单位从事电子商务时，注册会计师应当考虑与电子商务相关的安全性控制、交易完备性控制和流程整合。注册会计师还应当考虑内部控制中与审计特别相关的下列方面：（1）在快速变化的电子商务环境中保持控制程序的完备性。（2）确保能够访问相关记录，以满足被审计单位和注册会计师审计的需要。

能随时访问电子商务系统的相关数据库记录，既是被审计单位有效开展经营活动的需要，也是注册会计师在审计中及时获取所需数据的需要。注册会计师应当关注在被审计单位的信息技术系统中检索相关数据的便捷性、响应速度，以及访问结果的正确性和完整性。

1. 对安全性控制的考虑

当外部有关方面可使用网络访问被审计单位的信息系统时，被审计单位的安全基础架构和相关控制是其内部控制系统的一个极其重要的组成部分。在这种情况下，注册会计师应当考虑被审计单位的安全基础架构和相关控制是否足以应对与电子商务交易的记录和处理相关的安全性风险。

被审计单位通常通过所建立的安全基础架构和相关控制应对与电子商务交易的记录和处理相关的安全性风险。安全基础架构和相关控制可能包括信息安全政策、信息安全风险评估，以及在引入和维护各系统的过程中均应遵循的标准、实务惯例和程序，包括针对实物的安全防护措施，以及逻辑与其他技术方面的安全保护措施，例如用户身份识别、密码和防火墙等。

2. 考虑相关事项对财务报表认定的潜在影响

注册会计师应当考虑下列事项对财务报表认定的潜在影响：

（1）有效使用防火墙和病毒防护软件，以保护其系统免受未经授权或有害的软件、数据或其他电子形式的材料的入侵。

（2）有效使用加密技术。

（3）对用于支持电子商务活动的系统开发和运行的控制。此类控制是信息技术一般控制的重要组成部分，是包括自动化控制在内的信息技术应用控制有效发挥作用的基础。

（4）当出现的新技术可能被用于危害互联网安全时，现有的安全控制是否仍然有效。

（5）控制环境能否对所采用的控制程序提供支持。控制环境包括治理职能和管理职能，以及治理层和管理层对内部控制及其重要性的态度、认识和措施。控制环境在内部控制的各要素中居于基础地位；同时内部控制的各要素之间也应当互相适应和配合，没有恰当的控制环境，单纯的技术措施是难以有效发挥应有作用的。

上述各事项反映了被审计单位的安全性控制在设计方面的完备性和在执行方面的有效性，对被审计单位财务报表各项目及其相关认定均有不同程度的影响。

3. 对交易完备性控制的考虑

注册会计师应当考虑交易完备性控制。交易完备性的判断标准包括被审计单位会计处理所依据信息的完整性、准确性、及时性以及是否经过授权。针对会计系统中与电子商务交易相关的信息完备性所实施的审计程序，主要涉及评估用于采集和处理此类信息的系统的可靠性。在一个复杂的系统中，一个起因事件（例如通过互联网接收到顾客的订单）会自动启动该项交易处理流程中的其他各项步骤。因此，针对复杂的电子商务实施的审计程序与针对传统业务活动实施的审计程序不同，后者通常侧重于与交易信息的采集和处理有关的每一阶段的控制流程。

4. 流程整合

流程整合是指将多个信息技术系统集成，使之实质上如同一个系统运转的过程。在电子商务环境中，由被审计单位的网站生成的交易应当由被审计单位的内部系统（如会计系统、客户关系管理系统、存货管理系统等，通常称为"后台办公室"系统）予以适当处理，这一点是很重要的。网站与被审计单位内部系统的自动集成程度越高，数据处理的效率也就越高。但与此同时，前后台系统之间联系的紧密，也可能导致以下风险的增加，需要被审计单位建立适当的控制加以应对：

（1）系统因过于复杂而导致出错可能性提高的风险，对系统的可靠性提出了更高的要求。

（2）因前后台系统直接集成，而导致未经授权的人士通过前台系统进入后台系统窃取商业秘密或者进行未经授权的增加、修改、删除操作的可能性增大。

（3）因过滤无效数据的控制存在欠缺，导致前台系统接受的错误输入直接进入后台的业务处理系统和会计系统，从而错误的输入造成的后果远较集成程度较低时严重。

注册会计师应当关注被审计单位采集电子商务交易数据并将其传递至会计系统的方式可能对下列事项产生影响。

（1）交易处理和信息存储的完整性和准确性。如前所述，流程整合对交易处理和信息存储的完整性和准确性的影响是两面的。在自动化控制健全的情况下，可以通过减少人工干预，提高交易处理和信息存储的完整性和准确性；另外，也可能增大安全性方面的风险。

（2）销售收入、采购和其他交易的确认时点。例如，系统可能将该交易最初在系统内部发起的时间作为确认时点，也可能将交易的完成时间作为确认时点。注册会计师应关注系统内的相关业务处理规则是否符合适用的会计准则和相关会计制度的规定。

（3）有争议交易的识别和记录。例如，可以对有争议的交易加上特殊的标识，并通过系统之间的数据传递，将该交易存在争议的信息传递到其他相关系统中，实现不同系统中数据的同步更新。同时，借助不同系统之间的数据和信息共享，也可以更方便地发现有争议的交易。

14.5.4 注册会计师应当考虑的其他事项

当下列控制与财务报表认定相关时，注册会计师应当予以考虑：

1. 针对电子商务交易与内部系统的集成实施的控制

此类控制主要是针对集成后系统的特点，为了保证数据处理的正确性和数据的安全性、完备性而设置的控制，基本上属于对常规事项的控制。例如，加强对前台系统中输入数据的合理性检查，有效使用防火墙和病毒防护软件等安全技术措施等。

2. 针对系统改变和数据转换实施的控制

此类控制主要是针对系统的开发和实施过程设置的控制，具有非常规性的特点。在系统升级或者转换到新的系统时，需要注意新旧系统的衔接问题，为此，被审计单位可能需要成立专门的工作小组，并制订详细的方案，进行周密的准备工作，包括数据的整理、新系统的测试、相关人员的培训、新旧系统处理的恰当截止等，以确保新旧系统平稳过渡，而不至于导致业务、财务处理的中断。

其中，旧系统中存储的数据如何平稳地转入新系统是一个需要重点关注的问题。为了提高转换的效率，避免重复输入，此类工作一般由新系统的实施人员在比较新旧系统数据结构差异的基础上，通过编写一次性使用的专用转换程序实现批量转换。针对此类转换程序的编制所实施的控制可能不会像针对新系统的设计所实施的控制那样严密，因此出错的可能性相对较高。为此，一方面，在数据转换前，也需要对转换程序进行尽可能严密的测试；另一方面，在转换完成后，需要对转换结果的正确性进行选择性测试或全面的检查和复核，并检查新系统能否在转换后的数据基础上正常运行。

本 章 小 结

1. 电子数据处理环境下的内部控制，根据控制对象可分为两大类：使用者控制和电子数据处理（EDP）控制。

2. EDP 控制通常也分为两大类：一般控制和应用控制。使用者控制通常是应用控制。

3. EDP 一般控制具体包括职责分离、程序控制、文件控制、其他一般控制等。

4. 计算机审计过程分为可接受业务和编制审计计划（准备阶段）、实施审计（实施阶段）、报告审计结果（终结阶段）。

5. 在财务报表审计中使用计算机予以辅助，通常可有客户程序的测试、客户文件的测试、使用微机作为审计工作工具等几种。

6. 计算机辅助技术是指利用计算机和相关软件，使审计测试工作实现自动化的技术。其最广泛地应用于实质性程序，还能被用于细节测试（包括目标测试）以及对审计抽样的辅助，也可应用于测试控制的有效性。

7. 电子商务是现代国民经济的重要组成部分。电子商务的发展不仅对企业的商务运营模式产生很大影响，而且也对企业的会计系统、内部控制以及注册会计师审计产生重要影响。现阶段，电子商务的发展对审计的影响主要体现为因业务环境、业务模式的变化而导致的经营风险以及内部控制各组成要素的变化。这需要注册会计师重视了解电子商务的相关业务、识别其重大风险和针对其实施内部控制测试。

思 考 题

1. 在电子数据处理环境下如何建立或评价内部控制？
2. EDP 应用控制有哪些内容？
3. 计算机审计过程包括哪些？
4. 何谓会计信息系统？如何进行会计信息系统审计？
5. 计算机辅助技术在审计中有哪些应用？
6. 在电子数据处理环境下如何进行交易及余额详细测试？
7. 电子商务对财务报表审计有哪些影响？

参 考 文 献

1. 刘明辉，史德刚：《审计》，东北财经大学出版社 2011 年第 4 版。

2. 刘明辉：《独立审计学》，东北财经大学出版社 2002 年版。

3. 刘明辉：《高级审计理论与实务》，东北财经大学出版社 2006 年版。

4. 刘明辉：《独立审计准则研究》，东北财经大学出版社 1997 年版。

5. ［美］道格拉斯·R·卡迈克尔著，刘明辉、胡英坤主译：《审计概念与方法：现行理论与实务指南》，东北财经大学出版社 1999 年版。

6. ［美］阿尔文·A·阿伦斯等著，张龙平、谢盛纹主译：《审计与保证服务——整合法》，经济科学出版社 2005 年版。

7. ［美］阿尔文·A·阿伦斯等著，石爱中等译：《审计学——整合方法研究》，中国审计出版社 2001 年版。

8. ［美］W. 罗伯特·克涅科著，程悦译：《审计增信服务与风险》，中信出版社 2007 年版。

9. ［美］W. 罗伯特·克涅科著：《审计学：教程与案例》，东北财经大学出版社 1998 年版。

10. 中国注册会计师协会：《审计》，经济科学出版社 2006 年版。

11. ［英］伊恩·格雷等著，吕兆德等译：《审计流程：原理、实践与案例》，中信出版社 2003 年版。

12. 《中国注册会计师审计准则》及相关指南。

13. 中国注册会计师协会：《审计》，经济科学出版社 2014 年版。

《审计学概论（第二版）》
操作与习题手册

樊子君　编

经济科学出版社

目　　录

第1章 信息、鉴证与审计

§1.1 练习题

§1.1.1 单项选择题

1. 注册会计师的审计萌芽于（   ）。

    A. 威尼斯   B. 英国   C. 美国   D. 中国

2. 在注册会计师审计的萌芽阶段，其主要服务的企业类型是（   ）。

    A. 独资企业   B. 合作企业

    C. 公司制企业   D. 合伙企业

3. 下列各类审计中，起源和发展最早的应当是（   ）。

    A. 注册会计师审计   B. 政府审计

    C. 内部审计   D. 环境审计

4. 在注册会计师审计发展的过程中，审计报告使用人从股东、债权人扩大到整个社会公众是在（   ）。

    A. 会计账目审计阶段   B. 资产负债表审计阶段

    C. 账项导向审计阶段   D. 财务报表审计阶段

5. 审计范围扩大到测试相关的内部控制制度的是（   ）。

    A. 会计账目审计阶段   B. 资产负债表审计阶段

    C. 账项导向审计阶段   D. 财务报表审计阶段

6. 在注册会计师审计模式的演进过程中，以会计账簿为对象，以查错防弊为目的，主要采用详细审计的是（   ）。

    A. 账项导向审计模式   B. 内控导向审计模式

    C. 风险导向审计模式   D. 抽样导向审计模式

7. 依法取得注册会计师资格证书，并接受委托从事审计、鉴证和相关服务的执业人员是（   ）。

    A. 注册会计师   B. 政府审计师

    C. 内部审计师   D. 注册内审计师

8. 主要目的是检查财经纪律执行情况，揭露违法乱纪行为的是（   ）。

    A. 注册会计师审计   B. 政府审计

    C. 内部审计   D. 外部审计

9. 以一般公认会计原则为既定标准的是（   ）。

    A. 财务报表审计   B. 合规审计

    C. 经营审计   D. 政府审计

10. 标志着注册会计师诞生的事件是（　　　）。
    A. 美国注册会计师协会的成立　　　　B. 英国特许会计师协会成立
    C. 安然事件　　　　　　　　　　　　D. 南海公司破产事件

§1.1.2　多项选择题

11. 审计按目的和内容的不同可以划分为（　　　）。
    A. 财务报表审计　　　　　　　　　　B. 合规审计
    C. 经营审计　　　　　　　　　　　　D. 政府审计

12. 企业内部审计有助于（　　　）。
    A. 强化企业内部控制　　　　　　　　B. 改善企业风险管理
    C. 完善公司治理结构　　　　　　　　D. 促进企业目标的实现

13. 下列审计主要由政府审计来承担的有（　　　）。
    A. 绩效审计　　　　　　　　　　　　B. 内部控制鉴证
    C. 环境审计　　　　　　　　　　　　D. 三E审计

14. 政府审计人员的工作可能涉及（　　　）。
    A. 财务报表审计　　　　　　　　　　B. 合规审计
    C. 经营审计　　　　　　　　　　　　D. 财务报表审阅

§1.1.3　判断题（你认为正确的用"A"表示，错误的用"B"表示）

15. 财产所有权和经营权的分离是注册会计师审计产生的直接原因。（　　　）
16. 会计账目审计阶段，审计报告的使用者是社会公众。（　　　）
17. 注册会计师、内部审计人员和政府审计人员都可以从事经营审计。（　　　）
18. 经营审计的对象仅限于会计信息。（　　　）
19. 财务报表审计的目的在于查明被审计单位的财务报表是否按照一般公认会计准则反映其财务状况、经营成果和现金流量情况。（　　　）
20. 注册会计师是接受委托从事审计、鉴证和相关服务的执业人员。（　　　）
21. 政府审计人员是指审计机关中接受政府委托，依法行使审计监督权，从事审计业务的人员。（　　　）
22. 内部审计人员对本单位内部控制的有效性、财务信息真实性、完整性以及经营活动的效率和效果等展开评价活动。（　　　）
23. 内部审计人员的独立性比注册会计师高。（　　　）
24. 资产负债表审计阶段审计报告的使用人除企业股东外，还扩大到债权人。（　　　）

§1.1.4　问答题

25. 如何理解审计的含义？
26. 请指出财务报表审计、合规审计和经营审计的差异。
27. 如何理解审计与会计的区别和联系？
28. 注册会计师审计模式的演进有哪三个阶段？每个阶段各有什么特征？

§1.2 参考答案

§1.2.1 单项选择题

1. A　　　2. D　　　3. B　　　4. D　　　5. D　　　6. A
7. A　　　8. B　　　9. A　　　10. D

§1.2.2 多项选择题

11. ABC　　12. ABCD　　13. ACD　　14. ABC

§1.2.3 判断题

15. A　　16. A　　17. A　　18. B　　19. B　　20. B
21. A　　22. A　　23. B　　24. A

§1.2.4 问答题

25. 答：通俗地讲，审计是由具备一定资格的人员进行搜集和评价相关证据，确定特定信息与既定标准间的符合程度并发表意见。要执行审计，必须存在可验证的信息。这些信息既可能是量化信息，如公司的财务报表，也可能是较为主观抽象的信息，如计算机系统的运行效果或者企业生产经营的效率。既定的标准可能是立法机关所制定的规则或管理层所定的预算或绩效衡量标准，也可能是财务会计委员会或其他权威机构所定的一般公认会计原则。符合的程度就是将被审计单位所作的认定与既定标准相比较，验证二者的接近程度。证据是审计师用来确定被审计的认定与既定标准是否一致的资料。执行审计的人员必须具备理解所用标准的能力，能够了解应搜集的证据种类与数量，以期在检查相关证据后得出恰当的审计意见。此外，执行审计的人员还应具备独立的精神态度。审计意见是基于对证据的分析与评价而得出的对认定与结果的一致程度的评价。

26. 答：财务报表审计、合规审计和经营审计的差异。

审计种类	认定的性质	既定标准	审计报告的性质	例子
财务报表审计	企业个体的财务报表信息	一般公认会计原则	财务报表是否公允的意见	上市公司年度财务报表审计
合规审计	认定或资料是否遵照政策、法令、法律规定及规章等	管理层的政策、法律、规定或第三方的要求	发现偏差的汇总及对合规程度的保证	财经法纪审计
经营审计	活动或执行的资料	管理层或法令设立的目标	观察到的效率或效果，改进的建议	经济效益审计

27. 答：会计是以逻辑过程对经济事项进行记录、分类和汇总，其目的是为决策者提供所需的财务会计信息。会计的作用是提供一定类型的量化信息，以供投资者和管理当局进行决策所用。为了提供相关的信息，会计人员必须全面掌握表述会计信息应遵循的原则

和规则。此外，会计人员应制作和利用一套会计处理系统，以确保能以合理的成本，及时恰当地记录组织所发生的经济事项。

在审计人员审计财务会计信息时，应关注信息是否恰当地反映了会计期间内所发生的经济事项。由于会计原则和规则是评价财务会计信息是否恰当的标准，因而审计人员必须全面准确地把握这些规则。在财务报表审计中，这些原则和规则就是公认会计准则，在我国指《企业会计准则》和相关会计制度。

此外，审计人员还必须拥有搜集和解释审计证据的专业能力，这种专业能力也是审计人员与会计人员的区别之一。确定适当的审计程序、所需审计证据的数量和类型，评价审计结果，发表审计意见等，都是审计特有的工作内容。

28. 答：（1）账项导向审计模式。只是根据揭弊查错的目的，以公司的账簿和凭证作为审查的出发点，对会计账簿记录进行逐笔审查，检查各项分录的有效性和准确性，以及账簿的加总和过账是否正确、总账与明细账是否一致，以获取审计证据，达到揭弊查错的审计目的。因此，该审计模式主要采用详细审计。

（2）内控导向审计模式。内控导向审计要求注册会计师对委托单位的内部控制制度进行全面的了解和评价，评估审计风险，制订审计计划，确定审计实施的范围和重点，规划实质性程序的性质、时间和范围，在此基础上实施实质性程序，获取充分、适当的审计证据，从而提出合理的审计意见。通过实施内控导向审计，大大提高了审计工作的效率和质量，但客观上也增加了审计风险。

（3）风险导向审计模式。现代风险导向审计从企业的战略经营风险入手，强调从宏观上了解被审单位及其所处环境，按照"战略分析—环节分析—财务报表剩余风险分析"的基本思路，充分识别和评估财务报表重大错报的风险，并据此设计和实施控制测试和实质性程序。

第2章 会计师事务所与注册会计师行业

§2.1 练习题

§2.1.1 单项选择题

1. 在每个考核周期内接受的继续教育累计学时数不得少于（　　）个。
   A. 60　　　　　　　B. 70　　　　　　　C. 80　　　　　　　D. 90

2. 我国的会计师事务所属于中国册会计师协会的（　　）。
   A. 个人会员　　　　　　　　　　B. 团体会员
   C. 名誉会员　　　　　　　　　　D. 名义会员

3. 我国规定，注册会计师继续教育每一考核周期为（　　）年。
   A. 1　　　　　　　B. 2　　　　　　　C. 3　　　　　　　D. 4

4. 2008 年注册会计师小张被判有期徒刑一年，他可以申请注册的时间为（　　）年。
   A. 2009　　　　　　B. 2010　　　　　　C. 2012　　　　　　D. 2014

5. 有利于会计师事务所迅速扩大规模，快速扩展业务的组织方式是（　　）。
   A. 独资制　　　　　　　　　　B. 普通合伙制
   C. 有限责任合伙制　　　　　　　　D. 股份有限公司制

6. 注册会计师以其股份认购会计师事务所的股份为限对本所债务承担有限责任，这种会计师事务所的组织方式是（　　）。
   A. 独资制　　　　　　　　　　B. 普通合伙制
   C. 有限责任合伙制　　　　　　　　D. 股份有限公司制

§2.1.2 多项选择题

7. 要成为执业注册会计师，需要（　　）。
   A. 通过注册会计师统一考试　　　　B. 从事一段时间的审计工作
   C. 从事一段时间的会计工作　　　　D. 从事一段时间的统计工作

8. 会计师事务所的组织形式包括（　　）。
   A. 独资制　　　　　　　　　　B. 普通合伙制
   C. 有限责任合伙制　　　　　　　　D. 股份有限公司制

9. 注册会计师协会撤销注册会计师资格的情形有（　　）。
   A. 完全丧失民事行为能力的
   B. 受刑事处罚的
   C. 因在财务、会计、审计、企业管理或者其他经济管理工作中犯有严重错误受行政处罚、撤职以上处分的

    D. 自行停止执行注册会计师业务满一年的

10. 法定审计业务包括（　　）。
    A. 审查企业财务会计报告
    B. 验证企业资本
    C. 办理企业合并、分立、清算事宜中的审计业务
    D. 会计咨询

11. 会计师事务所一般实行三级管理制度，它们是（　　）。
    A. 独立董事　　　　　　　　B. 主任会计师（或所长、总经理）
    C. 部门经理　　　　　　　　D. 项目经理（或业务经理）

12. 注册会计师职业继续教育的内容主要包括（　　）。
    A. 会计准则及国家其他有关财务会计法规
    B. 审计准则和其他职业规范
    C. 与执业有关的其他有关法规
    D. 执业所需的其他知识与技能

13. 下列属于会计咨询、会计服务业务的有（　　）。
    A. 资产评估　　　　　　　　B. 代理记账
    C. 税务代理　　　　　　　　D. 管理咨询

14. 在我国，依法对注册会计师进行行政管理的部门包括（　　）。
    A. 财政部门　　　　　　　　B. 工商行政管理部门
    C. 税务部门　　　　　　　　D. 证券监督管理委员会

§2.1.3　判断题（你认为正确的用"A"表示，错误的用"B"表示）

15. 凡是受过刑事处罚的人，一律不允许参加注册会计师全国统一考试。（　　）

16. 2008 年，王某在会计工作中犯有严重错误，受行政处分，他于 2011 年申请成为注册会计师，注册会计师协会不应该予以注册。（　　）

17. 独资制会计师事务所一般由个人出资并承担有限责任。（　　）

18. 在中国，注册会计师不能以个人名义承办业务，必须由会计师事务所统一接受委托。（　　）

19. 不在事务所专职工作的个人会员也是执业会员。（　　）

20. 有限责任合伙制以事务所资产对债务承担有限责任，但各合伙人对个人执业行为承担无限责任。（　　）

21. 中国《注册会计师法》规定，不准个人设立独资会计师事务所，只批准有限责任会计师事务所和合伙会计师事务所。（　　）

22. 中国会计师事务所的组织结构大致有所长负责制和董事会领导下的主任会计师负责制两种。（　　）

23. 独资制会计师事务所主要适应中小企业代理记账、税务代理等一般性需要。（　　）

24. 注册会计师小李自行停止执行注册会计师业务 14 个月，他将被撤销注册。（　　）

§2.1.4　问答题

25. 会计师事务所的组织形式有哪些？各有何优缺点？

26. 注册会计师的行业管理体制可以分为哪几类？各有何特点？
27. 中国注册会计师行业的外部管理有哪些内容？
28. 请说明执业会员与非执业会员的关系。

§2.2　参考答案

§2.2.1　单项选择题

1. C　　2. B　　3. B　　4. D　　5. D　　6. D

§2.2.2　多项选择题

7. AB　　8. ABCD　　9. ABCD　　10. ABC　　11. BCD　　12. ABCD
13. ABCD　　14. ABCD

§2.2.3　判断题

15. B　16. B　17. B　18. A　19. B　20. A
21. A　22. A　23. A　24. A

§2.2.4　问答题

25. 答：（1）独资制。其特点是：个人出资并承担无限责任，能适应中小企业代理记账、税务代理等一般性需要，但难以承接综合业务，因此制约了其长远发展。

（2）普通合伙制。其特点在于：多人共同出资，并以各自财产对合伙事务所债务承担无限责任；由于利益共享，能有效扩展业务，扩大规模；但任何合伙人的执业行为都会影响整个事务所的生存和发展，因而风险较大。

（3）有限责任合伙制。其特点是：事务所以其资产对债务承担有限责任，但各合伙人对个人执业行为承担无限责任。该方式结合了合伙制与公司制会计师事务所的优点，既能壮大会计师事务所规模，又能促进注册会计师关注审计风险，因而得到国际注册会计师职业界的认可。

（4）股份有限公司制。其特点是：执业的注册会计师认购事务所股份，并以其股份为限对本所债务承担有限责任；该方式可以迅速扩大事务所规模，业务扩展较快；但由于风险均摊，不利于注册会计师关注职业风险。

26. 答：（1）政府干预型。在这种体制下，政府部门通过制定一系列法律、法规，来强化注册会计师的行业管理和监督，能够有效地对国民经济实施宏观调控。行业组织通过与政府部门的相互合作，制定和执行合理有效的执业规范，保证和提高注册会计师的执业质量，维护职业声誉。

（2）行业自律型。在这种体制下，由会计职业组织直接根据审计环境和审计实务的发展，制定相应的准则和规章，来规范和约束注册会计师的执业行为，保证注册会计师的执业质量，推动注册会计师行业的公平竞争，因而能够有效地促进注册会计师行业的发展。其局限性在于管理力度不如政府干预型体制，特别是难以有效地处理违规会计师事务所，

在一定程度上制约了行业的稳步发展。

（3）政府干预与行业自律结合型。在该体制下，国家通过立法规范注册会计师行业，有关的政府部门发布行政性规章和命令对注册会计师行业进行管理和监督。同时，也充分发挥注册会计师协会的职能，对注册会计师实行行业管理，引导和促进独立审计事业的发展。

27. 答：（1）法律规范。《注册会计师法》是我国注册会计师行业管理的主要法律。该法规定了注册会计师考试与注册、注册会计师业务范围和规则、会计师事务所管理、行业协会以及法律责任等内容。

（2）行政管理。我国有权对注册会计师行业进行行政管理的部门主要有财政部门、工商税务部门和中国证监会。其中：①国务院财政部门和省级人民政府财政部门，负责对注册会计师行业进行监督和指导，包括对注册会计师和会计师事务所的执业行为进行监督和收费管理，对注册会计师和会计师事务所执业过程中的违法和违规行为进行相应的处罚；②工商行政管理部门，可以依法对会计师事务所进行工商登记、对其业务范围进行监督；③税务部门，主要是对会计师事务所进行税务登记、税收征收和管理工作；④证监会，可会同财政部对注册会计师和会计师事务所从事证券、期货相关业务实施管理和监督，包括对注册会计师和会计师事务所从事证券、期货相关业务的资格确认，对其执业行为进行监督检查等。

28. 答：根据《注册会计师法》的规定，通过注册会计师考试全科成绩合格的，均可取得注册会计师资格，在取得注册会计师资格后，申请加入注册会计师协会成为非执业会员，但不能执业。要执业，还必须按照规定，加入一家会计师事务所，具有两年审计工作经验，并符合其他审批条件。只有经批准注册后，发给财政部统一印制的注册会计师证书，方可执行注册会计师业务，称为执业会员（退出会计师事务所不再执业时，经申请批准，可以继续保留会员资格）。

第3章 审计报告

§3.1 练习题

§3.1.1 单项选择题

1. 如果认为财务报表没有按照适用的会计准则和相关会计制度的规定编制，未能在所有重大方面公允反映被审计单位的财务状况、经营成果和现金流量，注册会计师应当出具的审计报告类型为（　　）。

    A. 带强调事项段的无保留意见审计报告　　　　B. 保留意见审计报告

    C. 否定意见审计报告　　　　　　　　　　　D. 无法表示意见审计报告

2. 当审计报告的意见段中出现"除……的影响外"的字样时，表明审计报告是（　　）。

    A. 无保留意见审计报告　　　　　　　　　　B. 保留意见审计报告

    C. 否定意见审计报告　　　　　　　　　　　D. 无法表示意见审计报告

3. 下列情况中，注册会计师应当出具否定意见审计报告的是（　　）。

    A. 财务报表存在错报，但不影响财务报表使用者对报表的理解

    B. 注册会计师对个别重要的会计事项没有取得必要的审计证据

    C. 被审计财务报表虚盈实亏，被审计单位不同意调整

    D. 被审计单位阻挠注册会计师取得相关审计证据

4. 注册会计师应当发表无法表示意见还是保留意见，其考虑的焦点在于（　　）。

    A. 财务报表中错报性质的严重程度

    B. 被审计单位滥用会计政策的严重程度

    C. 被审计单位会计估计的不合理程度

    D. 审计范围受到限制的严重程度

5. 如果对影响财务报表的重大事项无法实施必要的审计程序，但已获取被审计单位管理层声明书，在不考虑其他因素的情况下，注册会计师应当（　　）。

    A. 发表无保留意见审计报告

    B. 发表保留意见或否定意见审计报告

    C. 发表保留意见或无法表示意见审计报告

    D. 发表带强调事项段的无保留意见审计报告

6. 审计报告的意见段中出现"由于上述问题造成的重大影响"等类似的专业术语时，表明审计意见是（　　）。

    A. 无保留意见　　　　　　　　　　　　　　B. 保留意见

    C. 否定意见　　　　　　　　　　　　　　　D. 无法表示意见

7. 在审计报告日后至财务报表报出日前，注册会计师知悉可能对财务报表产生重大

影响的事实，认为应当修改财务报表而被审计单位没有修改，注册会计师应当（　　　）。

    A. 出具带强调事项段的无保留意见审计报告

    B. 解除业务约定

    C. 拒绝出具审计报告

    D. 出具保留意见或否定意见的审计报告

§3.1.2　多项选择题

8. 非标准审计报告包括（　　　）。

    A. 带强调事项段的无保留意见审计报告   B. 保留意见审计报告

    C. 否定意见审计报告   D. 无法表示意见审计报告

9. 可能导致注册会计师应当出具非无保留意见的审计报告的情形包括（　　　）。

    A. 注册会计师与管理层在被审计单位会计政策的选用、会计估计的作出或财务报表的披露方面存在分歧

    B. 审计范围受到限制

    C. 注册会计师缺乏专业胜任能力

    D. 注册会计师缺乏独立性

10. 注册会计师在出具保留意见、否定意见或无法表示意见的审计报告时，应在意见段之前增加说明段，用以（　　　）。

    A. 说明导致所发表审计意见的所有原因

    B. 在可能的情况下指出对财务报表的影响程度

    C. 对重大事项予以强调

    D. 说明存在的重大不确定事项

11. 注册会计师在评价财务报表的合法性时，应考虑（　　　）。

    A. 财务报表是否做出充分披露

    B. 财务报表反映的信息是否具有相关性、可靠性、可比性和可理解性

    C. 被审计单位管理层作出的会计估计是否合理

    D. 被审计单位管理层选择和运用的会计政策是否合法并合理

12. 需要增加强调事项段予以说明的事项同时具备的条件有（　　　）。

    A. 对财务报表有重大影响

    B. 可能对财务报表有重大影响，但被审计单位已作出了恰当地处理和充分地披露

    C. 影响注册会计师的审计意见

    D. 不影响注册会计师的审计意见

13. 注册会计师应当在强调事项段中指明（　　　）。

    A. 导致所发表审计意见的原因

    B. 该段内容仅用于提醒财务报表使用者关注

    C. 该段内容不影响注册会计师的审计意见

    D. 重大事件对财务报表的影响程度

14. 无法表示意见的特殊性在于（　　　）。

    A. 在审计报告中删除注册会计师的责任段

B. 注册会计师不愿意对财务报表发表保留或否定意见才发表无法表示意见

C. 注册会计师没有获得充分适当的审计证据，无从判断财务报表的公允性

D. 审计报告的意见段中一般使用"由于无法实施必要的审计程序"等专业术语

15. 注册会计师要出具标准无保留意见的审计报告应当满足（　　　）。

A. 财务报表已经按照适用的会计准则和相关会计制度的规定编制，在所有重大方面公允反映了被审计单位的财务状况、经营成果和现金流量

B. 注册会计师已经按照中国注册会计师审计准则的规定计划和实施审计工作，在审计过程中未受到限制

C. 没有必要在审计报告中增加强调事项段或任何修饰性词语

D. 被审计单位以全额支付审计收费

16. 下列属于审计范围受到限制的情况有（　　　）。

A. 未能对存货进行监盘

B. 未能对应收账款进行函证

C. 未能取得被投资企业的财务报表

D. 内部控制极度混乱，会计记录缺乏系统性与完整性

§3.1.3　判断题（你认为正确的用"A"表示，错误的用"B"表示）

17. 注册会计师签署审计报告的日期通常不早于管理层签署已审计财务报表的日期。
（　　　）

18. 否定意见审计报告说明被审计单位的财务报表不能信赖，因此，无论是注册会计师，还是被审计单位都不希望发表此类意见。　　　　　　　　　　　　　（　　　）

19. 注册会计师发表无法表示意见，表明注册会计师取消业务约定。　　　　（　　　）

20. 对于股份有限公司，审计报告收件人一般可用"××股份有限公司全体员工"。
（　　　）

21. 由于财务报表附注不是财务报表的重要组成部分，因此，不需要在审计报告的引言段提及。　　　　　　　　　　　　　　　　　　　　　　　　　　　　　（　　　）

22. 管理层对财务报表的责任包括设计、实施和维护内部控制。　　　　　　（　　　）

23. 审计报告应当由一名具备相关业务资格的注册会计师签名并盖章。　　　（　　　）

24. 发表保留意见时，财务报表整体仍是公允的。　　　　　　　　　　　　（　　　）

25. 注册会计师发表无法表示意见时是对被审计单位财务报表持否定意见。　（　　　）

26. 财务报表审计报告一般为简式审计报告。　　　　　　　　　　　　　　（　　　）

§3.1.4　问答题

27. 审计报告的报告日期应当如何确定？

28. 如何理解注册会计师发表无法表示意见？

29. 注册会计师出具保留意见审计报告的情形有哪些？

30. 审计报告中应当增加强调事项段的条件是什么？

§3.2 参考答案

§3.2.1 单项选择题

1. C	2. B	3. C	4. D	5. C
6. B	7. D			

§3.2.2 多项选择题

8. ABCD	9. AB	10. AB	11. ABCD	12. BD
13. BC	14. ACD	15. ABC	16. ABCD	

§3.2.3 判断题

17. A	18. A	19. B	20. B	21. B
22. B	23. B	24. A	25. B	26. A

§3.2.4 问答题

27. 答：审计报告标注的日期为注册会计师完成审计工作的日期。审计报告的日期不应早于注册会计师获取充分、适当的审计证据（包括管理层认可对财务报表的责任且已批准财务报表的证据），并在此基础上对财务报表形成审计意见的日期。

注册会计师在确定审计报告日期时，应当考虑：（1）构成整套财务报表的所有报表已编制完成；（2）法律法规规定的被审计单位权力机构已经认可其对财务报表负责。在实务中，注册会计师在正式签署审计报告前，通常把审计报告草稿和已审计财务报表草稿一同提交给管理层。如果管理层批准并签署已审计财务报表，注册会计师即可签署审计报告。注册会计师签署审计报告的日期通常与管理层签署已审计财务报表的日期为同一天，或晚于管理层签署已审计财务报表的日期。

28. 答：无法表示意见是指注册会计师不能就被审计单位财务报表整体是否公允反映其财务状况、经营成果和现金流量发表审计意见，也即对被审计单位的财务报表既不发表无保留意见或保留意见，也不发表否定意见。注册会计师发表无法表示意见，不同于注册会计师拒绝接受委托，它是在注册会计师实施了必要审计程序后所形成的结论。注册会计师发表无法表示意见，不是注册会计师不愿意发表无保留、保留或否定意见，而是由于一些重大限制使得注册会计师无法实施必要的审计程序，未能对一些重大事项获得充分适当的审计证据，从而不能对财务报表整体是否公允反映形成意见。一般来说，如果审计范围受到限制可能产生的影响非常重大和广泛，不能获取充分、适当的审计证据，以至于无法对财务报表发表审计意见，注册会计师应当出具无法表示意见的审计报告。

29. 答：如果认为财务报表整体是公允的，但还存在下列情形之一时，注册会计师应当出具保留意见审计报告：①在获取充分、适当的审计证据后，注册会计师认为错报单独或累计起来时对财务报表影响重大，但不具有广泛性。②因审计范围受到限制，不能获取充分、适当的审计证据，虽影响重大，但不具有广泛性。

30．答：应当增加强调事项段的条件有两个：①可能对财务报表产生重大影响，但被审计单位进行了恰当的会计处理，且在财务报表中作出了充分披露；②不影响注册会计师发表审计意见。

第4章　注册会计师执业准则

§4.1　练习题

§4.1.1　单项选择题

1. 下列各项中，既是注册会计师在执行注册会计师审计业务中必须遵循的准则，也是衡量注册会计师审计工作质量的权威性标准的是（　　）。
   - A. 注册会计师执业准则
   - B. 质量控制准则
   - C. 职业道德准则
   - D. 职业继续教育准则

2. 负责拟定中国注册会计师执业准则的是（　　）。
   - A. 财政部
   - B. 审计署
   - C. 中国注册会计师协会
   - D. 全国人民代表大会

3. 鉴证业务准则由鉴证业务基本准则统领，按照鉴证业务提供的保证程度和鉴证对象的不同，不应包括（　　）。
   - A. 中国注册会计师审计准则
   - B. 中国注册会计师审阅准则
   - C. 中国注册会计师其他鉴证业务准则
   - D. 相关服务准则

4. 下列各项中属于鉴证业务的是（　　）。
   - A. 验资
   - B. 代编财务信息
   - C. 商定程序
   - D. 管理咨询

5. 下列各项中属于相关服务的是（　　）。
   - A. 审计
   - B. 审阅
   - C. 预测性财务信息审核
   - D. 代编财务信息

§4.1.2　多项选择题

6. 会计师事务所制定的政策和程序应当强调遵守职业道德规范的重要性，并通过必要的途径予以强化。这些途径包括（　　）。
   - A. 会计师事务所领导层的示范
   - B. 教育和培训
   - C. 监控
   - D. 对违反职业道德规范行为的处理

7. 中国注册会计师业务准则体系包括（　　）。
   - A. 鉴证业务准则
   - B. 相关服务准则
   - C. 会计师事务所质量控制准则
   - D. 职业道德规范

8. 下列各项准则中，用于规范鉴证业务的准则有（　　）。
   - A. 中国注册会计师审计准则
   - B. 中国注册会计师审阅准则
   - C. 中国注册会计师其他鉴证业务准则
   - D. 相关服务准则

9. 会计师事务所应当制定政策和程序，要求对特定业务实施项目质量控制复核，以客观评价项目组作出的重大判断以及在准备报告时得出的结论。这些政策和程序应当包括（　　）。

  A. 对主要上市公司财务报表审计实施项目质量控制复核

  B. 对所有上市公司财务报表审计实施项目质量控制复核

  C. 规定适当的标准，据此评价上市公司财务报表审计以外的历史财务信息审计和审阅、其他鉴证业务及相关服务业务，以确定是否应当实施项目质量控制复核

  D. 对符合适当标准的所有业务实施项目质量控制复核

10. 会计师事务所都应当针对业务工作底稿设计和实施，并适当的控制，以便（　　）。

  A. 使业务工作底稿清晰地显示其生成、修改及复核的时间和人员

  B. 在业务的所有阶段，尤其是在项目组成员共享信息或通过互联网将信息传递给其他人员时，保护信息的完整性

  C. 防止未经授权改动业务工作底稿

  D. 允许项目组和其他经授权的人员为适当履行职责而接触业务工作底稿

11. 下列哪些情况，会计师事务所应当对业务工作底稿包含的信息予以保密？（　　）

  A. 取得客户的授权

  B. 业务工作底稿具有商业价值

  C. 根据法律法规的规定，会计师事务所为法律诉讼准备文件或提供证据，以及向监管机构报告发现的违反法规行为

  D. 接受注册会计师协会和监管机构依法进行的质量检查

§4.1.3　判断题（你认为正确的用"A"表示，错误的用"B"表示）

12. 项目质量控制复核是指在出具报告前，对项目组作出的重大判断和在准备报告时形成的结论作出客观评价的过程。　　　　　　　　　　　　　（　　）

13. 质量控制准则用以规范会计师事务所在执行各类业务时应当遵守的质量控制政策和程序，是对会计师事务所质量控制提出的制度要求。　　　　　　（　　）

14. 审计质量合格与否的衡量标准是会计准则。　　　　　　　　　　（　　）

15. 会计师事务所应当制定政策和程序，以处理和解决项目组内部、项目组与被咨询者之间以及项目负责人与项目质量控制复核人员之间的意见分歧，只有意见分歧问题得到解决，项目负责人才能出具报告。　　　　　　　　　　　　　（　　）

16. 会计师事务所对历史财务信息审计和审阅业务、其他鉴证业务，应当自业务报告日起，对业务工作底稿至少保存 12 年。　　　　　　　　　　　（　　）

17. 会计师事务所主任会计师应对质量控制制度承担最终责任。　　　（　　）

18. 会计师事务所应每两年至少一次向所有受独立性要求的人员获取其遵守独立性政策和程序的书面确认函。　　　　　　　　　　　　　　　　（　　）

19. 会计师事务所应当周期性地选取已完成的业务进行检查，周期最长不得超过 3 年。在每个周期内，应对每个项目负责人的业务至少选取一项进行检查。　（　　）

20.《中国注册会计师审计准则第 1121 号——历史财务信息审计的质量控制》从会计

师事务所层面上进行规范，适用于包括历史财务信息审计业务在内的各项业务。　（　　）

§4.1.4　问答题

21．简述注册会计师业务准则体系及内容。

22．简述注册会计师执业准则体系的构成。

23．简述中国注册会计师审计准则的主要内容。

24．简述业务工作底稿的要求。

§4.2　参考答案

§4.2.1　单项选择题

1. A　　　　　2. C　　　　　3. D　　　　　4. A　　　　　5. D

§4.2.2　多项选择题

6. ABCD　　　7. AB　　　　8. ABC　　　　9. BCD

10. ABCD　　　11. ACD

§4.2.3　判断题

12. A　　　　　13. A　　　　　14. B　　　　　15. A　　　　　16. B

17. A　　　　　18. B　　　　　19. A　　　　　20. B

§4.2.4　问答题

21．答：中国注册会计师执业准则体系包括鉴证业务准则、相关服务准则和会计师事务所质量控制准则。

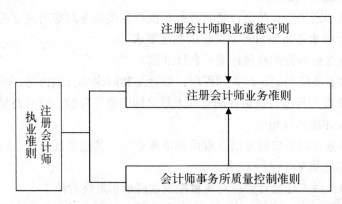

22．答：鉴证业务准则由鉴证业务基本准则统领，按照鉴证业务提供的保证程度和鉴证对象的不同，分为中国注册会计师审计准则、中国注册会计师审阅准则和中国注册会计师其他鉴证业务准则。其中，审计准则是整个执业准则体系的核心。

23．答：审计准则涉及审计业务的一般原则与责任、风险评估与应对、审计证据、利用其他主体的工作、审计结论与报告、特殊领域审计六个方面。

24. 答：（1）业务工作底稿的归档要求。会计师事务所应当制定政策和程序，以使项目组在出具业务报告后及时将工作底稿归整为最终业务档案。对历史财务信息审计和审阅业务、其他鉴证业务、业务工作底稿的归档期限为业务报告日后 60 天内。

（2）业务工作底稿的管理要求。会计师事务所应当制定政策和程序，以安全保管业务工作底稿并对业务工作底稿保密；保证业务工作底稿的完整性；便于使用和检索业务工作底稿；按照规定的期限保存业务工作底稿。

（3）业务工作底稿的所有权。业务工作底稿的所有权属于会计师事务所。会计师事务所可自主决定允许客户获取业务工作底稿部分内容，或摘录部分工作底稿，但披露这些信息不得损害会计师事务所执行业务的有效性。

第5章　注册会计师职业道德

§5.1　练习题

§5.1.1　单项选择题

1. 注册会计师在某公司拥有直接投资，而该公司与注册会计师的审计客户有投资关系，这意味着（　　）。

    A. 注册会计师与审计客户有直接投资　　B. 注册会计师与审计客户有间接投资
    C. 注册会计师与审计客户无经济利益关系　D. 注册会计师与审计客户有部分投资

2. 注册会计师的服务是一种有偿服务，下列不能成为会计师事务所收费依据的是（　　）。

    A. 审计报告的类型　　　　　　　　　B. 服务性质
    C. 工作量大小　　　　　　　　　　　D. 参加人员层次的高低

3. 会计师事务所对无法胜任或不能按时完成的审计业务，应该（　　）。

    A. 减少审计费用　　　　　　　　　　B. 拒绝接受委托
    C. 转包给其他会计师事务所　　　　　D. 聘请专家

4. 下列行为中有损审计独立性的是（　　）。

    A. 注册会计师在特定领域聘请相关专家
    B. 注册会计师在接受审计业务前卖掉持有的客户的股票
    C. 注册会计师在审计时接受客户赠送的贵重礼品
    D. 注册会计师在审计过程中指出客户的会计差错并提请其改正

5. 注册会计师向审计客户提供的下列服务中，不会影响审计独立性的是（　　）。

    A. 评估服务　　B. 内部审计服务　　C. 税务咨询　　D. 编制财务报表

6. 如果后任注册会计师发现前任注册会计师所审计的财务报表存在重大错报，后任注册会计师应当（　　）。

    A. 回避这一问题
    B. 提请审计客户告知前任注册会计师，并要求审计客户安排三方会谈，以便采取措施进行妥善处理
    C. 向中国注册会计师协会报告
    D. 告知前任注册会计师应该修改

§5.1.2　多项选择题

7. 可能损害独立性的因素有（　　）。

    A. 经济利益　　B. 自我评价　　　C. 关联关系　　　D. 外界压力

8. 注册会计师可以披露客户有关信息的情形包括（　　）。

　　A. 法律法规允许，并取得客户的授权

　　B. 根据法律法规要求，为法律诉讼、仲裁准备文件或提供证据，以及向监管机构报告发现的违反法规行为

　　C. 法律法规允许的情况下，在法律诉讼、仲裁中维护自己的合法权益

　　D. 接受注册会计师协会和监管机构依法进行的质量检查

9. 会计师事务所和注册会计师在招揽业务时不得有的行为包括（　　）。

　　A. 暗示有能力影响法院、监管机构或类似机构及其官员

　　B. 与其他注册会计师进行比较

　　C. 不恰当地声明自己是某一特定领域的专家

　　D. 作出其他欺骗性的或可能导致误解的声明

10. 下列情形中，注册会计师符合保密职业道德的有（　　）。

　　A. 注册会计师发现被审计单位在很长时期内无偿还能力，便将此告诉正在与被审计的单位洽谈大额短期借款的银行，以避免银行受到损失

　　B. 注册会计师发现被审计单位中层管理人员舞弊后直接向其监管部门举报要求调查

　　C. 司法部门调查被审计单位，依法要求注册会计师出庭作证时注册会计师透露被审计单位的有关情况

　　D. 注册会计师为了与其他会计师事务所的注册会计师交流经验，介绍了被审计单位的情况

11. 按照注册会计师职业道德规范的要求，下列情形中注册会计师应向其所在的会计师事务所声明并实行回避的是（　　）。

　　A. 注册会计师持有客户股票、债券或与客户有其他经济利益

　　B. 注册会计师担任客户的常年会计顾问或代为办理会计事项

　　C. 注册会计师与客户的负责人或主管人员、董事有亲密关系

　　D. 注册会计师与客户的负责人或主管人员、董事有近亲关系

12. 下列行为有损注册会计师职业形象的有（　　）。

　　A. 注册会计师以个人名义承接业务

　　B. 注册会计师对其能力进行广告宣传

　　C. 注册会计师从一家事务所转入另一家事务所

　　D. 注册会计师跨地区执业

13. 下列各项中，符合注册会计师职业道德规范的有（　　）。

　　A. 会计师事务所在报纸上公布其名称、地址、电话号码

　　B. 会计师事务所为完成委托，雇用正在其他会计师事务所执业的注册会计师

　　C. 会计师事务所为完成委托项目，聘请有关专家

　　D. 会计师事务所通过降低收费招揽业务，使其工作质量受到损害

14. 专业胜任能力的要求包括（　　）。

　　A. 注册会计师不得宣称自己具有本不具备的专业知识、技能或经验

　　B. 注册会计师不得提供不能胜任的专业服务

C. 在利用专家工作时，注册会计师应当对专家遵守职业道德的情况进行监督和指导

D. 在提供专业服务时，注册会计师可以在特定领域利用专家协助其工作

§5.1.3 判断题（你认为正确的用"A"表示，错误的用"B"表示）

15. 独立性原则只适用于鉴证业务。 （   ）

16. 注册会计师可根据需要配备相应的业务助理人员和聘请专家协助工作，但应对其工作结果负责。 （   ）

17. 注册会计师在被审计客户处有直接投资，但数额不大，所以其独立性不受到影响。 （   ）

18. 除法规允许外，会计师事务所不得以或有收费方式提供鉴证服务，收费与否或多少不得以鉴证工作结果或实现特定目的为条件。 （   ）

19. 注册会计师应当履行保密责任，不应当接受证监会的调查。 （   ）

20. 独立性原则、客观性原则和公正性原则适用于注册会计师提供的各种专业服务，而不仅仅局限于签证业务。 （   ）

21. 注册会计师在利用专家工作时，不仅自己遵守职业道德，也应当提请并督导专家遵守职业道德。 （   ）

22. 为了保持专业胜任能力，注册会计师应参加职业继续教育。 （   ）

23. 注册会计师可以在名片上印有姓名、专业资格、社会职务、专家称谓以及所获荣誉等。 （   ）

24. 注册会计师不得对税务咨询服务采取或有收费的方式。 （   ）

§5.1.4 问答题

25. 影响注册会计师独立性的因素可能有哪些?
26. 如何理解注册会计师的专业胜任能力?
27. 如何理解注册会计师的保密义务?
28. 我国注册会计师职业道德对或有收费有哪些要求?

§5.2 参考答案

§5.2.1 单项选择题

1. B   2. A   3. B   4. C   5. C   6. B

§5.2.2 多项选择题

7. ABCD   8. ABCD   9. ABCD   10. ABD   11. ABCD
12. AB   13. AC   14. ABCD

§5.2.3 判断题

15. A   16. A   17. B   18. A   19. B

20．B　　　21．A　　　22．A　　　23．A　　　24．B

§5.2.4　问答题

25．答：会计师事务所和注册会计师应当考虑可能损害独立性的因素，包括自身利益、自我评价、过度推介、密切关系和外界压力等。

26．答：①注册会计师不得宣称自己具有本不具备的专业知识、技能或经验。②注册会计师不得提供不能胜任的专业服务。③在提供专业服务时，注册会计师可以在特定领域利用专家协助其工作。④在利用专家工作时，注册会计师应当对专家遵守职业道德的情况进行监督和指导。⑤随着业务、法规和技术的最新发展，注册会计师还应不断保持和改进自己的专业知识和技能，使其维持在一定水平之上。

27．答：①注册会计师应当对执业过程中获知的客户信息保密，这一责任不因业务约定的终止而终止。②注册会计师应当采取措施，确保业务助理人员和专家遵守保密原则。③注册会计师不得利用在执业过程中获知的客户信息为自己或他人牟取不正当的利益。④注册会计师应当对拟接受的客户或拟受雇的工作单位向其披露的涉密信息保密。⑤注册会计师应当对所在会计师事务所的涉密信息保密。⑥注册会计师在社会交往中应当履行保密义务，警惕无意中泄密的可能性，特别是警惕无意中向近亲属或关系密切的人员泄密的可能性。⑦如果获得新客户，注册会计师可以利用以前的经验，但不得利用或披露以前职业活动中获知的涉密信息。

28．答：或有收费是指收费与否或收费多少以鉴证工作结果或实现特定目的为条件。《指导意见》规定，除法规允许外，会计师事务所不得以或有收费方式提供鉴证服务，收费与否或多少不得以鉴证工作结果或实现特定目的为条件。《指导意见》对或有收费的规定，仅仅针对的是注册会计师为客户提供的鉴证类服务，对于非鉴证类服务中的或有收费并没有完全禁止。按照国际惯例，如果非鉴证服务的或有收费与鉴证服务的结果有关，一般都在被禁止之列。

第6章 法律责任

§6.1 练习题

§6.1.1 单项选择题

1. 注册会计师因违约、过失或欺诈给被审计单位或其他利害关系人造成损失的，按照有关法律和规定，可能被判负行政责任、民事责任或刑事责任。行政处罚对于注册会计师个人来说，并不包括（　　）。
   A. 没收违法所得　　　　　　B. 警告
   C. 暂停执业　　　　　　　　D. 吊销注册会计师证书

2. 因违约和过失可能使注册会计师承担的责任是（　　）。
   A. 民事责任　　　　　　　　B. 行政责任和刑事责任
   C. 民事责任和行政责任　　　D. 民事责任和刑事责任

3. 对于注册会计师的欺诈行为，法院可判其（　　）。
   A. 行政责任和刑事责任　　　B. 民事责任和刑事责任
   C. 只有刑事责任　　　　　　D. 只有民事责任

4. 注册会计师严格按照专业标准的要求执业，没有欺诈行为，即使审定后的财务报表中有错报事项，注册会计师一般也不会承担（　　）。
   A. 过失责任　　B. 行政责任　　C. 法律责任　　D. 民事责任

5. 被审计单位未能向注册会计师提供编制纳税申报表所必要的信息，后来又控告注册会计师未能妥当地编制纳税申报表，这种情况可能使法院判定被审计单位存在（　　）。
   A. 违约　　　B. 普通过失　　C. 重大过失　　D. 共同过失

6. 如果财务报表存在多处错误事项，每一处都不算重大，但报表作为整体时就可能导致严重失实，注册会计师执行审计准则规定的程序未能将错误事项查出来，该注册会计师会被认定为（　　）。
   A. 普通过失　　B. 欺诈　　C. 重大过失　　D. 没有过失

§6.1.2 多项选择题

7. 注册会计师涉及法律诉讼的数量和金额都呈上升趋势，除了法律因素外，可能的原因还有（　　）。
   A. 财务报表使用者对注册会计师的责任日趋了解
   B. 政府监管部门保护投资者的意识日益加强，监管措施日益完善，处罚力度日益增大
   C. 由于审计环境发生很大变化，使会计业务更加复杂，审计风险变大

D. "深口袋"理论的盛行

8. 为减少过失或防止欺诈，注册会计师应达到的基本要求有（　　）。

  A. 增强执业独立性　　　　　　　　B. 保持职业谨慎

  C. 强化执业监督　　　　　　　　　D. 与委托人签订业务约定书

9. 目前我国颁布的、涉及会计师事务所及注册会计师的法律责任的法律法规有（　　）。

  A.《注册会计师法》　　　　　　　B.《刑法》

  C.《证券法》　　　　　　　　　　D.《公司法》

10. 注册会计师的法律责任的种类有（　　）。

  A. 违约责任　　　　B. 刑事责任　　　　C. 民事责任　　　　D. 行政责任

11. 会计上的错误主要包括（　　）。

  A. 对会计政策的误用

  B. 对事实的疏忽和误解

  C. 原始记录和会计数据的计算、抄写错误

  D. 隐瞒或删除交易或事项

12. 会计上的舞弊包括（　　）。

  A. 蓄意使用不当的会计政策　　　　B. 记录虚假的交易或事项

  C. 伪造、变造记录或凭证　　　　　D. 隐瞒或删除交易或事项

13. 审计人员所负过失责任，通常将过失按其程度不同分为（　　）。

  A. 轻微过失　　　　B. 欺诈　　　　C. 普通过失　　　　D. 重大过失

14. 会计师事务所违约的情形有（　　）。

  A. 未按商定的时间提交审计报告

  B. 违反了与被审计单位订立的保密协议

  C. 修改了审计程序

  D. 追加了审计程序

§6.1.3　判断题（你认为正确的用"A"表示，错误的用"B"表示）

15. 注册会计师如果未能将财务报表中的错误与舞弊揭露出来，就应负法律责任。

  （　　）

16. 注册会计师的审计意见应保证被审计单位财务报表的可靠，以利于财务报表使用人做出正确的决策。（　　）

17. 尽管不能发现被审计单位财务报表中存在的全部错误、舞弊和违反法律法规行为，注册会计师仍然有责任发现财务报表中的重大错误、舞弊和对财务报表有直接影响的重大违反法律法规行为。（　　）

18. 注册会计师过失程度的大小没有特别严格的界定。（　　）

19. 对财务报表有直接和重大影响的违反法律法规行为，注册会计师在设计和实施审计程序以及评价和报告审计结果时，应当给予充分关注。（　　）

20. 我国现行法律规定，会计师事务所和注册会计师如工作失误或者犯有欺诈行为，应对委托人或依赖审定财务报表的第三人承担法律责任。（　　）

21. 被审计单位治理层与管理层的责任与审计人员审计责任的内容是完全相同的。
（　　）

22. 审计人员未检查出财务报表的违法行为，表示其审计工作未按中国注册会计师职业准则执行。
（　　）

23. 如果被审计单位认为某些项目属于商业秘密，不愿公开披露，审计人员就应该尊重企业意愿，不能对外公布。
（　　）

24. 经营失败必然引发审计失败。
（　　）

§6.1.4　问答题

25. 如何理解普通过失、重大过失、共同过失？

26. 如何区分普通过失和重大过失？

27. 会计师事务所和注册会计师如何避免法律诉讼？

28. 如何理解审计失败、企业经营失败与审计风险三者的联系与区别？

29. 如何理解注册会计师与被审计单位在财务报表审计中的责任？

30. 注册会计师如何对被审计单位违反法律法规行为进行报告？

§6.2　参考答案

§6.2.1　单项选择题

1. A　　　2. C　　　3. B　　　4. C　　　5. D　　　6. A

§6.2.2　多项选择题

7. ABCD　　8. ABC　　9. ABCD　　10. BCD　　11. ABC

12. ABCD　　13. CD　　14. AB

§6.2.3　判断题

15. B　　16. B　　17. A　　18. B　　19. A

20. A　　21. B　　22. B　　23. B　　24. B

§6.2.4　问答题

25. 答：按过失程度不同，可以分为普通过失和重大过失。

（1）普通过失（也称"一般过失"）通常是指没有保持应有的职业怀疑、没有完全遵循专业准则的要求。例如，未按特定审计项目取得必要和充分的审计证据的情况，可视为一般过失。

（2）重大过失是指连起码的职业谨慎都不保持，对业务或事务不加考虑，满不在乎；根本没有遵循专业准则或没有按专业准则的基本要求执行业务。例如，审计不以《中国注册会计师审计准则》为依据，可视为重大过失。

另外，"共同过失"，即对他人过失，受害方自己未能保持合理的谨慎，因而蒙受损失。在审计中未能发现现金等资产短少时，被审计单位可以过失为由控告注册会计师，而注册会计师则可以说现金等问题是由缺乏适当的内部控制造成的，并以此为由来反击被审计单位的诉讼。

26．答：（1）重要性。如果财务报表中存在重大错报事项，注册会计师运用常规审计程序通常应予以发现，但因工作疏忽而未能将重大错报事项查出来就很可能在法律诉讼中被解释为重大过失。如果财务报表有多处错报事项，每一处都不算重大，但综合起来对财务报表的影响却较大，也就是说财务报表作为一个整体可能严重失实。在这种情况下，法院一般认为注册会计师具有普通过失，而非重大过失，因为常规审计程序发现每处较小错报事项的概率也较小。

（2）内部控制。如果注册会计师在评估认定层次重大错报风险时，预期内部控制运行是有效的，能够防止、发现并纠正认定层次的重大错报，但却未实施控制测试，则注册会计师具有重大过失。相反的情况是，内部控制本身非常健全，但由于领导层凌驾于控制之上，职工串通舞弊，导致财务报告出现重大错报，这并不必然表明注册会计师没有遵守审计准则。因而，应当根据注册会计师是否根据具体情况实施了审计程序，是否获取了充分、适当的审计证据，以及是否根据证据评价结果出具了恰当的审计报告等判断注册会计师是否具有过失、是否具有普通过失。

27．答：①严格遵循职业道德和专业标准的要求。②建立、健全会计师事务所质量控制制度。③与委托人签订业务约定书。④审慎选择被审计单位。⑤深入了解被审计单位的业务。⑥提取风险基金或购买责任保险。⑦聘请熟悉注册会计师法律责任的律师。

28．答：（1）企业经营失败是指因产业不景气、管理决策失误或出现非预期的竞争因素等导致企业无法达成投资人的期望或无力偿还债务的情况。企业经营失败的极端情况是破产。经营风险是导致经营失败的主要因素之一。

（2）审计失败则是指注册会计师由于没有遵守公认审计准则而形成或提出了错误的审计意见。出现经营失败时，审计失败可能存在，也可能不存在。另外，还可能存在这样的情况，即注册会计师确实遵守了审计准则，但却提出了错误的审计意见，这种情况称为审计风险。审计风险是指财务报表存在重大错报而注册会计师发表不恰当审计意见的可能性。

29．答：（1）被审计单位管理层的责任：按照适用的财务报告框架的规定编制财务报表，具体包括：①设计、实施和维护与财务报表编制相关的内部控制，以使财务报表不存在由于舞弊或错误而导致的重大错报；②选择适用的财务报告框架的规定编制财务报表，包括使其实现公允反映（如适用）；③向注册会计师提供必要的工作条件。

（2）注册会计师的责任：在实施审计工作的基础上对财务报表发表审计意见。

30．答：（1）如果认为被审计单位存在对财务报表产生重大影响的违反法规行为，注册会计师应当要求被审计单位在财务报表中予以恰当反映。如果被审计单位在财务报表中对该违反法规行为作出恰当反映，注册会计师应当出具无保留意见的审计报告。如果被审计单位拒绝在财务报表中反映或反映不恰当，注册会计师应当根据其影响财务报表的严重程度，运用职业判断，确定出具保留意见或否定意见的审计报告。

（2）如果因被审计单位阻挠无法获取充分、适当的审计证据，以评价是否发生或可能发生对财务报表具有重大影响的违反法规行为，注册会计师应当根据审计范围受到限制的程度，出具保留意见或无法表示意见的审计报告。

（3）如果发现被审计单位存在严重违反法规行为，注册会计师应当考虑法律法规是否要求其向监管机构报告；必要时，征询法律意见。

（4）如果被审计单位存在违反法规行为，且没有采取注册会计师认为必要的补救措施，注册会计师应当考虑解除业务约定。

第7章 审计目标与审计过程

§7.1 练习题

§7.1.1 单项选择题

1. "发生"认定指,记录的交易和事项已发生且与被审计单位有关,其目标主要针对( )。

    A. 数量   B. 低估   C. 高估   D. 金额

2. "完整性"认定指,所有应当记录的交易和事项均已记录,其目标主要针对( )。

    A. 数量   B. 金额   C. 高估   D. 低估

3. 会计师事务所的组成要素与"权利或义务"认定有关的是 ( )。

    A. 资产负债表   B. 损益表   C. 股东权益变动表 D. 现金流量表

4. 最适合于实现注册会计师的总体合理性目标的审计程序是 ( )。

    A. 计算   B. 分析性程序   C. 检查   D. 函证

5. 下列有关"完整性"的认定中,表达不正确的有 ( )。

    A. 该认定是指应在财务报表中列示的所有交易和项目是否都列入了

    B. 该认定主要与财务报表组成要素的低估有关

    C. 该认定所要解决的问题是被审计单位管理层是否把应包括的项目给遗漏或省略了

    D. 该认定还涉及所报告的交易和项目的金额是否正确

6. 下列认定中与损益表组成要素无关的是 ( )。

    A. 存在或发生   B. 估价与分摊   C. 权利和义务   D. 表达与披露

§7.1.2 多项选择题

7. 审计目标的主要影响和决定因素有 ( )。

    A. 社会环境   B. 生产力水平   C. 审计能力   D. 社会需求

8. 现阶段我国注册会计师审计的总目标为评价财务报表的 ( )。

    A. 公允性   B. 一贯性   C. 合法性   D. 真实性

9. 审计具体目标的确定依据包括 ( )。

    A. 审计一般目标   B. 审计项目目标

    C. 审计总目标   D. 被审计单位管理层的认定

10. 被审计单位管理层在资产负债表中列报银行存款及其金额,意味着作出了下列明确的认定 ( )。

    A. 记录的银行存款是存在的

    B. 银行存款以恰当的金额包括在财务报表中

    C. 所有应当记录的银行存款均已记录

    D. 记录的银行存款都由被审计单位拥有

11. 与期末账户余额相关的认定是（　　　）。

    A. 计价和分摊　　　B. 完整性　　　　C. 权利和义务　　　D. 存在

12. 与列报相关的认定是（　　　）。

    A. 发生及权利和义务　　　　　　　B. 完整性

    C. 分类和可理解性　　　　　　　　D. 准确性和计价

13. 与各类交易和事项相关的认定是（　　　）。

    A. 准确性和计价　　B. 发生和完整性　　C. 准确性　　　D. 截止和分类

14. 在采用审计业务循环分块法时，注册会计师可以将业务循环划分为（　　　）。

    A. 筹资与投资循环　　　　　　　　B. 员工服务与生产循环

    C. 采购与付款循环　　　　　　　　D. 销售与收款循环

15. 审计过程是指审计工作从开始到结束的整个过程，其内容主要包括（　　　）。

    A. 计划审计工作　　　　　　　　　B. 实施风险评估程序

    C. 实施控制测试和实质性程序　　　D. 完成审计工作和编制审计报告

§7.1.3　判断题（你认为正确的用"A"表示，错误的用"B"表示）

16. 注册会计师审计的总目标是对被审计单位财务报表的合法性、公允性及会计处理方法的一贯性负责。（　　　）

17. 被审计单位管理层的认定指管理层对财务报表各组成要素所作出的认定。（　　　）

18. 管理层在财务报表上的认定都是明确表达的。（　　　）

19. 被审计单位管理层的认定就是指与各类交易和事项相关的认定。（　　　）

20. 注册会计师确定审计范围必须根据审计准则而不能依据职业判断。（　　　）

21. 由于各业务循环的审计是孤立的，所以，注册会计师对各业务循环的审计可以相对独立的进行。（　　　）

22. 审计程序就是计划审计工作。（　　　）

23. 审计业务的项目分块法的优势在于与内部控制测试紧密结合。（　　　）

24. 注册会计师有责任制订计划和实施必要程序，以保证能发现财务报表的重大错误、舞弊以及对财务报表有直接影响的重大违反法律法规行为。（　　　）

25. 财务报表本身就是一系列高度复杂相互联系的认定的集合。（　　　）

§7.1.4　问答题

26. 如何理解财务报表审计目标的演变过程？

27. 如何理解我国财务报表审计的总体目标？

28. 如何理解审计总体目标、审计具体目标、之间的相互关系？

29. 管理层对财务报表各组成要素的认定都有哪些？

§7.2　参考答案

§7.2.1　单项选择题

1. C　　　2. D　　　3. A　　　4. B　　　5. D　　　6. C

§7.2.2　多项选择题

7. ACD　　8. AC　　9. CD　　10. ABCD　　11. ABCD　　12. ABCD
13. BCD　　14. ABCD　　15. ABCD

§7.2.3　判断题

16. B　　17. A　　18. B　　19. B　　20. B
21. B　　22. B　　23. B　　24. B　　25. A

§7.2.4　问答题

26. 答：（1）以查错防弊为主要审计目标阶段。在此阶段，企业主需要通过审计来了解管理层履行其职责的情况。因此"发现舞弊"被公认为是注册会计师审计的首要目标。在没有疑点的情况下，不要求注册会计师发现所有舞弊。但是，如果存在引起怀疑的事项，注册会计师必须做进一步的调查。

（2）以验证财务报表的真实公允性为主要审计目标阶段。由于信息不对称的存在，报表使用人无法确认财务报表所反映财务信息的真伪，需要外部注册会计师对财务报表进行鉴证。同时，股份公司的规模和业务量较过去大大扩展，注册会计师在客观上也无法对全部经济业务进行逐笔审计。此外，审计职业界开始认为如能建立完善的内部控制，可以在很大程度上控制欺诈舞弊的发生。因此，注册会计师审计不再以查错防弊为主要目标，而是着重对财务报表的真实性与公允性发表意见，以帮助报表使用者做出相应决策。

（3）查错防弊和验证财务报表的真实公允性两目标并重阶段。社会公众出于保护自身利益的考虑，纷纷要求注册会计师将查错防弊作为审计的主要目标。这一时期中，审计职业界加重了注册会计师对舞弊所承担的责任，要求注册会计师对引起其怀疑的事项要持有合理的职业谨慎态度。如果发现舞弊事项，注册会计师有义务对其做进一步调查。

27. 答：（1）评价财务报表的合法性。在评价财务报表是否按照适用的会计准则和相关会计制度的规定编制时，注册会计师应当考虑下列内容：①选择和运用的会计政策是否符合适用的会计准则和相关会计制度，并适合于被审计单位的具体情况；②管理层作出的会计估计是否合理；③财务报表反映的信息是否具有相关性、可靠性、可比性和可理解性；④财务报表是否作出充分披露，使财务报表使用者能够理解重大交易和事项对被审计单位财务状况、经营成果和现金流量的影响。

（2）评价财务报表的公允性。在评价财务报表是否作出公允反映时，注册会计师应当考虑下列内容：①经管理层调整后的财务报表是否与注册会计师对被审计单位及其环境的了解一致；②财务报表的列报、结构和内容是否合理；③财务报表是否真实地反映了交易和事项的经济实质。

28．答：（1）我国注册会计师审计的总体目标。根据我国《中国注册会计师审计准则第 1101 号——注册会计师的总体目标和审计工作的基本要求》的规定，在执行财务报表审计工作时，注册会计师的总体目标是：①对财务报表整体是否不存在由舞弊或错误导致的重大错报获取合理保证，使得注册会计师能够对财务报表是否在所有重大方面按照适用的财务报告编制基础编制发表审计意见；②按照审计准则的规定，根据审计结果对财务报表出具审计报告，并与管理层和治理层沟通。

（2）概括地讲，就是评价财务报表的合法性及公允性。审计具体目标是总体目标的具体化，并受到总体目标的制约。它包括与各类交易和事项相关的审计目标、与期末账户余额相关的审计目标、与列报相关的审计目标。具体目标必须根据被审计单位管理层的认定和注册会计师总体目标来确定。

（3）审计具体目标是总体目标的具体化，并受到总体目标的制约。它包括与各类交易和事项相关的审计目标、与期末账户余额相关的审计目标、与列报相关的审计目标。具体目标必须根据被审计单位管理层的认定和注册会计师总体目标来确定。

29．答：（1）与各类交易和事项相关的认定发生：记录的交易和事项已发生且与被审计单位有关。①发生：记录的交易和事项已发生且与被审计单位有关。②完整性：所有应当记录的交易和事项均已记录。③准确性：与交易和事项有关的金额及其他数据已恰当记录。④截止：交易和事项已记录于正确的会计期间。⑤分类：交易和事项已记录于恰当的账户。

（2）与期末账户余额相关的认定。注册会计师对期末账户余额运用的认定通常分为下列类别：①存在：记录的资产、负债和所有者权益是存在的。②权利和义务：记录的资产由被审计单位拥有或控制，记录的负债是被审计单位应当履行的偿还义务。③完整性：所有应当记录的资产、负债和所有者权益均已记录。④计价和分摊：资产、负债和所有者权益以恰当的金额包括在财务报表中，与之相关的计价或分摊调整已恰当记录。

（3）与列报相关的认定是：①发生及权利和义务：披露的交易、事项和其他情况已发生，且与被审计单位有关。②完整性：所有应当包括在财务报表中的披露均已包括。③分类和可理解性：财务信息已被恰当地列报和描述，且披露内容表述清楚。④准确性和计价：财务信息和其他信息已公允披露，且金额恰当。

第8章 审计证据与审计工作底稿

§8.1 练习题

§8.1.1 单项选择题

1. 注册会计师为发现被审计单位的财务报表和其他会计资料中的重要比率及趋势的异常变动应采用的审计程序有（ ）。
   A. 检查　　　　　 B. 计算　　　　　 C. 分析程序　　　　 D. 估价

2. 有关审计证据的下列表述中，正确的是（ ）。
   A. 注册会计师获取的环境证据一般属于基本证据
   B. 注册会计师运用观察、查询及函证、监盘、计算、检查和分析性复核等方法，均可获取与内部控制相关的审计证据
   C. 注册会计师自行获取的审计证据通常比被审计单位提供的证据可靠
   D. 注册会计师运用观察、查询及函证、监盘、计算、检查和分析性复核等方法，均可获取书面证据

3. 实物证据通常证明（ ）。
   A. 实物资产是否存在　　　　　　　 B. 实物资产的所有权
   C. 实物资产的计价准确性　　　　　 D. 有关会计记录是否正确

4. 注册会计师获取的下列审计证据中，可靠性最弱的是（ ）。
   A. 应收账款函证回函　　　　　　　 B. 销售发票
   C. 购货发票　　　　　　　　　　　 D. 入库单

5. 审计工作底稿的归档期限为审计报告日后的（ ）。
   A. 30 日内　　　 B. 60 日内　　　 C. 90 日内　　　 D. 180 日内

6. 注册会计师对不同质的总体比相同质的总体需要的样本量（ ）。
   A. 不同　　　　　 B. 更多　　　　　 C. 同样　　　　　 D. 更少

7. 会计师事务所应当自审计报告日起，对审计工作底稿至少保存（ ）。
   A. 8 年　　　　　 B. 10 年　　　　　 C. 15 年　　　　　 D. 永久保存

8. 下列事项中，难以通过观察的方法来获取审计证据的是（ ）。
   A. 经营场所　　　　　　　　　　　 B. 存货的所有权
   C. 物资产地存在　　　　　　　　　 D. 内部控制的执行情况

9. 下列关于审计程序的说法中，不正确的是（ ）。
   A. 分析程序包括调查识别出的、与其他相关信息不一致或与预期数据严重偏离的波动和关系
   B. 对于询问的答复，注册会计师应当通过获取其他证据予以佐证

C. 观察提供的审计证据仅限于观察发生的时点

D. 检查有形资产可提供权利和义务的全部审计证据

§8.1.2 多项选择题

10. 分析程序中运用的外部数据包括（　　）。

    A. 经济预测组织，包括某些银行发布的预测消息，如某些行业的业绩指标

    B. 公开出版的财务信息

    C. 预算或预测

    D. 证券交易所发布的信息

11. 对于会计师事务所的审计档案，可以查阅的情况有（　　）。

    A. 股东进行决策时　　　　　　B. 行业协会进行业务检查时

    C. 检察院因工作需要时　　　　D. 联合审计时

12. 审计证据按证据的来源分为（　　）。

    A. 口头证据　　　B. 亲历证据　　　C. 内部证据　　　D. 外部证据

13. 注册会计师判断审计证据是否充分、适当，应考虑（　　）。

    A. 经济因素　　　　　　　　　B. 审计风险

    C. 具体审计项目的重要性　　　D. 总体规模与特征

14. 外部证据是由被审计单位以外的组织机构或人士所编制的书面证据，其中包括（　　）。

    A. 应收账款函证的回函　　　　B. 收到的支票

    C. 购货发票　　　　　　　　　D. 被审计单位管理层声明

15. 评价审计证据适当性时，注册会计师一般考虑（　　）。

    A. 审计证据的相关性　　　　　B. 审计证据的充分性

    C. 审计证据的来源和及时性　　D. 审计证据的客观性

16. 注册会计师对财务报表审计的审计程序，按其运用的目的进行分类，可以分为（　　）。

    A. 风险评估程序　　　　　B. 控制测试程序　　　C. 实质性程序

    D. 对被审计单位财务报表发表审计意见的程序

17. 环境证据包括（　　）。

    A. 被审计单位经营条件、经营方针

    B. 被审计单位各种管理制度和管理水平

    C. 被审计单位管理人员和会计人员的素质

    D. 被审计单位内部控制情况

18. 作为审计证据的会计记录有（　　）。

    A. 会计凭证　　　B. 会计账簿　　　C. 各种试算表　　　D. 各种汇总表

§8.1.3 判断题（你认为正确的用"A"表示，错误的用"B"表示）

19. 资产实物通常是证实被审计单位对其拥有所有权的非常有说服力的证据。（　　）

20. 检查有形资产可为其存在性提供可靠的审计证据，但不一定能够为权利和义务或

计价认定提供可靠的审计证据。　　　　　　　　　　　　　（　　）

21. 被审计单位管理层声明不属于审计证据。　　　　　　　（　　）

22. 注册会计师需要获取的审计证据的数量受重大错报风险的影响。重大错报风险越大，需要的审计证据可能越多。　　　　　　　　　　　（　　）

23. 被审计单位管理层声明可以替代审计人员实施其他必要的审计程序。（　　）

24. 在审计过程中，注册会计师要对各种重要的口头证据作成文字记录，因而口头证据往往采取书面证据的形式。　　　　　　　　　　（　　）

25. 对于需要获取的控制在某一期间有效运行的审计证据，注册会计师可以通过获取与时点相关的审计证据予以替代。　　　　　　　（　　）

26. 外部证据是由会计师事务所以外的组织机构或人士编制的书面证据。（　　）

27. 审计证据的充分性是对审计证据质量的衡量。　　　　　（　　）

28. 一般而言，内部证据不如外部证据可靠。　　　　　　　（　　）

29. 通常，直接获取的审计证据比间接获取或推论得出的审计证据更可靠。（　　）

30. 审计证据的充分性是注册会计师为形成审计意见所需要审计证据的最高数量要求。　　　　　　　　　　　　　　　　　　　　　（　　）

31. 注册会计师可以考虑获取审计证据的成本与所获取信息的有用性之间的关系，若获取审计证据很困难或成本很高，注册会计师可以以此为由减少不可替代的审计程序。　　　　　　　　　　　　　　　　　　　　　　（　　）

32. 审计证据的数量越多越好。　　　　　　　　　　　　　（　　）

§8.1.4　问答题

33. 注册会计师判断审计证据是否充分、适当，应主要考虑哪些因素？
34. 如何判断不同来源审计证据的可靠程度？
35. 注册会计师可以采用哪些具体审计程序来获取审计证据？
36. 在哪些情况下注册会计师可考虑采用消极的函证方式？
37. 我国注册会计师审计准则对审计工作底稿的保存期限如何规定？

§8.2　参考答案

§8.2.1　单项选择题

1. C　　　2. C　　　3. A　　　4. D　　　5. B
6. B　　　7. B　　　8. B　　　9. D

§8.2.2　多项选择题

10. ABD　　11. BCD　　12. BCD　　13. BC　　14. ABC
15. ACD　　16. ABC　　17. ABCD　　18. ABCD

§8.2.3 判断题

19. B	20. A	21. B	22. A	23. B
24. B	25. B	26. B	27. B	28. B
29. B	30. B	31. B	32. B	

§8.2.4 问答题

33. 答：①审计风险；②具体审计项目的重要性；③注册会计师及其业务助理人员的审计经验；④审计过程中是否发现错误或舞弊；⑤审计证据的质量。

34. 答：（1）从外部独立来源获取的审计证据比从其他来源获取的审计证据更可靠。

（2）内部控制有效时内部生成的审计证据比内部控制薄弱时内部生成的审计证据更可靠。

（3）直接获取的审计证据比间接获取或推论得出的审计证据更可靠。

（4）以文件、记录形式（无论是纸质、电子或其他介质）存在的审计证据比口头形式的审计证据更可靠。

（5）从原件获取的审计证据比从传真或复印件获取的审计证据更可靠。

35. 答：①检查记录或文件；②观察；③询问；④函证；⑤重新计算；⑥重新执行；⑦分析程序。

36. 答：①重大错报风险评估为低水平；②涉及大量余额较小的账户；③预期不存在大量的错误；④没有理由相信被询证者不认真对待函证。

37. 答：（1）会计师事务所应当自审计报告日起，对审计工作底稿至少保存十年。如果注册会计师未能完成审计业务，会计师事务所应当自审计业务中止日起，对审计工作底稿至少保存十年。

（2）对于连续审计的情况，当期归整的永久性档案虽然包括以前年度获得的资料（有可能是十年以前），但由于其作为本期档案的一部分，并作为支持审计结论的基础，因此，注册会计师对于这些对当期有效的档案，应视为当期取得并保存十年。如果这些资料在某一个审计期间被替换，被替换资料可以从被替换的年度起至少保存十年。

第9章 接受客户委托和审计计划

§9.1 练习题

§9.1.1 单项选择题

1. 在现场审计工作开始之前，通常起草审计计划的是（　　）。
   A. 会计师事务所的合伙人　　　B. 会计师事务所的法人代表
   C. 审计项目参与人　　　　　　D. 审计项目负责人

2. 关于审计计划的下列说法中，错误的是（　　）。
   A. 审计计划是对审计工作的一种预先规划
   B. 执行过程中可随时根据情况对审计计划进行必要的修订和补充
   C. 注册会计师在整个审计过程中，应按照审计计划执行审计业务
   D. 在完成外勤审计工作之后，必须再对审计计划作出修改

3. 在通常情况下，审计计划阶段的工作不包括（　　）。
   A. 初步评价被审计单位的内部控制制度
   B. 调查了解被审计单位的基本情况
   C. 复核审计工作底稿，审计期后事项
   D. 初步确定重要性水平

4. 如果注册会计师不同意变更业务约定，被审计单位又不允许继续执行原审计业务，注册会计师应当（　　）。
   A. 执行新的业务　　　　　　　B. 解除业务约定
   C. 同意变更业务约定　　　　　D. 出具否定意见的审计报告

5. 不属于注册会计师在具体审计计划中应当说明的内容有（　　）。
   A. 为了足够识别和评估财务报表重大错报风险，注册会计师计划实施的风险评估程序的性质、时间和范围
   B. 针对评估的认定层次的重大错报风险，注册会计师计划实施的进一步审计程序的性质、时间和范围
   C. 根据中国注册会计师审计准则的规定，注册会计师针对审计业务需要实施的其他审计程序
   D. 注册会计师拟实施的内部控制有效性测试的范围

6. 下列有关总体审计策略和具体审计计划的描述，不正确的是（　　）。
   A. 总体审计策略和具体审计计划是相互独立没有关联的两个计划
   B. 总体审计策略通常是在具体审计计划之前编制的
   C. 注册会计师需要根据实施风险评估程序的结果对总体审计策略的内容予以调整

D. 注册会计师可将总体审计策略和具体审计计划的制订工作结合起来进行，并编制一份完整的审计计划，从而提高审计计划的制定和复核效率

§9.1.2 多项选择题

7. 在接受客户的委托时，注册会计师应当（　　）。
   A. 了解被审计单位及其所在行业和经济环境的情况
   B. 评价被审计单位的诚信和管理当局的品行
   C. 评价会计师事务所与注册会计师的胜任能力
   D. 评价遵守职业道德规范的情况

8. 注册会计师在接受新客户的委托前，应当（　　）。
   A. 向前任注册会计师询问被审计单位变更会计师事务所的原因
   B. 关注前任注册会计师与被审计单位管理当局在重大会计、审计等问题上可能存在的意见分歧
   C. 关注前任注册会计师与被审计单位管理当局在所有会计、审计等问题上可能存在的意见分歧
   D. 安排三方会谈

9. 注册会计师在实施审计业务之初进行的初步业务活动包括（　　）。
   A. 了解被审计单位及其所在行业和经济环境的情况
   B. 针对保持客户关系和具体审计业务实施相应的质量控制程序
   C. 评价遵守职业道德规范的情况
   D. 商定审计业务约定书的相关条款

10. 注册会计师在总体审计策略中应当说明的内容包括（　　）。
   A. 向具体审计领域调配的资源
   B. 向具体审计领域分配资源的数量
   C. 何时调配这些资源
   D. 如何管理、指导、监督这些资源的利用

11. 审计业务约定书应当包括（　　）。
   A. 会计责任　　　　B. 审计责任　　　　C. 违约责任　　　　D. 审计收费

12. 注册会计师应了解的被审计单位的基本情况包括（　　）。
   A. 委托人的业务性质、经营规模、组织结构、经营状况和经营风险
   B. 以前年度接受审计的情况
   C. 财务会计机构及其工作组织
   D. 厂房、设备及办公场所

13. 在接受委托之前，注册会计师应评价的胜任能力包括（　　）。
   A. 执行审计的能力　　　　　　　　B. 独立性
   C. 保密性　　　　　　　　　　　　D. 保持应有谨慎的能力

14. 在实务中，注册会计师获取信息的来源有（　　）。
   A. 从银行、监管机构等第三方获取的信息
   B. 有关政府部门、有影响力的媒体等公布的信息

C. 向工商管理部门查询

D. 与前任注册会计师的沟通

§9.1.3　判断题（你认为正确的用"A"表示，错误的用"B"表示）

15. 会计师事务所对任何一个审计委托项目，不论其业务繁简程度和规模大小，都应制订审计计划。（　　）

16. 为保证审计计划的严谨和统一，在执行的过程中不应对审计计划进行修改。

（　　）

17. 注册会计师可以同被审计单位就总体审计策略进行讨论，因此，总体审计策略可以由注册会计师和被审计单位共同编制。（　　）

18. 审计业务约定书具有与其他商业合同类似的法律效用。（　　）

19. 主审注册会计师是指当被审计单位财务报表包含由其他注册会计师审计的一个或多个组成部分的财务信息时，负责对该财务报表出具审计报告的注册会计师。（　　）

20. 其他注册会计师是指除主审注册会计师以外的，负责对组成部分财务信息出具审计报告的其他会计师事务所的注册会计师。（　　）

21. 主审注册会计师不应当在审计报告中提及其他注册会计师的工作。（　　）

22. 在利用专家的工作时，专家是指除会计、审计之外的某一特定领域中具有专门技能、知识和经验的个人或组织。（　　）

23. 当出具无保留意见的审计报告时，注册会计师不应在审计报告中提及专家的工作。（　　）

24. 注册会计师应当记录所有与治理层沟通的事项。（　　）

§9.1.4　问答题

25. 在考虑是否接受委托人的委托时，注册会计师应了解哪些被审计单位的基本情况？如何了解这些情况？

26. 注册会计师在考虑接受委托时，应如何考量被审计单位的诚信？

27. 请列举在哪些情况下不能利用内部审计的工作？

§9.2　参考答案

§9.2.1　单项选择题

1. D　　2. D　　3. C　　4. B　　5. D　　6. A

§9.2.2　多项选择题

7. ABCD　8. AB　9. BCD　10. ABCD　11. ABCD

12. ABCD　13. ABD　14. ABCD

§9.2.3　判断题

15. A　　16. B　　17. B　　18. A　　19. A　　20. A

21. A　　　22. A　　　23. A　　　24. B

§9.2.4　问答题

25. 答：（1）在考虑是否接受委托人的委托时，注册会计师应了解的被审计单位的基本情况包括：①委托人的业务性质、经营规模和组织结构；②经营状况和经营风险；③以前年度接受审计的情况；④财务会计机构及其工作组织；⑤厂房、设备及办公场所；⑥其他与签订审计业务约定书有关的事项。

（2）注册会计师应当了解被审计单位所在行业的市场竞争状况与发展趋势、行业经营风险、经营特点与技术变动程度、行业适用的法律法规、会计惯例及问题以及有关环保方面的要求及问题等。

（3）注册会计师可以通过巡视客户的经营场所、复核年度报告、与客户的管理当局和员工进行讨论、利用网络获取公众信息和公共数据库，对新老客户的上述基本情况进行初步审查。如果是老客户，应该复核以前年度的工作底稿。如果是新客户，注册会计师在接受委托前，应当向前任注册会计师询问被审计单位变更会计师事务所的原因，并关注前任注册会计师与被审计单位管理当局在重大会计、审计等问题上可能存在的意见分歧。

26. 答：（1）会计师事务所应当考虑下列主要事项：①被审计单位主要股东、关键管理人员、关联方及治理层的身份和商业信誉；②被审计单位的经营性质；③被审计单位主要股东、关键管理人员及治理层对内部控制环境和会计准则等的态度；④被审计单位是否过分考虑将会计师事务所的收费维持在尽可能低的水平；⑤工作范围受到不适当限制的迹象；⑥被审计单位可能涉嫌洗钱或其他刑事犯罪行为的迹象；⑦变更会计师事务所的原因。

（2）会计师事务所可以通过下列途径，获取与客户诚信相关的信息：①与为客户提供专业会计服务的现任或前任人员进行沟通，并与其讨论；②向会计师事务所其他人员、监管机构、金融机构、法律顾问和客户的同行等第三方询问；③从相关数据库中搜索客户的背景信息。

27. 答：在下列情况下，注册会计师可能认为内部审计对其实施的审计程序没有作用，不会利用内部审计：①内部审计活动与注册会计师审计无关；②内部审计活动与注册会计师审计有关，但注册会计师认为进一步评估内部审计不符合成本效益原则；③注册会计师对内部审计的专业胜任能力、客观性和工作质量存有疑虑。

第10章 客户的战略风险及其评估

§10.1 练习题

§10.1.1 单项选择题

1. 注册会计师在计划某项审计工作时，评价重要性的层次可分为（　　）。
   - A. 总分类账和明细分类账
   - B. 财务报表和账户余额
   - C. 资产负债表和利润表
   - D. 资产负债表和现金流量表

2. 在特定的审计风险水平下，检查风险同重大错报风险之间的关系是（　　）。
   - A. 同向变动关系
   - B. 没有必然联系
   - C. 反向变动关系
   - D. 有时呈同向变动关系

3. 注册会计师通过设计的审计程序未能发现财务报表中存在的重大错报的风险是（　　）。
   - A. 重大错报风险
   - B. 固有风险
   - C. 控制风险
   - D. 检查风险

4. 如果同一期间不同财务报表的重要性水平不同，注册会计师应确定财务报表层次的重要性水平的基本原则是选择（　　）。
   - A. 最高者
   - B. 最低者
   - C. 平均数
   - D. 加权平均数

5. 财务报表在审计前存在重大错报的可能性称为（　　）。
   - A. 重大错报风险
   - B. 固有风险
   - C. 控制风险
   - D. 检查风险

6. 在了解被审计单位财务业绩衡量和评价情况时，不属于注册会计师应当关注的信息不包括（　　）。
   - A. 关键业绩指标、关键比率、趋势和经营统计数据
   - B. 同期财务业绩比较分析
   - C. 预测、预算和差异分析
   - D. 被审计单位组织结构

§10.1.2 多项选择题

7. 审计风险取决于（　　）。
   - A. 道德风险
   - B. 违约风险
   - C. 重大错报风险
   - D. 检查风险

8. 注册会计师在确定计划的重要性水平时，需要考虑的主要因素包括（　　）。
   - A. 审计单位及其环境的基本情况
   - B. 审计的目标
   - C. 财务报表各项目的性质及其相互关系

D. 财务报表项目的金额及其波动幅度

9. 以下有关重要性的理解，正确的有（　　）。

A. 重要性应从财务报表使用者的角度考虑

B. 重要性是针对审计报告而言的

C. 重要性的确定需要注册会计师的职业判断

D. 重要性的判断离不开特定的环境

10. 注册会计师执行年度财务报表审计时，运用重要性原则的目的主要有（　　）。

A. 查出错误和舞弊　　　　　　　　B. 提高审计效率

C. 提高会计信息质量　　　　　　　D. 保证审计质量

11. 注册会计师在确定各类交易、账户余额、列报认定层次的重要性水平时，应当主要考虑的因素有（　　）。

A. 各类交易、账户余额、列报的性质

B. 各类交易、账户余额、列报错报的可能性

C. 各类交易、账户余额、列报的重要性水平与财务报表层次重要性水平的关系

D. 审计费用的高低

12. 在了解被审计单位对会计政策的选择和运用是否适当时，注册会计师应当关注的事项有（　　）。

A. 新颁布的财务报告准则、法律法规，以及被审单位何时采用、如何采用这些规定等

B. 重大和异常交易的会计处理方法

C. 在缺乏权威性标准或共识有争议的或新兴领域的，采用重要会计政策产生的影响

D. 会计政策的变更

§10.1.3　判断题（你认为正确的用"A"表示，错误的用"B"表示）

13. 为保证审计的连续性和审计结果的可比性，注册会计师在对同一客户进行的多次年度财务报表审计时，应采用相同的重要性水平。　　　　　　　　　　　（　　）

14. 重要性是指被审计单位会计报表项目的重要程度。　　　　　　　　　（　　）

15. 注册会计师确定的重要性水平越高，审计风险就越低，所需获取的审计证据就越多。　　　　　　　　　　　　　　　　　　　　　　　　　　　　　　　（　　）

16. 注册会计师在以净利润作为判断重要性水平的标准时，应采用当年的净利润来概算重要性水平，无须考虑净利润在近几年里波动与否。　　　　　　　　　（　　）

17. 注册会计师应选择财务报表中最高的重要性水平为财务报表层次的重要性水平。　　　　　　　　　　　　　　　　　　　　　　　　　　　　　　　　　（　　）

18. 各类交易、账户余额、列报认定层次的重要性水平称为可容忍错报。　（　　）

19. 不论重大错报风险的评估结果如何，注册会计师都要对各重要账户或交易类别实施实质性程序。　　　　　　　　　　　　　　　　　　　　　　　　　　　（　　）

20. 注册会计师对重要性水平做出初步判断的目的是确定所需要审计证据的数量。　　　　　　　　　　　　　　　　　　　　　　　　　　　　　　　　　（　　）

21. 注册会计师实施有关审计程序后，如仍认为某一重要账户或交易类别认定的检查

风险不能降低至可接受的水平，应当发表保留意见或否定意见的审计报告。　　（　　）

22. 重大错报风险越高，表明财务报表存在重大错报的可能性就越大，相应地，可接受的检查风险就越低。　　（　　）

23. 财务报表中账户的性质不同，其被错报或漏报的风险也不一样。　　（　　）

24. 注册会计师仅在确定实质性程序的性质、时间和范围时，才应考虑重要性和审计风险之间的关系。　　（　　）

§10.1.4　问答题

25. 请说明重要性与审计风险之间有何关系？
26. 请说明审计风险与审计证据之间有何关系？
27. 如何确定重要性水平？
28. 如何理解注册会计师通常无法将检查风险降低为零？

§10.2　参考答案

§10.2.1　单项选择题

1. B　　2. C　　3. D　　4. B　　5. A　　6. D

§10.2.2　多项选择题

7. CD　　8. ABCD　　9. ACD　　10. BD　　11. ABCD　　12. ABCD

§10.2.3　判断题

13. B　14. B　15. B　16. B　17. B　18. A
19. A　20. B　21. B　22. A　23. A　24. B

§10.2.4　问答题

25. 答：（1）重要性与审计风险之间存在反向关系。重要性水平越高，审计风险越低；重要性水平越低，审计风险越高。注册会计师在确定审计程序的性质、时间和范围时应当考虑这种反向关系。

（2）注册会计师对重要性及其与审计风险关系的考虑贯穿于注册会计师审计工作的全过程。在不同的审计阶段，注册会计师都要应用重要性及其与审计风险的关系，从而对审计程序产生影响。①在审计计划阶段，注册会计师在确定审计程序的性质、时间和范围时，需要考虑计划的重要性水平。在计划审计工作时，注册会计师应当考虑导致财务报表发生重大错报的原因，并应当在了解被审计单位及其环境的基础上，确定一个可接受的重要性水平，即首先为财务报表层次确定重要性水平，以发现在金额上重大的错报。同时，注册会计师还应当评估各类交易、账户余额及列报认定层次的重要性，以便确定进一步审计程序的性质、时间和范围，将审计风险降至可接受的低水平。②在审计执行阶段，随着审计过程的推进，注册会计师应当及时评价计划阶段确定的重要性水平是否仍然合理，并根据具体环境的变化或在审计执行过程中进一步获取的信息，修正计划的重要性水平，进而修改进一步审计程序的性质、时间和范围。在确定审计程序后，如果注册会计师决定接受更低的重要性水平，审计风险将增加。③在评价审计程序结果时，注册会计师确定的重要性和审计风险，可能与计划审计工作时评估的重要性和审计风险存在差异。在这种情况下，注册会计师应当重新确定重要性和审计风险，并考虑实施的审计程序是否充分。

26．答：（1）评估的审计风险与所需收集的审计证据的数量存在正向关系。一般而言，评估的审计风险越高，需要收集的审计证据就越多，评估的审计风险越低，所需收集的审计证据越少。

（2）评估的审计风险与注册会计师可以接受的审计风险不同，注册会计师可以接受的审计风险与审计证据之间存在的是反向关系。一般而言，对于同一个审计客户，注册会计师可以接受的审计风险越高，所需收集的审计证据越少；注册会计师可以接受的审计风险越低，所需收集的审计证据越多。

27．答：（1）注册会计师应当运用职业判断确定重要性。在计划审计工作时，注册会计师应当确定一个可接受的重要性水平，以发现在金额上重大的错报。

（2）注册会计师应当从数量和性质两个方面考虑重要性。重要性水平是一个经验值，注册会计师只能通过职业判断确定重要性水平。重要性的数量即重要性水平，是针对错报的金额大小而言。确定多大错报会影响到财务报表使用者所作决策，是注册会计师运用职业判断的结果。很多注册会计师根据所在会计师事务所的惯例及自己的经验，考虑重要性水平。注册会计师通常先选择一个恰当的基准，再选用适当的百分比乘以该基准，从而得出财务报表层次的重要性水平。对于重要性的确定，除了考虑错报的数额外，还要考虑错报的性质。特别是在有些情况下，金额不重要的错报从性质上看有可能是重要的。

28．答：检查风险取决于审计程序设计的合理性和执行的有效性。注册会计师通常无法将检查风险降低为零，其原因：一是注册会计师通常并不对所有的交易、账户余额和列报进行检查；二是注册会计师可能选择了不恰当的审计程序，或是审计程序执行不当，或是错误解读了审计结论。对于第二方面的问题可以通过适当计划、在项目组成员之间进行恰当的职责分配、保持职业怀疑态度以及监督、指导和复核助理人员所执行的审计工作得以解决。

第11章 客户的经营风险及其内部控制

§11.1 练习题

§11.1.1 单项选择题

1. 注册会计师应当实施风险评估程序，以了解被审计单位及其环境，其中分析程序是风险评估程序的主要方法。下列关于分析程序的说法不正确的是（　　）。
   A. 注册会计师实施分析程序有助于识别异常的交易或事项，以及对财务报表和审计产生影响的金额、比率和趋势
   B. 在实施分析程序时，注册会计师应当预期可能存在的合理关系、并与被审计单位记录的金额、依据记录金额计算的比率或趋势相比较；如果发现异常或未预期到的关系，注册会计师应当在识别重大错报风险时考虑这些比较结果
   C. 如果使用了高度汇总的数据，实施分析程序的结果仅可能初步显示财务报表存在重大错报风险，注册会计师应当将分析结果连同识别重大错报风险时获取的其他信息一并考虑
   D. 分析程序在审计的所有阶段均应使用

2. 下列说法不正确的是（　　）。
   A. 内部控制只能对财务报告的可靠性提供合理的保证，而非绝对的保证
   B. 在了解被审计单位的内部控制时，只需关注控制的设计
   C. 特别风险通常与重大的非常规交易和判断事项有关
   D. 在某些情况下，仅通过实施实质性程序不能获取充分、适当的审计证据

3. 注册会计师在执行财务报表审计时，首先应当了解被审单位及其环境，以识别和评估（　　）。
   A. 可接受的检查风险   B. 审计风险水平
   C. 财务报表重大错报风险   D. 控制风险水平

4. 了解被审计单位及其环境一般进行的时间在（　　）。
   A. 承接客户和续约时   B. 进行审计计划时
   C. 进行期中审计时   D. 贯穿于整个审计过程的始终

5. 注册会计师应当了解被审计单位会计政策的选择和运用，是否符合适用的会计准则和相关会计制度，是否符合被审计单位的具体情况。在了解被审计单位对会计政策的选择和运用是否适当时，不属于注册会计师应当予以特别关注的事项是（　　）。
   A. 重要项目的会计政策和行业惯例
   B. 常规交易的会计处理方法
   C. 在新领域和缺乏权威性标准或共识的领域，采用重要会计政策产生的影响

D. 会计政策的变更

6. 了解被审计单位财务业绩衡量和评价的最重要的目的是（　　）。

    A. 考虑是否存在舞弊风险

    B. 了解被审计单位的业绩趋势

    C. 确定被审计单位的业绩是否达到预算

    D. 将被审计单位的业绩与同行业作比较

7. 在了解被审计单位对会计政策的选择和运用是否适当时，注册会计师应当关注被审计单位重要项目的会计政策和行业惯例，重要的会计政策不包括（　　）。

    A. 收入确认、存货的计价方法

    B. 固定资产预计净残值的估计

    C. 长期股权投资的成本法和权益法

    D. 借款费用是资本化还是费用化

8. 在了解被审计单位财务业绩衡量和评价情况时，注册会计师在下列信息中不应关注的是（　　）。

    A. 关键业绩指标   B. 业绩趋势

    C. 内部控制变化情况   D. 预测、预算和差异分析

9. 在与治理层沟通特定事项前，注册会计师通常先与管理层讨论，除非这些事项不适合与管理层讨论。不适合与管理层讨论的事项包括（　　）。

    A. 注册会计师的责任   B. 计划的审计范围和时间

    C. 管理层的胜任能力和诚信问题   D. 审计工作中发现的问题

10. 以下属于仅通过实质性程序无法应对的重大错报风险是（　　）。

    A. 对日常交易采用高度自动化处理的情况   B. 收入确认

    C. 费用确认   D. 资产确认

§11.1.2　多项选择题

11. 以下关于评估重大错报风险的表述正确的有（　　）。

    A. 注册会计师应当识别和评估财务报表层次以及各类交易、账户余额、列报认定层次的重大错报风险

    B. 注册会计师应当利用实施风险评估程序获取评价控制设计的审计证据，作为支持风险评估结果的审计证据

    C. 注册会计师应当利用实施风险评估结果，确定实施进一步审计程序的性质、时间和范围

    D. 在评估重大错报风险时，注册会计师应当将所了解的控制与特定认定相联系

12. 注册会计师应当了解被审计单位及其环境，以便识别和评估财务报表重大错报风险，设计和实施进一步审计程序。其中，注册会计师应当了解被审计单位所处的法律环境及监管环境，其主要包括的内容有（　　）。

    A. 适用的会计准则、会计制度和行业特定惯例

    B. 对经营活动产生重大影响的法律法规及监管活动

    C. 对开展业务产生重大影响的政府政策，包括货币、财政、税收和贸易等政策

D. 与被审计单位所处行业和所从事经营活动相关的环保要求

13. 内部控制的要素包括（　　）。

　　A. 控制环境、控制活动　　　　　　　　B. 风险评估过程

　　C. 与财务报告相关的信息系统与沟通　　D. 对控制的监督

14. 以下关于评估重大错报风险的说法中正确的是（　　）。

　　A. 注册会计师应当在了解被审计单位及其环境的整个过程中识别风险

　　B. 注册会计师在评估重大错报风险时，可以不考虑相关内部控制

　　C. 注册会计师应当确定识别的重大错报风险是与财务报表整体相关，进而影响多项认定，还是与特定的各类交易、账户余额、列报的认定相关

　　D. 评审重大错报风险时，注册会计师应当将所了解的控制与特定认定相联系

15. 注册会计师为获取有关控制设计和执行的审计证据，通常实施下列的风险评估程序有（　　）。

　　A. 询问被审计单位的人员　　　　　　　B. 检查文件和报告

　　C. 穿行测试　　　　　　　　　　　　　D. 运用分析程序

16. 风险评估程序包括（　　）。

　　A. 询问　　　　　　　　　　　　　　　B. 分析程序

　　C. 控制测试　　　　　　　　　　　　　D. 观察和检查

17. 注册会计师在执行年度财务报表审计时，为了解某某公司及其环境，应当实施的风险评估程序有（　　）。

　　A. 监盘　　　　　B. 分析程序　　　　　C. 观察　　　　　　D. 检查

18. 注册会计师应当了解影响被审计单位经营的其他外部因素，主要包括（　　）。

　　A. 宏观经济的景气度　　　　　　　　　B. 利率和资金供求状况

　　C. 通货膨胀水平及币值变动　　　　　　D. 国际经济环境和汇率变化

19. 下列属于注册会计师应当了解的被审计单位行业情况的有（　　）。

　　A. 所在行业的市场供求与竞争　　　　　B. 生产经营的季节性和周期性

　　C. 产品生产技术的变化　　　　　　　　D. 能源供应与成本

§11.1.3　判断题（你认为正确的用"A"表示，错误的用"B"表示）

20. 控制环境本身能够防止或发现并纠正各类交易、账户余额、列报认定层次的重大错报，注册会计师在评估风险时应当将控制环境连同其他内部控制因素产生的影响一并考虑。　　　　　　　　　　　　　　　　　　　　　　　　　　　　　　　（　　）

21. 如果注册会计师不打算依赖被审计单位的内部控制，则无须对内部控制进行了解。　　　　　　　　　　　　　　　　　　　　　　　　　　　　　　　　　　（　　）

22. 在确定哪些风险是特别风险时，注册会计师应当在考虑识别出的控制对相关风险的抵消效果后，根据风险的性质、潜在错报的重要程度和发生的可能性，判断风险是否属于特别风险。　　　　　　　　　　　　　　　　　　　　　　　　　　　　　　（　　）

23. 被审计单位内部或外部对财务业绩的衡量和评价可能对管理层产生压力，促使其采取行动改善财务业绩或歪曲财务报表。注册会计师应当了解被审计单位财务业绩的衡量和评价情况，考虑这种压力是否可能导致管理层财务行动以至于增加财务报表发生重大错

报的风险。 （　　）

24. 为了足以识别和评估财务报表重大错报风险，注册会计师对被审计单位及其环境的了解程度，要与管理层为经营管理企业而对被审计单位及其环境需要了解的程度一样。 （　　）

25. 内部控制是被审计单位为了合理保证财务报告的可靠性、经营的效率和效果以及对法律法规的遵守，由治理层设计和执行的政策和程序。 （　　）

26. 在审计过程中，如果识别出管理层未能识别的重大错报风险，注册会计师应当考虑被审计单位的风险评估过程为何没有识别出这些风险，以及评估过程是否适合于具体环境。 （　　）

27. 风险评估时要考虑控制环境与其他控制要素的综合作用。 （　　）

§11.1.4　问答题

28. 内部控制有哪些局限性？

29. 如何理解重大错报风险的层次？

30. 如何确定特别风险？

§11.2　参考答案

§11.2.1　单项选择题

1. D	2. B	3. C	4. D	5. B	6. A
7. B	8. C	9. C	10. A		

§11.2.2　多项选择题

11. ACD	12. ABCD	13. ABCD	14. ACD	15. ABC	16. ABD
17. BCD	18. ABCD	19. ABCD			

§11.2.3　判断题

20. B	21. B	22. B	23. B	24. A	25. B
26. B	27. A				

§11.2.4　问答题

28. 答：内部控制局限性表现在以下方面：

（1）在决策时人为判断可能出现错误和因人为失误而导致内部控制失效。内部控制作为企业管理的一部分，它理所当然地要按照管理层的意图运行，企业的战略决策起决定作用，战略决策出了问题，贯彻决策人意图的内部控制也就失去了应有的控制效能。

（2）企业内部行使控制职能的人员素质不适应岗位要求也会影响内部控制的正常发挥。内部控制是由人建立的，也要由人来行使，如果企业内部行使控制职能的人员在心理上、技能上和行为方式上未达到实施内部控制的基本要求，对内部控制的程序或措施经常误解、误判，那么再好的内部控制也很难充分发挥作用。

（3）控制可能由于两个或更多的人员串通或管理不当凌驾于内部之上而被规避。如果企业内部行使控制职能的管理人员滥用职权、蓄意营私舞弊，即使具有设计良好的内部控制，也不会发挥其应有的效能。另外，企业内部不相容职务的人员相互串通作弊，与此相关的内部控制就会失去作用。

（4）被审计单位实施内部控制的成本效益问题也会影响其效能。控制环节越多，控制措施越复杂，相应的控制成本就越高，同时也会影响企业经营活动的效率。因此，在设计和实施内部控制时，企业必然要考虑控制成本与控制效果之比。

（5）内部控制一般都是针对经常或重复发生的业务而设置的，如果出现不经常发生或预计到的业务，原有控制可能不适用。内部控制一般都是针对经常而重复发生的业务而设置的，而且一旦设置就具有相对稳定性。但是，随着实际工作的变化，经营活动可能不断发生变化，原来完善的控制措施可能会逐渐失效。

由于内部控制自身存在局限性，所以无论内部控制设计和执行得再好，它也只能为控制经营风险提供合理的保证，而不能提供绝对的保证。

29. 答：在对重大错报风险进行识别和评估后，注册会计师应当确定，识别的重大错报风险不论是与特定的某类交易、账户余额、列报的认定相关，还是与财务报表整体广泛相关，都影响多项认定。

（1）某些重大错报风险可能与特定的各类交易、账户余额、列报的认定相关。例如，被审计单位存在复杂的联营或合资，这一事项表明长期股权投资账户的认定可能存在重大错报风险。又如，被审计单位存在重大的关联方交易，该事项表明关联方及关联方交易的披露认定可能存在重大错报风险。

（2）某些重大错报风险可能与财务报表整体广泛相关，进而影响多项认定。例如，在经济不稳定的国家和地区开展业务、资产的流动性出现问题、重要客户流失、融资能力受到限制等，可能导致注册会计师对被审计单位的持续经营能力产生重大疑虑。又如，管理层缺乏诚信或承受异常的压力可能引发舞弊风险，这些风险与财务报表整体相关。财务报表层次的重大错报风险很可能源于薄弱的控制环境。薄弱的控制环境带来的风险可能对财务报表产生广泛影响，而不仅限于某类交易、账户余额、列报，注册会计师应当采取总体应对措施。

（3）在评估重大错报风险时，注册会计师应当将所了解的控制与特定认定联系起来，因为控制有助于防止或发现并纠正认定层次的重大错报。在评估重大错报发生的可能性时，除了考虑可能的风险外，还要考虑控制对风险的抵销和遏制作用。有效的控制会减少错报发生的可能性，而控制不当或缺乏控制，错报就会由潜在变成现实。控制可能与某一认定直接相关，也可能与某一认定间接相关，关系越间接，控制对防止或发现并纠正认定错报的效果越小。

30. 答：在确定哪些风险是特别风险时，注册会计师应当在考虑识别出的控制对相关风险的抵销效果前，根据风险的性质、潜在错报的重要程度（该风险是否可能导致多项错报）和发生的可能性，判断风险是否属于特别风险。在确定风险的性质时，注册会计师应当考虑下列事项：①风险是否属于舞弊风险；②风险是否与近期经济环境、会计处理方法和其他方面的重大变化有关；③交易的复杂程度；④风险是否涉及重大的关联方交易；

⑤财务信息计量的主观程度，特别是计量结果是否具有高度不确定性；⑥风险是否涉及异常或超出正常经营过程的重大交易。

特别风险通常与重大的非常规交易和判断事项有关，而日常的、简单的、常规处理的交易不大可能产生特别风险。非常规交易是指由于金额或性质异常而不经常发生的交易。判断事项通常是指作出的会计估计。

第12章 控制测试与实质性程序

§12.1 练习题

§12.1.1 单项选择题

1. 实质性程序的结果表明，控制风险水平高于控制风险的初步估计水平，注册会计师应当考虑是否（　　）。
   - A. 重新了解内部控制
   - B. 追加相应的审计程序
   - C. 重新执行控制测试
   - D. 重新确定重要性水平和可接受的审计风险

2. 注册会计师实施程序以确定控制是否得到一贯执行，其实质是在测试控制的（　　）。
   - A. 存在性
   - B. 完整性
   - C. 有效性
   - D. 相关性

3. 如果拟信赖以前审计或取得控制运行有效性的审计证据，注册会计师应（　　）。
   - A. 直接实施实质性程序
   - B. 获取这些控制是否已发生变化的审计证据
   - C. 直接获取本期控制运行性的审计证据
   - D. 确定针对剩余期间还需要获取的补充审计证据

4. 如果已识别出由于舞弊导致的重大错报风险，注册会计师应当（　　）。
   - A. 仅在期中实施实质性程序
   - B. 仅在期初实施实质性程序
   - C. 在期中或者接近期中实施实质性程序
   - D. 在期末或者接近期末实施实质性程序

§12.1.2 多项选择题

5. 如果经过实质性程序后，注册会计师认为与某个重要账户或交易类别的认定有关的检查风险不能降低至可接受的水平，那么，注册会计师应当发表（　　）。
   - A. 无保留意见
   - B. 保留意见
   - C. 否定意见
   - D. 无法表示意见

6. 在以前审计中实施实质性程序获取的审计证据（　　）。
   - A. 通常对本期只有很弱的证据效力或没有证据效力
   - B. 通常对本期有很强的证据效力
   - C. 可以应对本期的重大错报风险
   - D. 不足以应对本期的重大错报风险

7. 在下列情况中应当实施控制测试的是（　　　）。

    A. 在评估认定层次重大错报风险时，预期控制的运行是有效的

    B. 在评估认定层次重大错报风险时，预期控制的运行是无效的

    C. 仅实施实质性程序可以提供认定层次充分、适当的审计证据

    D. 仅实施实质性程序不足以提供认定层次充分、适当的审计证据

8. 下列关于细节测试正确的有（　　　）。

    A. 细节测试是对各类交易、账户余额和列报的具体细节进行测试

    B. 测试的目的是直接识别财务报表认定是否存在错报

    C. 测试的设计和实施应针对认定层次的重大错报风险

    D. 实施细节测试需要大量使用分析手段研究数据间的关系

9. 实质性程序的类型包括（　　　）。

    A. 控制测试　　　　　　　　　B. 细节测试

    C. 实质性分析程序　　　　　　D. 实质性方案

10. 针对评估的财务报表层次重大错报风险的总体应对措施主要有（　　　）。

    A. 向项目组强调在收集和评价审计证据过程中保持职业怀疑态度的必要性

    B. 分派更有经验或具有特殊技能的注册会计师，或利用专家的工作

    C. 提供更多的督导

    D. 在选择拟实施的进一步审计程序时，融入更多不可预见的因素

11. 如果控制环境存在缺陷，注册会计师在对拟实施审计程序的性质、时间和范围作出总体修改时应当（　　　）。

    A. 在期末而非期中实施更多的审计程序

    B. 主要依赖实质性程序获取审计证据

    C. 修改审计程序的性质，获取更具说服力的审计证据

    D. 扩大审计程序的范围

12. 下列因素中，与控制测试范围大小呈正相关系的包括（　　　）。

    A. 执行控制的频率

    B. 在所审计期间，注册会计师拟信赖控制运行有效性的时间长度

    C. 在风险评估时拟信赖控制运行有效性的程度

    D. 控制的预期偏差

§12.1.3　判断题（你认为正确的用"A"表示，错误的用"B"表示）

13. 重大错报风险越低，注册会计师可以执行的控制测试就越有限。　　　　（　　　）

14. 重大错报风险评估结果一旦确定，不应当再予以更新。　　　　　　　（　　　）

15. 如果控制环境比较差，注册会计师应在期中实施更多的实质性程序。　（　　　）

16. 如果评估的财务报表层次的重大错报风险属于高风险水平，则应当采用综合性方案实施进一步审计程序。　　　　　　　　　　　　　　　　　　　（　　　）

17. 应对收入完整性认定相关的重大错报风险，实质性程序更有效。　　　（　　　）

18. 应对收入发生认定相关的重大错报风险，控制测试更有效。　　　　　（　　　）

19. 检查财务报表编制过程中所作的会计调整的审计程序不可以在期中实施。（　　　）

20. 拟减少进一步实质性程序的范围，则意味着对控制的信赖程度高。　　　（　　）
21. 实质性程序是用于直接发现认定层次重大错报的审计程序。　　　（　　）
22. 评估认定层次的重大错报风险越高，则需要实施的实质性程序的范围就越广。

（　　）

§12.1.4　问答题

23. 如何确定进一步审计程序的总体方案？
24. 在确定审计程序的范围时，注册会计师应当考虑哪些因素？
25. 如果在评估认定层次重大错报风险时，预期控制的运行是有效的，为什么在此情形下必须实施控制测试？
26. 在形成审计意见时如何对审计证据进行综合评价？

§12.2　参考答案

§12.2.1　单项选择题

1. B　　　　2. C　　　　3. B　　　　4. D

§12.2.2　多项选择题

5. BD　　　6. AD　　　7. AD　　　8. ABC　　　9. BC
10. ABCD　　11. ABCD　　12. ABCD

§12.2.3　判断题

13. B　　14. B　　15. B　　16. B　　17. B
18. B　　19. A　　20. A　　21. A　　22. A

§12.2.4　问答题

23. 答：注册会计师针对认定层次重大错报风险拟实施的进一步审计程序的总体方案包括实质性方案和综合性方案。实质性方案是指注册会计师实施的进一步审计程序以实质性程序为主；综合性方案是指注册会计师在实施进一步审计程序时，将控制测试与实质性程序结合使用。当评估的财务报表层次重大错报风险属于高风险水平（并相应采取更强调审计程序不可预见性、重视调整审计程序的性质、时间和范围等总体应对措施）时，拟实施进一步审计程序的总体方案往往更倾向于实质性方案。反之，则采用综合性方案。通常情况下，注册会计师出于成本效益的考虑可以采用综合性方案设计进一步审计程序，即将控制运行的有效性测试与实质性程序结合使用。但在某些情况下，如仅通过实质性程序无法应对的重大错报风险，则注册会计师必须通过实施控制测试，才有效应对评估的某一认定的重大错报风险；另一些情况下，注册会计师可能认为仅实施实质性程序是适当的。无论选择何种方案，注册会计师都应当对所有重大的各类交易、账户余额、披露设计和实施实质性程序。

24．答：①确定的重要性水平。确定的重要性水平越低，注册会计师实施进一步审计程序的范围越广。②评估的重大错报风险。评估的重大错报风险越高，对拟获取审计证据的相关性、可靠性的要求越高，因此注册会计师实施的进一步审计程序的范围也越广。③计划获取的保证程度。计划获取的保证程度越高，对测试结果可靠性要求越高。计划获取的保证程度越高，注册会计师实施的进一步审计程序的范围越广。

随着重大错报风险的增加，注册会计师应当考虑扩大审计程序的范围。但是，只有当审计程序本身与特定风险相关时，扩大审计程序的范围才是有效的。在考虑确定进一步审计程序的范围时，为了提高进一步审计程序的效率，注册会计师可以使用计算机辅助审计技术对电子化的交易和账户文档进行更广泛的测试，包括从主要电子文档中选取交易样本，或按照某一特征对交易进行分类，或对总体而非样本进行测试。

25．答：在这种情况下，出于成本效益的考虑，注册会计师可能预期，如果相关控制在不同时点都得到了一贯执行，与该项控制有关的财务报表认定发生重大错报的可能性就不会很大，也就可以考虑通过实施控制测试而减少实施实质性程序。为此，注册会计师可能会认为值得对相关控制在不同时点是否得到了一贯执行进行测试，即实施控制测试。这种测试主要是出于成本效益的考虑，其前提是注册会计师在了解内部控制以后认为某项控制存在着被信赖和利用的可能。也就是说，只有认为控制设计合理、能够防止或发现和纠正认定层次的重大错报，注册会计师才有必要对控制运行的有效性实施测试。

26．答：（1）在形成审计意见时，注册会计师应当从总体上评价是否已经获取充分、适当的审计证据，以将审计风险降至可接受的低水平。注册会计师应当考虑所有相关的审计证据，包括能够印证财务报表认定的审计证据和与之相矛盾的审计证据。在评价审计证据的充分性和适当性时，注册会计师应当运用职业判断，考虑下列因素的影响：①认定发生潜在错报的重要程度，以及潜在错报单独或连同其他潜在错报对财务报表产生重大影响的可能性；②管理层应对和控制风险的有效性；③在以前审计中获取的关于类似潜在错报的经验；④实施审计程序的结果，包括审计程序是否识别出舞弊或错误的具体情形；⑤可获得信息的来源和可靠性；⑥审计证据的说服力；⑦对被审计单位及其环境的了解。

（2）如果对重大的财务报表认定没有获取充分、适当的审计证据，注册会计师应当尽可能获取进一步的审计证据。如果不能获取充分、适当的审计证据，注册会计师应当出具保留意见或无法表示意见的审计报告。

第13章 审计抽样

§13.1 练习题

§13.1.1 单项选择题

1. 在实施下列程序时，注册会计师应当考虑使用审计抽样的是（   ）。
   A. 风险评估程序   B. 实质性分析程序   C. 实质性程序   D. 细节测试

2. 注册会计师考虑对总体进行分层的前提是（   ）。
   A. 总体由具有不同特征的项目组成
   B. 总体项目存在重大的变异性
   C. 总体所包含的项目数量巨大
   D. 总体的重大错报风险高

3. 在控制测试中，信赖过度风险与样本规模之间是（   ）。
   A. 反向变动关系   B. 正向变动关系
   C. 同比例变动关系   D. 反比例变动关系

4. 对审计工作的效率和效果都有影响的是（   ）。
   A. 信赖过度风险   B. 信赖不足风险   C. 误受风险   D. 非抽样风险

5. 有关销售业务的审计中，不宜采用审计抽样的是（   ）。
   A. 确认赊销是否均经过批准
   B. 确认销售发票是否均附有发运凭证
   C. 审查大额或异常的销售业务
   D. 确认销货发票副本上是否表明账户号码

6. 使用随机数表选取样本的方法是（   ）。
   A. 随机选样   B. 系统选样   C. 随意选样   D. 判断选样

§13.1.2 多项选择题

7. 统计抽样的特征有（   ）。
   A. 随机选取样本
   B. 随意选取样本
   C. 运用概率论评价样本结果，包括计量抽样风险
   D. 运用实务经验主观评价样本结果，包括计量抽样风险

8. 注册会计师应当考虑选取全部项目进行测试的情形包括（   ）。
   A. 总体由大量的小额项目构成
   B. 总体由少量的大额项目构成

    C. 存在特别风险且其他方法未提供充分、适当的审计证据

    D. 由于信息系统自动执行的计算或其他程序具有重复性，对全部项目进行检查符合成本效益原则

9. 下列项目中可能存在特别风险的有（　　　）。

    A. 非常规的交易事项或账户余额

    B. 长期不变的账户余额

    C. 可疑的非正常项目

    D. 期末人为调整的项目；

10. 可能导致非抽样风险的原因包括（　　　）。

    A. 注册会计师选择的总体不适合于测试目标

    B. 注册会计师未能适当地定义控制偏差或错报，导致注册会计师未能发现样本中存在的偏差或错报

    C. 注册会计师选择了不适于实现特定目标的审计程序

    D. 注册会计师未能适当地评价审计发现的情况

11. 控制测试中常用的审计抽样方法有（　　　）。

    A. 固定样本量抽样　　　　　　　B. 停走抽样

    C. 发现抽样　　　　　　　　　　D. 变量抽样

12. 下列有关风险与可信赖程度的描述正确的有（　　　）。

    A. 可信赖程度是指样本特征能够代表总体特征的可靠性程度

    B. 风险越高，可信赖程度越低

    C. 风险越低，可信赖程度越低

    D. 风险 + 可信赖程度 = 1

§13.1.3　判断题（你认为正确的用"A"表示，错误的用"B"表示）

13. 统计抽样与非统计抽样两种技术只要运用得当，都可以提供审计所要求的充分、适当的证据，并且都存在某种程度的抽样风险和非抽样风险。（　　　）

14. 审计抽样，是指注册会计师对某类交易或账户余额中低于百分之百的项目实施审计程序，使所有抽样单元都有被选取的机会。（　　　）

15. 统计抽样不需要使用职业判断。（　　　）

16. 一般情况下，非统计抽样可能比统计抽样的成本低，但统计抽样的效果则可能比非统计抽样更可靠。（　　　）

17. 根据样本的差错额推断总体的差错额是属性抽样。（　　　）

18. 实施风险评估程序不宜使用审计抽样。（　　　）

19. 在被审计单位的控制留下运行的轨迹的情况下，注册会计师可以考虑使用审计抽样和其他选取测试项目的方法实施控制测试。（　　　）

20. 在进行细节测试时，通常使用属性抽样。（　　　）

21. 选取特定项目进行测试是审计抽样的一种。（　　　）

22. 抽样风险是指注册会计师对总体全部项目实施审计程序得出的结论与实际情况存在差异的可能性。（　　　）

§ 13. 1. 4 问答题

23. 如何控制抽样风险?

24. 非抽样风险对审计有何影响?

25. 发现抽样有何特点?

§ 13. 2 参考答案

§ 13. 2. 1 单项选择题

1. D   2. B   3. A   4. D   5. C   6. A

§ 13. 2. 2 多项选择题

7. AC   8. BCD   9. ABCD   10. ABCD   11. ABC   12. ABD

§ 13. 2. 3 判断题

13. A   14. A   15. A   16. A   17. B   18. A
19. A   20. B   21. B   22. B

§ 13. 2. 4 问答题

23. 答:抽样风险是客观存在的,但无论是执行控制测试还是细节测试,注册会计师都可以通过扩大样本规模降低抽样风险。抽样风险与样本规模呈反方向变动,样本规模越小,抽样风险越大,样本规模越大,抽样风险越小。在使用统计抽样时,注册会计师可以准确地计量和控制抽样风险。

24. 答:非抽样风险是指由于某些与样本规模无关的因素而导致注册会计师得出错误结论的可能性。非抽样风险包括审计风险中不是由抽样导致的所有风险。注册会计师即使对某类交易或账户余额的全部项目实施了必要的审计程序,仍有可能未发现重大错报或控制无效。非抽样风险是由人为的因素造成的,虽然不能量化,但通过采取适当的质量控制政策和程序,加强对业务的指导、监督和复核,改进注册会计师实务,可以将非抽样风险降低至可接受的水平。

25. 答:发现抽样是在既定的可信赖程度下,在假定误差以既定的误差率存在于总体之中的情况下,至少查出一个误差的抽样方法。发现抽样主要用于查找重大舞弊事项。它的理论依据是:假如总体中存在着一定发生率的舞弊事项,那么,在相当容量的样本中,至少可以发现一个舞弊事项。若对样本的审查结果没有发现舞弊事项,则可以得出结论说,在某一可信度下,总体中舞弊事项的发生率,不超过原先假定的发生率。所以,当怀疑总体中存在着某种舞弊事项时,宜于采用发现抽样方法。

第 14 章　计算机审计

§ 14.1　练习题

§ 14.1.1　单项选择题

1. 下列各项中不属于计算机舞弊的是（　　）。
   - A. 虚构业务数据
   - B. 不实施手工对账
   - C. 修改业务数据
   - D. 删除业务数据

2. 通用审计软件包一般无法完成的任务是（　　）。
   - A. 合计
   - B. 比较
   - C. 打印表格
   - D. 自动生成工作底稿

3. 下列各项中属于一般控制的是（　　）。
   - A. 办公室使用智能门禁
   - B. 输入数据二次复核
   - C. 对输出数据的使用人加以限制
   - D. 采用校验码测试数据输入

4. 应该对 EDP 部门之外的所有原始错误负责的是（　　）。
   - A. EDP 程序设计者
   - B. EDP 程序测试者
   - C. EDP 程序使用者
   - D. 管理层

§ 14.1.2　多项选择题

5. 电子数据处理环境下的内部控制，根据控制对象可分为（　　）。
   - A. 使用者控制
   - B. 电子数据处理（EDP）控制
   - C. 环境控制
   - D. 管理控制

6. EDP 一般控制包括（　　）。
   - A. 职责分离
   - B. 程序控制
   - C. 文件控制
   - D. 输入控制

7. EDP 应用控制包括（　　）。
   - A. 输入记录的授权
   - B. 计算机显示的设计
   - C. 输入在线提示
   - D. 使用防火墙

8. 编辑的程序校验在电算化系统中，与 EDP 有关的职责分离有（　　）。
   - A. 系统维护与系统使用者的职责分离
   - B. 系统开发与系统使用者的职责分离
   - C. 系统维护者与开发者的职责分离
   - D. EDP 部门内部不兼容的职能分离

9. 在了解控制活动时，审计师的目标在于确定现有控制活动是否能够合理保证（　　）。
   - A. EDP 部门内部及 EDP 与使用者之间的职责是否充分分离
   - B. 开发的、买入的或变更的程序在执行前是否经过批准和测试

C. 对数据文件的接触是否只限于经过批准的使用者

D. 管理层对 EDP 是否重视

10. 当余额的直接测试应用了计算机生成的信息时，审计师考虑的替代方法有（　　）。

A. 在年末直接测试计算机生成的信息

B. 在期中测试计算机生成的信息和一般控制，而在年末修订对控制的评估

C. 在期中测试计算机生成的信息并采用系统软件自动生成的报告来确定从期中到期末应用程序是否没有变更

D. 利用其他的计算机重新测试

11. 用于发现篡改数的可能证据有（　　）。

A. 源文件　　　　B. 业务文件　　　　C. 异常报告　　　　D. 错误的运行结果

12. 注册会计师应当关注被审计单位采集电子商务交易数据并将其传递至会计系统的方式，因为它可能影响到（　　）。

A. 交易处理的完整性和准确性

B. 信息存储的完整性和准确性

C. 销售收入、采购和其他交易的确认时点

D. 有争议交易的识别和记录

§14.1.3 判断题（你认为正确的用"A"表示，错误的用"B"表示）

13. 使用者控制通常是应用控制。　　　　　　　　　　　　　　　　　（　　）

14. COBIT 报告是 IT 安全与控制普遍采用的框架，主要的使用者为管理者、信息系统审计用户及安全与控制的相关人员。　　　　　　　　　　　　　（　　）

15. 程序化控制与手工控制 EDP 控制可能是程序化控制程序，也可能是手工控制程序。　　　　　　　　　　　　　　　　　　　　　　　　　　　　（　　）

16. 程序校验的控制适用于确定数额是否在精确确定的限定之内。　　　（　　）

17. 不同的录入人员录入同一个文档资料，只有他们录入的信息完全一致，数据才被确认，这属于一般控制。　　　　　　　　　　　　　　　　　　（　　）

18. 会计师事务所使用的专门的微机软件，称为专家系统，用于设计审计程序以及协助审计师分析复杂系统的内部控制属性。　　　　　　　　　　　　（　　）

19. 使用专家系统有助于为审计师在该领域提供大范围的相关信息，可以完全用其代替审计师的判断。　　　　　　　　　　　　　　　　　　　　　　（　　）

20. 交易完备性的判断标准包括被审计单位会计处理所依据信息的完整性、准确性、及时性以及是否经过授权。　　　　　　　　　　　　　　　　　　（　　）

§14.1.4 问答题

21. 如何理解一般控制和应用控制？

22. 注册会计师应如何考虑电子商务的重要性？

23. 注册会计师如何应对电子商务背景下审计面临的挑战？

§14.2　参考答案

§14.2.1　单项选择题

1. B　　　　2. D　　　　3. A　　　　4. C

§14.2.2　多项选择题

5. AB　　　　6. ABC　　　　7. ABC　　　　8. ABD

9. ABC　　　　10. ABC　　　　11. ABCD　　　　12. ABCD

§14.2.3　判断题

13. A　　　　14. A　　　　15. B　　　　16. B

17. B　　　　18. A　　　　19. B　　　　20. A

§14.2.4　问答题

21. 答：一般控制是指那些与全部或部分电算化会计应用有关的控制。例如，对应用软件的改进及改变的控制会影响所有的会计应用，并包含在注册会计师对控制环境的考虑之中。应用控制是指单独的电算化会计的应用，如证实客户的账户数额及信用范围。程序编辑控制只影响电算化销售会计的应用，并只在某一领域确定估计的抽样风险时才予以考虑。

22. 答：注册会计师应当考虑电子商务在被审计单位业务活动中的重要性，以及对重大错报风险评估的影响。注册会计师需要考虑信息技术的运用，在风险评估以及设计和实施进一步审计程序时，应当考虑内部控制的人工和自动化特征及其影响；应当了解与信息处理有关的控制活动，包括信息技术一般控制和应用控制；应当关注信息技术战略与经营战略不协调、信息技术环境发生变化，以及安装新的与财务报告有关的重大信息技术系统等事项或可能出现的被审计单位重大错报风险。

23. 答：被审计单位开展电子商务以后，由于审计线索、内部控制、审计内容、审计方法与技术等的改变，对注册会计师的知识和技能提出了更高的要求。不懂得信息技术和电子商务知识的注册会计师，可能会因为审计线索的改变而无法跟踪审计，因为不懂得电子商务的特点和风险而不能审查和评价其内部控制，不会使用计算机和网络系统而无法对电子商务活动进行审计。因此，要使审计工作顺利开展，注册会计师不仅要精通会计、审计、税务等知识，而且要掌握一定的计算机、网络、通讯等电子商务知识与技能。只有全面提高注册会计师的业务素质和工作能力，才能满足被审计单位开展电子商务的环境下审计工作的需要。

　　由于电子商务的特殊性和复杂性，必要时，注册会计师应当考虑利用专家的工作。电子商务具有特殊性和复杂性的特征，涉及信息技术、法律、税务、贸易和外汇管理等多个领域，其中不少领域是高度专门化的。注册会计师即使按照前述要求掌握了与电子商务相关的一定的知识和技能，但毕竟不是在任何领域都是专家（尤其是在信息技术和法律等方面）。因此，如果被审计单位的电子商务系统高度复杂，或者存在其他高度专门化的问题，注册会计师应当考虑利用专家的工作。